L'AMÉRIQUE DÉRAPE

DU MÊME AUTEUR

La mondialisation n'est pas coupable. Vertus et limites du libre-échange, La Découverte, 1998 (coll. « La Découverte poche. Essais », 2000)

L'Économie auto-organisatrice, De Boeck, 1998

L'Âge des rendements décroissants, Économica, 2000

Pourquoi les crises reviennent toujours, Seuil, 2000

Économie internationale, De Boeck, 2003

PAUL KRUGMAN

L'AMÉRIQUE DÉRAPE

Traduit de l'américain
par
Paul Chemla et Larry Cohen

FLAMMARION

Aux États-Unis, une première édition de cet ouvrage a paru en septembre 2003 (chroniques 2000-2003), une édition revue et augmentée en août 2004 (chroniques 2000-mars 2004). L'édition française rassemble la majorité des chroniques publiées dans l'édition 2004, ainsi qu'une sélection d'articles récents (chroniques 2000-juillet 2004).

Le texte a été annoté par les traducteurs et l'éditeur.

Le lecteur trouvera une table des sigles, p. 473, ainsi qu'une explication des termes signalés par un astérisque dans le glossaire, p. 475-478.

Titre original : *The Great Unraveling : Losing our Way in the New Century*

Édition originale publiée chez W. W. Norton & Company, Inc., 500 Fifth Avenue, New York, N. Y. 10110
www.wwnorton.com
W. W. Norton & Company Ltd., Castle House, 75/76 Wells Street, Londres W1T 3QT

ISBN : 2-08-210332-3

PRÉFACE

La métaphore est un art difficile, mais le « compteur de la dette » était une bonne trouvaille.

C'est un homme d'affaires à l'esprit fort civique qui l'a installé en 1989 dans l'espoir que les dirigeants politiques, honteux, finissent par prendre leurs responsabilités. Les chiffres faramineux du compteur égrenaient la progression constante de la dette nationale. Pourquoi constante ? Parce que chaque année les dépenses du gouvernement fédéral dépassaient de beaucoup ses recettes, ce qui l'a contraint à emprunter pour équilibrer ses comptes. Mais dans la seconde moitié des années 1990, quelque chose est arrivé qu'on n'attendait pas : les rentrées fiscales ont explosé avec les marchés boursiers, et l'accumulation d'énormes déficits budgétaires a d'abord diminué pour se transformer finalement en excédents records. En septembre 2000, le propriétaire du compteur l'avait débranché.

Puis, en juillet 2002, alors que les États-Unis se retrouvaient à nouveau devant la perspective de déficits à n'en plus finir, il l'a remis en marche.

L'histoire récente du pays, c'est bien plus que la vitesse à laquelle le voyant rouge s'est rallumé après une éphémère victoire de l'État fédéral dans son long combat contre les déficits. D'autres indicateurs du bien-être national ont connu un balancement semblable. Au début des années 1990, nous traversions une période de dépression économique, sociale et politique :

un best-seller de l'époque s'intitulait *America : What Went Wrong*[1]. Avant la fin de la décennie, le pays semblait pourtant s'être ressaisi. La croissance économique battait son plein, des emplois étaient créés à un rythme soutenu et des millions d'Américains s'enrichissaient. Les déficits budgétaires des années précédentes avaient fait place à des excédents d'un niveau encore jamais atteint. Qui plus est, la longue augmentation de la criminalité amorcée dans les années 1960 s'était arrêtée : fait étonnant, nos grandes villes retrouvaient un climat de sécurité qu'elles n'avaient pas connu depuis des dizaines d'années. L'avenir paraissait si radieux qu'on avait peine à y croire.

Mais la fête est terminée. En 2003, le tissu économique du pays – et sans doute même notre système politique et social – donnait à nouveau des signes de délitement. L'angoisse empoignait l'Amérique : les sondages indiquaient qu'une majorité de la population estimait le pays engagé sur le mauvais chemin.

Ce livre est avant tout la chronique de ces nouveaux errements, de ces années qui ont vu l'ivresse se transformer en déprime. Il relate aussi mes efforts pour déchiffrer le comment et le pourquoi : comment un pays disposant de tant d'atouts a pu décliner aussi vite et pourquoi ses dirigeants politiques ont pris tant de mauvaises décisions. Car l'histoire racontée dans ces pages est avant tout celle de dirigeants incroyablement médiocres, que ce soit dans le secteur privé ou dans les instances politiques. Enfin, comme le lecteur l'aura deviné, c'est tout particulièrement un réquisitoire contre George W. Bush. La journaliste Helen Thomas, qui couvre depuis longtemps la Maison-Blanche, l'a qualifié de « plus mauvais président de l'histoire américaine ». Je n'en suis pas entièrement convaincu : Bush a pas mal de concurrents pour ce titre. Mais les présidents d'autrefois qui pourraient lui disputer la palme de l'incompétence et de la malhonnêteté avaient infiniment moins de pouvoir sur l'Amérique et sur le monde que ceux d'aujourd'hui.

1. James B. Steele et Donald L. Barlett (« L'Amérique : les raisons du dérapage »), Kansas City, Andrews McMeel Publishing, 1992.

Cet ouvrage est constitué pour l'essentiel d'articles que j'ai écrits pour le *New York Times* entre janvier 2000 et juillet 2004. J'espère qu'en le lisant le public aura le sentiment que le tout est plus que la somme des parties, et que, réunis, ces textes forment un récit cohérent. Avant de vous raconter ce qui m'a conduit à devenir chroniqueur, il me semble utile de rappeler le contexte général de la période.

Les années moroses

À la fin des années 1990, tout semblait aller pour le mieux dans le meilleur des mondes : le chômage reculait, le cours des actions s'envolait, les budgets publics enregistraient des excédents, et les chiffres de la délinquance étaient en chute libre. La morosité ambiante du début de la décennie s'estompait, si bien qu'en 2000 peu d'Américains s'en souvenaient encore. Pourtant, elle est la toile de fond qui permet de comprendre la suite des événements.

Ceux qui mesurent la grandeur d'un pays à l'aune de ses succès militaires (et parmi eux figurent nos dirigeants actuels) auront peut-être du mal à percevoir quelle sale atmosphère régnait en 1992. À l'époque, les États-Unis pouvaient se targuer d'une supériorité militaire absolue, surtout depuis l'effondrement des régimes communistes. La guerre dans le golfe Persique, qui avait fait craindre un nouveau Vietnam, s'était transformée en démonstration éclatante de la suprématie des forces armées américaines. Bref, le pays était d'ores et déjà ce qu'il est demeuré : l'unique superpuissance de la planète.

Mais ce n'est pas avec des lauriers militaires qu'on paie ses factures. Rappelons ce bon mot de l'époque, qui soulignait le contraste entre la stagnation américaine et le dynamisme apparemment infatigable de l'économie japonaise : « La guerre froide est terminée, le Japon a gagné. » Pour les Américains dans leur ensemble – ceux qui se vivaient (à tort) comme les victimes d'une concurrence japonaise déloyale comme ceux qui contestaient cette thèse –, c'était le temps des illusions perdues.

Certes, le pays du Soleil-Levant n'avait pas les mauvaises intentions que d'aucuns lui prêtaient et, de toute façon, il allait bientôt subir une série de revers économiques qui devrait faire réfléchir. Il n'empêche que les malheurs de l'Amérique étaient bien réels. Car même si les statisticiens avaient déclaré dès 1992 la fin de la récession, on assistait en réalité à une « reprise sans créations d'emplois », c'est-à-dire une période de croissance du PIB durant laquelle le taux de chômage continuait de grimper. À bien regarder les Américains les moins privilégiés, la récession se poursuivait. La situation n'était pas rose non plus pour ceux qui avaient pu conserver leur emploi : depuis près de vingt ans, la moyenne des salaires réels avait stagné ou baissé. Des secteurs d'activité traditionnels comme la sidérurgie ou l'automobile, dans lesquels les ouvriers gagnaient relativement bien leur vie, semblaient péricliter inexorablement. Enfin, la misère, loin de reculer, avançait à grands pas : plus de 20 % des enfants vivaient en dessous du seuil de pauvreté, taux le plus fort enregistré depuis 1964.

La culture de la période témoignait bien du désarroi de la population. Citons, pour mémoire, trois films marquants du début de la décennie 1990 : *Chute libre*, l'histoire d'un travailleur licencié qui pique une crise de rage ; *Grand Canyon*, mise en scène de la violence urbaine, et *Soleil-Levant*[1], thriller sur le déclin de l'Amérique et la montée en puissance du Japon.

Et les espoirs nés des nouvelles technologies ? Au début de ces années, ils semblaient déçus. Certes, on voyait partout les signes de la révolution technologique en marche. De plus en plus de salariés travaillaient sur ordinateur, il y avait des télécopieurs dans tous les bureaux, l'usage du téléphone mobile et du courrier électronique commençait à se répandre, mais les créations d'emplois et l'amélioration du niveau de vie n'étaient toujours pas au rendez-vous. Un économiste très respecté – qui allait par la suite rejoindre le camp des triomphalistes natio-

1. Ces films ont été réalisés respectivement par Joel Schumacher (*Falling down*, 1993), Lawrence Kasdan (*Grand Canyon*, 1991) et Philip Kaufman (*Rising Sun*, 1993).

naux – m'avait avoué en privé son mépris total pour le « baratin technologique » omniprésent à l'époque.

Surtout, les Américains avaient perdu confiance dans leurs dirigeants du secteur public comme du privé. Dans toutes les librairies d'aéroports on trouvait des rangées de livres aux couvertures ornées de samouraïs, qui promettaient de dévoiler les secrets du management à la japonaise. En même temps qu'on reconnaissait l'efficacité des patrons nippons, on doutait de plus en plus de celle de leurs homologues américains. Tous les gadgets dernier cri semblaient venir du Japon : non seulement le label « *Made in the USA* » avait cessé de passer pour un gage de qualité, mais nombre de consommateurs se méfiaient désormais des produits de leur propre pays. Les p-dg des grands groupes étaient couramment brocardés comme des incapables surpayés et incompétents. Rappelons le voyage au Japon du président George Bush père accompagné de plusieurs dirigeants de l'industrie automobile, en vue d'obtenir des concessions commerciales : l'opération a tourné au désastre sur le plan des relations publiques.

Cette perte d'estime n'épargnait pas les hommes politiques. Le fait le plus remarquable de la présidentielle de 1992 ne fut pas la défaite de George Bush. Ce fut le score de 19 % réalisé par H. Ross Perot, candidat parfaitement marginal. Dans un pays où les forces politiques indépendantes n'ont jamais pu s'implanter, c'était là un désaveu saisissant des personnalités politiques établies.

Bref, la période n'était pas faste, et nombre d'observateurs pariaient plutôt sur une aggravation de la situation. Pourtant, au cours des huit ans qui ont suivi, les États-Unis ont connu un étonnant redressement social et économique.

Les années fastes

Les Américains ont mis longtemps à se rendre compte de l'amélioration en cours. Le pessimisme était devenu une habitude nationale. Durant l'hiver 1995-1996, en dépit de la baisse constante du taux de chômage, les journaux étaient remplis d'articles alarmistes sur les dégraissages et les destructions d'emplois. Lors de la présidentielle de 1996, les économistes travaillant pour Bob Dole, le candidat républicain, attaquaient l'administration Clinton sur la « faiblesse » de la reprise économique. Et si des économistes moins partiaux n'étaient pas dupes, ils demeuraient prudents sur la question, témoins de trop de faux départs. Mais l'évidence a fini par devenir indéniable : l'économie américaine avait bel et bien repris du poil de la bête. Et la société dans son ensemble semblait en voie de redressement.

Aujourd'hui, alors que l'Amérique cède à nouveau au désenchantement, il serait tentant de dénoncer tous les progrès de l'ère Clinton comme autant de mirages. Sans doute l'euphorie de la fin des années 1990 n'avait-elle plus grand-chose à voir avec la réalité. Mais les performances du pays étaient bien réelles.

Et visibles aussi, dans la vie de tout un chacun. À la fin de cette décennie les emplois abondaient, plus que depuis des dizaines d'années. Entre 1992 et 2000, les entreprises américaines ont créé 32 millions d'emplois, ce qui a ramené le taux de chômage à son niveau le plus faible depuis trente ans. Le plein emploi s'est traduit par une hausse des revenus et la possibilité, pour de nombreux ménages, de sortir enfin du piège de la pauvreté dans lequel ils étaient tombés : pour la première fois depuis les années 1960, le taux de population en dessous du seuil de pauvreté avait fortement chuté. Conséquence : des indicateurs sociaux comme les chiffres de délinquance ont parallèlement enregistré un recul spectaculaire ; à la fin des années 1990, la ville de New York était redevenue aussi sûre qu'au milieu des années 1960.

Si la croissance de l'emploi était impressionnante, les gains de productivité, c'est-à-dire la production par salarié, l'étaient davantage. Tout au long des années 1970 et 1980, l'anémie de la productivité – à peine 1 % par an – avait été la plus grande faiblesse de l'économie américaine. Une telle défaillance expliquait en grande partie la stagnation du niveau de vie moyen :

une économie sans croissance de la productivité ne peut dégager une augmentation régulière des salaires. Mais la productivité a décollé au cours des années 1990, à tel point que, avant la fin de la décennie, elle augmentait plus vite que jamais dans l'histoire américaine. La longue stagnation des rémunérations était révolue.

Pourquoi un tel bond de la productivité ? Sans doute parce que les technologies de l'information étaient arrivées cette fois à maturité : ordinateurs et réseaux informatiques démontraient enfin leurs capacités réelles. Mais, pour des raisons aisément compréhensibles, le mérite de ce succès a été attribué en grande partie aux dirigeants des sociétés. Au moment où la machine se grippait au Japon, les entreprises américaines recouvraient leur assurance d'autrefois et leurs patrons étaient célébrés comme des héros. La mode était aux p-dg superstars. Et si ces superstars empochaient des super chèques, pourquoi s'en indigner ? L'Amérique semblait avoir mis au point un système au sein duquel des rémunérations mirifiques produisaient des résultats mirifiques.

Et il y avait la Bourse. Fin 1992, l'indice Dow Jones était à 3 500 points ; en 2000, il avait dépassé les 10 000. Pourtant, on notait chez les investisseurs opérant sur cet indice un sentiment de dépit : l'impression d'être passés à côté des coups les plus fabuleux, puisque de nombreux détenteurs de valeurs « technologiques » étaient devenus millionnaires du jour au lendemain. Jamais depuis 1929, et peut-être même pas alors, faire fortune n'avait été à ce point à portée de main. Des personnalités apparemment dignes de foi assuraient que la fête venait à peine de commencer, que le Dow Jones allait bientôt tutoyer les 36 000 points.

Il y avait, bien sûr, quelques sceptiques, dont j'étais. (J'ai aussi douté au départ du miracle de la productivité américaine, avant de devenir un convaincu, en 2000. Mais j'ai continué de considérer que les cours de la Bourse étaient largement surévalués.) Il y avait ceux d'entre nous qui, attentifs à l'évolution d'autres économies, guettaient avec une certaine inquiétude le jour où les marchés redécouvriraient les lois de la pesanteur.

Car les similitudes entre la situation américaine de la fin des années 1990 et celle du Japon une dizaine d'années plus tôt étaient frappantes. Or cette économie japonaise, que rien ne semblait pouvoir freiner, avait, depuis l'éclatement de sa bulle, sombré dans un profond marasme dont elle semble sortir à peine.

Néanmoins, les années 1990 nous avaient donné de bonnes raisons d'être optimistes, même si la bulle éclatait. Car les problèmes du Japon avaient été exacerbés par les erreurs de ses dirigeants, alors que l'économie américaine se trouvait entre les mains d'hommes exceptionnels.

Tout le monde n'en était pas convaincu pendant les premières années de l'administration Clinton. À l'époque, je n'ai pas ménagé mes critiques à l'égard de la politique économique du nouveau président, du moins avant que l'ascendant de Robert Rubin au sein de l'équipe ne fût établi. Mais sa « rubinomie » a fini par triompher clairement avant la fin des années 1990. Pour commencer, Bill Clinton a osé augmenter les impôts afin de réduire le déficit budgétaire. Décision doublement courageuse. D'une part, son prédécesseur, George Bush père, avait été vilipendé pour avoir fait de même (pourtant Ronald Reagan était lui aussi revenu sur ses réductions d'impôts). D'autre part, la droite avait pronostiqué une catastrophe économique à la suite de la hausse des impôts programmée par Bill Clinton. Mais son choix s'est révélé judicieux, puisqu'il a débouché sur une croissance vigoureuse et des excédents budgétaires.

En outre, Washington a fait preuve de souplesse et d'efficacité dans la gestion des crises. Lorsque le peso mexicain s'est effondré en 1995, l'administration a volé au secours du voisin du Sud, bravant une nouvelle fois les diatribes de la droite. Ensuite, une crise financière plus grave encore a éclaté en Asie. À l'automne 1998, elle avait gagné les États-Unis, l'insolvabilité de la Russie ayant entraîné la quasi-faillite de Long-Term Capital Management, fonds spéculatif de premier plan. Les marchés financiers ont connu une brève paralysie : soudain, presque plus personne pour prêter ni emprunter. Je me souviens d'une réunion durant laquelle un porte-parole de la Réserve fédérale * nous résuma la situation ; puis, interrogé sur ce qu'on pouvait faire concrètement, il répondit : « Prier. » Pourtant, Robert Rubin et Alan Greenspan ont réussi à restaurer une atmosphère sereine (il est loin le temps où les responsables économiques suscitaient encore notre admiration...). Et les marchés ont fini par se remettre d'aplomb. Début 1999, on voyait sur la couverture de *Time* le portrait d'Alan Greenspan, président de la Banque fédérale, de Robert Rubin, secrétaire au Trésor, et de son adjoint Larry Summers, accompagnés de ce titre un peu niais mais néanmoins justifié : « *Committee to save the world*[1] ».

À l'aube du nouveau millénaire, donc, les États-Unis semblaient dotés de dirigeants doués et mûrs, d'une équipe capable, en cas d'ennuis, de prendre les mesures adaptées. Elle saurait gérer le budget de façon responsable, prévenir toute nouvelle reprise sans créations d'emplois et, surtout, éviter le glissement du pays vers une stagnation à la japonaise. Bref, même ceux d'entre nous qui se disaient pessimistes étaient fondamentalement optimistes : nous pensions que les haussiers risquaient de se réveiller un jour avec une gueule de bois mais que tout finirait par s'arranger.

L'Amérique : les raisons du dérapage

L'hebdomadaire satirique *The Onion* se présente comme « la meilleure source d'informations d'Amérique », et, depuis quelques années, cette prétention se révèle fondée. Un pastiche en date du 18 janvier 2001 met en scène George W. Bush, nouvellement élu à la présidence, déclarant : « Notre long cauchemar national de paix et de prospérité est derrière nous. » On ne saurait mieux dire.

Où sont passées les années fastes ? Certains considèrent le 11 septembre 2001 comme le grand tournant psychologique, le moment où leurs rêves de sécurité ont volé en éclats. De mon point de vue, le virage est plus large et plus progressif.

1. « Comité de sauvetage du monde ».

Je ne voudrais surtout pas minimiser l'horreur. Mais quiconque suivait l'évolution de la situation au Moyen-Orient savait que les terroristes de cette région avaient les États-Unis dans le collimateur. Devant l'attentat d'Oklahoma City, perpétré par l'extrême droite en 1995, tout le monde a d'abord songé à la piste islamiste. Depuis des années, les spécialistes du terrorisme ne cessaient de nous prévenir qu'il y aurait un jour une attaque importante sur le sol américain – même si le 11 Septembre fut un tel massacre qu'il nous a tous laissés sans voix. Nous nous savions menacés par des ennemis décidés à nous frapper : qu'ils aient fini par y parvenir n'est tout compte fait pas très étonnant.

La vraie surprise, c'est la faillite des élites politiques et économiques du pays.

Certaines personnes se rendaient déjà compte dans les années 1990 des abus commis dans le monde des affaires (encore qu'elles aient eu du mal à se faire entendre). Mais l'étendue et le cynisme de ces abus dépassaient tous les soupçons. Il s'est avéré – hélas, trop tard – que le marché haussier avait à la fois favorisé et dissimulé des comportements délictueux à une échelle incroyable. Qui aurait pu imaginer que la réussite d'entreprises célèbres, érigées en modèles dans les écoles de commerce, consistait essentiellement à « déshabiller Pierre pour habiller Paul » ? (À dire vrai, certains avaient émis cette hypothèse, mais on l'avait taxée de loufoque.)

Découverte encore plus troublante : le système politique des États-Unis était loin d'avoir la maturité qu'on lui prêtait, et le prétendu sérieux de son leadership est apparu par la suite comme une sorte d'accident de l'Histoire. Pendant la campagne électorale de 2000, George W. Bush a promis des allègements fiscaux et un plan de réforme de la Caisse de retraite publique* qui reposaient sur des mystifications flagrantes. Mais les médias ont préféré se concentrer sur la personnalité des candidats, en se gardant bien d'aborder les questions de fond. Dans le même temps, Alan Greenspan a changé son fusil d'épaule : partisan farouche de l'austérité et de la rigueur budgétaire sous un président démocrate, il est passé, dès l'installation du nouveau locataire à la Maison-Blanche, à l'apologie et à la mise en œuvre de réductions d'impôts indéfendables, surtout en période d'explosion des déficits.

Par ailleurs, la nouvelle équipe au pouvoir n'avait ni le sens des responsabilités à long terme ni la souplesse à court terme de ses prédécesseurs. Dans sa première version, le plan économique de M. Bush prévoyait une longue série de baisses d'impôts colossales qui devaient entrer en application progressivement. Or, en 2002, l'erreur d'appréciation était déjà patente. Comme son père, George W. Bush présidait à une « reprise sans créations d'emplois » : en dépit du retour à une certaine croissance, trop lente pour stimuler l'emploi, la situation de la plupart des Américains s'aggravait. L'économie avait besoin d'un coup de fouet immédiat, pas d'une réduction d'impôts sur le long terme. De toute façon, le pays ne pouvait plus se permettre les allègements fiscaux programmés, compte tenu de l'accroissement spectaculaire du déficit budgétaire. Qu'à cela ne tienne : les conseillers de M. Bush ont persisté à présenter leur programme – formulé en 1999, au plus fort de la bulle – comme le remède idéal aux difficultés du moment. Puis, début 2003, lorsqu'ils ont enfin compris qu'il en fallait un peu plus, ils ont proposé un nouveau « plan de relance », qui était peu ou prou un clone du précédent : pas grand-chose qui puisse stimuler instantanément l'économie, mais une brassée d'allègements fiscaux, surtout pour les riches.

Il y avait plus alarmant encore. Car, de toute évidence, il y avait bien plus à l'œuvre que de simples conceptions économiques erronées. Les États-Unis opéraient littéralement un changement de cap, une transformation politique très profonde qui constitue le thème central de mon introduction.

Pourquoi moi ?

J'ai commencé à écrire pour le *New York Times* en janvier 2000. Je ne savais pas dans quoi je m'embarquais, et la direction du journal non plus.

J'étais et je reste professeur d'économie. Les crises financières internationales comptent parmi mes spécialités, et j'ai consacré une grande partie des années 1990 à étudier et à commenter les désastres qui ont secoué divers pays. Une partie de mon travail consistait à produire ce que j'appelle mes « lettres grecques », des articles abscons, remplis de formules mathématiques, publiés dans des revues scientifiques.

Par ailleurs, j'écrivais aussi des articles d'économie internationale destinés à un public élargi. C'est ainsi qu'en 1998 j'ai commencé à tenir deux chroniques mensuelles, l'une dans *Fortune*, l'autre dans le magazine en ligne *Slate*, dont certaines figurent dans ce recueil.

L'été 1999, le *New York Times* m'a proposé d'écrire régulièrement pour sa page « Opinions ». Howell Raines, alors responsable de cette page, estimait que, dans une période où plus que jamais « l'affaire de l'Amérique, ce sont les affaires [1] », les commentaires devaient s'élargir au-delà de la politique intérieure et internationale. On comptait donc sur moi pour expliquer les bizarreries de la nouvelle économie, les conséquences de la mondialisation et les mauvaises orientations économiques adoptées à l'étranger. Je ne me préparais guère à parler autant de politique intérieure, puisque je supposais, comme tout le monde, qu'elle allait demeurer logique et responsable.

Je me suis efforcé de couvrir de mon mieux la macroéconomie et le monde des affaires. Le lecteur pourra constater que certains des articles se limitent à une analyse économique. Mais au fur et à mesure des événements, la dimension politique a inévitablement fait irruption dans mon travail. J'ai été de plus en plus amené à dire des vérités gênantes aux détenteurs du pouvoir.

Pourquoi moi ?

On m'accuse souvent d'être un progressiste primaire, voire un socialiste. Or, il y a quelques années, c'étaient les vrais primaires qui ne m'appréciaient pas : un magazine avait consacré

1. Formulation, désormais célèbre, du président Calvin Coolidge dans les années de prospérité qui suivirent la Première Guerre mondiale.

sa une à dénoncer mes vues pro-capitalistes, et j'ai toujours dans mes archives la lettre furieuse que Ralph Nader m'a adressée en réponse à ma critique de son hostilité à la mondialisation. Si j'ai fini par écrire essentiellement des textes qui remettent en cause la droite, c'est parce que c'est la droite qui gouverne aujourd'hui, et très mal d'ailleurs. Ce n'est pas seulement que ses orientations sont mauvaises et irresponsables. C'est que les dirigeants du pays mentent à la population.

J'ai commencé à pointer la scandaleuse malhonnêteté de l'administration Bush longtemps avant la plupart des autres éditorialistes américains. Comment ai-je pu voir des faits qui leur échappaient ? Peut-être parce qu'en tant économiste je n'ai jamais été tenté par le style de journalisme pseudo-objectif si prisé aux États-Unis (il a dit ceci, elle a dit cela), qui met sur le même plan les affirmations des différents camps en présence, quelle que soit leur validité. J'ai fait les calculs nécessaires ou, au besoin, j'ai consulté d'autres économistes capables de m'éclairer sur des sujets précis. Et j'ai vite compris que le pays était dirigé par des menteurs de première classe. Pour le coup, je n'étais pas tout à fait seul : les journalistes économiques, entraînés comme ils le sont au débusquage des chiffres truqués, n'hésitent généralement pas à accuser les hommes politiques de mentir de façon éhontée alors que leurs homologues de la rubrique politique s'extasient sur l'intégrité irréprochable des mêmes. Mais les articles de journalistes économiques portent nécessairement sur une question précise et les éditorialistes s'en inspirent rarement. Avec une mission plus large et la place qui m'était réservée en page « Opinions », j'ai pu attirer l'attention bien mieux que mes confrères de la page « Économie ».

Ma volonté d'aborder différemment les événements vient aussi du fait que je n'ai pas les bonnes manières : la plupart des commentateurs politiques vivent à Washington et fréquentent les mêmes soirées mondaines. Ce qui engendre une sorte de pensée unique ; à tout moment, une façon de voir commune préside à leurs considérations. Ainsi, on lisait partout jusqu'au 11 septembre 2001 que George W. Bush était bête mais honnête. Après le 11, on n'entendait plus parler que du héros de fer à la tête du pays, tout de détermination et de clarté morale, un véritable Texas Ranger protégeant le monde entier. On avait beau objecter que ces deux portraits n'avaient rien à voir avec la réalité, les journalistes n'ont rien voulu savoir.

Moi, je n'appartiens pas au club : je travaille dans le New Jersey et je continue de mener la vie d'un professeur d'université. C'est pourquoi je n'ai jamais adhéré au discours collectif. Qui plus est, il est impossible de m'intimider par les moyens habituels. La plupart des journalistes doivent compter en grande partie sur des renseignements confidentiels, glanés grâce à des fuites organisées en haut lieu ou au cours d'entretiens exclusifs avec des personnalités puissantes. Ce qui les rend vulnérables : on peut les séduire par des promesses d'accès privilégié ou menacer de détruire leur carrière en les tenant systématiquement à l'écart. Ce n'est pas mon cas, puisque je m'appuie presque exclusivement sur des analyses et des chiffres publics. Nul besoin d'être dans les petits papiers des hauts fonctionnaires de Washington, et nul besoin de les traiter avec autant d'égards que mes confrères.

Quoi qu'il en soit, je me suis attaché durant ces quatre dernières années à brosser un tableau nettement différent de celui qu'on trouve chez la plupart des commentateurs établis. (Saluons au passage le remarquable travail des commentateurs sur Internet, qui, malheureusement, touchent un public infiniment moins vaste que la presse.) Au moment où la plupart des éditorialistes américains célébraient la vision, l'habileté et l'intégrité des dirigeants du pays, je ne voyais que confusion, incompétence et malhonnêteté. Mon point de vue n'a pas beaucoup plu, surtout dans les mois qui ont suivi les attentats du 11 Septembre. Ai-je eu raison ? Au lecteur de se faire son avis.

Un mot sur ce livre

Je ne me suis pas contenté d'un agencement chronologique. Non que la chronologie soit absente de mon livre : chaque article a été rédigé à une date précise, et on pourra constater l'évolution de mes idées à mesure que je découvrais des éléments nouveaux. Mais j'ai préféré regrouper les articles par grands thèmes, puis, à l'intérieur de chaque thème, par chapitres, centrés chacun sur un sujet. J'ai ajouté une introduction qui remet en perspective le contexte politique général, et une présentation ouvre chaque partie.

La première partie, c'est grandeur et décadence, financiarisation de l'économie américaine et crise ; j'y aborde aussi les divers phénomènes qui ont accompagné cette évolution. Le lecteur pourra voir qu'en matière boursière je suis depuis toujours un sceptique, même si je ne le suis pas suffisamment au bout du compte. Mes recherches sur les crises économiques m'avaient préparé aux difficultés qui suivraient l'éclatement de la bulle, mais, là encore, j'ai d'abord sous-estimé les risques. Surtout, personne ne se doutait à l'époque que le monde de l'entreprise américain était pourri. Dans ce domaine, comme tout le monde, j'avais un train de retard. Que j'ai dû rattraper.

Le livre aborde ensuite, dans une deuxième partie, les questions de budget fédéral et le sort réservé à la politique sociale. C'est la chronique d'une dette annoncée. Dès le départ, j'étais persuadé que le programme économique de George W. Bush ne tenait pas debout, que son équipe et lui-même mentaient tout simplement sur les chiffres et que l'application de leur politique aurait pour effet de dilapider les excédents budgétaires de l'ère Clinton. Mes craintes ont été confirmées, mais plus vite et plus brutalement que je ne l'imaginais. L'administration vient de reconnaître publiquement que l'excédent de 230 milliards de dollars dont elle a hérité s'est transformé en déficit de 300 milliards de dollars. Chiffre évidemment en deçà de la vérité.

Comment un tel dérapage a-t-il été possible ? La troisième partie de ce livre dépasse les seules questions économiques pour tenter de répondre à cette question. J'ai aujourd'hui le sentiment que nombre de personnes raisonnables, de gauche comme de droite, n'ont toujours rien compris. Comme je l'explique dans ces articles, le monde réel de la politique est beaucoup plus dur, beaucoup plus répugnant qu'on ne le croit.

Non seulement les événements de ces dernières années ont ébranlé ma confiance dans notre système politique, mais ils m'ont aussi rappelé que les marchés, malgré leurs mérites évidents, peuvent parfois se fourvoyer. Dans la quatrième partie, je passe en revue certaines des défaillances les plus choquantes de l'économie de marché, de la crise de l'énergie en Californie jusqu'à la catastrophe argentine.

Bien sûr, le monde, même le monde de l'économie, ne se résume pas aux hauts et aux bas de la société américaine. Ce livre se poursuit sur d'autres perspectives, plus larges, qui concernent l'économie mondiale et les outils utilisés pour l'appréhender. Puis il y est question de l'Irak, de l'avant et de l'après-guerre, du terrorisme, des abus de pouvoir comme pratiques ordinaires, et, enfin, des fraudes électorales qui risquent fort de se reproduire lors de la présidentielle de 2004.

Je reconnais, à regret, qu'un livre qui traite surtout de déceptions économiques, de la faillite des élites et des mensonges des puissants ce n'est pas très gai. Mais il ne faut pas désespérer pour autant, car tout pourrait aller mieux. Sauf que, pour en arriver là, il y a un indispensable travail de réparation à entreprendre. Première étape : comprendre où et comment le système s'est cassé.

INTRODUCTION
Un pouvoir révolutionnaire

Ces quatre dernières années ont été riches en péripéties : chute des cours de la Bourse et scandales économiques, crise énergétique et régression en matière de protection de l'environnement, déficits budgétaires et récession, terrorisme et déstabilisation des alliances. Et, pour finir, la guerre. J'ai traité tous ces sujets du point de vue économique surtout. Mais qui veut parler aujourd'hui d'économie doit aussi aborder la politique. Car le fil conducteur qui relie la plupart des événements marquants de la période récente est bien politique : c'est la montée et la domination croissante d'un mouvement extrémiste – rien de moins. Pas ailleurs, ici même, aux États-Unis.

Je parle bien entendu de la droite radicale, qui exerce désormais son empire sur la Maison-Blanche, le Congrès, une grande partie de la magistrature et une proportion non négligeable des médias. L'ascendant de cette droite change fondamentalement la donne : les règles politiques héritées du passé n'ont plus cours. Je voudrais donner ici une vue synthétique de l'essor de ce mouvement et de ses conséquences.

Lame de fond politique

Les Américains commencent à peine à mesurer l'ampleur du bouleversement. Pendant la campagne électorale de 2000, bon nombre de citoyens pensaient qu'il n'y avait pas grand-chose en jeu. Durant les deux premières années de la nouvelle administration, beaucoup de commentateurs se sont obstinés à voir le virage à droite toute comme une simple manœuvre de courte durée, censée permettre au président Bush de consolider sa base avant de se repositionner sagement au centre. Les Américains continuent d'ailleurs à sous-estimer l'extrémisme de leurs dirigeants politiques. Un exemple frappant : à l'automne 2001, des groupes types [1] furent constitués pour sonder la population sur la proposition du parti républicain d'accorder aux entreprises une réduction d'impôts rétroactive – celle dont je parle dans « Cherchez le borgne [2] » ; eh bien, ces gens n'en ont pas cru leurs oreilles.

Pour des raisons que j'ai évoquées dans la préface, j'ai pressenti avec une longueur d'avance la radicalité des changements en cours. En tant qu'économiste, je suis bien placé pour apprécier le gouffre entre les déclarations officielles et la réalité ; *outsider* dans le monde du journalisme, je ne partage pas les manières de Washington, où il est de très mauvais goût de suggérer que des figures politiques de premier plan puissent avoir des intentions différentes des objectifs qu'elles affichent. Mais aujourd'hui, quand je regarde l'étendue des dégâts, je me rends compte que j'étais, moi aussi, en deçà de la vérité.

Commençons par un exemple très simple : en 2001, on entendait souvent dire, y compris par des individus de gauche, qu'il ne fallait pas faire grand cas de la déraison fiscale de M. Bush. La baisse des impôts était une mauvaise idée, disait-on, mais sans grandes conséquences après tout. Or, deux ans plus tard, on a assisté à un spectacle sans précédent : un gouvernement proposait de nouvelles réductions d'impôts au moment où le pays devait faire face à des déficits records et se retrouvait en pleine guerre. « Il n'y a rien de plus important en temps de guerre que de baisser les impôts », affirma Tom

1. Un groupe type (*focus group*) est un groupe de personnes soigneusement sélectionnées avec lequel on mène des entretiens approfondis pour tenter de cerner l'état de l'opinion plus précisément que par les sondages.
2. Voir chapitre 10, p. 235-237.

DeLay, chef de file de la majorité républicaine à la Chambre des représentants.

Autre exemple : ceux qui avaient prévu l'exploitation politique du 11 Septembre par les républicains ont été largement accusés de saboter l'unité nationale. Pourtant, les « saboteurs » avaient vu juste : pendant la campagne électorale de 2002, des annonces du parti républicain ont explicitement cherché à établir un lien entre Tom Daschle, sénateur démocrate, et Saddam Hussein.

Que se passe-t-il véritablement ? Et comment se fait-il que la plupart des Américains tardent à regarder la réalité en face ? Au moment de mettre la dernière main à ce livre, je suis tombé sur un ouvrage qui résume à merveille la situation actuelle. Ce n'est pas un texte sur l'Amérique contemporaine écrit par quelque critique de gauche. C'est un vieux livre sur la diplomatie européenne au XIXe siècle, dont l'auteur n'est autre que Henry Kissinger.

Un pouvoir révolutionnaire

1957 : un jeune professeur de Harvard, brillant et iconoclaste, publie sa thèse de doctorat sous le titre *A World Restored*[1] – il était loin d'avoir entamé sa carrière de manipulateur politique cynique, et plus loin encore du capitalisme entre copains qu'il pratiquerait plus tard. Qui aurait pensé a priori qu'une étude sur les efforts diplomatiques de Metternich et de Castlereagh aiderait à comprendre la politique américaine au XXIe siècle ? J'ai pourtant eu un frisson dans le dos en lisant les trois premières pages du livre de Henry Kissinger, tant elles éclairent ce que nous vivons.

L'auteur y décrit les problèmes qui se posent à un système diplomatique stable dès lors qu'il doit affronter un « pouvoir révolutionnaire », c'est-à-dire un régime qui ne reconnaît pas la légitimité du système en place. Et puisque le livre concerne la

1. *Le Chemin de la paix*, Paris, Denoël, 1972.

reconstruction de l'Europe au lendemain de la bataille de Waterloo, le pouvoir en question, c'est la France de Robespierre et celle de Napoléon, même si Kissinger établit aussi indirectement mais clairement des parallèles avec les années 1930 et la faillite de la diplomatie face aux régimes totalitaires (notons que de telles comparaisons n'introduisent pas nécessairement une équivalence morale des situations). Et l'on peut considérer le mouvement de droite qui domine de plus en plus la société américaine comme un pouvoir révolutionnaire au sens kissingerien du terme – il détient la Maison-Blanche, le Congrès, la majeure partie de la magistrature et des médias. C'est-à-dire un mouvement dont les dirigeants nient la légitimité du système politique en vigueur.

Est-ce que j'exagère ? Il apparaît au contraire de plus en plus nettement que des membres clés de l'équipe à la tête du pays contestent le droit d'existence même de certaines institutions sociales et politiques. Et qu'ils refusent les règles que le reste de la population tient pour acquises.

Prenons pour exemple l'État-providence à l'américaine, à savoir les réformes issues du New Deal des années 1930 comme la Caisse de retraite publique et les allocations de chômage, ou encore celles des années 1960 comme Medicare*. Lisez donc la littérature commise par la Heritage Foundation[1], à l'origine du credo économique de l'administration Bush : vous découvrirez un programme carrément extrémiste. Ses théoriciens ne rêvent pas seulement de vider de leur substance tous nos acquis, ils les jugent totalement contraires à leurs principes.

Passons à la politique étrangère. Depuis la Seconde Guerre mondiale, les États-Unis ont construit leur action sur la coopération avec les institutions internationales et cherché à prouver qu'ils n'étaient pas une puissance impérialiste à l'ancienne, utilisant la force militaire comme bon lui semble. Or, si vous suivez les déclarations des néoconservateurs, instigateurs de la guerre contre l'Irak, vous saurez combien ils méprisent tout

1. Créée en 1973, la Heritage Foundation est l'un des principaux instituts de recherche (*think tanks*) de la droite américaine. Puissante, redoutablement bien financée, elle a exercé une influence déterminante sur l'administration de Ronald Reagan.

cela. Richard Perle, président d'un comité consultatif clé au Pentagone, écarte d'un revers de main « l'illusion de gauche qui veut que le droit international administré par des institutions internationales puisse assurer la sécurité ». Pas d'états d'âme sur le recours à la force : pour Michael Ledeen, de l'American Enterprise Institute, autre penseur très lié à l'administration Bush, « nous sommes un peuple belliqueux qui aime la guerre ». La thèse selon laquelle l'invasion de l'Irak n'aurait été qu'un projet pilote, censé ouvrir la voie à une longue et magnifique série de petites guerres, ressemblait de prime abord à un délire de gauchistes. Hélas ! nombre de personnalités proches du gouvernement ont bien fait comprendre que ce n'était qu'un début. En outre, John Bolton, haut fonctionnaire du Département d'État, a annoncé à des responsables israéliens qu'après l'Irak les États-Unis comptaient bien « s'occuper » de la Syrie, de l'Iran et de la Corée du Nord.

L'affaire ne s'arrête pas là. La séparation de l'Église et de l'État est l'un des principes fondamentaux de la Constitution américaine. Ce qui n'a pas empêché Tom DeLay de déclarer aux habitants de sa circonscription qu'il était là pour défendre « une conception biblique du monde » et de leur dire qu'il s'était acharné contre Bill Clinton parce qu'il s'opposait à cette vision. (M. DeLay a aussi dénoncé l'enseignement dans les écoles de la théorie de l'évolution, allant jusqu'à établir un lien entre celle-ci et le massacre perpétré au lycée de Columbine.)

On peut même douter que les dirigeants du pays acceptent l'idée que la légitimité politique puisse découler du processus démocratique. Paul Gigot, journaliste au *Wall Street Journal,* s'est réjoui de l'« émeute bourgeoise » qui a permis à une foule de Miami de bloquer par la force un nouveau comptage des bulletins de vote. (On a appris par la suite que les émeutiers, loin d'être de simples citoyens en colère, étaient des militants rémunérés.) Pour sa part, George W. Bush croit qu'il a été élu par Dieu pour guider la nation américaine, nous assure Don Evans, ami proche du président et aujourd'hui secrétaire au Commerce. Ce qui explique peut-être pourquoi l'issue tant contestée de l'élection de 2000 n'a suscité ni circonspection ni humilité chez les vainqueurs... Quand on a demandé à Antonin Scalia, juge à la Cour suprême, si la décision d'accorder la victoire à M. Bush avait été source de déchirements ou d'inquiétudes pour l'avenir, il a eu cette réponse : « Non, ce fut un moment merveilleux. »

Imaginons un instant que vous preniez au sérieux le tableau que je viens de brosser. Vous en concluriez que les hommes et les femmes au pouvoir n'aiment décidément pas l'Amérique telle qu'elle est. Une synthèse de leurs idées donnerait à peu près le projet politique suivant : un pays dont la population ne dispose d'aucun filet de sécurité réel et qui compte essentiellement sur l'usage de la force militaire pour imposer sa volonté à l'extérieur ; un pays qui a chassé Darwin des salles de classe pour le remplacer par la Bible ; un pays, enfin, où les élections ne seraient plus qu'une simple formalité.

Pourtant, ceux qui prennent au mot les droitiers aux commandes et les croient capables de vouloir mener à terme un programme aussi radical sont généralement taxés d'exagération, voire d'hystérie. Le bon sens oblige, leur objecte-t-on, à faire la part des choses, à ne pas attacher trop d'importance aux discours de la droite, dont les objectifs véritables sont certainement plus raisonnables qu'il n'y paraît. Vraiment ?

Revenons à Kissinger, à sa description de la perplexité des puissances établies face au défi de la France révolutionnaire. On comprendra mieux comment la classe politico-médiatique américaine réagit à l'extrémisme de l'administration Bush depuis trois ans.

« Assoupies dans une stabilité qui semblait devoir perdurer, il leur paraît presque impossible de prendre pour argent comptant les déclarations fracassantes du pouvoir révolutionnaire qui veut jeter à bas le système en vigueur. La première réaction des partisans du *statu quo* sera donc d'attribuer une valeur tactique à ces déclarations, comme s'il ne s'agissait que des habituels préliminaires à un marchandage, les structures existantes n'étant pas remises en question. Des concessions limitées, pensent-ils, apporteront une solution aux griefs spécifiques de l'autre. Seront qualifiés d'alarmistes ceux qui signalent le danger à temps ; seront, en revanche, salués pour leur équilibre intellectuel et leur jugement sain les partisans de l'adaptation aux circonstances. [...] Il est, au contraire, dans la nature même d'un pouvoir révolutionnaire d'avoir le courage de ses convictions. Les principes qui l'animent, il est disposé, et même impatient, de les mener jusqu'à leurs conséquences extrêmes [1]. »

Si ce passage m'a autant bouleversé, c'est parce qu'il éclaire d'un seul coup le processus, autrement incompréhensible, qui a permis à l'administration Bush d'imposer des orientations extrémistes sans susciter ni demandes de précisions ni opposition sérieuse. Pour illustrer mon propos, je vais examiner deux exemples de taille : les baisses d'impôts de 2001 et la guerre d'Irak de 2003.

Baisses d'impôts et guerre

La guerre et la politique économique semblent de prime abord avoir peu en commun ; de fait, en temps normal, elles ne jouent pas la même partition sur la scène politique. Il n'empêche : on ne peut qu'être frappé par la similitude des arguments mobilisés pour « vendre » la réduction des impôts et l'invasion de l'Irak.

En voici un avant-goût. En 1999, le candidat George W. Bush a sorti sa première proposition d'allègements fiscaux pour asseoir sa crédibilité d'homme de droite et barrer le chemin à Steve Forbes, qui briguait lui aussi l'investiture du parti républicain. M. Forbes représentait notoirement l'aile du parti qui prêche la réduction des impôts pour les couches privilégiées, quelles que soient les circonstances. Tout au long des années 1990, les élus républicains ont régulièrement soumis au Congrès, rappelons-le, des projets de loi allant dans ce sens, que le PIB soit en hausse ou en baisse, que le budget fédéral soit excédentaire ou déficitaire. Conclusion logique : M. Bush a rejoint ce camp et agi depuis lors sur la base d'un programme

1. *Le Chemin de la paix*, *op. cit.*, p. 13.

ultralibéral. Ce qui s'est confirmé. Comme l'a fait remarquer Dan Altman, du *New York Times*, alignez les propositions fiscales de l'administration Bush et vous obtenez en substance la réalisation d'un rêve caressé depuis longtemps par la droite radicale : la fin de tout prélèvement sur les revenus du capital ; le passage, donc, à un système où seuls les salaires subissent des ponctions. Pour le dire autrement, un système dans lequel on impose le travail salarié, mais pas les plus-values ni les dividendes.

Bref, en matière fiscale, la droite avait peu ou prou annoncé la couleur, c'est-à-dire, en termes kissingeriens, sa « volonté de démolir le système en place », en l'occurrence le régime fiscal américain. Mais la classe politico-médiatique du pays n'y a tout simplement pas cru. En dépit de l'extrémisme patent des architectes de la politique de Bush, les centristes se sont persuadés que celui-ci n'avait que des objectifs limités et se contenterait de victoires modestes. Pis, ils ont accepté sans broncher des arguments versatiles qui venaient justifier une orientation inamovible. Au départ, les baisses d'impôts devaient permettre de rendre le « trop-perçu » aux contribuables, argument qui a hélas convaincu nombre de sénateurs démocrates de voter en faveur de la loi de 2001. Une fois les excédents budgétaires évanouis, il s'est agi d'une mesure de relance économique immédiate. Et pour finir, quand les réductions d'impôts ont clairement démontré leur incapacité à remplir cette fonction, elles sont devenues un moyen de stimuler la croissance à long terme. Aujourd'hui encore, nombre de journalistes et d'hommes politiques de bonne foi peinent à s'avouer la supercherie.

Et la guerre dans tout cela ?

Dans les années 1990, les débats sur la politique étrangère montraient déjà qu'une fraction importante de la droite projetait une guerre au Moyen-Orient, tandis qu'une autre fraction, tout aussi déterminée, se battait pour diminuer la pression fiscale. En 1992 déjà, Paul Wolfowitz, à l'époque sous-secrétaire à la Défense (aujourd'hui numéro deux du Pentagone), a voulu faire des thèses qu'on appelle aujourd'hui la « doctrine Bush » la politique de défense du gouvernement d'alors : dans son texte, il prônait une intervention militaire en Irak et légitimait les attaques préventives contre d'autres pays. Dick Cheney, alors secrétaire à la Défense, a dans un premier temps soutenu ce point de vue. Et s'il a fait machine arrière devant les protestations, il a néanmoins continué avec d'autres personnalités, qui occupent aujourd'hui des postes clés, à mener campagne en faveur de l'invasion de l'Irak et d'une politique d'actions militaires préventives.

Compte tenu de ce contexte, il aurait dû être évident que le projet d'invasion, de même que la baisse des impôts, était moins une réaction à des événements précis (dans ce cas, les attentats du 11 Septembre) que les composantes d'un programme préexistant et autrement radical. Mais, une fois encore, les médias et les milieux politiques du pays se sont interdit de prendre au mot les déclarations d'intention de la droite. Et une fois encore, la versatilité des arguments est passée comme une lettre à la poste. L'invasion de l'Irak, a-t-on entendu dire au départ, était justifiée par les liens supposés entre Saddam Hussein et Al-Qaida. Puis, la moindre preuve d'une telle complicité n'ayant pu être fournie, malgré tous les efforts déployés, le gouvernement s'est empressé d'invoquer le prétendu programme nucléaire de Saddam. (Pour brouiller les pistes, il a redéfini la notion d'« armes de destruction massive » de façon à y intégrer les armes chimiques. Mais les gaz toxiques n'entrent pas réellement dans cette catégorie et n'ont jamais représenté une menace sérieuse pour les États-Unis. C'est surtout le spectre du champignon atomique qui a effrayé l'opinion américaine.) La peur de voir se développer un tel programme a contribué à convaincre bon nombre de centristes de la nécessité de cette guerre, et c'est ainsi que le Congrès a donné le feu vert au président Bush.

La thèse d'un programme nucléaire irakien a fini à son tour par être démentie. Le premier élément de preuve, l'achat par l'Irak de tubes en aluminium, reposait sur une erreur d'interprétation : les tubes en question n'étaient pas adaptés à leur prétendue fonction, l'enrichissement de l'uranium. Quant au second élément, les documents censés attester l'acquisition d'uranium au Niger, il s'agissait d'un faux grossier. Mais qu'importe ? Bush brandissait déjà une nouvelle idée : l'instauration d'un régime démocratique en Irak susciterait une vague de démocratisation dans tout le Moyen-Orient. Noble ambition, qui s'est attiré à nouveau le soutien de beaucoup de gens raisonnables et sincères. Ce n'est qu'une fois les combats engagés que James Woolsey, pressenti pour un poste de haut niveau dans le gouvernement d'occupation, a osé présenter l'opération en Irak comme le début d'une « quatrième guerre mondiale » (la guerre froide étant, bien sûr, la troisième), qui ne tarderait pas à concerner la Syrie et l'Iran.

Le général Anthony Zinni, qui fut partisan de M. Bush à l'élection de 2000, puis envoyé spécial de l'administration au Proche-Orient, a admirablement résumé la situation en septembre 2003. Devant un parterre d'officiers et de *marines,* il a évoqué l'expérience de sa génération au Vietnam : « Nous y avons entendu tous les mensonges et vu tous les sacrifices. Il faut se demander si ce n'est pas en train de se reproduire aujourd'hui. »

Autre vérité apparue au grand jour : les moyens qui auraient pu servir à la traque d'Al-Qaida – l'organisation qui a réellement attaqué les États-Unis – ont été utilisés pour mettre en œuvre la conquête de l'Irak. Il convient de parler d'un détournement de ressources militaires et de renseignements : des unités arabophones des services spéciaux ont été transférées d'Afghanistan en Irak et remplacées par des équipes hispanophones. Enfin, la grande crainte des premiers adversaires de la guerre – voir l'occupation de l'Irak nourrir l'anti-américanisme et offrir aux groupes terroristes un vivier de recrutement idéal – s'est révélée entièrement fondée.

On le voit bien : quel que soit le domaine – énergie, environnement, santé, éducation, politique étrangère –, une même logique semble à l'œuvre. Dans tous les cas, le passé réactionnaire des architectes de la politique de Bush devrait nous faire craindre des orientations extrémistes. Mais chaque fois, cette administration est parvenue à rassurer les plus centristes, en avançant des arguments apparemment moins radicaux. Et chaque fois, les centristes ont opté pour la stratégie de l'apaisement : ils ont minimisé le caractère extrémiste des choix du gouvernement et la gravité des promesses non tenues pour trouver un terrain d'entente. Le jeune Henry Kissinger l'avait bien compris : face à un pouvoir révolutionnaire, des personnes habituées à la stabilité n'en croient pas leurs yeux et se révèlent incapables de résister.

Je dois avouer à ce stade que je ne saisis pas tout à fait les raisons de cette évolution. Pourquoi une telle remise en question de notre système politique et social ? Les gens riches ont très bien vécu dans les années 1990 : d'où vient alors cette haine envers tout ce qui pourrait ressembler de près ou de loin à une politique de redistribution ? Les entreprises ont prospéré : pourquoi donc cette volonté de démanteler toute réglementation environnementale, si minimale soit-elle ? Toutes les confessions religieuses ont progressé : qu'est-ce qui pousse cette administration à contester aussi vigoureusement la séparation de l'Église et de l'État ? La puissance et l'influence de l'Amérique n'ont jamais été aussi grandes : comment expliquer cet acharnement à détruire des alliances de longue date et à se lancer dans l'aventure militaire ? Il est de plus en plus évident que tout cela, c'est tout bonnement ce que veut la droite. Alors comment ceux d'entre nous qui désapprouvent doivent-ils réagir ?

Les règles du métier de journaliste

Le premier pas consiste à essayer de comprendre ce qui se passe vraiment. Comme je suis aussi journaliste, je me sers des règles du métier : comment enquêter, comment raconter une histoire. Et ces règles ont leur intérêt pour tout citoyen désireux d'y voir clair.

1. Ne jugez pas les propositions politiques en fonction des objectifs qu'elles affichent

Il faut se rappeler qu'un pouvoir révolutionnaire a une idée claire de ses desseins et avancera n'importe quel argument lui permettant de les atteindre. Inutile de supposer que ses justifications répondent en elles-mêmes à une quelconque logique. Comme nous le verrons, le plan de privatisation de la Caisse de retraite publique de M. Bush n'a rien à voir avec une tentative discutable ou encore inefficace pour renforcer le financement de ce régime : il aurait au contraire aggravé les difficultés du système. De même pour le projet de réduction des impôts, présenté début 2003 par le gouvernement comme le meilleur moyen d'accélérer la croissance. Lorsque le Congressional Budget Office * – dont le nouveau chef avait travaillé quelques mois plus tôt pour l'administration – s'est attelé à l'évaluation des retombées macroéconomiques d'une telle proposition, les conclusions n'ont pas été très encourageantes. Notons enfin que la plupart des analystes indépendants prévoyaient qu'une guerre avec l'Irak augmenterait le risque d'attentats terroristes plutôt qu'elle ne le diminuerait.

Les journalistes sont gênés face à des arguments manifestement mensongers. Leur formation et leur disposition naturelle les incitent à envisager systématiquement tous les points de vue en présence, et ils ont même du mal à imaginer qu'une figure politique de premier plan puisse mentir ouvertement sur le contenu de son programme. Une boutade lancée dans un de mes articles aurait, paraît-il, sérieusement vexé plusieurs journalistes ; si M. Bush affirmait que la Terre était plate, ai-je écrit, on aurait droit le lendemain à des gros titres du style : « Des vues divergentes sur la forme de la Terre ». Évidemment, les journalistes vexés sont ceux qui s'étaient sentis visés.

Pour équilibrer la balance, on présumera que les porte-parole de tout mouvement politique ordinaire, quoi qu'on pense du programme en question, sont de bonne foi. Mais avec un mouvement révolutionnaire c'est une autre paire de manches. Quand on ne respecte pas les règles du jeu, on n'a aucun scrupule à présenter ses objectifs sous un faux jour. David Wessel, du *Wall Street Journal*, a raconté son expérience avec un conseiller de la Maison-Blanche qui tenait dans le privé des propos contraires à ceux qu'il tenait publiquement. Face à l'indignation du journaliste, le conseiller a répondu : « Pourquoi mentir ? Parce que cela fait partie de mon travail. Raconter des bobards à la presse ne pose des problèmes de conscience à personne. »

2. Faites travailler vos méninges et découvrez les intentions véritables

Il n'existait aucune théorie économique reconnue, de gauche comme de droite, permettant de justifier par la création rapide d'emplois la réforme fiscale proposée début 2003 – qui aurait progressivement mis fin à l'imposition des revenus du capital, sans pour autant dynamiser l'économie dans l'immédiat. Pourtant, les hommes de Bush n'ont pas craint d'avancer cet argument saugrenu. Étaient-ils mal informés ? On a du mal à le croire. C'est tout simplement que la croissance économique n'était pas leur premier souci.

Il n'était pas très difficile, d'ailleurs, de connaître leur véritable objectif. Ce mouvement ultralibéral milite depuis longtemps en faveur de la suppression de tout prélèvement sur les revenus du capital, et l'application du programme de M. Bush y mènerait tout droit. Pour comprendre le sens de cette proposition fiscale, il faut plutôt considérer ce que ces architectes voulaient avant de chercher à vendre leurs mesures politiques à l'opinion.

On a là un principe général d'analyse des événements : enquêter sur les intentions véritables. Il ne s'agit pas de sonder les âmes à la recherche de mobiles cachés, car les buts véritables n'ont généralement rien de secret. Il suffit de s'intéresser aux propos tenus par les adeptes de telle orientation bien avant les campagnes électorales. Quand on apprend, par exemple, que le fonctionnaire nommé à la tête de l'administration des forêts a précédemment représenté le lobby industriel du bois, on se doute bien que son initiative « forêts saines », qui lèverait des restrictions à l'abattage des arbres, n'est pas une mesure de prévention des incendies. Lorsque le chef de file de la majorité républicaine à la Chambre affirme son intention de défendre « une conception biblique du monde », on ne commet pas l'erreur d'attribuer ses propositions « inspirées par la foi » à un désir d'améliorer la qualité des services sociaux. Et quand on découvre que les architectes de l'invasion de l'Irak rêvaient depuis une dizaine d'années de renverser Saddam Hussein, on cesse de prendre cette aventure militaire pour une réponse aux attentats du 11 Septembre.

Là encore, les journalistes se trouvent dans une position inconfortable : ils ne tiennent pas à passer pour des cinglés qui voient des complots partout. Mais il n'y a rien de cinglé à vouloir percer à jour les vraies visées de la droite radicale : au contraire, faire comme s'il n'existait aucune sorte de complot dans la vie politique américaine serait d'autant plus irréaliste que les organisations et les hommes s'expriment et agissent en grande partie à visage découvert.

3. N'allez pas imaginer que les règles en vigueur sont celles que vous avez toujours connues

Washington a une méthode de gestion des scandales rodée depuis longtemps. Quand des bruits fâcheux courent au sujet d'une personnalité politique, la presse se met à les exploiter. Bientôt, la personne est discrètement poussée à démissionner, puis tout continue comme avant.

Lorsque plusieurs hauts responsables de l'administration Bush ont commencé à avoir ce genre d'ennuis, on pouvait s'attendre au même scénario. À tort. Considérons le cas de Stephen Griles, ancien représentant du lobby du charbon, devenu sous-secrétaire du département de l'Intérieur[1]. Son intervention en faveur d'un de ses anciens clients dans une controverse sur des droits d'exploration ne l'a pas empêché de conserver son poste. De même, Thomas White, nommé secrétaire à l'armée de terre : le scandale des bénéfices fictifs enregistrés par une division d'Enron à l'époque où il l'avait dirigée n'a pas entraîné pour autant sa démission. Quant à Richard Perle, président du Conseil politique du Pentagone, la révélation de relations d'affaires incompatibles avec sa charge, de conflits d'intérêt

1. Le département de l'Intérieur est une sorte de ministère de l'Aménagement du territoire et de l'Environnement, chargé notamment de la gestion des parcs nationaux.

donc, ne lui a coûté qu'une petite rétrogradation (il reste membre du Conseil). Rappelons enfin que le président Bush et le vice-président Cheney ont tous deux réussi à balayer d'un revers de main les interrogations sur leurs carrières fort suspectes dans le monde des affaires.

Pourquoi les règles habituelles ne s'appliquent-elles plus ? Parce qu'un pouvoir qui rejette fondamentalement le système en place ne s'estime pas tenu de les respecter. De hauts responsables seraient-ils mêlés à des scandales ? Peu importe : Fox News, le *Washington Times* et le *New York Post* se garderont bien d'enquêter. Mieux, ils s'emporteront contre les journaux ou les chaînes de télévision qui osent faire ce travail à leur place. Le nouveau dispositif de surveillance du territoire donnerait-il lieu à des critiques ? Un enchaînement soudain d'alertes au terrorisme permettra de noyer le poisson. « Ils n'iraient quand même pas jusque-là ! » protestent des individus raisonnables. Effectivement, les dirigeants d'un régime normal ne le feraient pas. Sauf que nous n'avons pas affaire à un régime normal. Nous sommes face à un pouvoir révolutionnaire.

4. Attendez-vous à ce qu'un pouvoir révolutionnaire réagisse à la critique par l'attaque

Un pouvoir révolutionnaire ne reconnaît pas non plus aux citoyens le droit de le critiquer. Quiconque soulève des questions embarrassantes doit s'attendre à une contre-offensive où tous les coups sont permis.

Exemple saisissant, en avril 2003, lorsque John Kerry, qui comptait déjà parmi les favoris pour représenter le parti démocrate à l'élection présidentielle, a tenu ce propos : « Ce qu'il nous faut à présent, ce n'est pas seulement un changement de régime en Irak. Nous avons aussi besoin d'un changement de régime aux États-Unis. » Si l'on considère le registre habituel du débat politique dans le pays, y compris en temps de guerre, cette affirmation n'a rien d'exceptionnel. Dans la campagne électorale de 1944, par exemple, au plus fort de la Seconde Guerre mondiale, alors que des millions de soldats américains se battaient sur divers fronts, Thomas E. Dewey a qualifié son adversaire, Franklin Roosevelt, de « vieillard fatigué ». Or personne, à ma connaissance, n'a crié à la haute trahison. Impossible, en effet, d'avoir des élections libres si l'on n'a pas le droit de critiquer le candidat sortant – d'ailleurs, la défense de la liberté n'est-elle pas la bannière derrière laquelle les Américains sont entrés en guerre ?

La tradition de tolérance envers la critique, même en temps de guerre, s'était jusqu'à il y a peu toujours maintenue. En 1999, Tom DeLay a pu vivement dénoncer l'intervention américaine au Kosovo et même accuser le président Clinton d'avoir provoqué la mort de nombreux civils. Ses remarques en ont fait sourciller plus d'un, mais la carrière politique de M. DeLay n'en a pas souffert.

Or depuis que les révolutionnaires sont installés à Washington, les règles ont changé. « Le sénateur Kerry a dépassé les bornes en osant faire allusion au remplacement du commandant en chef de l'Amérique en temps de guerre », a déclaré le président du comité national du parti républicain. Et des dizaines de républicains, hommes politiques et militants, se sont empressés de mettre en doute le « patriotisme » de John Kerry (décoré pour sa bravoure dans la guerre du Vietnam).

Ce n'est que le dernier d'une longue série d'incidents : ceux qui mettent en question ou critiquent l'administration Bush sont diabolisés, calomniés, et voient parfois leur carrière détruite. Le parti républicain, nous l'avons déjà vu, a cherché dans sa propagande à établir des liens entre Tom Daschle, sénateur démocrate de premier plan, et Saddam Hussein. Il est parvenu à semer le doute quant au patriotisme du sénateur Max Cleland, qui a perdu trois membres dans la guerre du Vietnam.

Il n'y a rien d'inattendu dans tout cela. L'administration Bush ne tolère plus le moindre désaccord et n'épargne même plus son propre camp. « Des élus républicains et des lobbyistes proches du parti jugent que même le ton employé à l'égard des amis et des alliés est féroce et vindicatif », commente le *Washington Post*. Jusqu'à un certain point, cela pourrait refléter les valeurs de la famille Bush, mais c'est aussi typique d'un pouvoir révolutionnaire. Revenons à Henry Kissinger : « Ce qui est, toutefois, particulier à un pouvoir révolutionnaire, ce n'est pas cette crainte [d'être agressé] [...], *c'est que rien ne peut rassurer ses dirigeants*. Seule une sécurité absolue a valeur, à leurs yeux, de garantie suffisante, ce qui implique la neutralisation de l'adversaire[1]. »

5. *N'imaginez pas qu'il existe des limites à ce qu'un pouvoir révolutionnaire veut*

Les centristes ont été nombreux à minimiser la portée de la réduction des impôts de 2001 ; ils ont préféré y voir une contrepartie modeste des augmentations d'impôts pratiquées au cours des années 1990. Ainsi, en dépit de leurs réserves, ils n'ont pas vu d'inconvénient majeur à laisser faire M. Bush. Puis, quand les projections budgétaires justifiant cette mesure se sont révélées d'un optimiste absurde, ces mêmes centristes ont adjuré le gouvernement de repenser son programme fiscal et l'ont cru prêt à les écouter et accepter un compromis. L'administration a répliqué en annonçant une nouvelle baisse d'impôts. Les sénateurs qui avaient voté en faveur du premier train d'allègements fiscaux ont eu cette fois bien du mal à justifier leur rejet.

La frange bien-pensante de l'opinion commence à peine à reconnaître que depuis le début cette administration vise à abolir toute ponction sur les revenus du capital et à réduire fortement, voire définitivement, la progressivité du système fiscal, et que la concession initiale des centristes a fait sauter le principal obstacle à la réalisation de ce programme. Ajoutons qu'il n'est même pas sûr que l'instauration d'un taux d'imposition zéro sur les revenus du capital et d'un prélèvement à taux forfaitaire sur les salaires marquerait les limites des ambitions de Bush et consorts. À quand le rétablissement de la gabelle ?

De même, nombre de centristes ont soutenu l'invasion de l'Irak comme une mesure exceptionnelle face à un dictateur dangereux et brutal. Or tout indique aujourd'hui que le noyau dur de l'administration considère cette action comme le début

1. *Le Chemin de la paix*, *op. cit.*, p. 12, mais sans italique dans la version française.

de la mise en œuvre de la « doctrine Bush », axée sur l'usage agressif, tous azimuts, de la force. Mais, ayant déjà cédé, les centristes sont à court d'arguments pour s'opposer au renversement d'autres dictatures. Et en avant pour la *pax americana* !

Il doit pourtant bien y avoir une limite à cette voracité de changements. La droite transformera peut-être la fiscalité américaine de manière à imposer les ménages modestes plus lourdement que les ménages aisés, mais elle n'ira tout de même pas jusqu'à laisser les riches payer moins de contributions, en chiffres absolus, que les pauvres… ou je m'avance trop ? Elle passera peut-être de l'Irak à la Syrie, puis à l'Iran, mais elle aura sûrement le bon sens de ne pas menacer militairement des pays démocratiques… ou je m'avance trop ? Malheureusement, on ne peut savoir où la droite s'arrêtera et, de toute façon, l'expérience montre combien il est illusoire de compter sur des concessions limitées pour l'apaiser. Quel que soit le dossier, tous ceux qui ont pronostiqué un retour à la modération de l'administration Bush ont dû déchanter. N'oublions pas la leçon de Kissinger : « Il est, au contraire, dans la nature même d'un pouvoir révolutionnaire d'avoir le courage de ses convictions. Les principes qui l'animent, il est disposé, et même impatient, de les mener jusqu'à leurs conséquences extrêmes [1]. »

Depuis plus d'un an, nous voyons les abus se succéder : redécoupage électoral du Texas – bouleversement sans précédent qui risque de donner définitivement aux républicains la majorité à la Chambre des représentants –, occultation d'études scientifiques accablantes pour la politique environnementale du gouvernement, diffamation de Richard Clarke, ancien responsable de la lutte antiterroriste, et j'en passe.

Le manque de scrupules de cette administration a atteint un nouveau sommet – bientôt dépassé ? – lorsque certains de ses membres ont révélé au public que Valerie Plame, épouse de Joseph Wilson, personnalité connue pour ses critiques à l'égard du gouvernement, était un agent clandestin de la CIA. M. Bush a curieusement montré peu d'empressement à découvrir qui

1. *Ibid.*, p. 13.

étaient les auteurs de cette « fuite ». Quelques mois après l'incident, l'agitation semblait alors retombée, quand un porte-parole de la Maison-Blanche s'est vanté en ces termes : « Nous avons laissé les bulldozers s'occuper de cette affaire. » L'enquête a repris depuis lors, mais on ignore où elle conduira.

À un autre niveau, mais tout aussi inquiétant, les tentatives inlassables de créer un culte du président Bush. Aussi ridicule fût-il, son appontage ultramédiatique sur le porte-avions *USS Lincoln* – avec une banderole portant l'inscription « Mission accomplie » – avait de quoi inquiéter. Des amis âgés, anciens réfugiés d'Europe centrale, m'ont confié que cette mise en scène leur rappelait le travail de Leni Riefenstahl. Non pas qu'ils mettent Bush et Hitler dans le même sac. Mais la glorification du chef d'État comme héros militaire, outre son côté factice, leur paraît indigne de l'Amérique. Et quand bien même l'administration préférerait désormais oublier ce numéro du président en tenue d'aviateur, le culte de la personnalité continue. Des photos de Bush en « héros » ornent aujourd'hui les documents officiels les moins appropriés à ce genre d'illustration : le texte du budget de 2005 n'offre pas moins de vingt-sept photos du commandant en chef des armées, toutes très glamour.

Derrière ces signes apparents d'abus de pouvoir se trouve la volonté de la droite ultralibérale de consolider son emprise politique. On se souviendra longtemps de Grover Norquist, éminence grise du parti républicain, proclamant son ambition de réduire l'État fédéral « au point de le noyer dans une baignoire ». Puis expliquant à un journaliste du *New Yorker*, en avril 2004, par quels moyens il comptait y parvenir : « Un premier pas consisterait à asseoir la domination permanente du parti républicain, en s'assurant 55 sénateurs républicains sur 100, une supériorité de 30 voix à la Chambre des représentants, et en maintenant sur le fauteuil présidentiel un républicain vingt ans d'affilée. » Son projet prévoit aussi des dispositions de contrôle et d'intimidation de la presse ; les moyens d'assurer aux républicains une suprématie écrasante sur le plan du financement des campagnes électorales, non seulement en réunissant des fonds importants, mais aussi en menaçant de représailles toute entreprise qui voudrait soutenir le camp adverse ; et enfin la dénonciation de toute critique comme propos antipatriotique.

Jusqu'où cette volonté d'hégémonie ira-t-elle ? Aujourd'hui, rien dans la vie politique américaine ne m'effraie autant que l'arrivée des machines à voter électroniques, qui ne gardent aucune trace des votes sur un support matériel. Qui sait ? Qui sait si ceux qui ont rayé des listes électorales des milliers d'électeurs de Floride prétendument « criminels », et les ont ainsi empêchés de voter en 2000, n'ont pas procédé au redécoupage électoral du Texas pour s'assurer un avantage politique, plutôt que pour prendre en compte les données du dernier recensement ? Ceux-là refuseraient-ils de s'abaisser à truquer les élections par des moyens high-tech ? Pour ma part, je ne miserais pas la démocratie sur un tel pari.

Voilà donc l'état des lieux. Nombre de lecteurs trouveront le tableau trop noir, en dépit des événements des dernières années. « Seront qualifiés d'alarmistes ceux qui signalent le danger à temps ; seront, en revanche, salués pour leur équilibre intellectuel et leur jugement sain les partisans de l'adaptation aux circonstances », a écrit Kissinger. L'ennui, c'est que, jusqu'ici, les alarmistes ont toujours eu raison.

Un grand revirement ?

De plus en plus de gens commencent à se rendre compte de la gravité de la situation. C'est peut-être la phrase d'Andy Rooney, journaliste de l'émission *Soixante minutes,* qui en témoigne le mieux : « La seule vraie bonne nouvelle aujourd'hui serait d'apprendre que nous avons tourné cette page effroyable de l'histoire américaine. »

Qu'est-ce qui pourrait permettre à cette bonne nouvelle d'arriver plus vite ?

Pour nourrir quelque espoir de renouveau, il nous faut croire que la plupart des Américains, au fond, ne soutiennent pas le programme de la droite, que le pays dans son ensemble est plus généreux, plus tolérant et moins militariste que ses dirigeants.

Et c'est ce que je crois : sans l'habileté de la droite à brouiller les cartes et à se parer des vertus patriotiques, la majorité des Américains s'opposeraient énergiquement à l'orientation politique que prend le pays.

Je pense qu'un jour viendra où le peuple américain ouvrira les yeux, se rendra compte de la manière dont on a abusé de sa bonne volonté et de son patriotisme, et il arrêtera net cette course folle qui mène à la destruction de tout ce qu'il y a de meilleur dans notre pays. Comment et quand ce jour viendra-t-il ? Je l'ignore, mais une chose est sûre : nous avons une chance de le vivre si tout le monde s'efforce de voir et de faire savoir la vérité sur ce qui se passe.

Je dois d'ailleurs confier que j'entrevois les premiers signes d'un tel revirement.

Ce livre paraîtra en pleine campagne électorale 2004, et gageons que celle-ci sera la plus dure et la plus déloyale qui soit, de mémoire d'homme. J'espère que ce livre aidera à prendre la mesure de ce qui est en jeu.

Première partie

LA BULLE QUI A FAIT DES VAGUES

Vous souvenez-vous du temps où les lois de la pesanteur économique semblaient abrogées ? De jeunes battants abandonnaient leurs études et devenaient multimillionnaires en un clin d'œil. Des entreprises jusque-là inconnues valaient soudain 20 milliards de dollars, et se servaient de leurs actions ultraprécieuses pour racheter des firmes bien établies depuis des générations. Tous les détenteurs de titres – surtout technologiques – avaient gagné le gros lot. Et ceux qui n'en avaient pas se sentaient perdants, voire honteux. « Qu'as-tu fait pendant le marché haussier, papa ? » Telle aurait été la grande question, selon Maureen Dowd, ma collègue au *New York Times*[1].

Certains affirment que tous les problèmes actuels de l'Amérique proviennent de la folie boursière des années 1990, dont nous devons payer la note. Ce n'est pas entièrement faux, mais ce n'est qu'une petite partie de la vérité. Comme nous le verrons plus loin dans le livre, des tendances longues – la polarisation économique et politique, la montée en puissance d'une droite redoutablement organisée – ont également créé les conditions des difficultés d'aujourd'hui. Des événements précis ont aussi joué un rôle important – surtout le 11 Septembre, cette occasion trop belle pour qu'on ne l'exploite pas. Et la personnalité du

1. Dans un article satirique du 12 janvier 2000 sur la honte de ne pas être millionnaire.

locataire de la Maison-Blanche n'est pas non plus à négliger dans le désastre. Néanmoins, nous ne pouvons comprendre notre situation sans analyser les illusions et les excès des années 1990. Voilà pourquoi cette première partie a pour thème l'« exubérance irrationnelle » et ses conséquences.

Une première question laisse perplexe : comment se fait-il que si peu de monde se soit inquiété de voir le Dow Jones dépasser les 10 000 et le Nasdaq les 5 000 points ? Il y avait pourtant tout lieu de juger exorbitante cette envolée des marchés. Selon les critères habituels d'évaluation des actions, comme le *ratio* cours/bénéfice, ils s'étaient déjà enfoncés très loin dans la zone dangereuse. Et quelques sceptiques, dont j'étais, n'ont pas manqué d'exprimer leurs réserves. Mais des malins habillés par les meilleurs tailleurs ont su inventer toutes sortes d'arguments ingénieux pour justifier l'ascension des cours. On trouvera au chapitre premier certains des textes, dont deux écrits avant même le début de ma chronique dans le *New York Times*, dans lesquels je me suis efforcé de démolir leurs raisonnements, et aussi d'expliquer pourquoi des personnes par ailleurs raisonnables cédaient à la frénésie ambiante.

Les sceptiques ne s'inquiétaient pas seulement des pertes financières qu'auraient à subir les investisseurs le jour où les cours retomberaient. Ils redoutaient aussi les « dommages collatéraux » sur l'économie réelle. Il y a de sinistres précédents historiques : la bulle spéculative des années 1920 a abouti au krach de 1929, et c'est cela qui a donné le coup d'envoi à la longue dépression des années 1930. Depuis, les États-Unis n'ont plus connu de crises financières de cette gravité, mais d'autres pays, dont je connais assez bien l'expérience, en ont subi plus récemment.

Dans ma carrière universitaire, je me suis longtemps concentré sur les économies en difficulté, de l'Indonésie au Japon. J'avais donc compris, avant même l'éclatement de notre bulle, que la dépression américaine des années 1930 était un phénomène normal : la perte de confiance des acteurs financiers après une période de hausse boursière provoque souvent une crise de l'économie réelle. Nombre d'économistes juraient que cela ne pouvait se reproduire dans l'Amérique contemporaine, que nous étions définitivement immunisés contre ces maux. Je n'étais pas de leur avis. Au chapitre 2 notamment, je parle des crises d'autres économies, et des leçons à en tirer.

Comment les Américains ont-ils réagi à la fin des années-bulle ? Même les pessimistes pensaient généralement que, une fois les marchés boursiers retombés sur terre, nos dirigeants économiques – et d'abord Alan Greenspan, le patron légendaire de la Réserve fédérale – sauraient faire face aux conséquences. Quant à moi, tourné vers l'international, je connaissais trop bien l'expérience du Japon – locomotive de l'économie mondiale dans les années 1980, mais aussi cadre de l'une des bulles financières les plus importantes de l'histoire. Cet exemple aurait dû suffire à tempérer l'optimisme des Américains quant à l'issue de leur propre phase d'expansion. L'effondrement de la Bourse japonaise a en effet ouvert une période prolongée de stagnation économique qui se poursuit encore. Autrement dit, même un pays économiquement avancé et piloté par des dirigeants chevronnés peut perdre pied. Et c'est bien ce qui s'est passé aux États-Unis, qui montrent au moins quelques symptômes du mal japonais. Le chapitre 3 retrace la glissade de l'économie américaine dans la récession et son retour hésitant, insuffisant, à la croissance (on parle de nos jours de « reprise sans créations d'emplois », sans doute pour éviter le mot « stagnation »). Ces textes laissent aussi transparaître mon désenchantement grandissant à l'égard de la politique économique du pays, puisque les efforts d'Alan Greenspan se révélaient inefficaces et que l'administration Bush refusait obstinément de prendre l'affaire au sérieux.

Si les séquelles des années 1990 sont aussi difficiles à gérer, c'est parce qu'il y a eu bien d'autres dérapages qu'une surévaluation temporaire des titres boursiers. Avec la hausse continue des cours, pratiquement personne ne l'a remarqué, mais, dans la lumière crue des lendemains qui déchantent, on le voit clairement : au tournant du millénaire, il y avait quelque chose de pourri dans le capitalisme américain. Sur ce point, je n'ai pas été plus lucide que les autres : pendant les années fastes, plusieurs personnes m'ont écrit pour me signaler les trucages pratiqués par de grandes entreprises ; à mon grand regret, je n'ai pas tenu compte de leurs courriers. En revanche, quand Enron, l'entreprise la plus célébrée de son temps, que l'on présentait comme le meilleur modèle de la firme moderne, a volé en éclats, j'en ai tout de suite tiré les leçons : si la réussite de cette compagnie universellement applaudie reposait sur une escroquerie pyramidale, mieux valait ne pas parier sur l'intégrité absolue du monde des affaires américain. Soupçon vite confirmé : les années d'euphorie boursière avaient été à la fois la cause et l'effet d'une épidémie de délinquance financière.

Le chapitre 4 examine de près la question : il détaille les mobiles et les techniques des fraudeurs. Il aborde aussi un aspect de cette histoire que beaucoup veulent absolument ignorer : nos dirigeants politiques actuels sont amplement compromis. Pas de doute : à une échelle certes plus modeste, George W. Bush et Dick Cheney se sont enrichis grâce aux mêmes astuces qui ont fait la fortune des dirigeants d'Enron et autres entreprises frappées par le scandale. Ce qui nous mène à un problème plus général : en cette heure où il faudrait à l'Amérique un nouveau Franklin Roosevelt, elle est gouvernée par des hommes qui contribuent à l'accabler. J'y reviendrai.

CHAPITRE 1

L'exubérance irrationnelle[1]

LES SEPT MAUVAISES HABITUDES D'INVESTISSEURS TRÈS IMPARFAITS

Fortune, 29 décembre 1997

Je n'ai rien contre la théorie des marchés financiers efficients. Je ne conteste pas à Robert Merton et à Myron Scholes le prix Nobel qu'ils viennent de recevoir pour avoir montré que ladite théorie permet de déterminer la valeur d'instruments financiers complexes. Mais, à moins d'avoir passé les cinq derniers mois dans un monastère tibétain, vous avez sûrement remarqué que le comportement des marchés, ces temps-ci, est pour le moins bizarre. En juin encore, les économies « miraculeuses » du Sud-Est asiatique étaient jugées irréprochables, et les investisseurs se bousculaient au portillon pour placer des milliards sur les Bourses locales. Or en octobre, ces mêmes investisseurs étaient en pleine débandade : apparemment, la corruption et l'impéritie des gestionnaires asiatiques n'échappaient plus à personne. À la réunion organisée en septembre par le FMI et la Banque mondiale à Hong Kong, les participants n'avaient pas tari d'éloges sur leurs hôtes : ils avaient mis leur économie à l'abri des turbulences en cours au Sud et maintenu sa prospérité pendant sa rétrocession à la République populaire de Chine. Un mois plus tard, non seulement l'économie de Hong Kong s'était effondrée, mais elle avait en peu de temps entraîné dans sa chute le Brésil et une vaste partie du monde.

1. C'est le titre d'un livre de Robert Shiller, Hendaye, Valor Éditions, 2000 [*Irrational Exuberance*, New Jersey, Princeton University Press, 2000].

Que se passe-t-il sur les marchés ? J'ai récemment eu l'occasion de les ausculter à une réunion de gérants de fonds d'investissement. Comme ils gèrent à eux tous plusieurs centaines de milliards de dollars, je les ai écoutés avec la plus grande attention. Je voulais surtout savoir comment des hommes et des femmes aussi habiles – et ils doivent bien l'être, sinon pourquoi sont-ils riches ? – font de telles âneries. Et voici ce que j'ai découvert : sept mauvaises habitudes qui contribuent à produire les marchés fort peu efficients qui régissent le monde.

1. *Pense à court terme.* Quelques participants à la réunion ont tenté de parler d'un futur plus lointain – de s'interroger, notamment, sur les perspectives de croissance des profits des grandes firmes américaines dans les cinq prochaines années. On les a vite fait taire : trop théorique. Or, tout économiste vous dira que même l'investisseur à court terme doit s'intéresser au long terme. Les cours boursiers de cette année dépendent à la fois des performances économiques de l'année et des projections des investisseurs sur les cours de l'année prochaine. Or les cours de l'année prochaine seront déterminés à la fois par les bénéfices obtenus alors et par les anticipations sur l'année d'après... Les prix d'aujourd'hui doivent donc refléter les perspectives de rentabilité sur plusieurs années. Mais essayez d'expliquer ça aux opérateurs.

2. *Sois cupide.* Nombre de participants ont longuement parlé de l'ultime flambée des cours qui précédera, selon eux, la grosse correction, et ils ont la ferme intention de surfer encore un petit peu sur la vague ascendante. Peut-être ont-ils raison, mais, lorsqu'on pense vraiment que les cours sont surévalués, peut-on être sûr de prévoir correctement l'instant précis de l'inéluctable plongeon ? Ce désir d'engranger les fruits de quelques points supplémentaires risque de leur coûter très cher.

3. *Compte sur le plus bête.* Plusieurs de ces gérants de fonds ont dit qu'on avait trop vendu les valeurs asiatiques, mais qu'il fallait attendre qu'elles commencent à se redresser avant d'en racheter – comme d'autres ont soutenu que les valeurs américaines étaient surévaluées, mais qu'ils ne vendraient qu'une fois la baisse amorcée. Question évidente : quand le retourne-

ment du marché sera clair pour vous, ne sera-t-il pas clair aussi pour tout le monde ? S'ils semblent tous croire cette stratégie sans risque, c'est qu'ils se disent implicitement qu'il y aura toujours des gens assez obtus pour ne pas remarquer que le vent a tourné, jusqu'à ce qu'il soit vraiment trop tard.

4. *Cours avec le troupeau.* Vous vous imaginez peut-être qu'un groupe d'investisseurs écoute avec la plus vive attention l'esprit original qui développe des analyses à contre-courant – qui soutient, par exemple, que les États-Unis vont au-devant de gros problèmes d'inflation, ou que le Japon se trouve à la veille d'une vigoureuse reprise économique, ou encore que la monnaie unique européenne va échouer. Eh bien, détrompez-vous : les rares participants timidement anticonformistes ont été ridiculisés. À l'évidence, le groupe voulait que l'analyse admise soit confirmée, pas contestée.

5. *Généralise à outrance.* J'ai été stupéfait d'entendre ces gérants de fonds condamner en bloc les firmes japonaises : pas compétitives, désastreusement gérées, incapables de se concentrer sur le profit immédiat. Elles ne peuvent tout de même pas avoir toutes ce profil ! Des chefs d'entreprise qui ont réussi à exporter même quand le dollar valait 80 yens doivent bien avoir plus d'un tour dans leur sac. Et le management à la japonaise n'a-t-il pas inspiré, il y a quelques années, des centaines de livres enthousiastes et d'articles admiratifs ? Les patrons nippons ne méritaient sans doute pas tous les éloges d'hier, mais ils sont sûrement meilleurs qu'on ne le prétend aujourd'hui.

6. *Sois tendance.* En allant à cette réunion, je m'apprêtais à entendre beaucoup parler du « paradigme de la nouvelle économie », qui dit qu'avec la mondialisation et les nouvelles technologies toutes les anciennes règles économiques sont caduques, que la croissance sans inflation des six dernières années se poursuivra à l'infini, que nous vivons les débuts d'une expansion de vingt ans, etc. Cette doctrine n'est qu'un tissu d'absurdités, bien sûr – mais de toute manière, comme on dit dans *Buffy contre les vampires*, « ça, c'était il y a cinq minutes ». Toutes les règles ont à nouveau changé. Nous sommes à la veille d'une terrible époque de déflation mondiale, et, en dépit des

nombreuses reprises qu'elle a brillamment pilotées, la Réserve fédérale ne pourra rien faire. Une nouvelle « nouvelle économie », en somme.

7. *Joue avec l'argent des autres.* Revenons à ma question de départ : comment des esprits aussi habiles peuvent-ils faire de telles âneries ? En partie parce que ce sont des salariés, pas des investisseurs directs, et qu'ils pensent d'abord à gagner de l'argent et à faire carrière eux-mêmes. C'est pour cela qu'ils ont du mal à voir loin : à long terme, ils ne seront peut-être pas morts, mais ils auront probablement un autre emploi. De plus, quand on gère l'argent des autres, il est difficile d'être original. Se tromper quand tout le monde se trompe n'est finalement pas bien grave : on perdra tout au plus sa prime, pas son emploi. Mais se tromper quand tout le monde a raison… Et voilà comment ces gérants de fonds se concentrent unanimement sur les mêmes chiffres immédiats, cherchent tous à surfer sur la vague et souscrivent en chœur à la théorie grotesque du jour.

Cette réunion m'a mis mal à l'aise. Ces gens-là peuvent inonder d'investissements les marchés d'un pays puis tout retirer brusquement, et créer un cycle expansion-récession vraiment spectaculaire. Je doute qu'ils puissent le faire aux États-Unis – vive Alan Greenspan ! –, mais je n'en suis pas sûr à cent pour cent.

En tout cas, les dirigeants asiatiques qui fulminent contre les sinistres machinations des spéculateurs ont tout faux. Je n'ai pas vu dans la salle une meute de loups mais un troupeau de moutons – un troupeau très dangereux de moutons de Panurge financiers.

VERS UNE NOUVELLE PÉRIODE GLACIAIRE

Fortune, 25 mai 1998

Plus j'observe l'essor prodigieux des Bourses américaines, plus je suis sûr que nous sommes confrontés à un problème psychologique éléphantesque. Et par « éléphantesque » je n'entends pas « colossal » (bien que le sens figuré soit peut-être adapté aussi), je renvoie bel et bien à l'éléphant, ou au mammouth.

Ceux qui suivent les modes en psychologie le savent : Freud est « ringard » alors que Darwin est « tendance ». Selon la « psychologie évolutionniste », le cerveau humain est merveilleusement configuré pour permettre à l'individu de fonctionner dans son environnement. Malheureusement, l'environnement en question est celui que nous avons connu dans les deux derniers millions d'années, pas la prétendue civilisation que nous construisons depuis deux siècles. Nous sommes tous des chasseurs-cueilleurs perdus dans la grande métropole, et telle est la source, assurent les théoriciens, de beaucoup de nos mauvaises habitudes. Notre fringale de sucreries est née dans un monde sans crèmes glacées ; notre goût pour les rumeurs a grandi dans un monde sans presse à sensation ; notre réaction émotionnelle à la musique s'est constituée dans un monde sans Céline Dion. De même, nos instincts d'investisseur ont été conçus pour la chasse au mammouth et non aux plus-values.

Considérons ce qu'on appelle en psychologie évolutionniste l'« environnement ancestral ». Deux tribus – les Ours des Cavernes et leurs voisins les Taureaux des Cavernes – vivent très près l'une de l'autre, mais, par tradition, suivent deux stratégies de chasse différentes[1]. Les Ours prisent le lapin : choix prudent, puisqu'on a la quasi-certitude d'en trouver tous les jours, mais peu avantageux, puisqu'un lapin n'est qu'un lapin. Les Taureaux, eux, s'intéressent au mammouth : stratégie risquée, car on ne sait jamais quand – et si – on va en trouver un, mais qui peut rapporter gros, puisque les mammouths sont... éléphantesques.

Supposons maintenant que, depuis un an ou deux, la chance sourie aux Taureaux : ils parviennent à tuer un mammouth toutes les semaines ou presque. Au bout d'un certain temps, l'instinct naturel des Ours les rendra envieux, et ils imiteront leurs voisins pour pouvoir profiter de leur bonne fortune. C'est un instinct naturel car, dans l'environnement ancestral, cette réaction était tout à fait justifiée. Les événements ayant pu favoriser l'accroissement de la population locale des mammouths – mouvements migratoires de grande envergure, conditions climatiques propices à une bonne couverture herbeuse – étaient à l'époque de caractère plutôt durable. C'était donc une bonne idée d'imiter une stratégie ayant fait ses preuves dans un passé récent.

Mais transplantons nos deux tribus dans le monde de la finance moderne et – à en croire du moins la théorie financière – ces instincts ne sont plus du tout adaptés. Selon la théorie des marchés efficients, le cours d'une action est censé déjà intégrer à chaque instant toute l'information disponible sur l'entreprise, et c'est pourquoi l'évolution des cours demeure foncièrement imprévisible : c'est la célèbre « marche aléatoire ». En particulier, si certains investisseurs ont empoché hier de belles plus-values, ce n'est absolument pas une raison pour croire qu'ils en feront autant demain. Pour l'investisseur rationnel, nous dit la théorie, le passé est le passé : même si votre voisin a beaucoup gagné en Bourse l'année dernière alors que vous aviez préféré les liquidités, ce n'est pas une raison pour acheter des actions

1. En jargon boursier, un *bear* (ours) est un baissier, alors qu'un *bull* (taureau) est un haussier.

aujourd'hui. Supposons toutefois que, mois après mois (quelle qu'en soit la raison), la Bourse ne cesse de grimper. Votre esprit logique, sans doute formé dans une école de commerce, vous dit : « Oh là là ! Ces *ratios* cours/bénéfice m'ont l'air vraiment délirants. » Mais votre programmation préhistorique vous hurle : « Moi vouloir viande mammouth ! » Pas évident de faire taire ses instincts.

D'autant qu'ils peuvent s'entretenir d'eux-mêmes, du moins pendant un certain temps. Car si, autrefois, l'accroissement du nombre de chasseurs appliquant la stratégie des Taureaux réduisait progressivement le nombre de mammouths par chasseur, l'augmentation de la population des Taureaux modernes a pour effet de générer des plus-values encore plus impressionnantes... tant que la ruée continue. Tous les courtiers vous le diront : si les indices boursiers montent depuis plusieurs mois en dépit de la médiocrité des résultats annoncés, c'est parce qu'il y a de plus en plus de nouveaux investisseurs qui, désespérés à l'idée d'avoir manqué les bonnes occasions d'hier et décidés à saisir celles de demain, achètent des titres. Mais, tôt ou tard, ce flux d'enthousiastes se tarira. Que se passera-t-il alors ?

Je sais, je sais, normalement, cela ne doit pas arriver. Les investisseurs avisés sont censés avoir une vision à long terme et être capables de conjurer, à coups d'opérations d'arbitrage, la succession des phases d'essor et d'effondrement. Et peut-être – mais ce n'est qu'un peut-être – le marché a-t-il atteint son niveau actuel parce que des opérateurs judicieux et clairvoyants ont compris que la nouvelle économie est capable de produire à l'infini des profits croissants et que l'avènement des SICAV a rendu superflues les primes de risque d'hier. Néanmoins, avec l'ampleur inouïe des gains récents, j'ai bien l'impression que les investisseurs qui gardent la tête froide pour regarder au-delà du court terme seront bientôt une espèce en voie de disparition. Quant aux prétendues explications du niveau actuel des cours que l'on entend aujourd'hui, ce sont des rationalisations et non des théories sérieuses.

Cette situation me fait froid dans le dos. Peut-être ne suis-je, finalement, qu'un Néandertalien trop obtus pour comprendre les temps nouveaux. Mais si vous voulez mon avis, je crois à l'imminence d'une nouvelle glaciation.

CE QUI ARRIVE AU DOW N'EST PAS SI GRAVE...

27 février 2000

Dans son livre *L'Exubérance irrationnelle*[1], Robert Shiller, qui a fait davantage que tout autre économiste de sa génération pour attirer l'attention sur les aspects les moins rationnels des marchés financiers, cite l'annonce pleine page que Merrill Lynch a insérée dans la presse au début de 1999, quand l'indice Dow Jones a franchi la barre des 10 000 points : « Même ceux qui, comme nous, ont une démarche méthodique à long terme ne peuvent qu'en être éblouis. » Et le graphique boursier de cette publicité avait pour légende : « SUCCÈS HUMAIN ».

Cette année, c'est moins l'éblouissement que l'affolement qui règne chez les détenteurs des grandes valeurs industrielles, tenaillés par la peur de la hausse des taux d'intérêt. Vendredi dernier, l'indice a repassé la barre des 10 000... mais dans le mauvais sens. À quand un nouveau graphique avec la légende « ÉCHEC HUMAIN » ?

D'accord, le Dow Jones reste supérieur de plus de moitié à son niveau de décembre 1996, quand Alan Greenspan a vainement tenté de modérer notre exubérance. Et les autres indices boursiers n'ont pas connu les affres du Dow Jones : le S & P 500, plus largement représentatif, se situe toujours bien au-dessus de son niveau d'il y a un an, et le Nasdaq – dans lequel les

1. Voir note 1, p. 51.

valeurs technologiques ont un tel poids qu'il est devenu le thermomètre officieux de la « nouvelle économie » – bat régulièrement ses propres records.

Mais c'est justement cette divergence qui est intéressante. Pendant que tout le monde s'interroge sur ce que va faire M. Greenspan, le marché demande en réalité : à qui l'avenir appartiendra-t-il ?

L'immense prestige du Dow Jones nous fait parfois oublier que la question est même pensable. Comme le dit l'une des sentences du « Dow te king », article hilarant de Steve Bodow paru en 1997 dans *Slate* : « Le Dow n'existe pas, mais toute chose existe en lui / D'accord, seules 30 valeurs existent en lui / Mais il paraît beaucoup plus important que ça. » Il est courant de dire « le Dow Jones » pour désigner les valeurs boursières en général – je l'ai fait moi-même –, et certains aggravent encore cet usage approximatif en faisant comme si les titres composant cet indice donnaient droit à une part des profits futurs de tout le capitalisme américain. Il n'en est rien : si vous achetez du Dow, vous n'avez droit qu'à une part des profits futurs des entreprises qui entrent dans la composition du Dow.

Cette distinction est loin d'être un détail. Pour jouer à fond le Dow Jones, il faut croire non seulement que le capitalisme américain va prospérer, mais aussi que les mastodontes actuels vont profiter de cette prospérité dans les mêmes proportions qu'aujourd'hui, et cela pendant très longtemps. Pour citer un exemple extrême, le calcul fondamental du best-seller de l'an dernier, *Dow 36 000*[1], repose sur le postulat d'une croissance des résultats des entreprises du Dow Jones au même rythme que le profit global des firmes américaines pour l'éternité. Qui plus est, la « juste valeur » des actions définie par les auteurs du livre dépend pour moitié de leurs projections sur les profits réalisés après 2070. (Et même ainsi, on aboutit à 20 000 et non 36 000, mais passons…).

1. James K. Glassman, Kevin A. Hassett, *Dow 36 000*, New York, Random House, 2000 ; trad. fr. sous le même titre, Hendaye, Éditions Valor, 2000.

Pensez-vous que, dans soixante-dix ans, les sociétés du Dow Jones – pas celles qui en feront alors partie, mais celles qui le composent actuellement – auront toujours la même part du profit global qu'aujourd'hui ? Ce n'est pas l'avis, en tout cas, des investisseurs qui font grimper le Nasdaq, sans parler de ceux qui se ruent sur les introductions en Bourse. Ils semblent persuadés que Trucmuche.com a toutes les chances de devenir le Microsoft de demain. Donc, que le General Electric – voire le Microsoft – d'aujourd'hui pourrait bien être le Sears, Roebuck[1] de demain. Pour miser à fond sur le Dow Jones, il faut être convaincu que la nouvelle économie appartiendra aux entreprises anciennes ; pour justifier le cours des valeurs technologiques, il faut croire que l'avenir appartient aux nouveaux venus. Ces points de vue ne peuvent être vrais tous les deux.

Ils peuvent en revanche être faux tous les deux. Selon Robert Shiller, les marchés financiers dans leur ensemble, et pas seulement le Dow Jones, surfent aujourd'hui sur une bulle spéculative. Son raisonnement me séduit mais ne me convainc qu'à moitié. Les signes sociaux et psychologiques d'une bulle sont bien en vue – comme ce téléviseur de la pizzeria de mon quartier réglé sur la chaîne financière CNBC –, mais le rythme spectaculaire du progrès technologique l'est aussi. Je ne suis pas sûr que le niveau actuel du Nasdaq soit justifié, mais pas sûr non plus qu'il ne le soit pas.

Quoi qu'il en soit, la baisse actuelle du Dow Jones n'est pas une condamnation de toute l'économie américaine. Tant que le plein emploi est là et que l'inflation reste faible, peu importe que ce soit les anciens ou les nouveaux qui gagnent.

1. Chaîne de grands magasins très ancienne qui a amorcé un déclin marqué dans les années 1980, avant de se redresser dans les années 1990.

DE L'ARGENT GRATUIT ?

28 mai 2000

Les économistes font rarement de bons spéculateurs : ils réfléchissent trop. Un peu comme le professeur de légende qui refuse de ramasser un billet de 100 dollars dans la rue, ils supposent que s'il y avait vraiment de l'argent à prendre, un autre l'aurait déjà pris.

Cela dit, si la prudence peut être un handicap à la corbeille, c'est un atout ailleurs. Il arrive que l'observateur attentif repère une bonne occasion de gagner gros et sans risque – des billets de 100 dollars sur le trottoir. Mais, s'il est avisé, il ne s'attendra pas à en trouver régulièrement, et il ne comptera sûrement pas là-dessus pour élaborer son budget familial... ou son programme de sauvetage de la Caisse de retraite publique*.

Historiquement, c'est un fait, acheter des actions a été un investissement très rentable. Nous en devons la meilleure démonstration à Jeremy Siegel, professeur à l'université de Pennsylvanie. Dans son livre *Stocks for the Long Run*[1], il affirme qu'au XXe siècle tout investisseur prêt à garder longtemps ses titres aurait, presque sans exception, gagné davantage sur le marché boursier que sur le marché obligataire. Nul besoin, donc, d'arbitrer entre risque et rémunération : les actions étaient un meilleur investissement, point barre. Bref, il y avait bel et bien un billet de 100 dollars sur le trottoir (en fait,

1. « La Bourse : à long terme, ça paie », New York, McGraw Hill, 1998.

des milliards de billets...), mais, bizarrement, personne ne le ramassait.

Le sens de cette observation a souvent été mal compris. Jeremy Siegel ne prétend pas qu'il existe une loi naturelle garantissant la supériorité éternelle de l'investissement en Bourse ; il dit qu'historiquement on a sous-évalué les actions. Les investisseurs n'ont pas voulu payer leurs droits aux bénéfices futurs des entreprises aussi cher qu'ils l'auraient fait s'ils avaient pleinement compris combien le risque était faible.

Or il s'est passé quelque chose de bien curieux à la veille du nouveau millénaire : le *price-earnings ratio* (PER) – le rapport entre le cours d'une action et le bénéfice net par action – s'est envolé. Dans la période étudiée par Jeremy Siegel, les cours boursiers étaient en moyenne moins de 15 fois supérieurs aux bénéfices des entreprises, et les investisseurs obtenaient en moyenne un taux de rendement réel de 7 %. Aujourd'hui, le PER est plus proche de 30/1. Exubérance irrationnelle ou lucidité des investisseurs, qui auraient enfin assimilé la leçon du professeur Siegel ? Dans les deux cas, force est de constater que le fameux billet de 100 dollars ne traîne plus dans la rue. S'il faut désormais payer deux fois plus cher ses droits aux résultats futurs des entreprises, et si ces résultats augmentent au même rythme que par le passé, la conclusion s'impose : les investisseurs ne pourront escompter que la moitié du taux moyen de rendement vérifié au cours du XXe siècle.

Pourtant, nombre de ceux qui y vont actuellement de leur plan de réforme des retraites publiques – parmi eux, bien sûr, les conseillers de George W. Bush – persistent à présenter l'investissement en Bourse comme une panacée, à jurer qu'il continuera de rapporter 7 %, et cela *ad vitam aeternam*. Et si on leur fait remarquer qu'acquérir une part du capital des entreprises américaines coûte plus cher aujourd'hui qu'autrefois, ils se contentent de répéter le mantra : historiquement, les actions ont été d'excellents investissements. Bref, si le billet de 100 dollars était là hier, il doit toujours y être, non ?

Des économistes de première grandeur ont adhéré avec une facilité consternante à ce raisonnement naïvement fallacieux.

Parce qu'ils prennent leurs désirs pour la réalité ? Ou parce qu'ils se rallient en toute mauvaise foi au politiquement commode ? Plusieurs remarques récentes de M. Bush montrent plutôt la mauvaise foi américaine classique à l'œuvre.

Dans un discours prononcé le 15 mai, il a demandé à son public de « considérer ce simple fait : même si un(e) salarié(e) choisissait le placement le plus sûr du monde, le bon d'État américain indexé sur l'inflation, il ou elle percevrait le double du taux de rendement offert par la Caisse de retraite publique ». Fait stupéfiant, en effet. D'autant plus que cette caisse investit la totalité de ses fonds… en bons d'État américains. Mais l'explication – que les conseillers de la Maison-Blanche comprennent fort bien, même si elle échappe à M. Bush –, c'est que les salariés d'aujourd'hui financent non seulement leur propre retraite future, mais aussi celle des pensionnés actuels. Vous pensez que c'est un détail anodin de savoir comment la Caisse de retraite publique fera face à ses engagements si l'on permet aux salariés d'investir ailleurs leurs cotisations ? Dans ce cas, je n'aurais aucun mal, moi non plus, à élaborer un plan indolore de sauvetage des retraites publiques, puisque vous m'autorisez à supposer qu'une grande partie des engagements du système va disparaître comme par enchantement.

Mais « enchantement » n'est peut-être pas le mot juste. Ne serait-ce pas plutôt « économie vaudoue[1] » ?

1. Au cours des primaires de l'élection présidentielle de 1981, George Bush père avait qualifié d'« économie vaudoue » les idées économiques de Ronald Reagan (notamment les réductions d'impôts censées augmenter les rentrées fiscales). L'expression lui fut souvent rappelée après son ralliement à Reagan.

CRÉER ET DÉTRUIRE

8 octobre 2000

Est-ce l'Apocalypse ? La semaine dernière, James L. Cramer, gourou du monde de la finance naguère célèbre pour son optimisme sans bornes au sujet des valeurs technologiques, s'est dit désenchanté – si, si – à leur égard. Et il a expliqué en détail tout ce qui le décevait dans les « quatre cavaliers » du secteur : Dell, Microsoft, Intel et Cisco.

Un article posté quelques jours plus tard sur *BusinessWeek Online* définissait un peu différemment les « quatre cavaliers de la nouvelle économie » : on y trouvait toujours Cisco, mais flanqué cette fois-ci d'Oracle, EMC et Sun. La plupart de nos contemporains n'ont probablement aucune idée de ce que font ces entreprises (je n'en suis moi-même pas très sûr), mais le plus intéressant est ailleurs : si les cavaliers de la liste de M. Cramer sont liés aux ordinateurs personnels, l'autre liste ne concerne que les réseaux. Ce qui suggère une interprétation de la perte de foi du gourou, mais surtout du dégrisement général des investisseurs, qui a fait chuter le Nasdaq de plus de 20 % depuis son sommet de l'été dernier. Voyons-y la revanche de Joseph Schumpeter.

Ces dernières années, cet économiste autrichien installé à Harvard dans l'entre-deux-guerres est devenu une icône de la nouvelle économie. Il le doit un peu à ses travaux les plus anciens : le jeune Schumpeter, écrivant avant la Première Guerre mondiale, a été le premier grand économiste à comprendre le rôle primordial de l'innovation technologique permanente dans le capitalisme. Mais l'essentiel de sa réputation contemporaine repose sur une seule expression, tard venue dans sa carrière : il a signalé en passant que la technologie était une force de « destruction créatrice ».

Gageons que si les milieux d'affaires affectionnent tant cette idée, c'est plutôt pour de mauvaises raisons : elle donne à leurs activités un éclat immérité, elle paraît excuser les souffrances et injustices qu'inflige souvent le marché. (Ce n'est pas par hasard que Schumpeter a les faveurs de publications de droite comme *Forbes*.) Mais même si l'on en fait mauvais usage, la formulation est irréprochable : effectivement, les nouvelles technologies détruisent autant qu'elles créent. En particulier, chacune détruit, ou du moins réduit, la valeur d'anciennes compétences et de positionnements acquis.

Mais les investisseurs – et leurs gourous – comprennent-ils bien ce que cela implique ? Ce n'était pas le cas il y a quelques mois, en tout cas. Grisés (non sans raison) par la grande poussée de création en cours, ils en avaient oublié la destruction. Ou peut-être croyaient-ils qu'elle ne frapperait que les firmes de la vieille économie.

Pourquoi les entreprises de haute technologie ont-elles parfois un *ratio* cours/bénéfice aussi élevé ? Parce que les investisseurs ont bien intégré la leçon de Microsoft et d'Intel : sur les marchés de technologie avancée, le vainqueur ramasse tout ; l'entreprise qui occupe le terrain avant les autres parvient souvent à transformer cet avantage en monopole lucratif et durable. Ils sont donc prêts à payer très cher les titres de ces sociétés, qui pourraient devenir le Microsoft de demain.

Le recul des valeurs technologiques au printemps dernier a traduit une double prise de conscience : toutes les entreprises de technologie avancée ne rééditeront pas le succès de Bill Gates ; et dominer un marché où personne ne s'enrichira jamais n'a aucun intérêt. Mais les vainqueurs qui avaient déjà tout ramassé – les entreprises qui avaient conquis une place de choix sur des marchés importants et en tiraient des gains notables – sont restés très bien cotés, très au-dessus de leur bénéfice net.

Aujourd'hui, les résultats décevants enregistrés par certains de ces « anciens » de la nouvelle économie viennent rappeler que la destruction créatrice ne frappe pas seulement les dinosaures. Une petite entreprise en pointe dans un domaine prometteur, fibres optiques ou réseaux sans fil, sera peut-être l'Intel de demain, mais Intel lui-même deviendra peut-être le nouvel IBM, groupe dont la suprématie dans une seule technologie s'est dévalorisée quand des technologies encore plus novatrices ont occupé le devant de la scène.

Que penser de la baisse actuelle des valeurs technologiques ? Deux interprétations opposées sont possibles. Soit les marchés ont réagi de façon excessive : les contre-performances de quelques vieux routiers de la nouvelle économie ont fait oublier les succès remarquables de certains de ses acteurs véritablement nouveaux. Soit les investisseurs, constatant que les entreprises de haute technologie sont elles aussi mortelles, ont décidé qu'ils ne paieraient plus aussi cher leurs valeurs, même celles dont l'avenir immédiat est très prometteur.

Car le rythme débridé du changement technologique, s'il a créé des entreprises géantes à partir de rien, signifie aussi que l'heure de gloire peut être de courte durée.

LE PRINCIPE DE PIZZA

9 juillet 2000

Il n'a jamais été facile d'avoir une discussion rationnelle sur la Bourse : trop de sentiments y font obstacle – la peur, l'espoir, la cupidité, l'envie. C'est encore plus délicat depuis que la politique s'en mêle. Certains idéologues sont persuadés qu'aimer le capitalisme, c'est aimer ses titres boursiers, à n'importe quel cours. Et la promesse de gains plantureux à la Bourse rend aujourd'hui le même service que la courbe de Laffer[1] il y a vingt ans : elle permet aux hommes politiques – surtout à ceux qui veulent privatiser les retraites publiques – de faire miroiter un pays de cocagne où les plus-values tombent toutes seules comme des fruits mûrs.

Les perspectives d'évolution des cours font néanmoins l'objet d'un vrai débat. Avec de bons arguments des deux côtés.

L'an dernier, c'étaient surtout les haussiers qui s'exprimaient. Cette année, nous avons beaucoup entendu les baissiers lucides – comme Robert Shiller, l'auteur d'*Exubérance irrationnelle*, ou Andrew Smithers et Stephen Wright, les coauteurs de *Valuing*

1. Sur la courbe de l'économiste Arthur Laffer, les rentrées fiscales baissent lorsque l'augmentation des impôts dépasse un certain seuil (au-delà duquel, selon lui, l'activité économique est découragée). Ronald Reagan s'était réclamé de cette théorie pour prétendre qu'en réduisant les impôts il enrichirait merveilleusement le pays et l'État. Le résultat réel fut un énorme déficit budgétaire.

Wall Street[1]. Leur raisonnement est simple : il suffit d'observer la tendance longue pour voir à quel point le niveau actuel des cours s'en est écarté. Le rapport entre le prix des actions et le bénéfice net par action (ou PER) se situe à plus du double de sa moyenne historique, et il en va de même pour le *ratio* q de Tobin (le rapport valeur boursière/actifs réels de l'entreprise). Or, historiquement, un PER ou un « q » élevés annonçaient le plus souvent des pertes imminentes. On a donc là un point de vue qui mérite d'être pris au sérieux.

Mais l'avenir ressemblera-t-il au passé ? Les haussiers lucides – tel Jeremy Siegel, auteur de l'ouvrage influent *Stocks for the Long Run*, paru en 1993 – font valoir au contraire que, sur la longue durée historique, acheter des actions a été un investissement très lucratif et peu risqué. Si lucratif d'ailleurs qu'on y aurait encore gagné en les payant bien plus cher qu'on ne l'a fait. Donc, si les valeurs battent tous les records historiques, il ne s'agit pas forcément d'une poussée de l'exubérance irrationnelle : c'est peut-être un recul du pessimisme irrationnel. Autre point de vue à prendre au sérieux.

Il importe néanmoins de bien comprendre les limites de cette vision. À long terme, le rendement des actions est à peu près égal au fameux *ratio* cours/bénéfice, mais inversé[2]. Par conséquent, et même en admettant que l'investissement en Bourse est peu risqué, ce raisonnement ne justifie la hausse des cours que jusqu'au niveau où le rendement réel de l'action – donc son taux de rentabilité à long terme – devient égal au rendement des titres sans risque, comme les obligations. Or ce niveau, nous l'avons déjà atteint (et en fait un peu dépassé). L'analyse des haussiers lucides ne signifie donc ni que les actions continuent d'être sous-évaluées ni que les cours actuels, fort généreux, rapporteront autant aux investisseurs que les actions sous-évaluées d'autrefois.

1. *Valuing Wall Street. Protecting Wealth in Turbulent Markets* (« L'art d'évaluer les sociétés cotées en Bourse »), New York, McGraw Hill, 2000.

2. Il s'agit donc du rapport bénéfices/cours, qui, à bénéfices stables, diminue quand les cours montent, puisque ceux-ci constituent le dénominateur.

Si l'on n'a pas saisi ce point crucial (et c'est bien sûr pour cela que je le souligne), on risque de confondre les haussiers lucides avec les membres d'une troisième catégorie – les haussiers fous[1] ? – qui soutiennent l'une de ces deux thèses, ou les deux à la fois.

C'est une confusion qu'entretiennent activement les haussiers fous eux-mêmes. Les auteurs du livre *Dow 36 000,* paru l'an dernier, ont prétendu par exemple que leurs idées reposaient sur les travaux de Jeremy Siegel. Et c'est vrai, mais seulement au sens où le pizzaïolo s'inspire de la recette de la pâte à pizza pour confectionner une pizza ananas-salade-caramel : la pâte demeure essentielle, mais elle est garnie d'autres ingrédients cruciaux – et fort discutables en plus.

Bref, les haussiers lucides méritent d'être écoutés, les pessimistes lucides aussi. Les haussiers fous, non.

Ce sont là paroles de défi, et le combat ne se fera pas à armes égales. J'ai moi-même été taxé d'incohérence pour avoir à la fois critiqué les haussiers fous et dit du bien de Jeremy Siegel. En substance, on m'adresse le reproche suivant : « L'année dernière, vous brocardiez la pizza ananas-salade-caramel, et maintenant vous avouez que vous aimez tout de même la pizza ! Ah ! Vous avez viré de bord ! »

Je formulerai donc ce nouveau principe boursier : le principe de pizza[2]. J'aime effectivement la pizza, et vous devriez l'aimer aussi – envisager sérieusement que les cours boursiers d'aujourd'hui, qui paraissent exorbitants du point de vue historique, ne le soient pas. Mais même les amateurs de pizza n'ont pas à gober toutes les salades qu'on leur sert.

1. Jeu de mots intraduisible, puisque la formulation en anglais – *mad bulls,* soit littéralement « taureaux fous » – évoque également la maladie de la vache folle.

2. Allusion au livre à succès de Jean Peter, *Le Principe de Peter ou pourquoi tout va toujours mal*, Livre de Poche, 1969.

LES DÉGÂTS DU DOW JONES

2 septembre 2001

Un jour de la fin de l'année 1999 – à peu près à l'époque où George W. Bush a dévoilé son plan de réductions d'impôts –, je déjeunais dans une pizzeria, le genre d'établissement où la clientèle peut regarder ESPN, la chaîne du sport, en mangeant. Sauf que le téléviseur n'était pas réglé sur ESPN, mais sur CNBC, la chaîne des informations financières. Je me suis dit : « Tout cela va mal finir. » Et ça a mal fini.

Le Dow Jones a franchi la barre des 10 000 points en 1999. Il est brièvement retombé au-dessous début 2000, mais ce n'était pas un vrai repli. Il s'agissait d'un effet secondaire d'une exubérance vraiment irrationnelle : les investisseurs désertaient le bon vieux Dow Jones pour le Nasdaq plus excitant. En revanche, la semaine dernière, c'était sérieux : le Dows a été ramené sous les 10 000 points par un déclin général des marchés. L'ère de la bulle financière est bel et bien révolue. Mais quel gâchis elle a laissé dans son sillage !

Son impact économique direct est désormais bien connu. Pendant les années d'envolée des cours, indissociable de l'euphorie sur la « nouvelle économie », les entreprises ont frénétiquement et massivement investi dans les technologies de l'information. Beaucoup comprennent aujourd'hui, bien sûr, qu'elles en ont vraiment trop fait. D'où des surcapacités qui risquent de condamner l'investissement à de longues années de stagnation.

Perspective peu réjouissante. Mais il y a plus. Outre ses conséquences économiques, la bulle a eu aussi des effets néfastes sur la vie politique du pays.

M. Bush a proposé son plan de réduction des impôts à la veille du dégonflement de la bulle. Ce n'est pas un hasard : folie boursière et folie fiscale ont été intimement liées et se sont mutuellement renforcées.

À la fin des années 1990, les médias de droite ont nourri avec enthousiasme le climat d'euphorie. La page éditoriale du *Wall Street Journal* se distinguait par son adhésion aux théories les plus saugrenues sur la valorisation des actions, tant qu'elles pronostiquaient la hausse (pensons au livre *Dow 36 000…*). Ceux qui osaient objecter que ces théories reposaient sur des calculs confus ou suggérer que les valeurs boursières ne seraient pas toujours aussi rémunératrices étaient traités de dangereux gauchistes : la Bourse étant la quintessence du capitalisme, ceux qui en doutent sont forcément des ennemis du système, n'est-ce pas ?

Mais l'influence la plus importante a joué dans l'autre sens : la bulle financière a créé – hélas ! – un climat dans lequel des projets politiques profondément irresponsables ont pu paraître raisonnables.

Il faut bien voir à quel point l'excédent budgétaire, aujourd'hui regretté, a été dû à l'essor de la Bourse. De 1994 à 2000, les taux d'imposition n'ont pas bougé, mais les rentrées fiscales, calculées en proportion du PIB, ont fait un grand bond – essentiellement à cause de la masse des impôts sur les plus-values nouvellement engrangées. D'où une fausse impression d'argent facile et abondant, qui permettrait au budget fédéral de supporter sans peine une réduction conséquente des impôts. Le projet de M. Bush a été formulé au plus fort de ce délire.

La vérité a commencé à s'imposer. Le nouveau réalisme arrive peut-être à temps pour empêcher une catastrophe sur les retraites (car cet autre grand projet de M. Bush reposait également sur les illusions de l'économie-bulle), mais trop tard, malheureusement, pour nous sauver d'une désastreuse baisse des impôts.

Vous vous demandez peut-être pourquoi M. Bush ne s'est pas ravisé : comment a-t-il pu penser que les allègements fiscaux qu'il avait proposés fin 1999, en pleine fièvre boursière, conviendraient tout aussi bien à l'économie dégonflée de 2001 ? Et, au moment même où ils adressaient des propos rassurants à un Congrès docile, ses collaborateurs savaient sûrement que les recettes fiscales dégringolaient.

Mais l'administration Bush l'a maintes fois démontré : elle ne change jamais de cap quand la situation change, elle modifie seulement ses arguments de vente. La réduction d'impôts a été rebaptisée « mesure anti-récession », mission pour laquelle elle est particulièrement inadaptée. Notons d'ailleurs que le gouvernement n'a pas abandonné non plus son projet de privatisation du régime des retraites publiques : puisqu'il ne peut plus séduire les affiliés avec l'Eldorado boursier, il a décidé de leur faire peur en inventant des crises imaginaires.

Quoi qu'il en soit, la casse est déjà considérable. La bulle financière a inspiré des décisions erronées, en politique comme en affaires. Nous en paierons longtemps le prix.

CHAPITRE 2

Présages de l'étranger

POURQUOI L'ALLEMAGNE N'EST PLUS *K*OMPÉTITIVE

Fortune, 19 juillet 1999

Il y a quelque temps, un pseudo-document de la Commission européenne circulait par mail sous diverses versions. Après la monnaie unique, expliquait-il, la prochaine étape serait la langue unique. Pour des raisons pratiques, ce serait l'anglais, mais avec quelques améliorations. Le document proposait que le *c* « dur », cette lettre en trop, soit désormais écrit *k* pour éliminer une source de konflit. De même, afin de toute konfusion éviter, devraient les gens le verbe en bout de phrase placer. Bref, avant la fin du texte, l'anglais s'était transformé en allemand.

Tout le comique venait, bien sûr, d'un présupposé implicite : la nouvelle Europe serait dominée par l'Allemagne, le pays le plus peuplé de l'Union européenne mais aussi, traditionnellement, le plus puissant économiquement. Depuis le début des années 1980, l'Allemagne exerce une hégémonie monétaire de fait sur ses voisins ; aux Pays-Bas, en Belgique et même en France, la Banque centrale ne fait que suivre la Bundesbank. Mais voici que, pendant que nous avions l'esprit ailleurs, l'Allemagne a cessé d'être la locomotive de l'Union européenne pour devenir son plus gros boulet.

Depuis quand l'Allemagne est-elle l'homme malade de l'Europe ? Pour qui est en âge de se souvenir des années 1950 et 1960, « allemand » s'accorde avec « miracle économique ». Au début des années 1990 encore, les performances du pays paraissaient fort respectables. Mais, ces derniers temps, les nouvelles d'Allemagne sont presque uniformément mauvaises.

Pour certains, les problèmes sont dus aux erreurs qu'aurait commises le gouvernement de Gerhard Schröder, coupable à leurs yeux d'avoir sapé la confiance des milieux d'affaires en ressortant à l'occasion le vieux discours socialiste. En réalité, la croissance économique allemande s'essoufflait déjà avant l'élection de M. Schröder. Il n'a fait qu'aggraver légèrement une triste situation.

Selon d'autres, les difficultés ont commencé avec la réunification allemande, après la chute du mur de Berlin. La fusion RFA-RDA a eu un effet non voulu : elle a transformé l'Allemagne en une Italie sans *dolce vita*. Comme l'Italie est divisée entre un Nord prospère et un Sud arriéré, l'Allemagne comporte désormais un Ouest productif et un Est dépendant. Dans les deux cas, les aides fournies à la région pauvre pèsent non seulement sur le budget mais aussi sur la société, car elles induisent chez les récipiendaires une mentalité d'assistés.

Pour d'autres observateurs, le problème est bien plus ancien. Cela fait vingt ans que l'économiste allemand Herbert Giersch a inventé le terme « eurosclérose » pour décrire la situation où une réglementation excessive et un État-providence trop généreux entravent l'efficacité économique et les créations d'emplois. Il pensait surtout à l'Allemagne.

Toutes ces explications, cependant, semblent réduire le contraste entre l'Allemagne et les vigoureuses économies anglo-saxonnes à un simple clivage gauche-droite, dirigisme-libéralisme. Ce n'est peut-être pas entièrement faux, mais tous ceux qui ont côtoyé des économistes et des dirigeants allemands savent bien que, par certains côtés, ils sont encore plus à droite, encore plus hostiles à l'interventionnisme, que leurs homologues américains. Peut-être n'ont-ils pas envie de laisser les heures d'ouverture des magasins à la discrétion des commerçants, mais ils croient dur comme fer à la monnaie saine et aux finances saines. Et l'idée d'abaisser les taux d'intérêt ou – abomination – de dévaluer leur monnaie pour lutter contre le chômage leur fait horreur.

Donc, voici ma théorie : la véritable fracture entre les pays aujourd'hui les plus performants, comme l'Amérique, et les pays en difficulté, comme l'Allemagne, n'est pas politique mais philosophique. Ce n'est pas Karl Marx contre Adam Smith, c'est l'impératif catégorique d'Emmanuel Kant contre le pragmatisme de William James. Ce que veulent vraiment les Allemands, c'est un ensemble de principes clairs : des règles précisant la nature de la vérité, les fondements de la morale, les heures d'ouverture des magasins et la valeur du deutsche Mark. Les Américains, eux, sont connus pour leur désinvolture philosophique et personnelle : tout leur va, du moment que ça semble plus ou moins marcher. Les consommateurs ont envie de faire leurs courses à 23 heures ? Ça roule ! Le dollar vaut parfois 80 yens, parfois 150 ? Pas de problème !

Le système américain n'est pas toujours le meilleur. Même aujourd'hui, les constructeurs de Detroit ne peuvent pas ou ne veulent pas produire des voitures de luxe comparables aux allemandes. Amtrak ne peut pas ou ne veut pas faire rouler ses trains avec l'exactitude horaire qui paraît naturelle à tout Allemand. Les États-Unis restent très peu doués pour l'exportation ; grâce à la qualité exceptionnelle de ses produits et à la virtuosité de ses ingénieurs, l'Allemagne est restée un grand exportateur malgré les coûts salariaux les plus élevés du monde. Enfin, elle a mieux résisté que l'Amérique aux pressions inflationnistes des années 1970-1980.

Mais le monde a changé dans le sens de la flexibilité et non de la discipline. Avec une technologie et des marchés en flux, le perfectionnisme n'est pas toujours payant. Et, dans une économie menacée davantage par la déflation que par l'inflation, l'obsession de la monnaie forte peut conduire à une récession permanente.

L'Allemagne est donc en difficulté – et, avec elle, tout le projet d'unification européenne. Car, en principe, le moteur économique de la nouvelle Europe, c'est elle ; si en réalité elle est un frein, peut-être va tout le train dans le mauvais sens rouler, *ja oder nein* ?

L'AMÉRIQUE N'EST PAS LE JAPON

27 décembre 2000

Lorsque Lucy garantit à Charlie Brown que, cette fois-ci, elle va vraiment le laisser taper dans le ballon, on devine la suite. Lorsque Coyote jure que, cette fois-ci, il va vraiment attraper Bip Bip, on devine la suite. Et lorsque les dirigeants japonais proclament que, cette fois-ci, leur pays est vraiment sur la voie de la reprise…

La dernière série d'indicateurs le confirme : l'économie japonaise est encore une fois au point mort. Le moral des chefs d'entreprise est au plus bas, la consommation est en chute libre, le chômage grimpe, la spirale de la déflation s'accélère. Quant au Nikkei, l'indice boursier, qui, il y a quelques mois, avait franchi la barre des 20 000 points, il oscille aujourd'hui autour de 14 000.

Bref, l'histoire bégaie au pays du Soleil-Levant. Mais, en cette heure où l'économie américaine subit ses pires turbulences depuis des années, où des analystes financiers affolés et des politiciens retors affirment que le ciel nous tombe sur la tête, il est utile de rappeler pourquoi notre histoire demeure si différente.

Le Japon constitue la grande exception à une règle générale : la récession n'est pas un problème sérieux pour une grande économie moderne. Pas parce que les forces qui la provoquent n'existent plus (même si chaque phase longue d'expansion entraîne son lot de proclamations idiotes sur la fin des cycles économiques). Mais parce qu'on peut, en général, soigner les tendances récessionnistes à l'aide de médicaments peu coûteux et vendus sans ordonnance : réduisez de quelques points les taux d'intérêt, injectez des liquidités abondantes dans l'économie et rappelez-moi demain matin.

Ou plus précisément dans six mois – voire douze. La Réserve fédérale parvient presque toujours à persuader consommateurs et entreprises de dépenser davantage quand elle baisse les taux d'intérêt, mais il faut compter un délai assez long entre cette baisse et la hausse des dépenses. C'est pour cela que nous restons vulnérables aux récessions : de temps à autre, la Fed ne suit pas le mouvement, et, quand elle comprend que l'économie flanche, il est trop tard pour éviter la crise. C'est ce qui s'est passé en 1990 ; et c'est peut-être ce qui se passe maintenant.

En l'espèce, il est clair que la Réserve fédérale a relevé les taux une fois de trop. Elle était fondée à le faire fin 1999 et début 2000 pour refroidir une économie en pleine surchauffe, mais elle y est allée trop fort en les augmentant encore d'un demi-point au mois de mai. Je le dis avec le recul, bien sûr ; à l'époque, cela paraissait judicieux.

La Réserve fédérale peut revenir très bientôt sur cette hausse, et il est à peu près certain qu'elle le fera, mais l'impact favorable sur les dépenses n'apparaîtra qu'au bout d'un certain temps. En attendant, l'activité économique va ralentir, et risque même de régresser pendant deux trimestres, ce qui est la définition technique de la récession. Néanmoins, il ne devrait s'agir que d'un revers passager. Ce qui nous ramène à la différence entre les États-Unis et le Japon.

Le ciel tombe vraiment sur la tête des Japonais. Puisque leur taux d'intérêt est déjà voisin de zéro (s'il n'est pas nul, c'est en raison de la folle décision de la Banque du Japon de le relever en août, mais c'est une autre histoire...), le ralentissement actuel montre que la politique économique de base ne fonctionne pas et qu'il est grand temps de changer totalement de cap. Mais aux États-Unis, le ralentissement n'est qu'un incident banal : il ne révèle pas de vices fondamentaux et n'exige aucune réaction particulière, sauf baisser les taux d'intérêt.

De quoi pourrions-nous avoir peur ? Un scénario catastrophe ne peut être totalement exclu : celui où les ressemblances entre l'Amérique et le Japon se révèlent plus importantes que prévu – où les États-Unis viennent de faire leur propre expérience de la désastreuse « économie bulle » et vont constater que, désormais, réduire les taux d'intérêt ne suffit plus. Mais, pour l'instant, ce scénario n'est guère plausible.

Ce qui m'inquiète aujourd'hui n'est pas la récession qui va ou ne va pas avoir lieu ; c'est la réaction probable de nos dirigeants politiques. Prendront-ils prétexte de cette maladie bénigne, facile à traiter, pour faire avaler au pays des remèdes de charlatan aussi coûteux que dangereux ? Je veux parler, bien sûr, des réductions d'impôts : dans l'immédiat, elles ne guériront pas le ralentissement ; à long terme, elles ruineront la santé budgétaire des États-Unis.

Il ne faut pas avoir peur de la récession : si elle se matérialise, la Réserve fédérale la vaincra sans difficulté. Il faut avoir peur de la peur : le risque évident est de s'affoler face à la menace et de prendre des décisions que nous regretterons pendant des années.

SAUT DANS L'INCONNU

8 juillet 2001

J'aurais bien aimé pouvoir dire plus de mal des patrons et hommes politiques japonais que j'ai rencontrés ces derniers jours. Si les premiers avaient été coupés des réalités économiques modernes et les seconds manifestement bornés et ineptes, il eût été facile d'expliquer la stagnation économique actuelle du Japon par de graves défauts dans son système sociopolitique – et d'en conclure que ça ne peut pas nous arriver.

Or, la plupart de mes interlocuteurs m'ont paru bien informés et raisonnables. En fait, les Japonais tiennent aujourd'hui des propos beaucoup plus sensés qu'à l'époque où leur économie était en plein essor. Il y a une quinzaine d'années, on ne pouvait pas discuter avec eux : même les économistes du secteur privé ne voulaient critiquer aucune décision de leur gouvernement, si absurde fût-elle. À présent, il est possible d'avoir de vrais échanges de vues.

Mais ces échanges m'ont rendu plutôt pessimiste sur les perspectives du Japon.

Si les bonnes intentions et l'enthousiasme suffisaient à résoudre les problèmes macroéconomiques, la reprise japonaise serait pour demain. Le Premier ministre Junichiro Koizumi a été élu avec un soutien populaire sans précédent, qui lui a permis de lancer un ambitieux programme de « réformes structurelles ». Sa cote de popularité reste au plus haut, alors qu'il a bien précisé que ses réformes allaient peut-être entraîner quelques années difficiles avant de ramener la prospérité.

Mais, dès qu'on s'enquiert du sens concret de cette expression, « réformes structurelles », on commence à douter du succès.

Pour l'instant, elle semble surtout désigner deux mesures : l'obligation faite aux banques de passer par pertes et profits leurs créances irrécouvrables, et la réduction des programmes de grands travaux utilisés depuis des années pour soutenir l'emploi. L'une et l'autre sont entièrement justifiées : tôt ou tard, les banques auraient bien dû rectifier leurs comptes ; et les programmes de travaux publics sont inefficaces et sources de corruption à grande échelle.

Mais il y a un hic : ce n'est pas l'inefficacité qui plombe l'économie japonaise, c'est l'insuffisance de la demande. Ou, si l'on préfère, le diagnostic n'est pas : « le Japon ne tire pas le maximum des ressources qu'il utilise », c'est : « le Japon n'utilise pas les ressources qu'il a ». Or, ce problème immédiat, les réformes de M. Koizumi risquent fort de l'aggraver. Car lorsque les banques auront acculé à la faillite les entreprises incapables de s'acquitter de leurs dettes et que l'État aura cessé de construire des digues et des routes inutiles, le taux de chômage va fatalement grimper. Dans une économie en expansion, les salariés privés d'emploi par un dépôt de bilan ou une baisse des commandes publiques ne tardent pas à trouver des emplois productifs ailleurs. Mais lorsqu'il y a stagnation chronique, ils restent au chômage. Et puisqu'un chômeur consomme moins qu'un salarié, l'économie s'affaisse encore plus.

Dans ces conditions, d'où peut venir la reprise ? J'ai posé la question à Heizo Takenaka, le professeur et commentateur très apprécié qui est devenu l'architecte de la stratégie économique du gouvernement Koizumi (ce passage d'une sphère à une autre, très courant aux États-Unis, est sans précédent au Japon). Reconnaissons-lui ce mérite : il n'a pas cherché à embrouiller les choses. Il a admis que son plan visait l'offre – voulait rendre l'économie plus efficace – alors que dans l'immédiat il y a un problème de demande – la faiblesse des dépenses des consommateurs. Néanmoins, les réformes finiront, selon lui, par relancer aussi la demande : quand les consommateurs auront compris que les perspectives à long terme se sont améliorées, ils se remettront à dépenser. Et d'autres réformes structurelles – déréglementation et privatisation, surtout – ouvriront de nouveaux marchés aux entreprises, donc stimuleront l'investissement.

Peut-être. Mais ce plan a tout du saut dans l'inconnu : des mesures radicales sont prises parce qu'elles ont une toute petite chance de réussir – pas parce qu'on a de solides raisons de croire qu'elles réussiront.

Leurs chances seraient bien meilleures si la Banque du Japon, qui dicte la politique monétaire du pays, pesait hardiment dans le même sens. Mais ses dirigeants semblent raisonner à l'inverse de M. Koizumi : ils repoussent certaines décisions très probablement efficaces parce qu'il y a un tout petit risque d'échec.

M. Koizumi réussira-t-il ? Je l'espère, mais, je l'ai dit, sans trop y croire. La devise implicite de son gouvernement est : « Réforme ou crève ». Tout indique que le résultat réel sera plutôt : « Réforme et crève ».

CHAPITRE 3

L'économie selon Greenspan

UNE NOUVELLE ÈRE ?

23 juillet 2002

On dirait que les auteurs de *Dow 36 000*[1] – cela vous rappelle quelque chose ? – ont mis un chiffre de trop dans leur titre. Espérons seulement que c'était un « 3 » plutôt qu'un « 0 ».

Le marché haussier est bel et bien derrière nous. En chiffres corrigés de l'inflation, l'indice S & P 500 – mesure plus fiable que le Dow Jones, dont on use et abuse – se situe désormais en deçà de son niveau de fin 1996, date du célèbre discours d'Alan Greenspan sur l'« exubérance irrationnelle ».

Que doivent faire nos dirigeants – M. Greenspan, George W. Bush et le secrétaire au Trésor, quel qu'il soit ?

Cesser de porter aux nues les « fondamentaux » de l'économie pour faire monter la Bourse serait un bon début. D'abord, cela sent la panique. Ensuite, les cours restent surévalués par rapport aux profits. Enfin et surtout, les fondamentaux ne sont pas si géniaux. Les doutes sur la gestion des entreprises ne s'atténuent pas, ils s'aggravent. États fédérés et collectivités locales sont dans une situation budgétaire désespérée. Et même avant le grand plongeon boursier, tout indiquait que l'on n'allait pas vers un nouveau boom mais vers une « reprise sans créations d'emplois » – une croissance lente qui réduira peu ou pas du tout le taux de chômage.

Le rapport présenté à l'appui du récent témoignage de M. Greenspan prévoit d'ailleurs un recul du chômage pratique-

1. Voir note 1, p. 60.

ment nul cette année et plutôt faible l'an prochain. Et même ces prévisions-là risquent de pécher par excès d'optimisme, vu l'effondrement des marchés.

Confronté à ces perspectives incertaines, M. Greenspan ne devrait-il pas envisager une nouvelle baisse des taux d'intérêt ? Certes, le loyer de l'argent est déjà très faible. Mais l'expérience japonaise nous montre que, face au risque d'une spirale déflationniste – qui, sans être encore le scénario le plus probable aux États-Unis, l'est davantage qu'on ne le pensait il y a quelques mois –, rien ne sert d'« éviter de brûler ses dernières cartouches ». Le bon moment pour combattre la déflation, c'est avant qu'elle ait eu le temps de s'ancrer dans la psychologie du pays.

Je sais bien que la Réserve fédérale a eu peur d'affoler les marchés en réduisant encore les taux. Mais maintenant, puisque les marchés se sont affolés tout seuls, elle n'a plus rien à perdre.

Que peuvent faire les autres autorités publiques ? La réforme de l'entreprise est essentielle : si l'on ne parvient pas à rassurer les investisseurs sur la façon dont on les traite, ils prendront leur argent et rentreront chez eux. Cela dit, ne comptons pas sur la réforme pour stimuler sur-le-champ l'économie. Quand la confiance a été perdue, la rétablir instantanément est impossible. Quelles autres initiatives l'État pourrait-il prendre ?

Laissons la politique et regardons la situation objectivement. D'un côté, depuis la fin de l'euphorie boursière, les perspectives à long terme du budget fédéral se sont dégradées au-delà des prévisions les plus pessimistes (dont celles de l'auteur de ces lignes). Soyons réalistes : il faut s'attendre à une décennie de déficits, qui finiront par hypothéquer le financement des retraites publiques et de Medicare.

De l'autre, la reprise restant chancelante, l'heure n'est vraiment pas à l'austérité budgétaire : en ce moment, l'État fédéral devrait plutôt injecter davantage d'argent dans l'économie.

La solution à ce dilemme apparent est évidente : lâcher les rênes aujourd'hui, mais prévoir de les resserrer quand l'économie aura pleinement recouvré la santé. L'administration Bush pourrait, par exemple, apporter rapidement une aide aux États fédérés en plein naufrage financier : cela les dispenserait de soumettre des programmes sociaux vitaux à une cure d'amaigrissement douloureuse (et propice à la contraction de la demande). Parallèlement, pour apaiser les craintes de déséquilibre budgétaire à long terme, elle n'aurait qu'à différer l'entrée en vigueur des réductions d'impôts votées à une époque où le mirage d'une hausse vertigineuse et infinie de la Bourse dominait encore les esprits.

Et quand l'administration aura pris ces mesures sensées, les poules auront des dents à Washington.

Le fait est là : la politique économique de George W. Bush et compagnie n'a guère varié depuis l'automne 1999, quand elle a été mise au point pour faire pièce à la menace de Steve Forbes. À l'époque où fut annoncée la réduction d'impôts votée depuis, *Dow 36 000* caracolait en tête des best-sellers. Depuis, la situation économiquc a changé radicalement ; les projets du gouvernement, pas du tout.

Nos problèmes économiques sont bien réels, mais nullement catastrophiques. Ce qui me fait peur, c'est la rigidité totale de ceux qui devraient être en train de les résoudre.

UNE RÉCESSION À DOUBLE CREUX ?

2 août 2002

Si l'on tournait un film sur l'économie américaine aujourd'hui, il ressemblerait un peu aux *Cinquante-cinq jours de Pékin*[1]. On y verrait un groupe disparate de simples civils – les consommateurs américains – assiégés par une horde déchaînée, les forces de la récession. Or, à la surprise générale, ils tiennent bon.

Mais ils ne pourront pas tenir éternellement. Les secours – la reprise de l'investissement des entreprises – arriveront-ils à temps ?

Dans ce genre de film, le scénariste fait habilement monter la tension. La citadelle assiégée repousse un assaut après l'autre, mais l'opération de sauvetage est constamment retardée. Et c'est bien ce qui se passe actuellement. Les consommateurs ont continué à consommer malgré l'éclatement de la bulle d'Internet, et même en dépit des attentats du 11 Septembre. Profitant de la baisse des taux d'intérêt, ils ont renégocié leurs prêts immobiliers puis dépensé au centre commercial ce qu'ils ont gagné.

Mais chaque fois que l'on annonce une reprise imminente des investissements, la nouvelle s'avère prématurée. La plupart des entreprises n'ont visiblement aucune hâte de relancer leurs dépenses. Et celles qui y songeaient peut-être ont été refroidies par la glissade de la Bourse, l'élargissement des *spreads* sur le

1. Réalisé par Nicholas Ray (*Fifty-Five Days at Peking*, 1963).

marché obligataire et les révélations sur les scandales financiers.

Les sauveteurs arriveront-ils à point nommé ? Ce n'est pas dit. Il n'est pas certain, après tout, que ce film soit vraiment *Les Cinquante-cinq jours de Pékin*. Peut-être est-ce *Un pont trop loin*[1].

Il y a quelques mois encore, les inquiétudes sur une éventuelle « récession à double creux » (une première chute du PIB, suivie, après une reprise avortée, d'une rechute encore plus profonde) faisaient bien rire l'immense majorité des économistes d'entreprise. Mais il restait quelques iconoclastes obstinés, notamment Stephen Roach, de Morgan Stanley. Comme je l'ai maintes fois répété dans cette chronique, ces prophètes de la rechute avaient de solides arguments. Et aujourd'hui, leur analyse paraît plus convaincante que jamais.

Voici son point clé : le recul d'activité intervenu en 2001 n'a pas été l'une de ces récessions typiques de l'après-guerre, déclenchées par un relèvement des taux d'intérêt pour juguler les tensions inflationnistes et terminées par une reprise sur les marchés du logement et de la consommation quand la Réserve fédérale réduit les taux. Non, cette récession a été semblable à celles d'avant la Seconde Guerre mondiale : une gueule de bois de lendemain de fête après l'exubérance irrationnelle des investisseurs. Pour la surmonter, inverser brusquement les taux ne suffira pas : seule une véritable explosion des dépenses des ménages pourra compenser l'anémie des investissements. Et, comme dit Paul McCulley de Pimco, Alan Greenspan ne pourra la susciter qu'en créant une « bulle immobilière » pour remplacer celle du Nasdaq.

À en juger par son récent témoignage étonnamment enjoué, le président de la Fed se fait fort de s'en sortir. Mais sa boule de cristal a été un peu opaque ces derniers temps : n'a-t-il pas incité le Congrès à réduire les impôts pour conjurer le risque d'excédents budgétaires trop forts ?

1. Réalisé par Richard Attenborough (*A Bridge Too Far*, 1977). Dans ce film, les parachutistes britanniques, isolés et encerclés à Arnhem (Pays-Bas), doivent en fin de compte se rendre aux Allemands.

Qui plus est, les chiffres récents n'inspirent pas l'optimisme. La chute du taux de croissance, passé de 5 % au premier trimestre à 1 % au deuxième, est décourageante. Si l'on regarde de plus près, c'est encore pire. Même au premier trimestre, l'investissement et les dépenses des ménages sont demeurés atones ; l'essentiel de la croissance est venu de la reconstitution des stocks des entreprises. Au deuxième trimestre, les stocks ont été le seul moteur : la demande finale a en fait baissé. Enfin, les chiffres officiels qui fournissent souvent des signes avant-coureurs des retournements de tendance – comme le niveau d'activité enregistré dans les centres commerciaux – sont orientés dans le mauvais sens.

En dépit de ce sombre tableau, la plupart des commentateurs, comme M. Greenspan, restent optimistes. Est-ce rassurant ?

Ne perdons pas de vue que les prévisionnistes subissent d'énormes pressions pour faire preuve d'enthousiasme : « Je dois avouer ma stupeur devant les réactions venimeuses que mon pronostic d'une récession à double creux continue de soulever », écrit Stephen Roach. N'oublions jamais que Wall Street représente avant tout les vendeurs.

Ne perdons pas de vue non plus que nos dirigeants politiques ont des raisons personnelles de proclamer qu'il y a reprise. L'administration Bush en a impérieusement besoin : à un moment où les déficits crèvent le plafond, elle ne peut justifier sa réduction d'impôts qu'en assurant qu'elle a donné le coup de fouet que l'économie attendait. Et M. Greenspan en a besoin aussi, s'il veut éviter les questions embarrassantes sur son rôle dans la création de la bulle financière.

Mais, mis à part la tendance à prendre ses désirs pour la réalité, je ne comprends pas sur quoi se fonde cet optimisme. Qui s'apprête à multiplier ses dépenses ? Au point où nous en sommes, l'essoufflement de la reprise est bien plus plausible que son accélération. Et, si j'aime autant qu'un autre les *happy ends*, un film n'est pas crédible quand le scénario est absurde.

ATTENTION À L'ÉCART !

16 août 2002

De combien de points le PIB japonais s'est-il contracté depuis l'éclatement de la bulle ? Question piège : il ne s'est pas contracté. Il n'a connu que deux années de baisse au cours des dix dernières années, et son taux de croissance moyen a été de 1 % par an.

Il n'empêche : l'économie japonaise est véritablement en crise. La croissance est tellement lente que l'écart se creuse inexorablement entre le PIB potentiel et le PIB effectif. Cet « écart de production » se traduit par une hausse continue du chômage et une accélération de la déflation. Une croissance faible peut donc poser presque autant de problèmes qu'une baisse du produit intérieur brut.

Question non piège : que donnerait l'application de cette grille de lecture aux États-Unis ?

La « production potentielle » de l'économie américaine – celle qu'elle aurait en situation de plein emploi – augmente depuis un certain temps à un rythme annuel de 3,5 % environ, grâce aux énormes gains de productivité enregistrés depuis le milieu des années 1990. Mais, selon les chiffres corrigés publiés il y a quelques semaines, la croissance effective est restée en deçà de ce potentiel pendant sept des huit derniers trimestres.

On affirme couramment que nous avons subi l'an dernier une récession brève et peu profonde, et que la reprise est désormais bien engagée. Dès que l'on prend en compte l'écart de production, une tout autre réalité apparaît : nous sommes entrés il y a deux ans dans le marasme économique et nous y sommes toujours. En un sens, toute la polémique sur la récession à double creux ne fait que nous détourner de la vraie question : quand le PIB atteindra-t-il une croissance assez vigoureuse pour réduire l'écart de production ? À ce jour, rien n'indique l'existence d'une telle dynamique.

Pas de mystère sur les causes du marasme : les années de bulle ont laissé derrière elles des surcapacités productives, des montagnes de dettes et une accumulation troublante de scandales financiers. Il était donc absurde de s'attendre à une reprise simple et sans accrocs. Qui, de fait, n'est pas au rendez-vous.

Certains lecteurs auront déjà deviné où je veux en venir. La bulle américaine de la seconde moitié des années 1990 n'a rien à envier à la bulle japonaise de la seconde moitié des années 1980. Notre morosité – déjà vieille de deux ans – durera-t-elle cinq ans, voire dix, comme au Japon ?

J'entends déjà crier en chœur : « L'Amérique n'est pas le Japon ! » Il m'arrive souvent de le crier moi-même, cela dépend du petit déjeuner que j'ai pris (gâteau de riz ?). Mais voici quelques réflexions peu rassurantes.

Quand j'ai commencé à m'intéresser aux problèmes du Japon en tant qu'économiste, il y a environ quatre ans, j'ai récapitulé mentalement les raisons pour lesquelles la décennie de stagnation qu'avait connue ce pays ne pouvait pas se produire aux États-Unis :

1. la Réserve fédérale a encore beaucoup de marge pour baisser les taux d'intérêt, ce qui devrait permettre de parer à toute éventualité ;

2. la situation budgétaire des États-Unis étant très forte à long terme, le gouvernement ne manque pas de moyens pour mener une politique de relance si jamais la baisse des taux ne suffit pas ;

3. l'Amérique, où les entreprises sont gérées avec sérieux, n'a pas à craindre une perte générale de confiance dans les milieux d'affaires comme celle qui a frappé l'Asie ;

4. les États-Unis connaissent peut-être une bulle boursière, mais pas une bulle immobilière.

Depuis, j'ai dû rayer les trois premiers points de ma liste, et le quatrième commence à m'inquiéter.

Un nombre croissant d'observateurs osent désormais parler de bulle immobilière. Dans un travail récent, Dean Baker, du Center for Economic Policy Research, défend cette thèse de façon particulièrement convaincante. Les prix de l'immobilier sont aujourd'hui très supérieurs aux loyers, ce qui laisse penser que les propriétaires achètent pour spéculer et non pour se loger. Et les raisons avancées pour expliquer la montée actuelle des prix évoquent de plus en plus celles que l'on entendait au sujet d'un Nasdaq à 5 000 points.

Si nous avons bel et bien une bulle immobilière, et qu'elle éclate, les ressemblances entre les États-Unis et le Japon deviendront troublantes.

La grande erreur que l'on peut reprocher aux décideurs japonais du début des années 1990, explique un texte récent de la Réserve fédérale, « est d'avoir omis, non pas de pronostiquer la spirale déflationniste imminente – la plupart des prévisionnistes ne l'ont pas vue venir non plus –, mais d'assouplir préventivement leur politique monétaire pour se prémunir contre les risques de contraction ». En clair : « Si vous pensez qu'il y a la moindre possibilité de déflation, inondez immédiatement l'économie de liquidités et n'ayez pas peur d'en faire trop. »

L'année dernière, certains économistes se sont mis à appeler entre eux le président de la Réserve fédérale « Greenspan-san ». Quand l'optimisme sur la reprise est devenu de rigueur, on a oublié cette boutade. Réflexion faite, ce surnom ne lui va peut-être pas si mal.

JE N'Y PEUX RIEN, MOI !

3 septembre 2002

Plusieurs années avant la chute des régimes communistes, j'ai lu un article sur un congrès consacré à l'optimisation de la planification. Le délégué soviétique avait déclaré que son agence faisait toujours de son mieux compte tenu des circonstances. La planification en URSS était donc invariablement optimale.

Ce monsieur du Gosplan se serait sûrement bien entendu avec Alan Greenspan. Le président de la Fed décline toute responsabilité vis-à-vis de l'énorme bulle financière qui a tant gonflé pendant qu'il était de garde : il dit que sa politique était la bonne puisqu'il a fait de son mieux.

Dans le discours qu'il a prononcé la semaine dernière, M. Greenspan s'est trouvé deux excuses. D'abord, on ne pouvait être absolument sûr que quelque chose ne tournait pas rond, même en 1999, au plus fort de la frénésie boursière : « Il est très difficile de détecter une bulle, sauf après coup, quand elle a prouvé son existence en éclatant. » Ensuite, la Réserve fédérale n'aurait rien pu faire de toute façon : « Y a-t-il une politique capable au moins de limiter les dimensions d'une bulle, donc ses retombées destructrices ? [...] Il semble que non. »

Je n'ai pas été le seul troublé par ce discours fuyant. Comme le relève un éditorial du *Financial Times*, tout décideur doit agir sur la base d'informations incomplètes : « Une banque centrale ne peut exiger la certitude absolue. » Si M. Greenspan prétend aujourd'hui qu'il était sceptique mais impuissant durant les années folles, beaucoup le percevaient à l'époque comme un enthousiaste, rappelle également l'auteur : « Par ses remarques toujours plus euphoriques sur la Bourse, le président de la Fed [...] a fort bien pu contribuer à l'explosion d'exubérance de la fin des années 1990. »

Qui plus est, il y a tout lieu de soupçonner qu'en réalité M. Greenspan n'y croyait pas vraiment. En septembre 1996, lors d'une réunion du Federal Open Market Committee[1], il a déclaré : « Je reconnais que nous avons actuellement un problème de bulle boursière. » Et il avait une solution : « Nous pouvons [...] relever le dépôt de couverture obligatoire. Je vous garantis que, si vous voulez vous débarrasser de la bulle, quelle que soit sa nature, cela l'éliminera. »

Or il n'a jamais procédé à ce relèvement, qui aurait obligé les investisseurs à régler immédiatement une part plus importante de leurs achats de titres. Au fond, hormis son discours sur l'exubérance irrationnelle suivi d'une hausse modeste du taux des fonds fédéraux *, M. Greenspan est resté entièrement passif. Il affirme aujourd'hui qu'il n'aurait pas pu faire davantage. Mais comment le sait-il puisqu'il n'a pas essayé ? Explication vraisemblable : constatant au début de 1997 que ses efforts pourtant timides pour dégonfler la bulle en formation soulevaient l'ire des investisseurs, le président de la Réserve fédérale s'est... dégonflé.

Pire, il s'est mis à prononcer des discours de plus en plus euphoriques sur les merveilles de la nouvelle économie. Il ne pouvait ignorer que les investisseurs les interpréteraient comme autant de reniements de sa mise en garde antérieure, autant de signaux justifiant, en fin de compte, l'envolée des cours boursiers.

Mais, lorsqu'on envisage les conséquences de ce comportement défensif de M. Greenspan, le plus important n'est pas le passé, c'est l'avenir.

En matière économique, Alan Greenspan est le seul vrai décideur du pays. La politique budgétaire est *de facto* hors jeu,

1. Comité de la Réserve fédérale qui décide de la politique monétaire. Pour piloter l'évolution des taux d'intérêt, il achète et vend des titres publics sur le marché.

en partie à cause des déficits à long terme aggravés par les mauvais conseils de M. Greenspan lui-même. Celui qui hésitait à parler de « bulle » quand le Nasdaq était à 5 000 points n'a eu aucun doute sur la fiabilité de projections d'excédents sur dix ans pour justifier une énorme réduction d'impôts. Étrange, n'est-ce pas ? De toute manière, l'incurable opportunisme de l'administration Bush exclut toute action budgétaire sérieuse : chaque projet de stimulation conjoncturelle de l'économie dégénère en manœuvres pour instaurer des cadeaux fiscaux structurels aux grosses entreprises et aux ménages privilégiés. Par conséquent, si l'essoufflement de la reprise se confirme, ce sera forcément à la Réserve fédérale d'y remédier.

Mais les remarques de M. Greenspan renforcent une inquiétude qui me taraude depuis des mois : face à une faiblesse persistante de l'économie américaine, les responsables de la Fed, j'en ai peur, ne réagiront pas par des actes mais par des prétextes.

Cette stratégie est tout à fait claire dans le passé récent du Japon. Les dirigeants de la Banque du Japon ont, dans un premier temps, décliné toute responsabilité en matière de lutte contre la stagnation économique : leur seule mission, disaient-ils, était d'assurer la stabilité des prix. Puis, quand l'inflation s'est muée en déflation, ils ont prétendu que même cette tâche-là ne leur incombait plus. Bref, au lieu de risquer l'échec en tentant de résoudre les problèmes du pays, la Banque centrale n'a cessé de redéfinir son rôle pour ne pas avoir à essayer.

Je n'aurais jamais cru que la Réserve fédérale suivrait la même voie. Mais, après avoir entendu M. Greenspan expliquer pourquoi il ne pouvait pas et ne devait pas, je n'en suis plus très sûr.

LA BOURSE OU LA VIE

13 septembre 2002

« Et à la Bourse, quelles sont nos options militaires[1] ? » C'était la légende d'un dessin humoristique du *New Yorker* le mois dernier. Mais, ces temps-ci, la réalité va encore plus vite que la caricature. Dès le mois de juin, Larry Kudlow, commentateur de CNBC, a publié dans le *Washington Times* un article intitulé « Reconquérir le marché par la force ». Il y proposait l'invasion de l'Irak pour doper le Dow Jones.

Plutôt sidérant, non ? Mais pas autant que l'article de John Podhoretz paru en juillet dans le *New York Post* sous le titre « Surprise d'octobre, SVP », suivi par l'injonction « Allez-y, Monsieur le Président, gonflez le ballon[2]. »

1. « *This stock-market situation – what are the military options* ? »

2. Littéralement : « Allez-y, Monsieur le Président, remuez le chien ! » Allusion au titre du film *Wag the Dog* (en français, *Des hommes d'influence)*, réalisé par Barry Levinson en 1997, où la Maison-Blanche met en scène, à grand renfort de manipulations spectaculaires, une guerre imaginaire avec l'Albanie pour détourner l'attention d'une affaire de mœurs impliquant le président. (Le titre du film vient d'une remarque de l'un des personnages : « Pourquoi un chien remue-t-il la queue ? Parce qu'un chien est plus intelligent que sa queue. Si la queue était plus intelligente, c'est elle qui remuerait le chien. ») Quant à la « surprise d'octobre » – l'événement inattendu qui intervient juste avant l'élection et permet au président de la gagner –, c'est une allusion au scandale des discussions parallèles sur les otages américains en Iran en 1980 : tandis que le président Carter négociait avec les Iraniens leur libération juste avant la présidentielle de novembre, ce qui aurait assuré sa réélection, ses adversaires républicains Ronald Reagan et George Bush père, apparemment soutenus en sous-main par la CIA, négo-

Quand les partisans d'une politique prétendent qu'elle va résoudre des problèmes sans rapport avec son objectif initial, il est rare que ce soit bon signe. L'évolution rapide des arguments censés légitimer la récente réduction d'impôts – il s'agit de rendre à l'économie les excédents accumulés ; non, en fait, c'est pour stimuler la demande ; euh, pardon, c'est une politique de l'offre – aurait dû nous mettre en garde : il s'agit visiblement d'une obsession en quête de justification.

Difficile d'échapper à une impression de déjà-vu face à la variabilité des raisons avancées pour envahir l'Irak : Saddam Hussein était derrière les attentats du 11 Septembre et les courriers porteurs du bacille du charbon ; ah non, mais il est sur le point de développer des armes nucléaires ; ah non, mais c'est vraiment un odieux personnage (ce qui n'est pas faux).

Le thème de la guerre « bonne pour l'économie » apparaît dans ce contexte comme une simple excuse de plus. Certes, des guerres ont pu avoir des retombées économiques positives. La Seconde Guerre mondiale, en particulier, a indubitablement sorti les États-Unis de la grande crise des années 1930. Or, même si l'économie américaine d'aujourd'hui ne connaît pas une situation aussi désastreuse, elle aurait bien besoin d'un coup de pouce, d'autant que la reprise en cours est tellement molle et inégale qu'on pourrait se croire encore en récession. La guerre est-elle la solution ?

Non : sur le plan des effets économiques, un futur conflit dans le golfe Persique ne ressemblerait pas du tout à la Seconde Guerre mondiale. Il risquerait fort de déprimer et non de relancer notre économie poussive.

Les dépenses militaires n'ont rien de magique : elles ne produisent ni plus ni moins de stimulation économique que la même somme consacrée à d'autres activités – par exemple l'assainissement des sites pollués par des déchets toxiques.

---

ciaient aussi avec l'Iran leur non-libération à cette date, pour empêcher ce qu'ils avaient baptisé la « surprise d'octobre ». Ils eurent gain de cause, Reagan fut élu et les otages furent libérés début 1981. Mais si Carter, en qualité de président, avait le droit de négocier avec une puissance étrangère, ce n'était pas le cas de ses adversaires, qui se sont rendus coupables d'un acte de trahison.

Si la Seconde Guerre mondiale a réussi là où le New Deal avait échoué, c'est parce qu'elle a fait sauter les verrous habituels. Jusqu'à l'attaque de Pearl Harbor, le président Franklin Roosevelt ne possédait ni la détermination ni l'influence au Congrès nécessaires pour mettre en œuvre des programmes de grande envergure capables de doper l'économie. Avec l'entrée en guerre, il devint non seulement possible mais indispensable de porter les dépenses publiques à un niveau inconcevable jusque-là. C'est ce qui a permis au pays de retrouver le plein emploi pour la première fois depuis 1929.

Aujourd'hui, en revanche, le Congrès est prêt à financer des projets intérieurs. Si le gouvernement souhaite injecter de l'argent dans l'économie, il n'a qu'à retirer ses objections à des projets comme l'aide aux agriculteurs victimes de la sécheresse ou l'équipement des pompiers en nouveaux systèmes de communication. Bref, s'il est besoin d'une forte hausse des dépenses publiques, aucune logique économique ou politique n'impose de la réaliser sous la forme d'une guerre.

De toute façon, quelle serait l'envergure de l'effet-stimulation d'un tel conflit ? Ce n'est pas clair. Les munitions nécessaires existent sans doute déjà, on ne peut donc pas s'attendre à un gonflement soudain des carnets de commandes. Il y aura des dépenses pour le maintien de la paix – n'est-ce pas ? –, mais elles s'étaleront sur plusieurs années.

En même temps, la guerre aura aussi un impact potentiellement négatif sur l'économie. Il se résume en un seul mot : pétrole.

L'Irak lui-même vend actuellement si peu de brut sur le marché mondial que la mise hors jeu de sa production par une guerre poserait peu de problèmes. Mais la guerre du Kippour en 1973 et la révolution iranienne en 1979 n'avaient pas eu non plus d'effets directs sur l'extraction du pétrole.

Ce sont les répercussions indirectes, politiques, de ces conflits qui ont fait flamber les cours. Cette fois, les dirigeants arabes ont prévenu qu'une invasion de l'Irak ouvrirait tout grand les « portes de l'enfer ». Cela ne paraît pas très bon pour le marché du pétrole.

Les deux crises pétrolières des années 1970 ont été suivies d'une forte récession ; même chose pour la hausse plus modérée des cours du brut intervenue juste avant la guerre du Golfe de 1991. Une montée des prix pétroliers pourrait-elle saper notre faible reprise et créer une récession à double creux ? Certainement.

Aucun de ces arguments ne doit nous dissuader d'envahir l'Irak si l'administration prouve de façon convaincante que c'est nécessaire à notre sécurité. Mais il est stupide et dangereux de minimiser les effets négatifs qu'aura le conflit sur l'économie, et plus encore de prétendre que la guerre lui fera du bien.

L'ÉCONOMIE ? CONNAIS PAS

20 septembre 2002

Voilà donc comment se termine la reprise : pas en feu d'artifice mais en pétard mouillé.

D'accord, je peux me tromper. La production industrielle chute et les licenciements se multiplient, mais il n'est pas encore certain que les mois à venir seront assez mauvais pour convaincre les arbitres des cycles économiques de déclarer un retour à la récession. Sans compter que le gouvernement paraît décidé à avoir son feu d'artifice avant les élections du 5 novembre.

Mais à l'heure qu'il est, on a nettement l'impression que l'économie piétine et que ceux qui la dirigent n'ont pas la moindre idée de ce qu'il faudrait faire. Bref, on se croirait revenu au début des années 1990.

Peu importe, au fond, qu'on choisisse de qualifier la conjoncture actuelle de reprise lente ou de récession. Que la croissance du PIB soit légèrement au-dessus ou au-dessous de zéro, la plupart des Américains s'en moquent : ce qu'ils veulent savoir, c'est s'ils pourront trouver un travail et le conserver. Or, les perspectives de l'emploi s'assombrissent. Certes, à 5,7 %, le taux de chômage ne semble pas de prime abord catastrophique, mais un nombre inhabituel de chômeurs, en fait, a renoncé à chercher du travail. Le taux officiel n'indique pas non plus la vive augmentation des effectifs des vrais désespérés, ceux qui n'ont pas travaillé depuis six mois ou davantage. Et la situation sur le front de l'emploi vient de s'aggraver nettement : le nombre de nouveaux demandeurs d'allocations, indicateur clé du taux de chômage futur, a enregistré une hausse brutale le mois dernier.

On a donc affaire, au mieux, à une reprise qui, du point de vue des salariés, ressemble à s'y méprendre à une récession. Le Center on Budget and Policy Priorities signale que, sur le plan des destructions d'emplois et du chômage de longue durée, le ralentissement actuel ne le cède en rien à la très forte récession du début des années 1990.

Bref, l'histoire se répète. Les similitudes entre nos difficultés économiques actuelles et la crise sous la présidence de George Bush père sont plus importantes qu'on ne le suppose. En 1990 comme en 2001, ce sont en partie les débordements des années précédentes qui ont contribué à casser la croissance – encore que les pittoresques scandales de la période, *junk bonds* [1] ou spéculation immobilière, paraissent bien gentils à l'ère d'Enron et autres Tyco. Aujourd'hui comme alors, la récession est suivie d'une reprise sans créations d'emplois, la croissance du PIB ne réduisant pas le taux de chômage. Enfin, dans les deux périodes, on a craint que les baisses de taux opérées par la Réserve fédérale ne suffisent pas à relancer la machine. Pourtant, au début des années 1990, on n'avait pas encore sous les yeux l'exemple japonais : on sait désormais grâce à lui que le « piège de la liquidité » est un danger bien réel – même un taux d'intérêt nul ne permet pas dans ce cas de sortir de la stagnation.

Mais la ressemblance la plus frappante entre ces deux périodes est politique. Car, en dépit de toutes les différences entre le père centriste et le fils extrémiste, nous avons toujours affaire à une administration dont les figures clés ne s'intéressent pas à la politique économique : on dirait que ce n'est pas leur fort.

L'affirmation paraît peut-être étrange : la réduction des impôts n'était-elle pas la plus belle réussite de George W. Bush avant l'entrée en scène d'Oussama Ben Laden ? Mais cette mesure n'a jamais eu de vocation réellement *économique* : ce n'était qu'une manœuvre politicienne destinée à entraver la

1. « Obligations pourries ».

candidature de Steve Forbes et à contenter le noyau dur de la droite. C'est seulement par la suite que l'administration a découvert providentiellement que c'était aussi le moyen idéal de combattre la récession, de ressouder les familles, de guérir les rhumes de cerveau...

Et maintenant que – surprise – cette réduction d'impôts qui n'a jamais été conçue pour cela se révèle incapable de sortir le pays d'une récession, M. Bush et compagnie ne semblent pas avoir d'autres tours dans leur sac. Lorsqu'on a demandé à Paul O'Neill, secrétaire au Trésor, quelles idées neuves avaient surgi du burlesque sommet de Waco, il a répondu – tenez-vous bien : pérenniser les allègements fiscaux.

Faut-il s'inquiéter du manque de vision économique du gouvernement ? Sans aucun doute. Les excès des années 1990 éclipsent ceux de la décennie précédente, et les périls sont de ce fait autrement grands. Imaginons ce scénario de plus en plus plausible : la détérioration du marché du travail finit par miner l'optimisme invétéré du consommateur américain. Les États-Unis auraient besoin dans ce cas d'une vigoureuse intervention dictée par les impératifs économiques, pas d'un nouveau coup de pub pour attirer des électeurs. Mais peut-on raisonnablement y compter ?

LE PROBLÈME W

1er octobre 2002

TOKYO : mon obsession pour l'économie japonaise est née quand elle n'était plus à la mode.

Dans les années 1980, les Américains s'intéressaient énormément au Japon, alors en pleine conquête industrielle du monde. Vous souvenez-vous de tous ces livres de management à la couverture ornée de samouraïs ? Puis la bulle japonaise a éclaté, et la plupart des Américains en ont conclu que le Japon n'avait rien à leur apprendre, si ce n'est qu'un pays peut perdre l'équilibre quand il n'a pas de dirigeants politiques et économiques à la hauteur. Ce qui n'est pas notre cas, bien sûr !

Est-ce si sûr ? La fameuse intuition de Jack Welch, p-dg de General Electric, commence à paraître aussi surfaite que la puissance des patrons samouraïs. Quant à nos dirigeants politiques, on ne peut pas vraiment dire qu'ils inspirent confiance. En fait, une idée réellement déprimante me tracasse : si mauvais qu'aient été les choix politiques du Japon, les États-Unis risquent de faire pire.

Il est certes difficile de trouver du positif dans la gestion de l'après-bulle au Japon. Mais je me demande depuis des années avec inquiétude comment d'autres pays affronteraient ce problème. Maintenant que l'Amérique s'efforce de faire face aux lendemains de sa propre bulle éclatée, on comprend beaucoup plus clairement ce qui conduit aux mauvaises décisions économiques.

Incontestablement, Alan Greenspan et son équipe ont bien mieux commencé que leurs homologues nippons. La Banque du Japon avait traîné avant de réduire le loyer de l'argent, et, quand elle s'était enfin rendu compte de la gravité de la situation, il était trop tard : même un taux zéro ne suffisait plus à relancer la croissance. Avec ce contre-exemple en tête, la Fed a décidé d'intervenir tôt et souvent. Ses onze baisses des taux d'intérêt opérées en 2001 ont vivement stimulé les achats de logements et les renégociations de prêts immobiliers. Sans cela, la récession aurait été beaucoup plus grave.

Cette politique des taux commence toutefois à montrer ses limites. Nul besoin d'évoquer l'état actuel de la Bourse. Les indicateurs économiques suggèrent très nettement que le pays est en train de glisser soit vers une récession à double creux, en W (eh oui, vous vous êtes trompés : le problème W, ce n'était pas le locataire de la Maison-Blanche), soit vers une conjoncture qui y ressemble fortement. Les acteurs des marchés obligataires font visiblement le pari que la Réserve fédérale sera de nouveau contrainte de réduire les taux. Et si la Fed, à l'instar de la Banque du Japon, descendait jusqu'à zéro sans réussir à enclencher la reprise ?

À certains égards, les mesures prises au Japon convenaient assez bien, en fait, à une situation de stagnation prolongée. Il est facile de railler les travaux publics pharaoniques, tous ces ponts qui ne mènent nulle part, toutes ces autoroutes sans circulation… Indiscutablement, des sommes prodigieuses ont été gaspillées. Mais ces dépenses ont au moins eu l'avantage d'injecter de l'argent dans l'économie, donc de rendre impossible une dépression totale.

Quel sera l'équivalent américain ? Pour le moment, les États-Unis s'orientent en sens inverse : face à la crise, on sabre dans les dépenses. Cela se produit déjà à l'échelon fédéral : partout où elle peut, l'administration Bush fait des économies de bouts de chandelles, enlève 1 milliard par-ci, 1 milliard par-là – aux anciens combattants, à la sécurité intérieure, à la couverture médicale des retraités… Mais le plus important, c'est l'indifférence de l'État fédéral à ce qui se passe à l'échelon des États et des collectivités locales, où les pouvoirs publics sont contraints par la récession à opérer des coupes drastiques dans tous les budgets qui ne sont pas indispensables – et dans certains qui le sont.

Certes, nous nous refusons toujours à supposer que l'oncle Alan de la Réserve fédérale pourrait ne pas réussir à sauver tout seul l'économie américaine. Mais les débats de l'automne dernier sur d'éventuels moyens de relance ont malheureusement révélé l'incapacité des dirigeants politiques à réagir rationnellement aux problèmes économiques. Là où les économistes voyaient un danger, la Maison-Blanche et ses alliés au Congrès ont vu une belle occasion à saisir – celle de faire de nouveaux cadeaux fiscaux aux entreprises et aux nantis, conformément à leur programme politique mais avec un impact à peu près nul sur l'économie et sa crise. Vous souvenez-vous du projet d'avantages fiscaux rétroactifs pour ChevronTexaco et Enron ?

Finalement, prendre des mesures de relance était moins urgent qu'on ne l'avait cru à l'époque. Mais, si la reprise s'essouffle – et ce sera probablement le cas –, rien ne permet de penser que les choses se passeront mieux.

Le pire serait, bien sûr, que nos dirigeants politiques se disent que l'économie n'est pas leur tasse de thé, et cherchent à détourner l'attention de la montée du chômage et de l'effondrement des cours boursiers en envahissant un pays étranger. Mais nous n'avons rien à craindre de ce côté-là, n'est-ce pas ?

MON PLAN DE RELANCE

4 octobre 2002

Bien que les bruyantes vociférations des promoteurs de la guerre couvrent le reste de l'actualité, des événements graves se profilent sur le front économique. Ce n'est pas encore le Déluge, mais les chiffres qui nous parviennent d'un mois à l'autre sont de plus en plus inquiétants. Laissons entièrement de côté la politique, pour une fois, et tâchons de faire le point.

Allons à l'essentiel : la récession en cours n'est pas celle de vos parents, mais de vos grands-parents. Autrement dit, ce n'est pas une de ces récessions typiques de l'après-guerre provoquées par la Réserve fédérale pour brider l'inflation et facilement dépassées dès que la Fed relève le pied du frein. Il s'agit d'une crise classique de surinvestissement, si courante avant la Seconde Guerre mondiale. Or il a toujours été difficile de combattre ce genre de crises en jouant sur les taux d'intérêt.

Les réductions des taux pratiquées si prestement par la Fed l'année dernière ont indiscutablement contribué à éviter un recul encore plus prononcé du PIB. Mais, à y regarder de près, on constate que la Fed n'en a pas fait assez, et peut-être qu'elle ne peut pas en faire assez. Si le taux des fonds fédéraux, indice habituel de référence en politique monétaire, est au plus bas depuis des générations, le taux réel des fonds fédéraux (corrigé du taux d'inflation) – celui qui compte quand il faut prendre des décisions d'investissement – est à peu près au même niveau qu'au creux de la dernière récession, au début des années 1990, puisque l'inflation est nettement plus faible aujourd'hui.

Par ailleurs, si Alan Greenspan et consorts ont réduit le loyer de l'argent plus vite que dans la récession précédente, ils l'ont fait beaucoup plus modestement – de 4,75 points contre 6,75 à l'époque. Et même s'il descendait jusqu'à zéro, cela représenterait une baisse plus limitée que la dernière fois. Étant donné que les excès des années 1990 ont largement dépassé ceux des années 1980, donc qu'il faut à l'économie un coup de fouet plus vigoureux pour renouer avec la croissance, il est probable que la Fed n'est pas allée assez loin, et même un taux d'intérêt nul pourrait ne pas suffire.

Cette situation risque de perdurer. Les surcapacités, notamment dans le secteur des télécommunications, ne seront résorbées que très progressivement. Il est donc fort possible que le marasme économique actuel se poursuive jusqu'en 2004, voire au-delà. La Réserve fédérale devrait encore baisser le loyer de l'argent. Ce serait une mesure insuffisante mais nécessaire. Que peut-on faire d'autre ?

Les États-Unis ont besoin d'un plan raisonnable de relance budgétaire, qui stimule immédiatement la consommation en attendant la reprise des investissements. Certains de ses éléments sont déjà évidents. D'abord, on doit étendre et prolonger les droits aux allocations de chômage, aujourd'hui beaucoup moins généreuses qu'à l'époque de la dernière récession. On ferait ainsi d'une pierre deux coups : aider les plus nécessiteux, donner de l'argent à des gens qui vont très probablement le dépenser. Ensuite, il faut fournir une aide d'urgence aux gouvernements des États, dont beaucoup sont financièrement exsangues. Là aussi, on ferait d'une pierre deux coups : leur épargner des coupes douloureuses dans leur budget – les soins de santé pour les défavorisés seraient probablement le premier poste sacrifié – et stimuler la demande.

Si le montant injecté par ces deux mesures s'avère insuffisant – la somme de 100 milliards de dollars pour les douze mois à venir me paraît un bon objectif –, pourquoi ne pas envisager de nouveaux dégrèvements fiscaux, mais cette fois-ci en faveur de tous ceux qui paient des cotisations sociales, c'est-à-dire les salariés ?

Comment financer tout cela ? La réponse est claire : en annulant les réductions d'impôts déjà votées mais programmées pour plus tard. L'économie a besoin d'un stimulant immédiat, pas de cadeaux fiscaux aux très riches dans cinq ans.

Rien de génial ici : c'est le B.A. BA de l'économie appliqué à la situation actuelle.

C'est aussi, je le sais, politiquement exclu. Mais j'estime que nous sommes en droit de demander pourquoi.

CHAPITRE 4

Le capitalisme entre copains

COPINAGE À L'AMÉRICAINE

15 janvier 2002

Il y a quatre ans, l'Asie traversait une crise économique que nombre d'observateurs ont mise sur le compte du « capitalisme entre copains ». Les hommes d'affaires asiatiques, affirmaient-ils, ne prenaient pas la peine d'informer leurs actionnaires sur l'état réel de leurs actifs, de leurs dettes ou de leurs bénéfices : l'aura d'invincibilité conférée par leurs relations politiques devait suffire. Il a fallu une crise financière pour inciter les investisseurs à examiner sans complaisance leurs entreprises, qui se sont alors écroulées en un clin d'œil.

Cela vous rappelle sans doute quelque chose...

À première vue, on peut s'étonner de la soudaine tempête politique sur l'affaire Enron. Après tout, l'administration Bush n'a pas sauvé de la faillite le grand courtier en énergie. Mais pourquoi a-t-elle si longtemps cherché à dissimuler ses liens avec Enron ? Pourquoi Bush a-t-il prétendu que Kenneth Lay, numéro un de l'entreprise, était contre lui la première fois qu'il s'était présenté au poste de gouverneur et qu'ils n'avaient fait connaissance qu'après cette élection ? Enfin, pourquoi la presse se comporte-t-elle comme si un scandale d'envergure se préparait ?

Réponse : l'administration redoute que les dernières révélations sur l'affaire Enron ne lèvent le voile sur le capitalisme entre copains, version américaine. Et la presse le voit venir.

Le recours aux relations politiques en affaires n'est pas une nouveauté aux États-Unis : Bill Clinton a mené le pays au bord de la guerre commerciale pour défendre la marque de bananes Chiquita, grand pourvoyeur de fonds de sa campagne électorale. Mais l'administration Bush, convaincue d'avoir tous les droits, ne semble pas gênée le moins du monde par les conflits d'intérêts, même les plus flagrants. Marc Racicot, par exemple, récemment nommé président du comité national du parti républicain, voulait poursuivre en même temps ses activités de lobbyiste, qui lui rapportent un salaire phénoménal (il promet à présent de ne pas le faire… mais sans renoncer au traitement).

Les vraies questions sur les rapports entre Enron et le gouvernement concernent l'époque antérieure à son naufrage. Celle où le chef de la Federal Energy Regulatory Commission* (FERC) s'est, paraît-il, entendu dire par M. Lay qu'il aurait tout intérêt à coopérer un peu plus s'il voulait conserver ses fonctions. (Il n'a pas obtempéré et a perdu son emploi.) C'est durant cette période qu'Enron a aidé Dick Cheney à élaborer un programme énergétique qui semble rédigé par et pour les entreprises qui ont conseillé sa cellule de travail. M. Cheney a refusé, au mépris de la loi, de divulguer la moindre information sur les délibérations qui ont eu lieu au sein de cette cellule. Que cherche-t-il à cacher ?

Pendant qu'Enron implosait, d'autres sociétés du même secteur d'activité ont conservé l'oreille du gouvernement. Quelques jours seulement avant les dernières révélations, l'administration dévoilait son projet d'adoucir le règlement antipollution auquel sont soumises les centrales électriques. Puis, la semaine dernière, elle annonçait le maintien d'un programme controversé de stockage de déchets radioactifs au Nevada. Ces deux décisions rapporteront chacune plusieurs milliards de dollars à des entreprises étroitement liées à M. Bush. Dans son article sur l'affaire du stockage des déchets, CBSMarketWatch.com va jusqu'à affirmer qu'« un groupe de grands donateurs [pour les campagnes du parti républicain] travaillant dans le secteur de l'énergie vient de gagner le gros lot ».

Prêtons attention à la source, elle est significative. Pendant que les journalistes politiques se répandent depuis plusieurs mois en déclarations chauvines, leurs confrères de la page

« économie » cherchent à comprendre le sens véritable des événements... et ils ont l'air écœurés par ce qu'ils découvrent. « Un petit groupe de chefs d'entreprise soucieux d'infléchir les règles en leur faveur exercent une influence démesurée sur M. Bush et son équipe. » C'est le directeur de la publication de CBSMarketWatch, et non quelque commentateur politique geignard, qui a lancé cet avertissement.

Pour sa part, le magazine économique *Red Herring* a publié le dossier le plus complet en date sur le Carlyle Group, société d'investissement impénétrable, dont l'histoire semble tout droit sortie d'un mauvais feuilleton télévisé.

La spécialité de Carlyle consiste à racheter des fournisseurs de matériel militaire en difficulté, puis à les revendre dès que des contrats du Pentagone leur ont miraculeusement permis de rebondir. On trouve parmi ses salariés un certain George Bush, père de l'actuel président et, parmi ses investisseurs, jusqu'à octobre dernier du moins, une famille saoudienne du nom de Ben Laden.

Un autre gouvernement aurait jugé inconvenant que George Bush père joue un rôle dans une telle société, mais l'administration actuelle n'a pas ce genre d'états d'âme. Au contraire, Donald Rumsfeld, secrétaire d'État à la Défense, a récemment fait un très beau cadeau à son vieux copain de fac Frank Carlucci, aujourd'hui patron de Carlyle : il a décidé de poursuivre le développement du système d'artillerie dit *Crusader*, projet qui a été si durement critiqué que le Pentagone s'était résigné à l'abandonner. Résultat des courses : énième redressement spectaculaire d'une entreprise détenue par Carlyle.

Constat navrant : rien de tout cela n'est ouvertement illégal... Ça sent juste la pourriture à plein nez. Voilà pourquoi l'administration Bush va tout mettre en œuvre pour limiter la saga d'Enron au drame d'une seule entreprise et de son agonie. Mais n'oublions pas que la vraie histoire a une tout autre ampleur.

DEUX… TROIS… BEAUCOUP D'ENRON ?

1er février 2002

La question qui fait peur : combien y a-t-il d'Enron ?

Même aujourd'hui, tout le monde semble convaincu qu'Enron a atteint un niveau de malhonnêteté sans équivalent. Certes, d'autres grandes entreprises ont pratiqué la « comptabilité agressive », cet art autrefois désigné par le mot « fraude ». Mais se peut-il que leurs façades majestueuses n'aient dissimulé qu'une escroquerie pyramidale[1] ?

Si cela se peut ? C'est malheureusement fort probable. Et si je suis incapable de vous dire quelles sont les icônes de l'entreprise qui se révéleront des constructions de carton-pâte, je ne serais pas étonné que nous finissions par découvrir deux, trois, voire pléthore d'Enron autour de nous.

Qu'est-ce qui me permet d'affirmer cela ? Il en va des escroqueries pyramidales comme de tous les crimes ou délits : il faut en avoir les moyens, le mobile et l'occasion. Or depuis quelque temps, ces trois éléments foisonnent.

Les moyens : on sait désormais avec quelle facilité une entreprise aux marges bénéficiaires modestes, ou même négatives, peut maquiller ses comptes de manière à paraître magnifique-

1. Forme d'escroquerie rudimentaire où l'argent remis par chaque vague d'investisseurs permet de payer les intérêts promis à la précédente, jusqu'au moment où, faute de vague nouvelle, tout s'écroule. On parle aussi de « système de Ponzi », du nom du célèbre escroc de Boston qui pratiquait cette méthode.

ment rentable. La simple astuce consistant à rémunérer son personnel pas seulement en salaires, obligatoirement passés en charges, mais aussi en stock-options, lesquelles échappent à cette obligation, permet de donner un vrai lifting au résultat net. Selon Andrew Smithers, économiste britannique, si Cisco avait comptabilisé en charges et selon leur valeur sur le marché les stock-options accordées à ses salariés, son bénéfice net de 1998 – 1,35 milliard de dollars – se serait mué en perte sèche de 4,9 milliards de dollars. Ajoutons que l'attribution de stock-options n'est qu'un outil parmi tant d'autres pour donner artificiellement l'impression de solides profits.

Le mobile : tout gonflement artificiel du bénéfice a pour objectif de faire grimper le cours de votre action. Mais dans quel but ? Celui de contribuer au développement de l'entreprise, certes, en facilitant la mobilisation de capitaux, les acquisitions, les recrutements, et ainsi de suite, par exemple. Et c'est sûrement pour favoriser ce développement que nombre de dirigeants n'ont cessé de gonfler leur titre. Mais songeons aussi à tous ceux qui s'en vont les poches pleines alors que l'entreprise qu'ils pilotaient s'effondre (et il y a pire qu'Enron : le fondateur de Global Crossing, société tombée en faillite, a tout de même emporté la bagatelle de 750 millions de dollars), ne faudrait-il pas s'interroger sur leur motivation réelle ? « Créer de la valeur pour les actionnaires » n'est peut-être, pour ces managers, qu'un bon moyen d'étoffer leur patrimoine personnel...

Par ailleurs, et ce n'est pas secondaire, de bonnes performances boursières facilitent justement les artifices comptables qui permettent d'afficher des bénéfices fictifs, ces chiffres irréels qui justifient à leur tour la montée ultérieure du cours de l'action. Temps béni pour les pyramides !

Mais qu'en est-il de l'occasion ? C'est la convergence de trois facteurs qui a frayé la voie, vers la fin des années 1990, à des escroqueries financières commises à une échelle qu'on n'avait pas connue depuis plusieurs générations.

Le premier a été la « nouvelle économie ». L'innovation technologique a indiscutablement ouvert de nouveaux horizons et bousculé l'ordre industriel établi. Et c'est précisément dans un tel contexte que les arnaques en tous genres peuvent se multiplier. Comment s'assurer alors qu'une entreprise s'est réellement trouvé un nouveau créneau rentable, qu'elle ne fait pas d'esbroufe ?

Deuxième facteur, la bulle boursière. Comme l'a souligné Robert Shiller dans *L'Exubérance irrationnelle*, une Bourse en pleine ascension ressemble à une pyramide financière naturelle : chaque vague successive d'investisseurs produit des plus-values pour la vague précédente ; chacun s'imagine dans le meilleur des mondes possibles – jusqu'au jour où il n'y a plus de nouveaux pigeons à plumer. Ce que l'auteur ne dit pas, et qui paraît évident aujourd'hui, c'est la facilité avec laquelle on monte des escroqueries pyramidales en pareille situation : quand le public croit à la magie, les charlatans font des affaires en or.

Le troisième facteur a été le laxisme juridique et réglementaire (qui perdure aujourd'hui). Autrefois, la menace de poursuites judiciaires pesait sur toute société ou tout auditeur tentés de prendre des libertés avec les normes comptables en vigueur. Mais, en 1995, le Congrès, passant outre le veto du président Clinton, a voté le Private Securities Litigation Reform Act[1], qui rend de telles procédures beaucoup plus difficiles. Très vite, les entreprises, les cabinets d'audit chargés de certifier les comptes et les banques responsables de la vente des titres se sont entendus comme larrons en foire.

Là encore, il convient d'examiner non seulement la motivation des entreprises, mais aussi celle de leurs patrons à titre privé. On sait désormais que les dirigeants d'Enron ont donné à leurs banquiers – pas aux banques, aux banquiers personnellement – l'occasion d'investir dans les sociétés écrans qu'ils avaient créées pour dissimuler des dettes et détourner des fonds. Qui serait prêt à parier que de telles connivences n'ont jamais existé ailleurs que chez Enron ?

J'aimerais penser qu'il s'agit d'un cas unique en son genre. Mais cela m'étonnerait beaucoup.

1. Loi limitant les plaintes en matière financière. Votée en raison d'une multiplication de plaintes peu justifiées contre les cabinets d'audit, elle a eu pour effet de les mettre pratiquement à l'abri des poursuites.

VIVE LA CUPIDITÉ ?

4 juin 2002

« Le fait est, mesdames et messieurs, que la cupidité est bonne. La cupidité est efficace, la cupidité est juste, et vous verrez qu'elle va sauver non seulement Teldar, mais aussi cette grosse entreprise défaillante qui a pour nom les États-Unis d'Amérique. »

Gordon Gekko, le *raider* qui tient ces propos dans le film *Wall Street*[1], finit par récolter ce qu'il mérite. Mais dans la réalité sa philosophie a triomphé. Tel est l'arrière-fond de la vague de scandales qui menace actuellement d'engloutir le monde des affaires américain.

Soyons clair : je ne parle pas de morale, mais de théorie managériale. À titre individuel, les dirigeants d'entreprise actuels ne sont ni pires ni meilleurs que leurs prédecesseurs. Ce qui a changé, ce sont les incitations.

Les entreprises américaines d'il y a vingt-cinq ans ont peu à voir avec les structures impitoyables qui nous entourent. À l'aune des pratiques contemporaines, elles feraient figure de républiques socialistes. Les directeurs généraux touchaient des salaires négligeables comparés aux fabuleux packages de rémunération actuels. Ils ne donnaient pas non plus la priorité absolue à la performance boursière : ils estimaient être au service d'un éventail d'acteurs, dont leurs salariés. L'archétype de

1. Réalisé par Oliver Stone en 1987.

l'entreprise d'avant l'ère Gekko était surnommée en interne « Generous Motors[1] ».

Aujourd'hui, l'idéologie de la cupidité est si ancrée qu'on a du mal à imaginer comment un autre système a pu fonctionner. Pourtant, le niveau de vie américain a doublé au cours des vingt-cinq ans qui ont suivi la Seconde Guerre mondiale. Mais ensuite la croissance s'est essoufflée… et les *raiders* sont arrivés.

Ces prédateurs des temps modernes se vantaient – le plus souvent avec raison – de pouvoir relever les marges bénéficiaires, donc les cours boursiers, en soumettant les entreprises à une méchante cure d'amaigrissement. En commuant une grande partie des fonds propres en dettes, ils ont placé les dirigeants devant cette alternative : améliorer les profits ou faire faillite. Parallèlement, ils ont très fortement intéressé ces dirigeants, à titre personnel, à un cours élevé de l'action, pour qu'ils fassent tout pour le faire monter toujours plus haut.

Tout cela était bien vu par nos professeurs de finance. Le discours de Gordon Gekko résumait aussi bien que les meilleurs manuels la théorie de la « relation mandant-mandataire », selon laquelle la rémunération des dirigeants doit fortement dépendre des cours boursiers : « Aujourd'hui, les dirigeants d'une firme n'ont aucune participation personnelle à son capital. Les cadres supérieurs réunis dans cette pièce détiennent tous ensemble moins de 3 % de l'entreprise. »

C'est à partir des années 1990 que les entreprises ont commencé à mettre elles-mêmes cette théorie en pratique. Les prédateurs se sont éclipsés puisqu'on n'avait plus besoin de leurs services : l'Amérique des affaires ne jurait plus que par les valeurs de Gordon Gekko. Comme l'a dit – avec satisfaction – Steven Kaplan, professeur à l'université de Chicago : « Nous sommes tous désormais des Henry Kravis[2]. » Cette nouvelle dureté s'est enracinée grâce à un système de rémunérations potentiellement énormes pour les dirigeants si le cours du titre

1. *Generous*, « généreux », au lieu de *General* (allusion à la firme General Motors).

2. Acteur de premier plan de la vague d'OPA des années 1980, qui a par ailleurs salué la « discipline créatrice » qu'imposait l'endettement.

montait. Il y a quelques mois encore, tout le monde était convaincu de l'efficacité de ce système. À présent que chaque nouveau jour apporte son lot de scandales, on voit plus facilement la faiblesse fatale de la théorie : un système qui récompense si généreusement la réussite incite les dirigeants, qui ont le contrôle de l'information rendue publique, à faire semblant d'avoir réussi. « Comptabilité agressive », transactions fictives pour gonfler le chiffre d'affaires, tous les moyens sont bons.

Tôt ou tard, la réalité vous rattrape. Mais quelques années de succès chimériques peuvent faire des merveilles pour le patrimoine personnel d'un patron. Kenneth Lay, Gary Winnick, Chuck Watson, Dennis Kozlowski : chacun se consolera, pendant sa retraite anticipée, avec un pécule qui se chiffre en centaines de millions de dollars. Et, à moins d'atterrir en prison (mais qui peut encore croire qu'un seul de nos malfrats de magnats y séjournera ?), chacun constatera que cela vaut largement le coup de tricher.

Et qu'on ne me serve pas le discours de la poignée de brebis galeuses. Les statistiques de ces dernières années font apparaître un gouffre de plus en plus grand entre les résultats annoncés aux investisseurs et d'autres mesures de la rentabilité. Bref, tout laisse penser que beaucoup, peut-être même la majorité de nos entreprises, ont truqué leurs comptes.

Seulement voilà : la méfiance à l'égard des entreprises menace la reprise encore fragile de l'économie. La cupidité pourrait se révéler moins bénéfique qu'on ne le croyait. Alors d'où viendront les indispensables réformes ? Washington semble décidé à confirmer le jugement du site web apolitique de Corporate Governance (corpgov.net), qui affirme sur le ton de l'évidence : « Compte tenu de la puissance des lobbies, le pouvoir de l'État se confond souvent dans les faits avec le pouvoir des grandes entreprises. »

Le monde des affaires se réformera-t-il tout seul ? Jusqu'à présent, on ne voit guère les signes annonciateurs d'un tel changement. On est donc en droit de se demander qui va réellement sauver cette grosse entreprise défaillante qui a pour nom les États-Unis d'Amérique.

PARFUMS DE FRAUDE

28 juin 2002

Imaginons que vous soyez glacier : comment faire fortune dans une activité aussi peu lucrative ? Eh bien, sachez que chaque gros scandale financier découvert ces temps-ci incarne une stratégie différente pour s'enrichir sur le plan personnel.

Commençons par la stratégie Enron. Vous signez des contrats par lesquels vous vous engagez à fournir un cornet de glace par jour et par client pendant les trente ans à venir. Vous sous-évaluez à dessein le coût unitaire de cette prestation, puis vous inscrivez au compte de résultat de l'exercice en cours l'ensemble des bénéfices que vous projetez de faire sur les futures ventes de cornets. Et voilà que tout le monde acclame soudain ce miracle de rentabilité. Ainsi vous pouvez vendre des actions à des prix exorbitants.

Passons à la stratégie Dynegy. La vente de crèmes glacées n'est manifestement pas rentable, mais vous parvenez tout de même à convaincre les investisseurs qu'elle finira par l'être. Ensuite, vous concluez discrètement un accord avec un autre glacier du quartier : chacun achètera des centaines de cornets à l'autre tous les jours. Ou, plutôt, chacun fera semblant de le faire : pourquoi se fatiguer à transporter tous ces cartons d'un établissement à l'autre ? Du coup, vous donnez l'impression d'être un acteur de premier plan sur un marché d'avenir. Ce qui vous permet de vendre des actions à des prix exorbitants.

N'oublions pas la stratégie Adelphia. Vous signez des contrats avec des clients, puis vous amenez les investisseurs à se concentrer sur le volant de contrats plutôt que sur leur rentabilité. Pas la peine, cette fois-ci, de simuler des transactions : il suffit d'inventer une foule de clients imaginaires. La croissance rapide de votre clientèle amène les analystes financiers à vous noter très favorablement. Ce qui vous permet de vendre des actions à des prix exorbitants.

Pour finir, la stratégie WorldCom. Dans ce cas, laissez tomber les ventes fictives ; escamotez plutôt vos coûts réels en intégrant les dépenses courantes — sucre, crème fraîche, nappage au chocolat — dans le prix d'acquisition d'un nouveau congélateur. Soudain, votre entreprise si peu lucrative apparaît sur le papier comme un modèle de rentabilité qui s'endette exclusivement pour financer le renouvellement de son matériel. Ce qui vous permet de vendre des actions à des prix exorbitants.

Ah, oui, j'ai failli oublier : comment vous enrichir personnellement ? Le moyen le plus facile consiste à vous attribuer beaucoup de stock-options et à profiter ainsi du gonflement artificiel du cours de votre action. Il vous est également possible de créer, à la manière d'Enron, des *special purpose entities* [1], d'ajouter des crédits personnels (comme chez Adelphia) et ainsi de suite pour améliorer vos gains déjà spectaculaires. Comme il est bon d'être directeur général !

Ce menu de magouilles inspire quelques réflexions inquiétantes. D'abord, chacun des gros scandales révélés à ce jour repose sur une escroquerie différente. Du coup, se raconter que peu d'entreprises ont pu recourir aux mêmes astuces qu'Enron ou WorldCom n'est pas si rassurant puisque les « comptables créatifs » ont sans doute su en inventer d'autres. Ensuite, les ficelles utilisées n'auraient pas dû être si difficiles à déceler. La direction de WorldCom affirme à présent que 40 % des prétendues immobilisations du dernier exercice étaient bidon, qu'elles correspondaient en réalité à des frais d'exploitation. Comment se fait-il que des acteurs pleinement conscients des risques de fraude – auditeurs, banquiers, autorités de réglementation –

1. Entités *ad hoc* exclues du bilan de la maison mère et utilisées notamment pour loger ses pertes.

n'aient pas remarqué quelque chose d'aussi énorme ? La réponse est, bien sûr, qu'ils ne voulaient pas le voir – ou qu'on les a empêchés de remédier à la situation.

Il ne s'agit pas d'accuser toutes les entreprises américaines de corruption. Mais reconnaissons que les dirigeants enclins à ce genre de dérive ont rencontré bien peu d'obstacles sur leur chemin. Les cabinets d'audit n'avaient aucun intérêt à se mettre à dos des sociétés qui leur signaient des contrats juteux de consultant. Les banquiers ne songeaient pas à contrarier des clients qui leur permettaient de profiter au passage de combines fort lucratives (voir l'affaire Enron). Enfin, des élus rendus bienveillants par le soutien apporté à leurs campagnes électorales et autres encouragements ont réussi à paralyser l'activité des instances de réglementation, soit en leur coupant les vivres, soit en créant des « trous noirs » réglementaires dans lesquels des procédés peu recommandables pouvaient se développer sans entraves.

Ainsi, au moment même où il dénonce bruyamment WorldCom, George W. Bush tente de nommer au poste de direction d'une instance de réglementation cruciale l'homme qui a rédigé l'infâme « exemption Enron » – paragraphe de loi fabriqué sur mesure pour mettre le courtier en énergie à l'abri de toute mise en examen sérieuse[1]. Et certains parlementaires semblent plus soucieux de gêner le travail d'Eliot Spitzer, *attorney general* * de l'État de New York, que de remédier aux cas de corruption sur lesquels il enquête.

En attendant, le flot de révélations ne tarit pas. Il y a six mois, j'ai écrit, dans un article largement critiqué, que le scandale Enron était susceptible de marquer un tournant plus important que les attentats du 11 Septembre du point de vue de l'image que l'Amérique a d'elle-même. Cette idée paraît-elle si saugrenue aujourd'hui ?

1. Il s'agit d'un paragraphe du Commodity Futures Regulation Act de 2000 (loi de modernisation des contrats à terme sur matières premières) qui a permis à des entreprises comme Enron d'échapper à l'essentiel des restrictions réglementaires sur les contrats de négoce en énergie. La figure incriminée est le sénateur Phil Gramm.

LA RÉUSSITE EN AFFAIRES

7 juillet 2002

Mardi prochain, George W. Bush prononcera un discours qui devrait le placer, espère-t-il, à la tête du cortège grandissant des Américains scandalisés par le flot de malversations. Il va donner une leçon de déontologie aux décideurs de Wall Street et se présentera sans doute comme un inconditionnel de la probité en affaires, tel qu'on n'en fait plus.

Ces gesticulations ont quelque chose de surréaliste si l'on considère la manière dont plusieurs figures du gouvernement ont fait fortune, de Thomas White, secrétaire à l'Armée de terre à M. Bush en personne, en passant par Dick Cheney. Comme l'a dit Joshua Green dans un article incontournable paru dans le *Washington Monthly* juste avant la brusque conversion du gouvernement à la rigueur morale : « Le ton nouveau que George W. Bush a apporté à Washington n'est pas celui de l'intégrité mais de la permissivité. [...] Aux yeux de cette administration, s'enrichir pendant que son entreprise s'effondre n'est pas forcément condamnable. »

Malheureusement, l'administration est parvenue à dévier les projecteurs de la presse sur l'aspect le moins important des transactions de M. Bush : il a enfreint la loi en tardant à signaler aux autorités ses opérations d'initié sur titres. Il est vrai que M. Bush donne depuis peu une nouvelle justification à son omission : hier, c'était « mon chien a mangé mon devoir » ; aujourd'hui, c'est « mon avocat a mangé mon devoir – quatre fois de suite ». L'administration espère que cette mise en avant des seuls problèmes de déclaration des faits détournera l'attention de l'essentiel : M. Bush a personnellement profité des artifices comptables qui sont à la base des escroqueries dont l'Amérique entière s'est récemment scandalisée.

En 1986, on aurait considéré M. Bush comme un homme d'affaires raté. Après avoir brûlé des millions de dollars qui ne lui appartenaient pas, il ne possédait au bout du compte qu'une entreprise déficitaire et lourdement endettée. Il fut sauvé par Harken Energy [1], qui lui racheta sa société à un prix étonnamment élevé. Sans doute le repreneur avait-il surtout acquis un carnet d'adresses.

Mais les relations de M. Bush n'ont pas suffi, et Harken n'a pas prospéré. Ses dirigeants ont provisoirement réussi à masquer leur échec – et à soutenir le cours de leur action juste assez longtemps pour permettre à M. Bush de céder l'essentiel de sa participation en empochant une plus-value impressionnante [2]. Ils ont utilisé la même ficelle comptable, le même stratagème qu'Enron une dizaine d'années plus tard (oui, vous l'avez deviné, le cabinet d'audit qui certifiait les comptes s'appelait Arthur Andersen). C'est simple : les dirigeants créent une société écran, prétendument autonome, qui demeure en réalité sous leur contrôle. Ensuite, la société mère vend à cette société certains de ses avoirs à des prix fantaisistes, et enregistre un bénéfice fictif qui fait monter en flèche son cours sur le marché boursier. Les dirigeants n'ont plus qu'à vendre leurs actions.

C'est exactement ce qui s'est passé chez Harken. Une coterie d'initiés a emprunté de l'argent à la société mère pour acheter à prix d'or l'une de ses filiales, Aloha Petroleum. Résultat : un bénéfice fictif de 10 millions de dollars, qui a permis de dissi-

1. À l'époque, M. Bush dirigeait Spectrum 7, minuscule entreprise du secteur énergétique, criblée de dettes. Harken Energy racheta en 1989 cette société pour 2 millions de dollars. Bush gagna au passage de nouvelles responsabilités : siéger au conseil d'administration et au comité d'audit de la société Harken, ainsi qu'un joli paquet d'actions.

2. Quelques semaines seulement avant la dégringolade du cours de l'action de Harken, M. Bush s'est débarrassé des deux tiers de sa participation pour la somme de 848 000 dollars.

muler les trois quarts des pertes subies en 1989. Les conseillers de la Maison-Blanche ont tenté, bien sûr, de minimiser la portée de cette manœuvre – c'est peu, 10 millions de dollars, comparé aux sommes qui sont en jeu dans les derniers scandales en date. Effectivement, cela ne représente qu'une fraction des bénéfices affichés par Halliburton à la suite d'une modification soudaine de ses méthodes comptables – survenue à l'époque durant laquelle Dick Cheney présidait aux destinées de l'entreprise. Il n'empêche : pour le cours de l'action de Harken – donc pour la fortune personnelle de M. Bush –, cette petite tricherie a tout changé.

Relevons au passage que le bénéfice fictif de Harken était des dizaines de fois supérieur aux sommes impliquées dans la transaction immobilière des Clinton à Whitewater, mais ne représente que le septième des frais d'instruction judiciaire engagés dans cette affaire.

M. Bush siégeait au comité d'audit de Harken ainsi qu'à un comité spécial chargé de la restructuration de l'entreprise. En 1994, un autre membre de ces comités, E. Stuart Watson, avait déclaré aux journalistes que M. Bush et lui-même étaient constamment tenus au courant de la situation financière de Harken. M. Bush a dû être un dirigeant extraordinairement distrait pour ne rien savoir de la manœuvre concernant Aloha.

Quoi qu'il en soit, il a forcément appris la vérité quand la Securities and Exchange Commission* (SEC) a ordonné à Harken de rectifier ses comptes de 1989[1]. On a du mal à croire que M. Bush ait pu être choqué par les récentes escroqueries, tant son entreprise a usé des mêmes ficelles et tant il en a personnellement bénéficié. Mais le locataire actuel de la Maison-Blanche s'est surtout enrichi quand il a réinvesti le produit de la vente de ses actions Harken dans l'équipe de base-ball des Texas Rangers – un autre épisode tout aussi bizarre...

Le plus frappant, c'est cet écart entre l'image et la réalité. M. Bush essaie de se faire passer pour « un gars comme un autre », quelqu'un à qui l'Américain moyen peut s'identifier.

1. La SEC a finalement déclaré l'opération entièrement fictive.

Mais sa fortune personnelle ne s'explique que par des privilèges, des délits d'initiés et, après la vente de ses actions Harken, un transfert impressionnant de fonds publics à des intérêts privés. À l'évidence, nous ne sommes pas tous logés à la même enseigne…

UN JEU D'INITIÉS

12 juillet 2002

La crise actuelle du capitalisme américain ne se limite pas aux détails : ruses comptables, stock-options, prêts de l'entreprise aux dirigeants... Elle a un fil directeur : le trucage du jeu au profit des initiés – les cadres supérieurs des firmes.

Et l'administration Bush regorge d'initiés. C'est la raison pour laquelle le président ne peut pas se limiter à de simples discours contre la délinquance patronale. Citons l'exemple le plus flagrant (à ce jour) : Thomas White, ancien responsable d'une division d'Enron ayant affiché 500 millions de dollars de bénéfices fictifs, a empoché 12 millions de dollars en vendant des actions de cette société à la veille de son effondrement. Mais il demeure à l'heure qu'il est secrétaire à l'Armée de terre. Comment prendre au sérieux les sermons du président Bush ?

Tout ce qu'il a dit et fait dernièrement indique d'ailleurs qu'il n'a rien compris. On sait que son ancienne entreprise, Harken Energy, avait inscrit une plus-value sur une vente qu'elle avait financée elle-même – celle d'Aloha Petroleum. La seule explication possible était la volonté de gonfler artificiellement ses profits. Or, interrogé sur cette opération, M. Bush a répondu : « C'est un désaccord honnête sur la méthode comptable. [...] Il arrive parfois que tout ne soit pas noir ou blanc en comptabilité. »

Il continue aussi de s'opposer à la fois aux réformes susceptibles de réduire les incitations à la tricherie – par exemple, obliger les entreprises à inscrire en charges les stock-options attribuées à leurs dirigeants – et à celles qui entraveraient des pratiques frauduleuses, comme l'interdiction faite à un cabinet d'audit et de conseil d'intervenir comme consultant auprès d'une société dont il certifie les comptes.

Dans le discours – si riche en mots sévères mais si pauvre en contenu – prononcé mardi dernier par M. Bush, un seul élément mériterait presque le nom de proposition : le durcissement des sanctions en cas de fraude. Il ne s'agit pourtant que de menaces en l'air, car les dirigeants d'entreprise sont rarement inculpés au pénal. Jusqu'ici, pas une seule inculpation dans l'affaire Enron… Même Al Dunlap, ce « serial truqueur » de comptes, ne fait l'objet que d'une procédure civile. Quant aux condamnations, elles sont quasi inexistantes. Les arcanes de la comptabilité sont de nature à embrouiller les jurés même les mieux informés, et des avocats grassement rémunérés savent en tirer parti. Et en dernier ressort, les grandes figures du monde de l'entreprise peuvent toujours compter sur la protection de leurs amis haut placés.

Sur ce point ainsi que pour la question de la « gouvernance d'entreprise » en général, l'histoire de M. Bush préfigure la vague de scandales.

Certains commentateurs s'insurgent contre les questions qui concernent la carrière d'homme d'affaires du président. C'est du passé, disent-ils, lointain, tout cela n'a plus de sens aujourd'hui. Pourtant, plusieurs de ces partisans de l'instant présent n'ont pas vu d'inconvénient à consacrer sept années et 70 millions de dollars à enquêter sur un projet immobilier (jamais abouti) qui remontait plus loin encore dans le passé de Bill Clinton. Ils veulent du récent, en voici : ils n'ont qu'à se pencher sur l'incroyable investissement de M. Bush dans les Texas Rangers, équipe de base-ball dont la rentabilité extraordinaire serait inexplicable sans les rapports incestueux entre pouvoirs publics et milieux d'affaires texans. Et comme pour l'affaire Harken, l'information n'est pas difficile à trouver : Joe Conason a détaillé l'histoire dans un article paru il y a près de deux ans dans *Harper's Magazine*.

Au bout du compte, l'histoire de Harken s'avère plus riche d'enseignements, car l'enquête de la Securities and Exchange Commission (SEC) sur la cession par M. Bush de ses actions montre bien pourquoi les menaces qu'il a proférées n'intimideront pas les fraudeurs au bras long.

Le gendarme du marché boursier, prétend M. Bush, a passé son activité au peigne fin et l'a blanchi. Or l'enquête en question s'est au contraire distinguée par sa superficialité. Elle a conclu que cette revente des actions au moment le plus avantageux ne pouvait être assimilée à un délit d'initiés, mais les enquêteurs n'ont même pas pris la peine d'interroger M. Bush (ni d'ailleurs aucun membre du conseil d'administration de Harken). Sans doute ont-ils estimé qu'ils en savaient assez sur lui : à l'époque où il était président, son père avait placé un ami proche à la tête de la SEC… Par ailleurs, le chef du département juridique, normalement compétent pour décider de l'opportunité d'engager ou non des poursuites, avait été auparavant l'avocat personnel de George W. Bush : c'est lui – je n'invente rien – qui a négocié le rachat des Texas Rangers.

La plupart des affairistes américains n'auront sans doute jamais des relations aussi puissantes que celles de M. Bush dans sa jeunesse. Mais, comme lui, ils pourront probablement s'attendre à un traitement de faveur. Considérons ce curieux parallèle. La SEC, censée enquêter actuellement sur les pratiques comptables douteuses qui ont permis à Halliburton de métamorphoser une perte en bénéfice, n'a toujours pas entendu le directeur général en fonction au moment des faits : M. Dick Cheney, pour ne pas le nommer.

En un mot, tous les espoirs de voir le président Bush rompre avec son passé et se faire le champion de réformes si urgentes viennent d'être anéantis. M. Bush n'est pas un vrai réformateur : c'est juste un rôle qu'il joue de temps à autre à la télévision.

LA CONTRAINTE « INDIGNATION »

23 août 2002

Les fortes rémunérations des patrons américains découlent de l'âpre concurrence que se livrent les entreprises pour acquérir les meilleurs talents. Stock-options et autres avantages ont pour finalité de les inciter à des performances supérieures. Ces incitations font coïncider les intérêts personnels des dirigeants et ceux des actionnaires.

Le paragraphe précédent est faux du début à la fin : telle est la leçon à tirer d'une extraordinaire étude diffusée par le National Bureau of Economic Research, institut de recherche en économie. Une lecture indispensable pour tous ceux qui souhaitent comprendre l'évolution réelle de notre économie.

C'est en décembre dernier que j'ai lu le texte rédigé par Lucian Bebchuk, Jesse Fried et David Walker (respectivement de l'université de Harvard, de Berkeley et de Boston) : « Rémunération des cadres dirigeants en Amérique : rapports contractuels optimaux ou extraction d'une rente de situation [1] ? ». C'est en grande partie leur analyse qui m'a convaincu, très tôt, que l'affaire Enron était seulement le premier d'une longue suite de scandales.

Que démontrent-ils ? Que la théorie officielle sur le fonctionnement de l'entreprise ne correspond guère à la réalité. Selon

1. « Executive compensation in America : Optimal contracting or extraction of rents ? »

cette théorie, le p-dg est un simple exécutant : il se conforme à la volonté du conseil d'administration, instance de décision qui représente les intérêts des actionnaires. Or dans la pratique, le p-dg actuel fixe sa propre rémunération, avec pour seule limite la contrainte « indignation ». Pas l'indignation des administrateurs, dont les diverses formes de rétribution dépendent en grande partie de son bon vouloir, mais celle de groupes extérieurs susceptibles d'occasionner des ennuis. Par ailleurs, plusieurs caractéristiques du système de rémunération globale du p-dg sont moins conçues pour le motiver que pour lui fournir un « camouflage » – lui permettre de se rétribuer généreusement sans soulever l'indignation publique.

L'exemple le plus évident concerne les stock-options. Il existe de bonnes raisons pour lier la paie d'un dirigeant au cours de l'action de l'entreprise, mais un véritable système d'incitation aurait des caractéristiques qu'on ne rencontre presque jamais dans la réalité. Il faudrait, par exemple, juger les performances en Bourse par rapport à l'évolution d'un indice de référence regroupant d'autres sociétés comparables, et payer le p-dg en conséquence. De cette façon, sa rémunération dépendrait de la qualité de son travail plutôt que de l'évolution générale des marchés boursiers.

En réalité, le p-dg reçoit ses stock-options au cours du marché, point final. Si l'action monte, il exerce ses droits puis revend ses titres. Si elle baisse, de nouvelles options lui sont attribuées au nouveau prix, plus faible. Des bizarreries de la fiscalité favorisent ces pratiques, il faut le reconnaître. Mais l'intérêt principal de ce mode de rémunération est que ses bénéficiaires ont toutes les chances de s'y retrouver : à moins d'une dévalorisation ininterrompue du titre de l'entreprise, un cadre supérieur qui reçoit des options au cours du marché finira inévitablement par gagner beaucoup d'argent... sous une forme qui dissimule le caractère extrêmement avantageux de son contrat. Ces options sont rarement comptabilisées en charges, et quand le pactole tombe, l'entreprise peut toujours le présenter comme la juste récompense de la réussite.

La sophistication croissante de ces techniques de camouflage, l'érosion des vieux scrupules face aux inégalités trop voyantes ont fait exploser la rémunération des patrons. Voilà vingt-cinq ans, un p-dg gagnait 40 fois plus que le salarié moyen ; aujourd'hui, 500 fois. C'est énorme, mais le problème crucial n'est pas l'ampleur de la dépense. C'est l'effet d'incitation des astuces employées pour la camoufler : les patrons sont irrésistiblement tentés de faire grimper le cours de l'action assez vite pour en récolter les fruits.

On commence à peine à découvrir toute la force corruptrice de ce système. Certaines entreprises ont lancé des programmes grandioses d'acquisitions et d'expansion qui se sont soldés par des échecs terribles… mais seulement après un enrichissement personnel prodigieux des dirigeants. Parallèlement, les firmes soucieuses de confirmer ou de dépasser les prévisions des analystes ont pratiqué à grande échelle la « comptabilité imaginative ». Pendant la dernière phase de la bulle boursière, la plupart des grosses entreprises ont enregistré bon an mal an une augmentation à deux chiffres de leur résultat net, alors que selon les statistiques nationales officielles la croissance des bénéfices réels au cours de cette période est demeurée négligeable.

Je ne prétends pas que les patrons d'aujourd'hui sont des méchants qui tortillent leur moustache en ricanant de leurs méfaits. L'être humain a une capacité étonnante à justifier ses actes (même Jeff Skilling, ancien directeur général d'Enron, se pose en victime). Par ailleurs, la plupart des dirigeants sont sans doute restés dans le cadre de la légalité.

Il n'empêche que le système actuel offre des primes indécentes aux pratiques équivoques. Et je serais étonné que le geste de Michael Kopper, d'Enron, qui vient de plaider coupable, signe le début de la fin. Ce sera au mieux la fin du début.

LES AFFAIRES RESTENT LES AFFAIRES

22 octobre 2002

En ce moment « l'optimisme frise l'ivresse » chez les lobbyistes, à entendre un responsable ravi de la Heritage Foundation. Convaincus que le parti républicain sortira vainqueur des élections du 5 novembre – et donc maître du législatif, de l'exécutif et du judiciaire –, ils ont déjà tous préparé leur liste de mariage. « C'est l'équivalent en politique intérieure des projets pour l'après-guerre en Irak », poursuit ce même responsable.

La Maison-Blanche semble elle aussi attendre Noël avant l'heure. L'administration Bush doute si peu du triomphe de son camp qu'elle a déjà exaucé le vœu le plus cher des lobbies : l'arrêt de tout ce bavardage inutile sur la réforme du « gouvernement d'entreprise ». En juillet dernier, le président Bush déclarait : « Nous enquêterons et ensuite nous sanctionnerons les délits commis par les entreprises. » Il vantait également les mérites d'une nouvelle loi qui « prévoit de doter la Securities and Exchange Commission (SEC) de moyens supplémentaires, en hommes et en outils technologiques, pour découvrir les infractions commises ». Mais en trois mois, de l'eau a passé sous les ponts : vous ne savez pas qu'on est en guerre ?

L'enterrement du projet de réforme a commencé lorsque Harvey Pitt, président de la SEC, a retiré sa proposition de nommer une personnalité forte et indépendante à la tête d'un futur Comité national de contrôle de la comptabilité.

Et ce n'était qu'un prélude. La SEC souffre depuis des années d'un manque de moyens. La plupart des observateurs, dont Richard Breeden, qui a dirigé cet organisme quand Bush père était président, estimaient que le budget validé en juillet dernier était déjà sérieusement insuffisant. Or l'administration veut à présent annuler l'essentiel des « moyens supplémentaires » que M. Bush a claironnés. La SEC, prétendent les porte-parole du gouvernement, peut très bien remplir sa mission sur la base d'un budget restreint. Le mot est faible. Les juristes et les comptables de cet organisme gagnent moitié moins qu'ils n'obtiendraient dans le secteur privé. Ils se retrouvent généralement face à des services juridiques d'entreprise supérieurs en nombre, doivent souvent saisir eux-mêmes leurs rapports et même faire leurs photocopies. Selon les dirigeants de la SEC, nombre d'enquêtes qui mériteraient d'être poursuivies sont abandonnées, faute de moyens. Tout cela au moment où la nouvelle loi est censée élargir le champ de sa compétence.

Mais qu'est-ce qui se passe ? Considérons ce parallèle : depuis 1995, le Congrès contraint régulièrement le fisc à diminuer son activité, si bien que le nombre d'inspecteurs des impôts a chuté de 28 %. Pourtant, un meilleur financement de ce service permettrait à coup sûr de réduire le déficit du budget fédéral. Le fisc estime à 30 milliards de dollars au moins le montant annuel des impôts non recouvrés – phénomène dû en grande partie au sentiment d'impunité qu'ont acquis les contribuables fortunés. Le choix d'affamer le fisc n'a donc rien à voir avec un souci d'économie : c'est une mesure de protection des riches fraudeurs.

La même logique est à l'œuvre avec la SEC. Les responsables du gouvernement ne pensent pas que cet organisme puisse faire son travail avec un budget resserré ; tout l'exercice consiste au contraire à l'empêcher de remplir sa fonction.

Rétrospectivement, on a du mal à comprendre qu'on ait pu prendre au sérieux les discours de l'administration actuelle sur la réforme de l'entreprise. C'est, plus que tout autre dans l'histoire récente, un gouvernement de patrons, exercé par et pour les patrons. Je ne parle pas seulement d'influence, mais aussi de parcours individuels. L'administration Bush compte plus

d'anciens p-dg que les administrations précédentes. Mais comme l'a rappelé James Surowiecki dans le *New Yorker* : « Ils sont très rares les ex-p-dg de l'équipe de M. Bush à avoir dirigé une firme concurrentielle et de type entrepreneurial. » La plupart viennent du monde du « capitalisme entre copains, où votre carnet d'adresses a plus d'importance que ce que vous faites et comment vous le faites ». Pourquoi tourneraient-ils le dos à un monde si confortable ?

N'oublions pas non plus les motifs personnels. L'immense majorité de ces anciens p-dg entrés dans l'administration Bush doivent leur fortune aux relations qu'ils ont su nouer personnellement à Washington. Une exception confirme la règle : M. Bush lui-même, devenu riche grâce aux relations politiques nouées par son père... Et ce n'est pas fini. Le sénateur Phil Gramm a fait voter une loi permettant de soustraire aux contraintes réglementaires les pratiques de courtage en énergie d'Enron – alors que sa femme siégeait au conseil d'administration du groupe. Eh bien, il se retire de la vie politique pour entamer une nouvelle carrière chez UBS Warburg, la banque qui a repris l'activité de courtage d'Enron. Curieusement, les hommes politiques les plus acharnés contre les comportements délictueux ne reçoivent pas ce type d'offres...

Bref, ne vous faites aucun souci pour ces patrons obligés de passer devant les caméras en costume de coupable : c'est pour la galerie. À présent que les citoyens ont l'esprit ailleurs, tout peut continuer comme avant. Entre copains.

Deuxième partie

PETITS ARRANGEMENTS AVEC LES CHIFFRES

Il était une fois un pays d'Amérique latine où les hommes politiques avaient l'habitude de faire des promesses en l'air. Un pays où un parti politique promettait des économies de carburant parce qu'il redessinerait tout bonnement les routes du pays dans le sens de la pente.

Drôle, non ? Sauf quand cela se passe chez nous.

Il y a des similitudes évidentes entre la réduction d'impôts décidée par M. Bush en 2001 et celle pratiquée par Reagan vingt ans plus tôt. Mais cette fois-ci, le contexte politique est très différent, et beaucoup plus angoissant. Je n'avais pas une grande admiration pour M. Reagan, mais il a eu le mérite de présenter honnêtement sa réforme : il n'a jamais caché son intention de faire des cadeaux énormes aux riches, et il a reconnu que les baisses d'impôts proposées ne paraîtraient jouables qu'aux partisans de l'économie de l'offre. George W. Bush, lui, n'a cessé de débiter des absurdités sur son projet : c'était, prétendait-il, une réduction d'impôts destinée surtout aux couches moyennes, et un budget fédéral géré avec modération n'aurait aucune difficulté à l'absorber. Quelques brefs calculs auraient permis de démontrer l'absence de fondement de ces deux arguments, mais, étrangement, aucun journaliste n'a eu envie de s'y mettre.

Les premiers mois de la campagne électorale de 2000 m'ont laissé sceptique. Était-il possible que le candidat de l'un des deux grands partis du pays mente ainsi sur le contenu de son programme ? Et que les médias laissent faire ? La réponse est « oui », dans les deux cas.

Résultat des courses ? M. Bush a réussi l'opération de publicité mensongère la plus impressionnante qui soit. D'abord, il a maquillé sa réduction d'impôts – qui allait vider les caisses du gouvernement fédéral et avantager les contribuables les plus fortunés – en modeste mesure de restitution aux couches moyennes de fonds dont les pouvoirs publics n'avaient finalement pas besoin. Puis, quand le flot de chiffres alarmants s'est transformé en torrent, il s'est abrité derrière le drapeau américain, a rejeté la responsabilité des déficits sur le terrorisme et autres forces du Mal tout aussi indépendantes de sa volonté. J'ai cherché à expliquer dans ma chronique ce qui était en train de se jouer. Mais mes détracteurs m'ont tout de suite traité de Cassandre, et à raison : car en dépit de l'incrédulité avec laquelle on accueillait ses prophéties, elles se sont réalisées.

Le chapitre 5 tente de décrypter l'opération de « marketing » qu'a constituée cette baisse des impôts – artifices, faux-fuyants et mensonges patents utilisés par Bush pour faire de sa proposition un argument de campagne électorale, puis pour la faire voter par le Congrès. Sous-texte de l'histoire : l'échec des institutions et des individus qui auraient dû veiller à l'intérêt général. La presse aussi a failli à son devoir d'éclaircissement, laissant les mains libres à M. Bush pour sortir les contrevérités les plus flagrantes sur le budget fédéral. Et nombre de ceux qui s'étaient présentés comme les gardiens de la rigueur ont jeté par-dessus bord leurs sacro-saints principes. Alan Greenspan, grand prêtre de la discipline budgétaire sous la présidence de Bill Clinton, a dû se livrer à de véritables acrobaties intellectuelles pour soutenir une réforme totalement irresponsable.

Je savais que cette réforme allait gaspiller l'excédent budgétaire si durement obtenu. Mais je n'avais pas prévu la vitesse du naufrage : des excédents records se transformant à vue d'œil en déficits records. Bien sûr, je ne pouvais deviner que les attentats du 11 Septembre allaient permettre à l'administration de brouiller les pistes en accusant des étrangers maléfiques d'avoir sapé la prospérité économique. Le chapitre 6 retrace les étapes du débat budgétaire qui a suivi le 11 Septembre ; l'ampleur du désastre économique était devenue visible pour tous mais ne semblait troubler personne.

Faut-il s'en soucier ? Selon les apologistes de l'administration Bush, la dette du gouvernement fédéral n'est pas énorme au regard de sa tendance historique, et il en va de même du déficit budgétaire, en dépit de son ampleur en chiffres absolus. Mais ces comparaisons historiques sont profondément trompeuses : l'administration actuelle mène une politique ruineuse et irresponsable qui nous prépare à moyen terme une crise monumentale. Pourquoi ? Parce que nous ne sommes qu'à quelques années du jour B, le jour où les enfants du baby-boom commenceront à prendre leur retraite.

Pour se représenter l'État américain, il faut imaginer une vaste compagnie d'assurances dotée accessoirement de forces armées. Les gigantesques programmes de prévoyance vieillesse – Caisse de retraite publique et Medicare – qui dominent déjà le budget fédéral coûteront plus cher encore dans une dizaine d'années. Or un pays qui aura à régler cette note en même temps que les intérêts sur l'énorme dette publique devra forcément faire des sacrifices. On ferait mieux de commencer à amasser des excédents budgétaires pour pouvoir rembourser peu à peu la dette. Ce n'est vraiment pas le moment de laisser filer le déficit.

Pourquoi ne pas chercher plutôt à réformer le système des retraites publiques et de Medicare ? demanderont certains. De prime abord, l'idée paraît raisonnable, et la « réforme » des retraites proposée par M. Bush a été favorablement accueillie pendant la campagne électorale. Le seul ennui, et le chapitre 7 l'explique, c'est que ce projet était depuis le début une supercherie. M. Bush prétendait en substance que 2 – 1 = 4, c'est-à-dire que le transfert des fonds de la Caisse de retraite publique vers des comptes d'épargne individuels renforcerait les finances du système, alors qu'un calcul élémentaire démontrerait l'inverse. Les mensonges invoqués pour justifier la réforme de Medicare étaient moins cousus de fil blanc, mais tout aussi massifs. Dans les deux cas, le remède se révélerait autrement pire que le mal ;

il ne ferait qu'aggraver les problèmes engendrés par la désinvolture de cette politique budgétaire.

Où tout cela nous conduira-t-il ? En travaillant sur cette partie du livre, je réfléchissais à l'avenir de notre système fiscal… et j'ai finalement opté pour un crédit immobilier à taux fixe… Un jour viendra – probablement plus tôt qu'on ne l'imagine – où les marchés financiers se rendront compte que le gouvernement américain a multiplié les promesses incohérentes : allocations décentes pour les futurs retraités, remboursement des investisseurs ayant acheté des bons du Trésor, taux d'imposition bien trop faibles pour financer le tout… À ce stade, le bateau commencera à prendre l'eau de toutes parts, et ce ne sera pas beau à voir. Les États-Unis pourraient même s'acheminer vers une crise financière de type latino-américain : la peur de voir le gouvernement recourir à l'inflation pour faire disparaître sa dette provoquerait alors une hausse brutale des taux d'intérêt.

Retenez bien où vous aurez lu tout cela pour la première fois.

CHAPITRE 5

Publicité mensongère…

DE PLUS EN PLUS FLOU

25 octobre 2000

Saviez-vous que si Al Gore était élu président et son programme économique mis en application, 2,3 millions d'Américains mourraient l'an prochain ? Quelques intellectuels condescendants essaieront sans doute de vous embrouiller en signalant que même si M. Gore n'accède pas à la Maison-Blanche 2,3 millions d'Américains disparaîtront, bref, que le taux de mortalité de l'année à venir n'a aucun rapport avec l'issue de l'élection. Il vous suffit alors de scander ce mot d'ordre : « Pas de chiffres flous [1] ! », jusqu'aux résultats de l'élection.

Non, je plaisante : George W. Bush n'a pas rejeté sur son adversaire la responsabilité du taux de mortalité aux États-Unis. Mais on n'en est pas loin. Al Gore souligne, avec raison, que M. Bush a promis 1 000 milliards de dollars en fonds de la Caisse de retraite publique à deux groupes sociaux différents. Les jeunes salariés auront la faculté de placer leurs cotisations dans des comptes d'épargne individuels, tandis que leurs aînés pourront disposer de ces mêmes fonds au titre de la retraite. Réponse de M. Bush : le plan de sauvetage des retraites proposé par Al Gore ajouterait pas moins de 40 000 milliards de dollars à la dette nationale.

1. À un meeting électoral, George W. Bush a dénoncé les « chiffres flous » de son adversaire. Cette expression fut reprise par la foule de ses partisans comme un mot d'ordre.

Bigre ! À y regarder de près, on découvre que ce chiffre astronomique représente en fait la valeur estimée de toutes les sommes qui seront prélevées sur le budget général au cours des cinquante ans à venir pour alimenter le régime des retraites, y compris les intérêts. Je crains de vous ennuyer si je me mets à expliquer pourquoi cette estimation n'a aucun sens.

Le plus étonnant, c'est qu'elle n'a rien à voir avec M. Gore. Certes, il faudrait prélever des sommes considérables sur le budget général pour pouvoir mettre en œuvre le plan du candidat démocrate. Mais même si ce plan n'est pas retenu, la Caisse de retraite publique aura besoin d'un apport d'argent équivalent. Le seul moyen d'abaisser le niveau de soutien nécessaire serait de réduire les prestations promises aux retraités.

Or M. Bush ne dit pas un mot sur ce point. Du coup, son plan de redressement du régime des retraites coûterait tout autant que celui de son adversaire, voire beaucoup plus : honorer ses engagements contradictoires implique qu'il déniche une nouvelle source de fonds.

Rendre M. Gore responsable du futur taux de mortalité n'aurait peut-être pas marché. Mais les conseillers de George W. Bush semblent convaincus qu'en lui mettant sur le dos les futures dettes de la Caisse de retraite publique ils vont momentanément troubler l'esprit des électeurs et les empêcher de se faire une idée claire des enjeux. Plus que quinze jours avant l'élection : nous aurons tout le temps de réparer les dégâts après, non ?

Et quels dégâts ! Car il n'y a pas que les fonds des retraites qui ont été simultanément promis à deux groupes différents.

Le plan de M. Bush – et, dans une moindre mesure, celui de M. Gore – repose sur des projections. Hypothèse retenue : les dépenses discrétionnaires du gouvernement fédéral n'augmenteront pas dans les dix ans à venir. Or au cours de ces derniers mois, pendant que tout le monde avait le dos tourné, le Congrès s'est mis à faire des folies, sans distinction d'appartenance politique. Les analystes, tant démocrates que républicains, chiffrent le coût de ces nouvelles dépenses à plus de 800 milliards de dollars pour la prochaine décennie.

Comment le prochain président fera-t-il face à l'ardoise ? M. Gore, à qui son budget théorique laisse une certaine marge de manœuvre, insiste sur la sauvegarde de l'excédent budgétaire comme priorité absolue. Peut-être se résignera-t-il à faire une croix sur sa proposition d'allégements fiscaux ciblés, qui n'est ni convaincante ni séduisante. Quant aux chiffres de M. Bush, ils tombent juste grâce à ce qui s'appelle la « comptabilité imaginative », et le candidat républicain a réaffirmé sa volonté de baisser les impôts, coûte que coûte.

Quel est donc le scénario le plus vraisemblable ? Rapidement, peut-être dès l'an prochain, les prévisions d'excédents budgétaires auront été fortement révisées à la baisse, et les projections à plus long terme feront apparaître des déficits sans fin. Ce qui mettrait en péril notre économie et entamerait sacrément notre confiance habituelle. Nous repenserons alors à notre optimisme d'hier en cherchant ce qui a bien pu nous prendre.

La réponse, bien sûr, c'est que nous avions cessé de réfléchir tout en regardant de travers ceux qui n'y avaient pas renoncé. Car quelle que soit l'issue du scrutin, la réaction de l'opinion aux débats récents révèle le dégoût viscéral des électeurs pour tout candidat « intellectuel ». Surtout s'il les invite à faire un peu de maths.

À tel point d'ailleurs que la véritable devise de cette élection – à inscrire également sur la pierre tombale de l'excédent budgétaire bientôt disparu – pourrait se formuler de la manière suivante : « Les vrais hommes ne réfléchissent pas. » Hélas ! les problèmes auxquels on refuse de réfléchir peuvent tout de même faire beaucoup de mal.

SAUCISSONNAGE FISCAL

11 février 2001

George W. Bush s'appuie sur la vieille tactique du saucissonnage pour vendre sa réduction d'impôts : il découpe une rondelle d'opposition à la fois. Pour comprendre jusqu'à quel point il y a tromperie sur la marchandise, il faut considérer le saucisson dans son entier.

On distingue trois grandes catégories d'impôts fédéraux payés par les personnes physiques. Les cotisations salariales (*payroll tax*), retenues à la source au taux forfaitaire de 15,3 % jusqu'à un plafond salarial de 70 000 dollars environ, sont le principal prélèvement pour 80 % des ménages. Vient ensuite l'impôt sur le revenu : inférieur à 10 % du revenu pour la plupart des contribuables, il s'élève à 30 % environ pour ceux qui déclarent 1 million de dollars et au-dessus. Enfin, les droits de succession, appliqués à partir d'un patrimoine de 675 000 dollars (le double pour un couple) : ils ne concernent que les couches aisées de la population, soit 2 % de tous les patrimoines recensés, l'essentiel des recettes provenant de quelques milliers de ménages richissimes.

C'est là qu'intervient la tactique du saucissonnage.

Les gens de droite qui décrient le poids excessif de la fiscalité intègrent toujours à leurs calculs les cotisations prélevées sur les salaires. Quand l'administration Bush plaide en faveur d'allégements fiscaux, elle joue sur les chiffres du saucisson entier. On nous rebat ainsi les oreilles avec un futur excédent estimé à 5 600 milliards de dollars. Estimation sujette à caution, d'autant que les avoirs de la Caisse de retraite publique et de Medicare représentent plus de la moitié du chiffre (la moitié la plus crédible) – et ces régimes sont alimentés par les cotisations sociales, prélevées sur les salaires.

Or dès qu'il s'agit de réforme fiscale, M. Bush et consorts oublient ces cotisations : ils ne proposent aucune réduction sur ce prélèvement auquel sont soumis la plupart des ménages, mais une forte diminution de l'impôt sur le revenu, qui concerne essentiellement les contribuables aisés. Quant aux droits de succession, acquittés par une petite minorité de contribuables nantis, ils promettent de les supprimer purement et simplement.

En somme, l'administration vise à alléger le fardeau fiscal des privilégiés. Les ménages gagnant 50 000 dollars par an bénéficieraient en moyenne d'une réduction d'impôts de 800 dollars ; ceux qui déclarent 1 million de dollars verseraient 50 000 dollars de moins qu'auparavant. Actuellement les riches paient une part plus importante de leurs revenus en contributions fiscales que les pauvres, encore que la différence ne soit pas énorme. Mais qu'on cesse d'invoquer la « guerre des classes » chaque fois que quelqu'un souligne les retombées fortement inégalitaires d'une baisse d'impôts de ce type.

Pour la justifier, on pourrait à la rigueur soutenir qu'« une marée montante soulève tous les bateaux », que la hausse du revenu disponible pour les couches aisées doperait la croissance du PIB. Mais ce n'est pas l'argument avancé par l'administration Bush. Il est sans doute difficile de présenter la pression fiscale comme un frein à l'expansion économique juste après la présidence de Bill Clinton, période d'essor extraordinaire...

Non, l'équipe de M. Bush fait semblant de vouloir améliorer le sort du salarié moyen. Paul O'Neill, secrétaire au Trésor, a affirmé la semaine dernière que le plan du gouvernement est « centré sur l'aide aux ménages proches des tranches d'imposition inférieures ou moyennes », et même que « tout Américain aujourd'hui imposable en sentirait les effets ». Techniquement, il n'y a pas mensonge : l'expression « proches de » peut signifier autre chose que « dans », et toute famille qui « en sentirait les effets » ne verrait pas forcément baisser ses impôts. Mais on constate que M. O'Neill, dont la presse a souvent loué la franchise, s'est très vite initié à la langue de bois.

La fiction d'une réforme à caractère populiste repose beaucoup sur l'habileté du saucissonnage. Les responsables du gouvernement aiment à répéter que, sous la loi proposée, les ménages à revenu modeste obtiendraient des allégements proportionnellement plus importants que les foyers des tranches supérieures. Ils espèrent détourner ainsi l'attention de deux aspects essentiels : les bas revenus sont surtout frappés par les cotisations salariales, lesquelles resteraient inchangées ; les enfants des familles les plus aisées bénéficieraient en plus d'allégements fiscaux considérables grâce à la suppression des droits de succession.

L'administration multiplie actuellement les mises en scène médiatiques autour des « foyers fiscaux », coupant le saucisson en rondelles de plus en plus fines, évitant ainsi la moindre allusion aux principaux bénéficiaires. Le seul contribuable à haut revenu – et le seul héritier vraisemblable d'un patrimoine imposable – évoqué pendant ces spectacles est M. Bush lui-même.

Otto von Bismarck aurait dit un jour : « Les gens dormiraient mieux s'ils ignoraient de quoi sont faites la charcuterie et la politique qu'on leur sert. » M. Bush est sans doute d'accord : il espère que le peuple américain ne regardera pas de trop près la composition du saucisson fiscal, ni l'épaisseur, arbitraire, de ses tranches.

LE TROU À SOUS

18 mars 2001

Un entrepreneur rénove votre maison. Il a obtenu votre accord d'une manière pour le moins bizarre : vous avez coché la mauvaise case d'un formulaire très compliqué, puis le juge – un ami personnel de l'artisan – a déclaré votre choix irrévocable. Vous avez beau lui avoir signifié que la réparation du toit était une priorité, l'entrepreneur s'obstine à vouloir commencer par aménager une luxueuse salle de bains.

À l'heure où il cherchait encore à vous appâter, il prétendait que cet aménagement vous coûterait la bagatelle de 10 000 dollars, devis que d'autres artisans jugeaient intenable. Il semble aujourd'hui que vous ne vous en tirerez pas à moins de 25 000 dollars. L'entrepreneur vous assure cependant qu'il réalisera suffisamment d'économies sur la globalité des travaux pour compenser ce surcoût inattendu. L'un de ses salariés vous garantit que le toit ne sera pas oublié, avant d'ajouter que, en dernier ressort, cela ne dépend pas de lui et que son patron se refuse à préciser quoi que ce soit par écrit.

En mai dernier, George W. Bush affirmait que sa réforme fiscale coûterait 1 000 milliards de dollars sur une période de dix ans, pendant que des experts indépendants estimaient à près du double le manque à gagner pour le fisc. Ils ont aussi mentionné que cette mesure transformerait un aspect jusque-là secondaire du code des impôts, l'*alternative minimum tax* [impôt minimum de remplacement], en problème primordial dont la résolution augmenterait considérablement le coût du plan.

Effectivement, le Congressional Joint Tax Committee[1] a récemment chiffré à 2 200 milliards de dollars la chute des recettes qu'entraînerait le plan de M. Bush. Il a également fourni des estimations choquantes concernant l'impôt minimum de remplacement.

Cet impôt, dont la plupart des Américains n'ont jamais entendu parler, a été conçu pour empêcher les riches d'échapper au fisc, mais il touche surtout les ménages à revenu moyen-supérieur, qui ont droit à de nombreux abattements. Rien de plus exaspérant que de découvrir que vous avez franchi le seuil : vous vous êtes escrimé à tout calculer minutieusement, et voilà qu'il faut tout recalculer et découvrir en plus une forte hausse de votre contribution. Pour le moment, 1,5 % seulement des contribuables se trouvent pris dans ce nouveau filet. Mais d'après le Congressional Joint Tax Committee, le plan Bush augmenterait ce pourcentage jusqu'à un tiers des contribuables. Évidemment, la loi sera modifiée ultérieurement pour éviter un tel massacre, et ce va-et-vient n'ajoutera pas moins de 300 milliards de dollars au coût du plan Bush.

La facture de la baisse d'impôts passe ainsi de 1 000 milliards à 2 500 milliards et au-delà. En clair : pour financer des programmes comme la défense antimissiles ou la prise en charge des médicaments, M. Bush sera contraint de piller la Caisse de retraite et Medicare.

La semaine dernière, Tommy Thompson, secrétaire à la Santé et aux Services humains, a tenté de lever les soupçons de pillage en donnant sa garantie personnelle : pas de détournement des sommes accumulées par Medicare pour adoucir les vieux jours des baby-boomers. Cependant que le président Bush a déjà intégré ces sommes à son « fonds de prévoyance ». M. Thompson a finalement concédé que la décision ne dépendait pas de lui. De leur côté, les alliés de l'administration au

1. Commission fiscale du Congrès composée d'élus des deux chambres issus des deux grands partis.

Sénat ont fait échouer un projet de loi qui eût engagé le gouvernement à respecter la promesse de M. Thompson. Tout cela n'est guère rassurant.

Aux dernières nouvelles, M. Bush souhaite encore diminuer les impôts cette année pour stimuler l'économie. Sans doute s'est-il rendu compte que des allégements fiscaux s'échelonnant sur une période de dix ans n'auront pas d'effet immédiat sur les dépenses des ménages. À ce stade, on s'attendrait à ce qu'il ait commencé à apprécier le coût de ces réductions – vraisemblablement des centaines de milliards de dollars – et qu'il révise à la baisse les réductions programmées. Eh bien non ! Les porte-parole de l'administration assurent que les mesures de cette année ne changent rien à leurs calculs précédents ; ce qui se passe en 2001 ne compte tout simplement pas... puisque leur budget couvre la période de 2002 à 2011. Non, je ne suis pas en train de vous raconter une blague.

Dernier point : le coût estimé de la réforme fiscale a explosé parce que les projections initiales étaient malhonnêtes, pas parce que des éléments nouveaux sont apparus. Dès le début, M. Bush a sciemment trompé l'opinion publique sur les conséquences budgétaires de son programme. Et il continue : quelles couches sociales profiteront réellement de cette réforme, et combien empocheront-elles ? Notre entrepreneur n'a pas fait d'erreur de calcul : il a berné son client. Et tant qu'il peut continuer impunément, pourquoi changerait-il de méthode ?

LA PANACÉE UNIVERSELLE

16 mai 2001

Scènes ordinaires du marketing fiscal :

Janvier 2001 : Lawrence Lindsay, conseiller économique à la Maison-Blanche, soutient que la baisse des impôts prônée par George W. Bush – et pas la baisse des taux d'intérêt – est le meilleur antidote à l'essoufflement de la croissance, en raison de la supériorité de son « punch ». Perplexité des économistes : pourquoi présenter une réforme fiscale à long terme comme la solution au problème immédiat du ralentissement économique, d'autant que la plupart des allégements proposés n'entreraient en vigueur qu'au bout de cinq ans ? Par la suite, lorsque le Congrès adopte une résolution budgétaire autorisant une réduction d'impôts à hauteur de 1 350 milliards de dollars, des alliés de l'administration tentent d'en exclure toute disposition obligeant le gouvernement à prélever sur ce total la somme de 100 milliards de dollars et à l'affecter à des allégements fiscaux immédiats afin de stimuler l'économie. Ils préféreraient s'en servir pour gratifier les ménages aisés d'une réduction d'impôts qui ne fera pleinement sentir ses effets qu'à partir de 2006.

Mars 2001 : « Plus de 17,4 millions d'entrepreneurs et de petits patrons de ce pays bénéficieront d'un abaissement du taux d'imposition maximum de 39,6 % à 33 % », déclare le président Bush. Ce n'est pas le département du Trésor qui le contredira : « Il est évident, affirme-t-il dans un communiqué de presse, qu'au moins 17,4 millions d'entrepreneurs et de petits patrons, dont beaucoup sont actuellement imposés au taux de 39,6 %, bénéficieront du plan d'allégements fiscaux du président. » Les économistes sont à nouveau perplexes : il n'y a pas plus d'un million de contribuables imposés à ce taux, et la plupart d'entre eux ne sont pas de petits entrepreneurs. Selon les estimations de chercheurs indépendants, environ 1 % seulement des petites entreprises américaines profiteraient d'une réduction du taux maximum. Le mot « beaucoup » est apparemment à prendre au sens large...

Mai 2001 : M. Bush est interrogé sur les mesures que son gouvernement compte prendre face à la hausse des prix du carburant. « Je vais me répéter, répond-il, dans l'espoir de me faire mieux comprendre. Au Congrès, qui a à cœur d'aider les consommateurs à faire face au prix élevé de l'essence, je dis : "Adoptez le plus vite possible la loi de réduction des impôts." Nous avons mis de côté 100 milliards de dollars pour aider les consommateurs confrontés à la hausse du prix de l'énergie. C'est le moyen le plus rapide de les aider. Je me soucie des consommateurs et je me soucie du prix élevé du carburant. À ceux qui veulent savoir comment aider les consommateurs, je dis : "Adoptez le plus vite possible la loi de réduction des impôts." » Encore une fois, les économistes sont perplexes : cette loi ne donnerait pas un dollar de plus aux ménages modestes – pourtant les plus durement touchés par la flambée des prix à la pompe. Par ailleurs, les 100 milliards de dollars réservés « pour aider les consommateurs qui sont confrontés à la hausse du prix de l'énergie » correspondent aux allégements immédiats que les amis de M. Bush au Congrès ont voulu écarter de la résolution budgétaire.

Juin 2001 : dans plusieurs régions des États-Unis, l'envolée des tarifs de l'électricité met en difficulté un grand nombre de ménages et de petites entreprises. M. Bush persiste et signe : pas de solutions à court terme aux problèmes énergétiques, affirme-t-il, mais il faut implanter des forages pétroliers dans la Réserve naturelle de l'Arctique en Alaska. Il ajoute au passage que sa réforme fiscale aiderait les familles les plus éprouvées à payer leurs factures d'électricité, ou à acheter des bougies et des lampes au propane.

Juillet 2001 : la fièvre aphteuse fait son apparition aux États-Unis et se propage rapidement. D'après M. Bush, ce n'est pas une raison valable pour remettre en question les coupes prévues dans le budget du département de l'Agriculture. La meilleure riposte, explique-t-il, est un vaste programme de réduction d'impôts qui permettra aux agriculteurs de remplacer les animaux malades, aux consommateurs de payer des prix plus forts au supermarché, aux ménagères de suivre des stages de cuisine végétarienne…

Août 2001 : de mauvaises conditions météorologiques et le relâchement des normes antipollution ont entraîné une dégradation sensible de la qualité de l'air dans la métropole texane. Quand George W. Bush était gouverneur de l'État, Houston a détrôné Los Angeles et atteint le taux record de pollution à l'ozone. M. Bush refuse d'y voir quelque avertissement concernant sa politique énergétique, polarisée sur la production. La baisse des impôts, souligne-t-il, contribuera à résoudre ce problème, puisqu'elle donnera aux familles l'argent nécessaire pour s'offrir des filtres à air, des masques à oxygène et des soins médicaux.

Septembre 2001 : la critique descend en flamme la programmation audiovisuelle de la rentrée à la télévision, qu'elle juge la pire qui soit depuis des dizaines d'années. M. Bush se dit « très inquiet » devant la détérioration de la qualité des émissions diffusées par les chaînes hertziennes. Il engage les téléspectateurs à soutenir son projet de réduction des impôts, qui permettra aux familles de s'abonner à la chaîne câblée HBO et de regarder *Les Sopranos* [1].

1. Cette série américaine, qui met en scène un chef de la Mafia, a été diffusée en France pour la première fois sur Canal Jimmy en 1999, puis sur France 2.

... COMME VOUS RESPIREZ !

24 août 2001

À Mitch Daniels, Office of Management and Budget *

Cher M. Daniels,

J'ai une suggestion à vous faire. Elle est malhonnête et irresponsable, mais je doute que cela vous dérange. Elle pourrait aussi vous tirer d'un embarras qui ne va pas disparaître tout seul.

Vous avez su, il est vrai, louvoyer de façon impressionnante. À tel point que certains vous ont cru quand vous avez attribué l'évaporation de l'excédent budgétaire aux dépenses inconsidérées de nos parlementaires. Or les chiffres fournis par le Congrès n'ont guère bougé depuis votre projection précédente, d'un optimisme débordant. Par ailleurs, la plupart des journalistes ont eu le bon goût – ou plutôt la bêtise – de présenter le déficit actuel comme un simple contretemps passager. Ils n'ont apparemment pas consulté le tableau 3 de votre rapport, qui, en dépit de votre cuisine comptable, prévoit seulement un excédent des plus minces pour les cinq ans à venir (si l'on exclut du calcul la Caisse de retraite publique).

Mais vous n'êtes pas au bout de vos peines. En haussant le ton, vous êtes certes parvenu à convaincre le Congressional Budget Office * (CBO) de reporter à la semaine prochaine l'annonce de sa projection budgétaire pour vous permettre de sortir vos chiffres avant. Mais plus personne n'ignore que les chiffres du CBO seront beaucoup plus alarmants que les vôtres.

Bien sûr, nous savons l'un et l'autre que la réalité est plus alarmante encore, car le CBO doit au moins faire semblant de croire aux déclarations de l'administration. Vous affirmez par exemple que la prise en charge des médicaments coûtera trois fois moins qu'on le suppose communément, ou que vous n'envisagez pas d'aménagements pour l'impôt minimum de remplacement, même si des millions d'électeurs furieux demandent où sont passés les allégements fiscaux promis : le CBO intègre obligeamment votre version des faits à ses calculs.

Heureusement que les journalistes ont eu la flemme de lire le rapport publié la semaine dernière par le Fonds monétaire international. Le titre n'est certes pas très alléchant, « 2001 Article IV Consultation », mais le contenu mérite toute notre attention. « Vous mentez comme vous respirez », voilà ce que disent en substance les auteurs. Ils soulignent que la réduction d'impôts programmée, officiellement chiffrée à 1 350 milliards de dollars, coûtera en réalité 2 500 milliards, au moins. Pas de doute : vous êtes condamné à piller les excédents de la Caisse de retraite, année après année, et peut-être sans fin.

Voici donc ma suggestion : déclarez que le budget de la défense fait désormais partie du régime des retraites publiques, de notre *Social Security*. Les forces armées ne contribuent-elles pas à la sécurité de la société ? Ensuite, affirmez sans rire que la Caisse de retraite n'est plus excédentaire : si l'on tient compte des dépenses militaires, elle est même déficitaire ! Et vous serez tiré d'affaire : vous n'aurez plus besoin de protéger un excédent que vous avez déclaré inexistant.

Ma suggestion n'est qu'une version possible de l'arnaque manigancée par votre administration. La branche de Medicare couvrant l'assurance hospitalisation est gérée de la même manière que la Caisse de retraite publique : elle recueille les cotisations retenues à la source et les place dans un fonds destiné à couvrir les prestations du régime, qui seront plus importantes quand les enfants du baby-boom atteindront l'âge de la retraite. Si vous appliquiez la même logique à l'excédent de cette caisse qu'à celui du régime des retraites – ce serait logique, puisque les deux régimes fonctionnent de façon identique –, tout le monde comprendrait que vous détournez des fonds réservés aux retraités de demain pour compenser la baisse des impôts.

Dernière précision. Medicare a aussi une branche d'assurance complémentaire. Depuis toujours, cette branche est financée intégralement par le budget général du gouvernement fédéral (il en va de même du Pentagone). Mais votre administration tient à la prendre en bloc avec la branche d'assurance hospitalisation. Cette astuce vous permet de prétendre que le système de Medicare dans son ensemble est déficitaire, puis d'utiliser les excédents accumulés par l'assurance hospitalisation pour boucher le trou occasionné par la réduction des impôts.

Certains ont déjà souligné cette étrange façon de faire de la politique. Mis à part les malversations comptables flagrantes, disent-ils, un pays confronté au vieillissement de sa population ne devrait-il pas épargner pour assurer les soins de santé des futurs retraités ? Mais vous avez réussi à couvrir la voix de ces empêcheurs de tourner en rond. Vous devriez pouvoir rééditer la performance en imputant les coûts du programme de défense antimissiles à la Caisse de retraite publique.

La vérité finira par éclater, nous le savons l'un et l'autre. Un jour, il ne sera plus possible de dissimuler les dégâts causés par la baisse d'impôts : la nation se trouvera désarmée face au déluge démographique et les fonds constitués pour payer des pensions et des soins de santé seront partis en fumée – sous forme de cadeaux fiscaux aux plus riches.

C'était le but de la manœuvre, n'est-ce pas ?

CHAPITRE 6

... et l'arnaque

LE TIERCÉ GAGNANT

7 décembre 2001

Peu après le 11 Septembre, George W. Bush a interrompu ses diatribes contre les forces du Mal le temps de raconter une blague. Il avait promis à maintes reprises de dégager un excédent budgétaire global au moins aussi important que celui de la Caisse de retraite publique – sauf en cas de récession, de guerre ou d'urgence nationale. « Quelle chance ! J'ai gagné le tiercé », dit-il à Mitch Daniels, directeur du budget à la Maison-Blanche.

Quelle chance, en effet. La comparaison avec Enron sera bientôt éculée, mais pour le moment il est difficile d'y résister. La direction d'Enron et l'équipe politique dont elle a tant favorisé l'arrivée au pouvoir ont toutes deux appliqué la même stratégie : d'abord, vous truquez les comptes pour justifier les cadeaux aux dirigeants ; puis, en cas de pépin, vous laissez casquer les salariés trop confiants. Mais les patrons d'Enron se sont fait prendre. M. Bush, lui, croit qu'il pourra tirer son épingle du jeu grâce aux événements du 11 Septembre.

Au début de l'année, M. Bush s'était appuyé sur des projections de gros excédents budgétaires pour obtenir l'adoption de son plan sur dix ans de réduction généreuse des impôts. Les principaux gagnants seront les contribuables déclarant un revenu annuel de plus de 200 000 dollars. Or M. Daniels vient d'annoncer que le budget global – Caisse de retraite comprise – sera déficitaire jusqu'à fin 2004. Les calculs bidon de l'administration (le mot « flous » me paraît désormais trop faible) le deviennent de plus en plus quand ils portent sur des échéances lointaines. Ce qui veut dire au fond que l'Amérique est revenue à un état de déficits permanents.

Mais à un moment où les équipes de télévision sont concentrées dans les grottes de Tora Bora, cette annonce – qui révèle les mensonges flagrants à la base de notre réforme fiscale – n'a même pas fait les gros titres des journaux.

Selon les porte-parole de l'administration, ce sont le ralentissement économique et la lutte antiterroriste qui ont creusé le déficit, pas la baisse des impôts. Or c'est totalement faux : d'une part, le budget de l'antiterrorisme ne pèse pas lourd et, d'autre part, la prévision de déficits sur des années et des années indique que la récession ne peut en être la cause.

Et de toute façon, le point n'est pas là. Les adversaires de cette réforme fiscale ont souligné dès le départ combien il est insensé d'engager l'avenir sur la seule base d'excédents très hypothétiques. Ils ont vivement recommandé, mais en vain, d'attendre l'évolution réelle des dépenses avant de trancher. Aujourd'hui, leurs avertissements ont valeur de prophétie. La population américaine paiera cher le refus du gouvernement de les entendre.

L'administration affirme à présent qu'il fallait réduire les impôts pour stopper la récession actuelle. Mais personne ne se plaint des dégrèvements déjà pratiqués (40 milliards de dollars), et une nouvelle série d'allégements provisoires pour l'exercice en cours ne ferait pas non plus beaucoup de mécontents. Ce sont les énormes baisses d'impôts programmées pour après 2002 – et désormais inscrites dans la loi – qui posent problème. Pourtant, on nous demande de les accepter déjà comme des faits accomplis – sans doute parce que M. Bush a gagné le tiercé.

En attendant, le retour des déficits budgétaires a des conséquences assez graves. La prise en charge des médicaments prescrits aux bénéficiaires de Medicare est, bien sûr, morte et enterrée. Et le projet de renforcer le régime des retraites publiques ? Vous rêvez ! Les cotisations sociales ne sont actuellement utilisées ni pour acquérir des actifs ni pour résorber la dette publique : elles servent à financer le déficit des autres services du gouvernement.

L'austérité règne, y compris dans des domaines supposés prioritaires. De l'argent pour reconstruire New York ? Désolé, il n'y en a pas. Et les 3 milliards de dollars qu'il faudrait, selon les experts du gouvernement, pour se prémunir contre le bioterrorisme ? La somme sera diminuée de moitié. La baisse des impôts, voilà ce qui compte.

Dans le même temps, les États fédérés et les collectivités locales, saignés à blanc par la récession et de nouvelles dépenses sécuritaires, licencient leurs enseignants et réduisent leurs services au minimum. Le gouvernement fédéral ne pourrait-il pas voler à leur secours ? Laissez tomber...

Chaque fois qu'ils ont été interrogés, les électeurs ont donné la priorité aux promesses faites par le candidat Bush pour prouver sa « compassion » – renforcement de la Caisse de retraite, hausse des dépenses de santé et d'éducation – plutôt qu'au volet « conservateur » de son programme, c'est-à-dire les allégements fiscaux. L'équipe du futur président a juré qu'il y avait assez d'argent pour tout financer. C'était faux : la baisse des impôts est un principe inviolable ; tout le reste passe à la trappe.

M. Bush pourrait chercher à limiter les dégâts en annulant les allégements fiscaux destinés à la tranche supérieure des contribuables. Mais il propose plutôt d'accélérer leur entrée en vigueur. C'est moralement l'équivalent des primes généreuses qu'Enron a accordées à ses dirigeants quelques jours avant de faire faillite.

Une course hippique est un jeu à somme nulle et, à ce qu'il semble, c'est également le cas de la gestion budgétaire. M. Bush a touché un beau tiercé. L'immense majorité des Américains, eux, ont perdu, et sérieusement.

L'ÉTRANGE SILENCE D'ALAN GREENSPAN

8 janvier 2002

Dimanche dernier, les journaux ont consacré leurs gros titres à cette récente déclaration de George W. Bush : pour annuler les baisses d'impôts programmées, a-t-il dit, « il faudrait passer sur mon corps ». Pourtant, la seule nouveauté dans cette phrase a été le choix des mots. Lesquels le président s'est bien gardé de répéter, sans doute parce que ses conseillers les jugent peu présidentiels et de mauvais goût dans le contexte actuel.

La nouvelle vraiment intéressante en matière de politique économique concerne en fait quelqu'un d'autre – et son silence plutôt que ses paroles. Où est donc passé Alan Greenspan, ce grand prêtre de la rigueur budgétaire ?

Quant à M. Bush, inutile d'attendre qu'il mette de l'eau dans son vin, même si l'absurdité des projections d'excédents invoquées pour justifier sa réforme fiscale ne fait plus aucun doute. L'administration actuelle a un principe suprême : pas d'adversaires à notre droite. Auquel on devrait ajouter cet autre principe : le président est infaillible. À entendre ses conseillers, ses propositions antérieures – toutes – n'ont rien perdu de leur validité. Mieux, elles ont même été pensées par rapport à la situation actuelle. On fait de son mieux pour ne pas pouffer de rire.

Karl Rove nous a ainsi expliqué le mois dernier que la baisse des impôts, proposée dans un contexte d'essor économique, avait été conçue en réalité pour vaincre la récession d'aujourd'hui. « Tous les signes étaient déjà visibles dès le deuxième ou, au plus tard, le troisième trimestre de 2000 », a-t-il affirmé. On lui a poliment rappelé que le plan de réforme fiscale de M. Bush remontait à 1999 ; M. Rove a balayé ce détail d'un revers de main.

Et d'abord, pourquoi un président infaillible reconsidérerait-il ses décisions ?

Mais revenons à Alan Greenspan. Il y a un an, il a apporté un soutien décisif aux efforts de la nouvelle administration pour faire accepter des allégements fiscaux massifs. Redoutant un remboursement trop rapide de la dette publique, il a exhorté le Congrès à réduire les impôts afin d'orienter le budget vers un « atterrissage en douceur », c'est-à-dire une diminution très progressive des excédents.

Atterrissage en douceur ? Il s'agit plutôt d'une descente en vrille. En 2000, le budget fédéral a enregistré un excédent record ; aujourd'hui, les analystes des deux grands partis tablent tous sur plusieurs années de déficit. Ils continuent certes de prévoir des excédents pour la fin de la décennie. Mais si vous croyez à ces projections, autant acheter des actions Enron aussi...

M. Greenspan devrait être mécontent. Icône de la probité budgétaire dans les années Clinton, il assiste aujourd'hui à la démolition de son œuvre sous l'effet d'un déficit en pleine explosion.

Au début des années 1980, avant d'être nommé à la tête de la Réserve fédérale, Alan Greenspan présidait une commission créée pour assurer l'avenir de la Caisse de retraite publique. La commission a surtout accouché d'une augmentation des cotisations sociales, au moment même où le président Ronald Reagan s'employait à réduire l'impôt sur le revenu. Cette hausse régressive – les cotisations pèsent avant tout sur les salaires faibles et moyens – avait pour but de dégager des excédents suffisants pour financer les pensions et la couverture médicale d'une population vieillissante.

Mais depuis l'évaporation de l'excédent budgétaire, les recettes supplémentaires prélevées sur les salaires ne sont utilisées ni pour acquérir des actifs ni même pour réduire la dette publique : elles servent à boucher les trous ailleurs dans le budget. Ne sous-estimons pas les sommes en jeu : seuls 70 cents environ de chaque dollar dans la Caisse de retraite publique est affecté aux allocations d'aujourd'hui. Les 30 cents restants sont détournés à d'autres fins. Des cadeaux fiscaux pour les contribuables les plus riches, par exemple.

Était-ce vraiment là l'intention de M. Greenspan – imposer plus lourdement les couches moyennes et défavorisées pour alléger la pression fiscale sur les privilégiés ? Et sinon, pourquoi garde-t-il le silence ? Il n'a qu'à ouvrir la bouche pour modifier le paysage du débat économique, comme il l'a fait il y a un an.

Certes, cela obligerait M. Greenspan à reconnaître, du moins indirectement, son erreur de l'an dernier. Mais il n'est pas après tout un élu soucieux de se faire réélire. Craint-il pour sa réputation ? Dans ce cas, il doit se dire que l'Histoire ne sera pas tendre avec lui s'il s'enferme encore dans le mutisme. Verdict provisoire : M. Greenspan est coupable d'hypocrisie. Il a réclamé une politique d'austérité tant que les démocrates étaient aux commandes, mais il n'a pas vu d'inconvénient à ce qu'une administration républicaine gaspille les fruits de cette rigueur. Il a même contribué activement au gaspillage.

Ce jugement peut ne pas être définitif. Quelques remarques bien ciblées suffiraient à le casser. Je suis tout ouïe.

LA COMPTABILITÉ AGRESSIVE DE GEORGE W. BUSH

5 février 2002

Kent Conrad, sénateur démocrate du Dakota du Nord, s'est un peu trompé hier quand il a dénoncé les méthodes comptables « enronesques » utilisées par l'administration Bush pour élaborer son nouveau budget. Cette critique s'applique plutôt au budget de l'exercice précédent, celui de l'énorme réduction d'impôts. Le nouveau budget, lui, est construit à partir d'une comptabilité agressive de nature différente mais non moins pernicieuse.

L'illusion de rentabilité entretenue par Enron reposait en grande partie sur la comptabilité dite *mark to market*[1]. Le grand courtier en énergie a passé des contrats qui allaient rapporter des bénéfices au bout de plusieurs années seulement, et encore... Mais il a vendu la peau de l'ours avant de l'avoir tué : il a inscrit au compte de résultat de l'exercice en cours la valeur actualisée de ces bénéfices futurs – et tout à fait hypothétiques. Ce qui a permis de justifier la hausse spectaculaire de son titre, les primes fabuleuses offertes à ses dirigeants et tout le reste.

Même topo pour le budget fédéral de l'an dernier. L'administration Bush a fait des projections très optimistes quant aux excédents budgétaires des dix ans à venir – projections exagérées à dessein et fondées sur de simples conjectures – et les a

1. Méthode qui consiste à actualiser systématiquement les créances et les dettes en fonction des prix du marché, au lieu de les comptabiliser, comme il est fait traditionnellement, à leur valeur historique.

présentées ensuite comme des données incontestables. Puis, sur la base de ses calculs fantaisistes, et avec le soutien de son « comité d'audit » – autrement dit, le Congrès, qui a singulièrement failli à son devoir de vérification –, elle s'est offert une prime généreuse... sous forme de réduction des impôts.

Un an plus tard, l'absurdité de ces prévisions saute aux yeux. Dans un monde rationnel, le gouvernement aurait à répondre de ses tentatives pour mystifier l'opinion publique. Mais voilà que l'administration Bush recourt à l'équivalent en politique d'une autre astuce comptable très prisée de nos jours : la « charge non récurrente ».

Une charge non récurrente est un moyen commode de dissimuler des dépenses peu judicieuses ou des investissements qui ont mal tourné. Plutôt que de reconnaître ses erreurs, la direction de l'entreprise attribue ses mauvais résultats à des événements à la fois inhabituels et imprévisibles : « Notre activité est très rentable, mais notre reprise de la société XYZ a entraîné des frais exceptionnels de 1 milliard de dollars. » Des événements extraordinaires peuvent en effet se produire : tout l'art consiste à en tirer parti pour dégager votre propre responsabilité. (Notons que certaines sociétés comme Cisco enchaînent les « charges non récurrentes » comme si de rien n'était.)

Les attentats du 11 Septembre ont choqué et horrifié. Ils ont aussi été l'occasion rêvée, pour l'administration Bush, de camoufler ses méfaits. Plus de 4 000 milliards de dollars d'excédents prévus se sont-ils brusquement volatilisés ? La baisse des impôts n'y est pour rien : c'est à cause de la lutte contre le terrorisme, voyons !

Bref, la stratégie adoptée consiste à couper court à toute critique de la gabegie fiscale en agitant le drapeau américain. Et pas seulement au sens figuré : le rapport sur le nouveau budget a été présenté hier sous une couverture bleu-blanc-rouge qui figure la célèbre bannière étoilée.

Certains s'insurgeront contre mon sarcasme : la lutte antiterroriste n'est-elle pas une affaire on ne peut plus sérieuse ?

Du point de vue affectif et moral, elle l'est incontestablement. Sur le plan budgétaire, elle ressemble presque à une erreur d'arrondi.

L'administration se sert, il est vrai, de la menace terroriste pour justifier une hausse vertigineuse des dépenses militaires. Mais cette hausse appelle au moins deux remarques. D'abord, si l'Amérique devait réellement renoncer au beurre pour acheter des canons, ne serait-ce pas le moment de reconsidérer les allégements fiscaux conçus et votés durant les années fastes ? La réponse « Il faudrait me passer sur le corps » est un peu courte. Et on a d'autant plus de mal à prendre au sérieux tous les discours sur la nécessité de la guerre que l'administration propose en même temps une nouvelle réduction des impôts de 600 milliards de dollars.

Ensuite, l'augmentation des dépenses militaires n'a pas grand-chose à voir avec la menace terroriste réelle, sauf si l'on s'attend à l'assaut de plusieurs divisions blindées par les forces d'Al-Qaida. Le profane que je suis se demande avec perplexité : « Une attaque menée par des fous armés de cutters constitue-t-elle un motif valable pour engloutir 15 milliards de dollars dans la construction de pièces d'artillerie de 70 tonnes, ou pour mettre au point trois modèles différents de chasseurs avancés ? » (Avant le 11 Septembre, ce dernier projet paraissait excessif même aux yeux de certains responsables de l'administration.) Les hommes politiques désireux de se faire réélire n'oseraient pas l'avouer, mais la nouvelle devise du gouvernement est à peu près : « Aucun fournisseur de l'armée ne doit rester sur le bord de la route[1]. »

Je pourrais continuer, mais le lecteur aura déjà compris. L'administration présente la guerre contre le terrorisme comme une véritable mission ; peut-être qu'elle y croit. Mais sur le plan budgétaire, ce n'est pas une mission, c'est une excuse.

1. Allusion au slogan lancé par George W. Bush en campagne électorale pour souligner son engagement en faveur de l'éducation : « Aucun enfant ne doit rester sur le bord de la route. »

LA GRANDE ÉVASION

14 mai 2002

Stanley Works, fabricant d'outillage du Connecticut, vient de reporter son projet de se domicilier aux Bermudes – loin du fisc américain. Sa direction a cédé aux pressions de la Maison-Blanche, qui a condamné cette délocalisation comme un acte « antipatriotique » en temps d'urgence nationale.

Vous l'avez deviné : j'ai inventé ce dernier point. Ce sont les dirigeants politiques du Connecticut qui ont contesté le vote des actionnaires de l'entreprise en faveur de ce changement de statut. Qui plus est, David Cay Johnston, spécialiste de la fiscalité au *New York Times*, a braqué les projecteurs sur Stanley Works. Quant à l'administration Bush, toujours si prompte à remettre en cause le patriotisme de ses détracteurs, elle n'a rien dit du tout sur l'affaire. Elle n'a pas non plus été spécialement bavarde sur le nombre croissant d'entreprises américaines tentées par les paradis fiscaux.

Soyons justes : l'administration n'a pas créé la faille juridique par laquelle Stanley Works a voulu se glisser. D'ailleurs, il ne suffit pas de dénoncer les sociétés qui cherchent à profiter des failles de ce type : il faut les priver de toute possibilité de le faire. Il n'empêche : le silence de l'administration ne laisse pas d'intriguer. Que se trame-t-il ?

En matière de prise de position officielle, nous n'avons guère que cette déclaration du *chief of tax enforcement* (trésorier-payeur général) au département du Trésor : « Nous devrons peut-être revoir certaines de nos lois de fiscalité internationale définies il y a une trentaine d'années, quand notre économie était très différente, car il se peut qu'elles empêchent les entreprises américaines de s'imposer face à la concurrence étrangère. »

Cette déclaration ne fait qu'embrouiller les choses. Pour commencer, les entreprises américaines ne supportent pas nécessairement une pression fiscale plus lourde que leurs rivales à l'étranger : le taux d'imposition est nettement plus fort en Allemagne et le taux français est à peu près équivalent au taux américain ; seules les sociétés britanniques paient légèrement moins au fisc. En plus, le responsable du Trésor donne l'impression que la décrue récente des recettes fiscales s'explique par les délocalisations vers des pays à fiscalité avantageuse, ou encore par l'essor d'une concurrence étrangère capable d'arracher des parts de marché aux entreprises américaines. L'une et l'autre explication sont fausses. S'il y a moins d'argent dans les caisses du gouvernement, c'est parce que nos entreprises connaissent et utilisent toutes les bonnes combines pour frauder.

Une société américaine qui acquiert la personnalité morale aux Bermudes – sans déplacer ni son siège social ni son activité – met à l'abri du fisc américain ses bénéfices gagnés à l'étranger. Mieux encore, elle peut décider de se domicilier légalement dans un paradis fiscal comme la Barbade. Ensuite, elle s'arrange pour que son activité aux États-Unis perde mystérieusement de l'argent, alors que sa boîte aux lettres sur l'île des Caraïbes enregistre des marges bénéficiaires spectaculaires. En un mot : ce n'est pas un problème de concurrence internationale, mais d'évasion fiscale.

La solution évidente serait de sévir contre les fraudeurs : il s'agit de trouver le moyen d'imposer les bénéfices effectivement réalisés sur le sol américain et d'empêcher les sociétés de les transférer ailleurs par le biais d'une « comptabilité créative ». Exercice difficile, mais pas impossible.

Seulement voilà : l'administration Bush ne souhaite pas obliger les entreprises à payer leurs impôts. N'ayant pas réussi à faire voter une baisse conséquente des taux qui leur sont appliqués, elle exploite toute la marge de manœuvre qui lui reste pour leur offrir des avantages fiscaux. *The Hill*, publication politiquement indépendante consacrée à la vie du Congrès, a récemment attiré l'attention sur « une série de décrets-lois peu remarqués [...] qui accordent aux sociétés des dégrèvements d'une valeur de plusieurs milliards de dollars, sans l'approbation du Congrès ».

On comprend enfin le mutisme en haut lieu sur l'affaire Stanley Works. L'administration ne peut pas faire ouvertement l'apologie de l'évasion fiscale, mais elle ne veut pas non plus renforcer le processus de recouvrement des impôts impayés. Mieux vaut donc se taire.

Seul ennui : laisser entendre, ne fût-ce par son silence, que frauder le fisc n'a rien de répréhensible, c'est jouer avec le feu, vu le manque à gagner potentiel. Comptables et conseillers fiscaux ont d'ailleurs saisi la balle au bond : à l'évidence, ils estiment pouvoir prendre de nouveaux risques en toute tranquillité. Les rentrées fiscales de cette année sont bien en deçà des prévisions, qui prennent déjà en compte l'effet de la récession. Gageons que l'affection croissante des entreprises (et des particuliers aisés) pour la déclaration « créative » des revenus y est pour quelque chose. L'an prochain, ce sera pire encore.

Mais surtout, quel message le pays reçoit-il quand des entreprises fières de rester américaines se voient pénalisées alors que celles qui battent pavillon de complaisance sont récompensées ?

L'administration veut-elle supprimer carrément l'impôt sur les bénéfices ? Organisons donc un vrai débat public – qui commencerait par cette question : dans une période de déficits budgétaires galopants, comment remplacer les rentrées qu'une telle réforme ferait perdre au fisc ? En attendant, traquons sans merci les fraudeurs.

LA NOUVELLE CHASSE AUX NAZIS

18 octobre 2002

Pendant sa campagne électorale de 2000, George W. Bush a promis, entre autres choses, un changement de ton à Washington. Promesse tenue : le ton a incontestablement changé.

Il était autrefois inconvenant qu'un locataire de la Maison-Blanche déclare que les membres de l'opposition ne se soucient pas de la sécurité nationale. Il n'était pas non plus habituel de comparer à Adolf Hitler celui qui veut augmenter l'imposition des riches ou calculer à qui profitera une baisse des impôts.

Bon, d'accord : les sorties du sénateur Phil Gramm ne sont peut-être pas si importantes. Quand il a affirmé qu'une proposition de taxe forfaitaire sur les plus-values des contribuables qui renoncent à leur nationalité pour se soustraire au fisc était « digne de l'Allemagne nazie », même Charles Grassley, le républicain le plus haut placé à la commission des finances du Sénat, a protesté.

Mais M. Grassley s'est visiblement ravisé depuis. À peine quelques semaines plus tard, il s'est lui-même servi de la même analogie : « Les électeurs seront sûrement abreuvés de chiffres censés prouver que les contribuables du centile supérieur obtiendront 40 % des avantages sous la nouvelle baisse des impôts. C'est non seulement trompeur mais carrément mensonger. Certains pensent sans doute qu'il suffit de répéter une allégation pour qu'elle finisse par être admise comme une vérité. C'est comme ça qu'Adolf Hitler est arrivé au pouvoir. »

Signalons tout de même que Robert McIntyre, de l'association Citizens for Tax Justice (« Citoyens en faveur de la justice fiscale »), source de l'estimation des 40 %, n'a rien d'un Hitler. Le plus étonnant, c'est que le sénateur Grassley passe plutôt pour un centriste. Ses remarques rappellent en tout cas que les États-Unis sont entrés dans une époque de polarisation politique extrême : plus question de reconnaître des faits gênants pour votre camp. Ainsi, l'affirmation qualifiée de « carrément mensong[ère] » est presque certainement vraie. Dans un monde rationnel, elle ne prêterait même pas à discussion.

Vous imaginez peut-être que M. Grassley a préparé sa propre réponse à la question : « Quelle part des allégements fiscaux ira aux riches ? ». Ou que l'administration a réalisé des calculs tendant à infirmer la thèse d'une réforme favorable surtout aux privilégiés. Détrompez-vous : chaque fois que les porte-parole du gouvernement sont pressés de répondre à cette question, ils changent vite de sujet.

Mais dans un tableau publié l'an dernier, le département du Trésor a quand même révélé (sans l'avoir fait vraiment exprès) que les contribuables déclarant plus de 200 000 dollars de revenus accapareront plus de 25 % des allégements votés. Ce calcul ne tient pas compte de la modification des droits de succession : en 1999, seuls 2 % des patrimoines y ont été assujettis, et 0,16 % d'entre eux ont payé la moitié de tous les droits perçus. Sans doute n'intègre-t-il pas non plus l'effet de l'impôt minimum de remplacement, qui effacera l'essentiel des allégements attendus par les ménages à revenu moyen-supérieur. Les plus riches, eux, échapperont à cette déconvenue…

Que découvrons-nous en alignant tous ces éléments ? Que le centile supérieur de la population, ô surprise, empochera autour de 40 % – peut-être un peu moins, vraisemblablement beaucoup plus – des avantages créés par la nouvelle loi. Et que l'administration, en refusant encore et encore de dire clairement qui en profitera, donne tacitement raison à ses critiques.

Ce qui nous ramène au ton nouveau régnant à Washington.

Lorsque Ronald Reagan a fait des cadeaux fiscaux aux riches, il ne s'en est pas caché. On pouvait être d'accord ou non avec la « théorie de l'offre » invoquée pour justifier cette politique, mais M. Reagan n'a jamais prétendu renforcer le caractère progressif de l'impôt sur le revenu.

La stratégie adoptée pour vendre la réduction d'impôts chère à George W. Bush a été au contraire de nier les évidences... et d'invectiver tous ceux qui avaient le mauvais goût de les rappeler. Et maintenant que cette stratégie a montré son efficacité dans le domaine fiscal, le gouvernement cherche à l'appliquer partout.

« La campagne du président Bush en faveur d'une guerre contre l'Irak, a écrit Michael Kinsley, est une insulte aux citoyens américains, non seulement parce qu'elle est malhonnête, mais parce qu'elle n'est pas sérieuse. Mentir, c'est mépriser l'autre ; mentir de façon éhontée, c'est le mépriser doublement. » J'ai envie de lui dire : « Vous en avez mis du temps pour vous en apercevoir ! » En matière de politique économique, c'est le cas depuis le début.

Enfin, certains pensent sans doute qu'il suffit de répéter une allégation pour qu'elle finisse par être admise comme une vérité. C'est comme ça que George W. Bush est arrivé au pouvoir.

GRAND MAÎTRE OU VOIX DE SON MAÎTRE ?

7 février 2003

Certains ont tendance à prendre leurs désirs pour la réalité. Ils espèrent, par exemple, que l'auguste Alan Greenspan, figure autrefois tant admirée, reviendra la semaine prochaine sur le devant de la scène.

Pendant les années Clinton, M. Greenspan a été l'incarnation de la probité budgétaire : il n'a cessé de sermonner les hommes politiques sur la nécessité de combler les déficits et de rembourser la dette publique. Mais depuis l'installation de George W. Bush à la Maison-Blanche, Alan Greenspan a complètement changé. À moins qu'il ne se montre enfin sous son vrai jour...

Le président de la Réserve fédérale a commencé par apporter une caution décisive au projet de M. Bush de réduire l'impôt sur le revenu. Il a exhorté le Congrès à adopter cette réforme afin d'éviter une hausse trop importante des excédents budgétaires ou le remboursement trop rapide de la dette. Incroyable mais vrai.

Puis, quand le budget a plongé dans le déficit, non seulement M. Greenspan a refusé de repenser son orientation, mais il a appuyé la proposition de pérenniser les allégements fiscaux. Le maître d'école sévère s'était transformé en papa gâteau.

La détérioration des comptes fédéraux a atteint entre-temps des proportions catastrophiques. Dans son premier budget, l'administration Bush tablait sur un excédent de 262 milliards de dollars en 2004. Dans le deuxième, publié il y a un an, elle projetait un déficit de 14 milliards pour ce même exercice. Sa prévision actuelle : un déficit de 307 milliards. Cela fait un écart de 570 milliards de dollars rien que pour l'année prochaine. Et la situation devrait s'aggraver pareillement dans chaque exercice successif. 570 milliards par-ci, 570 milliards par-là : ça commence à chiffrer sérieusement.

Ce n'est pas ma faute, rétorquera M. Bush. « Une récession et une guerre que nous n'avons pas choisies expliquent le retour du déficit », a-t-il déclaré. Ah bon ? Comme ça, la récession et la guerre coûteront 570 milliards de dollars par an, année après année ? Qui plus est, M. Bush savait déjà tout de la récession et d'Oussama Ben Laden (vous vous souvenez de lui ?) il y a un an, quand il pronostiquait encore le retour à un budget excédentaire pour 2005. Ses dernières projections font apparaître un horizon de déficits infini. Et notons qu'elles n'intègrent pas le coût d'une guerre avec l'Irak.

Mais surtout, n'est-ce pas le rôle d'un leader de résoudre les problèmes au lieu de se chercher des excuses ? M. Bush, lui, propose de les aggraver. Au mépris de toute expérience historique, il veut opérer une nouvelle réduction d'impôts comme antidote à un déficit « induit par la guerre ».

Si les journalistes financiers commencent à se rendre compte que le bateau est parti à la dérive – CBS Market Watch affirme que M. Bush « a perdu la boule » –, la plupart des observateurs n'ont toujours pas pleinement mesuré l'irresponsabilité ahurissante de ce projet digne d'une république bananière. Les 674 milliards de dollars en allégements fiscaux dont vous avez entendu parler ne sont que la partie visible de l'iceberg. Même selon ses propres estimations, ou plutôt sous-estimations, l'administration vise à réduire la fiscalité de 1 500 milliards de dollars durant la décennie à venir : c'est davantage que la baisse qu'elle a réussi à faire voter en 2001. Il faudrait aussi prévoir 575 milliards de dollars environ pour régler le problème de l'impôt minimum de remplacement. Le gouvernement promet de s'en occuper, mais il n'a pas encore intégré cette charge supplémentaire à son budget.

Grâce à quelques astuces comptables, le coût de la plupart de ces réductions d'impôts ne se fera sentir qu'après 2008. Eh bien, devinez quoi : l'Office of Management and Budget a soudain oublié ses projections sur une décennie entière et se limite désormais à un horizon de cinq ans. Des projections à long terme continuent néanmoins de figurer dans le budget. Un peu cachées certes, et trop optimistes, mais même ainsi elles donnent un avant-goût du désastre budgétaire qui nous tombera dessus quand les enfants du baby-boom commenceront à toucher leurs pensions et à réclamer la prise en charge de leurs frais médicaux. « Nous refusons de léguer nos problèmes aux législatures, aux présidents, aux générations à venir », a déclaré M. Bush – sans même sourire.

Et Alan Greenspan dans tout cela ? Il doit s'adresser la semaine prochaine à la commission bancaire du Sénat. Reconnaîtra-t-il à la fin le gâchis créé par l'administration ?

M. Greenspan sait à coup sûr que, sans le dire ouvertement, on le prend désormais pour la voix de son maître. C'est même le cas des républicains, qui comptent sur lui pour soutenir toutes les propositions du président Bush. Cette image de lui se confirmera-t-elle dans l'opinion ? La réponse dépend des propos qu'il tiendra la semaine prochaine.

Le patron de la Fed n'a plus rien dans sa réserve d'excuses. Connu comme chantre de la rigueur, il ne peut se permettre de faire sienne l'insouciance budgétaire de l'administration. Il ne peut pas non plus invoquer la théorie de l'offre pour prétendre qu'une baisse des impôts remettrait de l'argent dans les caisses du gouvernement fédéral, puisqu'il a prôné il y a deux ans une telle mesure comme moyen de réduire l'excédent.

Mais si M. Greenspan cherche néanmoins à justifier l'irresponsabilité de M. Bush, ou s'il s'abrite derrière des paroles sibyllines et finalement équivoques ? L'Histoire se souviendra de lui comme d'un homme qui a engagé les autres à faire des choix difficiles tout en refusant d'en faire lui-même.

Ce sera peut-être sa dernière chance de sauver sa réputation – et la solvabilité de son pays.

CHAPITRE 7

2 – 1 = 4

L'ÉLÉPHANT DANS LE BOA

21 juin 2000

Certains démographes appellent la génération du baby-boom « l'éléphant dans le boa » : c'est une grosse boule qui descend peu à peu une structure des âges plutôt maigre à mesure que les baby-boomers vieillissent. La boule de l'éléphant arrive à présent vers le bas du boa, ce qui pose deux problèmes distincts : l'un est étroitement « financier », l'autre, plus sérieux, est « réel ». Mais dans la campagne présidentielle le débat ne porte ni sur l'un ni sur l'autre.

Le problème « financier » est simple : comment payer les retraites ? C'est un effet du système de retenues à la source de la Caisse de retraite publique : puisque les cotisations des baby-boomers ont servi à verser de généreuses retraites aux générations précédentes, il ne reste plus assez d'argent pour payer les leurs. La bonne nouvelle, c'est que ce problème financier n'est pas si difficile à résoudre. En dépit de la rhétorique apocalyptique qu'on entend parfois, des injections d'argent frais dont nous avons les moyens permettraient au système de continuer à fonctionner sans difficulté pendant cinquante ans au moins. Il suffirait de regarder les choses en face.

Quant au problème « réel », c'est que, dans quelques décennies, les États-Unis dans leur ensemble auront la structure des âges de la Floride actuelle. Comment des actifs en nombre relativement limité parviendront-ils à produire suffisamment pour vivre eux-mêmes correctement et assurer à une énorme population de retraités le niveau de vie qu'elle attend ?

Ce problème-là est bien plus épineux. La seule réponse – autre que l'ouverture du pays à une immigration massive – consiste à rendre les actifs de demain aussi productifs que possible. Nous pouvons espérer une solution technologique : avec des machines assez intelligentes, a-t-on besoin d'ouvriers ? Mais un État responsable s'efforcerait, en attendant, de stimuler l'épargne nationale, publique et privée : elle doit être élevée pour que les futurs actifs soient bien équipés en capital, qu'ils ne croulent pas sous les dettes à rembourser à des étrangers.

La campagne électorale, hélas, tourne manifestement autour d'un problème tout à fait différent : les Américains percevraient des intérêts insuffisants sur leurs cotisations à la Caisse de retraite publique. Comme je l'ai déjà dit dans des tribunes antérieures, le taux de retour implicite sur les cotisations à la Caisse est faible pour la seule raison que les actifs d'aujourd'hui doivent payer les dettes passées du système, et qu'on les taxe pour cela. Cela peut déplaire, comme on peut être mécontent d'apprendre que, sur chaque dollar payé en impôt fédéral, 15 cents vont au versement d'intérêts sur une dette essentiellement contractée dans les années 1980 et les premières années 1990. Mais, dans les deux cas, les dettes sont une réalité : il faut vivre avec.

Néanmoins, le discours qui « vend » le plan de George W. Bush sur la Caisse repose entièrement sur la comparaison absurde entre ce qu'un individu non endetté peut gagner sur ses investissements et ce qu'une caisse de retraite publique très endettée peut lui offrir. Et le nouveau projet de comptes retraite subventionnés proposé par Al Gore ne porte pas non plus sur les vrais problèmes. C'est une riposte à ce discours « vendeur ».

Cela dit, le projet Gore aurait pu être pire. Il ne coulera pas le budget, stimulera probablement un peu l'épargne privée et, comme la Caisse elle-même, il sera progressif, c'est-à-dire réduira les écarts de fortune.

Avantage à M. Gore également pour l'honnêteté. Tous les détails de son plan sont connus. Il a précisé aussi comment il maintiendrait en vie la Caisse de retraite publique : par des transferts de fonds pris sur le budget général. En revanche, M. Bush, qui veut autoriser les actifs à investir leurs cotisations ailleurs, n'a pas indiqué l'ampleur des réductions de pensions qu'il envisage en échange de cette liberté, ni expliqué comment il résoudra le problème de la masse des obligations contractées dans le passé. Il ne propose que la magie des astérisques : « * Détails à venir ». À mon avis, quand M. Bush finira par donner les détails, et s'il le fait, il proposera des baisses de pensions qui déclencheront une tempête politique, et il lui faudra finalement sauver la Caisse de retraite publique avec les recettes générales de l'État. Mais ce sera après l'élection.

Et d'où viendra l'argent ? Souvenons-nous que M. Bush propose aussi d'énormes réductions d'impôts. Non seulement elles élimineront un excédent avec lequel on aurait pu aider la Caisse de retraite publique, mais elles encourageront tout le pays à consommer plus et à épargner moins. Une société qui vieillit doit faire exactement l'inverse.

En attendant, l'éléphant est toujours dans le boa. Il avance lentement, inexorablement, vers son destin. Quelqu'un le verra-t-il ?

ÉCHEC SUR ORDONNANCE

26 juillet 2000

Face au président Clinton qui veut étendre la couverture de Medicare aux médicaments prescrits par ordonnance, les républicains ont attaqué son plan et vanté leur contre-proposition en déployant leur rhétorique habituelle. Ils ont reproché à son projet d'être « bureaucratique », « taille unique », et affirmé que le leur offrait davantage d'options.

Et, pour une fois, leurs allégations sont parfaitement exactes. Le plan républicain offre, effectivement, davantage d'options.

Malheureusement, il s'agit d'un des cas où, lorsqu'il y a davantage d'options, le résultat est mauvais pour tout le monde. En s'efforçant d'élargir la liberté de choix des individus, le projet républicain finirait par la supprimer totalement.

Alors que les démocrates veulent rembourser directement les médicaments aux bénéficiaires de Medicare, les républicains proposent de verser l'argent aux compagnies d'assurances privées pour les inciter à servir le marché des personnes âgées. Mais tout indique que cette démarche est vouée à l'échec. Les compagnies d'assurances elles-mêmes se montrent très sceptiques. Les cas où les lobbyistes d'une profession disent au Congrès qu'ils ne veulent pas d'une subvention sont vraiment rares, mais c'en est un. Et, lorsque le Nevada a tenté de mettre en œuvre un plan analogue, l'échec a été total : pas un seul assureur autorisé à opérer dans cet État n'a vu le moindre intérêt à proposer de couvrir les médicaments.

La raison, c'est la « sélection négative » – problème qui afflige de nombreux marchés, mais notamment ceux de l'assurance. Vous n'allez pas vous assurer auprès d'une compagnie qui dit : « pas d'examen médical nécessaire ». Eh bien, fondamentalement, la sélection négative, c'est cela. Quand l'assurance est vendue au même prix aux bons risques et aux mauvais, les mauvais chassent les bons.

Pourquoi les personnes âgées ne peuvent-elles pas trouver d'assurance pour les médicaments qu'on leur prescrit ? Supposons qu'une compagnie privée propose une couverture, avec des primes assez élevées pour couvrir les coûts d'assurance du bénéficiaire moyen de Medicare. Les dépenses annuelles de médicaments varient énormément d'un retraité à l'autre – selon qu'ils souffrent ou non d'affections chroniques, et desquelles. Les retraités en bonne santé, qui savent que leurs dépenses ne vont pas être très élevées, ne voudront pas acheter une assurance assez coûteuse pour couvrir les dépenses de la personne âgée moyenne. Donc, cette proposition d'assurance ne va intéresser que ceux qui dépensent en médicaments plus que la moyenne. Situation qui provoquera une augmentation des primes, laquelle dissuadera encore plus d'assurés en bonne santé, et ainsi de suite, jusqu'à ce qu'il ne reste personne. Les compagnies d'assurances comprennent très bien cette logique – et elles ne voient donc aucun intérêt à entrer sur ce marché.

Le fond du problème, c'est que l'assurance des médicaments prescrits ne peut être offerte à un prix raisonnable que si chacun doit s'engager à payer les primes nécessaires avant de savoir s'il aura besoin ou non de traitements coûteux. Et elle ne tiendra pas si ceux qui découvrent qu'ils n'ont pas besoin de médicaments peuvent décider d'arrêter de payer les primes.

En principe, on pourrait rédiger un contrat d'assurances qui refuse à l'assuré le droit de se retirer du système. Mais imaginez un peu les complications juridiques à prévoir si une compagnie privée essayait d'obliger un retraité en bonne santé à lui payer de lourdes primes pendant des décennies, alors que cet assuré n'a aucun besoin de ses prestations. Dans la pratique, le seul moyen d'éviter ce problème de « liberté de ne pas participer », et d'imposer l'engagement à vie dont on a besoin pour que l'assurance sur les médicaments fonctionne, c'est d'intégrer cette couverture à un programme de l'État.

Tout cela, c'est le B.A. BA de l'économie. Alors, pourquoi les dirigeants républicains s'obstinent-ils à défendre un plan jugé non viable par les spécialistes quasi unanimes ? La politique politicienne joue sans aucun doute un rôle important.

Et l'argent aussi. Les assureurs sont globalement opposés au projet des républicains, mais l'industrie pharmaceutique veut absolument éviter tout ce qui pourrait faire baisser les prix des médicaments, et elle craint que le plan de l'administration Clinton n'ait justement cet effet. Cela dit, le fanatisme sincère joue également. Les dirigeants républicains à la Chambre des représentants, en particulier, sont de vrais croyants, persuadés des pouvoirs miraculeux du libre marché. Disons qu'ils sont membres d'une secte qui croit dur comme fer au succès du marché même quand les hommes d'affaires qui y participent prédisent son échec, et qui tient l'action de l'État pour mauvaise même quand l'analyse traditionnelle la dit nécessaire.

Bref, le plan républicain est une profession de foi qui transcende la logique économique profane.

Mais que nous réserve-t-il, à nous, les païens ?

FABLE SUR LES RETRAITES

11 octobre 2000

Il était une fois un pays où les gens ne vivaient que deux ans. La première année ils travaillaient, la seconde ils vivaient de leur épargne personnelle.

Un jour, l'État décida d'aider les personnes âgées. Il créa un système qu'il baptisa Caisse de retraite publique. Chaque actif jeune paierait un impôt avec lequel, la même année, on verserait une pension à chaque retraité âgé.

Pour la première génération de bénéficiaires, la Caisse fut une véritable aubaine. Ils n'avaient pas eu à payer quand ils étaient jeunes et ils recevaient tout de même une pension ! Mais les générations suivantes se sont méprises sur le système. Elles ont cru que les cotisations qu'on leur demandait étaient des investissements, alors qu'il s'agissait d'un impôt, nécessaire pour verser les retraites à la génération de leurs parents. Et elles ont pensé qu'elles gagneraient davantage en plaçant l'argent à la Bourse.

Il se trouva donc un politicien ambitieux pour leur dire : « Cet argent est à vous ! Moi, je crois à l'individu, pas à l'État ! » Il promit d'autoriser les actifs à investir la moitié de leurs cotisations eux-mêmes. Certains tentèrent de faire valoir que cet argent avait déjà été promis aux citoyens âgés (dont on avait utilisé les propres cotisations pour payer les pensions de la génération précédente), mais leurs remarques furent noyées sous le slogan : « Assez de chiffres flous ! ». Et le plan fut mis en œuvre.

L'année suivante, la Caisse fit faillite. Puisqu'il n'y avait pas assez d'argent qui rentrait, on ne pouvait pas payer aux retraités les pensions promises.

J'aimerais beaucoup pouvoir dire que, sur des points importants, cette fable simplifie trop le débat en cours sur la Caisse de retraite publique. Mais non : c'est aussi simple que cela. Lorsque George W. Bush préconise le transfert d'une partie des cotisations sur des comptes individuels sans prévoir aucun remplacement pour les fonds ainsi détournés, son projet est vraiment aussi irresponsable que cela. Comme les Américains vivent plus de deux ans, le drame mettra plus longtemps à se jouer. La Caisse ne fera faillite que dans une trentaine d'années, et les victimes seront donc les actifs aujourd'hui d'âge moyen, pas les retraités actuels. Mais il y aura crise bien avant, dès que l'imminence du désastre sera claire.

M. Bush a fait une importante découverte politique : quand le mensonge est vraiment énorme, il est impossible de le contester efficacement, car les électeurs ne croient pas qu'un homme apparemment si sympathique puisse se comporter ainsi. Dans le débat de la semaine dernière, M. Bush a répété qu'il consacrerait un quart de l'excédent à de nouveaux programmes populaires, alors que son propre budget montre qu'il a prévu moins de la moitié de cette somme. (« Assez de chiffres flous ! » rugit la foule – mais cette fois ce sont ceux de M. Bush.) Et il persiste à dire qu'il a un plan pour sauver la Caisse de retraite publique, alors que ce qu'il propose, en l'état, acculerait celle-ci à la faillite.

Mais n'y a-t-il pas de bons économistes, et même des spécialistes de la Caisse, pour soutenir la proposition de M. Bush ? Voyons-y un pacte faustien : ils vendent leur âme, non pour le pouvoir et la richesse (peut-être pour cela aussi, ce n'est pas ma spécialité), mais pour la réforme.

Car il y a de bons arguments pour une réforme de la Caisse – si nous sommes prêts à en payer le prix. Le système actuel promet aux actifs d'aujourd'hui que les générations futures prendront soin d'eux, comme eux-mêmes prennent soin des retraités d'aujourd'hui. Ce qui conduit les Américains à se sentir plus riches qu'ils ne le sont vraiment, souligne un conseiller de Bush, Martin Feldstein. Donc à trop consommer et à épargner trop peu.

Mais résoudre ce problème nécessiterait beaucoup d'argent – celui qu'il faudrait pour s'acquitter des obligations existantes du système. En d'autres termes (pour énoncer la même idée sous un autre angle) : puisque le problème de la Caisse, c'est qu'elle amène les gens à se sentir artificiellement riches, toute vraie réforme devrait les conduire à se sentir plus pauvres. Mais ce n'est pas cela, bien sûr, que leur raconte M. Bush.

Les économistes qui soutiennent ce projet croient probablement qu'après l'élection on y mettra bon ordre. Quand le plan réel sera annoncé, il ne sera pas absurde.

On voit mal comment. Imagine-t-on M. Bush vainqueur expliquer qu'en fin de compte il doit sabrer dans les pensions de retraite ou renoncer à sa réduction d'impôts pour financer la réforme de la Caisse ?

Le projet actuel de M. Bush sur la Caisse de retraite publique, en tout cas, mettrait le système en faillite.

Ce n'est pas un chiffre flou – c'est une réalité, froide et têtue.

ANTI-B.A.

5 novembre 2000

Ça a débuté par une B.A. Dans les années 1980, le Congrès a décidé d'agir de façon responsable – de commencer tôt à épargner en vue d'une crise certes prévisible, mais encore éloignée de trente ans.

Jusqu'aux années 1980, la Caisse de retraite publique avait été gérée sur la seule base des retenues à la source. Chaque année, ces rentrées fiscales servaient en totalité à payer les pensions en cours. Mais, vers 1980, il était déjà clair que ce système aurait de gros problèmes une trentaine d'années plus tard. À cause des baby-boomers. Quand ils commenceraient à prendre leur retraite, le nombre d'actifs cotisant à la Caisse plafonnerait et le nombre de pensions à payer monterait en flèche. Aujourd'hui, il y a environ 3,4 actifs pour 1 retraité. En 2030, il n'y en aura plus que 2. Donc, le système de retenue à la source sera contraint soit d'augmenter énormément les prélèvements, soit de réduire énormément les pensions, soit de faire les deux.

Ce qu'a décidé le Congrès dans les années 1980, c'est de relever les prélèvements – modérément, de 2 % – pour éviter des problèmes autrement graves par la suite. Dans les années qui restaient jusqu'à la crise démographique, le système allait accumuler une grosse réserve, ce qui retarderait l'heure de vérité, voire l'effacerait complètement. Ce n'était peut-être pas une solution définitive, mais elle nous a donné beaucoup de temps pour nous retourner. Le système peut fonctionner sans changement jusqu'en 2037 au moins. En prenant quelques petites mesures complémentaires, on pourrait facilement le maintenir jusqu'en 2050 et au-delà.

Mais une action politique qui se donne un horizon si éloigné risque d'être compromise par des dirigeants ultérieurs, qui seront tentés de razzier le bas de laine. Ce qui nous amène au différend d'aujourd'hui.

George W. Bush veut abroger ce relèvement des prestations de 2 %. Il ne propose pas de le rembourser en liquide, mais de le mettre dans des comptes personnels, qui appartiendraient essentiellement aux jeunes actifs, donc ne pourraient pas servir à aider les actifs aujourd'hui d'âge moyen que cette réserve était censée protéger. De le mettre dans ces comptes et… ?

Il doit bien y avoir un « et » ? Si l'argent qui devait payer les pensions des baby-boomers est utilisé à d'autres fins, il faut forcément décider autre chose – réduire leurs pensions, transférer de nouvelles ressources prises ailleurs ou je ne sais quoi. Vrai ou faux ?

Mais M. Bush n'a jamais terminé sa phrase. Ses publicités électorales continuent de proclamer qu'il va rendre à la Caisse de retraite publique des bases saines – mais son projet ne fait rien, littéralement rien, pour assurer le financement du système. Il n'essaie même pas. Ce n'est même pas que la solution est controversée – il n'y a rien à discuter.

Je me demande bien pourquoi la presse a si mal éclairci ce point. Peut-être les journalistes n'osent-ils pas dire que le roi est nu, tout simplement, qu'un projet crucial de l'homme qui pourrait devenir président ne contient aucune mesure qui essaierait même de faire ce qu'il assure que son projet fera.

Aujourd'hui encore, la plupart des articles de presse trouvent des excuses au non-plan de M. Bush : il ne menace pas les pensions des retraités actuels puisqu'il reste assez d'argent pour les maintenir au même montant pendant une vingtaine d'années. Mais c'est changer les règles du jeu. La seule raison de réformer la Caisse est sa non-viabilité à long terme – et tout à coup, il faudrait accepter une « réforme » qui réduit de quatorze ans le temps qu'il lui reste à vivre ?

D'ailleurs, que pensez-vous qu'il se passerait ? Que la Caisse continuerait vraiment à payer des pensions complètes pendant vingt ans, et un beau jour publierait un communiqué : « Désolés, les gars, on a tout dépensé ; les pensions baissent de 40 % ; application immédiate » ? En réalité, la pression pour réduire les pensions se ferait sentir dès que le détournement des prélèvements vers des comptes individuels serait mis en œuvre. Beaucoup de retraités d'aujourd'hui en subiraient les conséquences.

Peut-être, si M. Bush l'emporte, révélera-t-il un plan secret – où il sera beaucoup question de baisse des pensions : où trouver l'argent ailleurs ? (L'excédent budgétaire aura été éliminé par les réductions d'impôts.) Ou peut-être demandera-t-il un plan à une commission bipartisane, dont l'incapacité à trouver comment créer quelque chose à partir de rien sera ensuite mise au compte des démocrates.

Paradoxe : les initiatives responsables du Congrès dans les années 1980 ont rendu possible une intrigue politique d'une irresponsabilité flagrante. Mais ne dit-on pas qu'aucune B.A. ne reste impunie ?

2016 ET SA CRISE

22 juillet 2001

Je savais que la commission sur la réforme des retraites nommée par George W. Bush rédigerait un rapport tendancieux, conçu pour forcer le Congrès à privatiser la Caisse de retraite publique. Mais le pré-rapport publié la semaine dernière est d'une absurdité totale.

Pour tenter de semer la panique, la commission prétend que la Caisse est confrontée à un risque imminent – qu'elle sera en crise dès 2016. On est très loin de la projection habituelle qui voit ses réserves durer jusqu'en 2038, projection elle-même fondée sur des hypothèses très pessimistes quant à la croissance économique future, donc aux futures rentrées de la taxe sur les salaires. Si l'on retient des hypothèses plus optimistes – disons, celles dont s'est servi M. Bush dans ses prévisions budgétaires pour justifier ses réductions d'impôts –, le système sera encore financièrement sain en 2075.

Comment la commission est-elle parvenue à sa conclusion alarmiste ? Par un exercice vraiment orwellien de double pensée – la croyance simultanée en deux idées contradictoires.

Il est vrai qu'en 2016, selon les projections (pessimistes), les versements des pensions commenceront à dépasser les rentrées de la taxe sur les salaires. Mais, à cette date, la Caisse aura accumulé dans son fonds d'investissement plusieurs milliards de dollars. Tout comme un fonds de pension privé paie les retraites avec ce que lui rapportent ses avoirs, la Caisse peut le faire avec les revenus de ce fonds. Ce qui maintiendra le système en vie pendant des décennies, et peut-être indéfiniment.

Mais la commission déclare que ces avoirs accumulés ne sont pas « réels », qu'ils ne constituent pas des ressources disponibles pour payer les futures pensions. Pourquoi ? Parce qu'ils sont investis en bons d'État – excellents instruments d'épargne quand ils sont détenus par les fonds de pension privés, mais sans valeur, à en croire la commission, quand c'est un service public qui les possède.

Cela a-t-il un sens ? Une école de pensée soutient que la Caisse de retraite publique ne devrait pas avoir de budget séparé, que ses rentrées d'argent devraient être considérées comme une simple composante des recettes générales, et ses versements comme des dépenses générales. Mais, dans ce cas, on voit mal pourquoi il faudrait s'alarmer pour 2016. Qu'importe si la taxe sur les salaires, qui n'est qu'un impôt parmi d'autres, rapporte moins que l'État ne dépense pour les pensions de retraite, qui ne sont qu'une de ses nombreuses dépenses ? On pourra payer les pensions de la Caisse sur le budget général – transfert de ressources manifestement justifié si, entre-temps, certaines recettes de la taxe sur les salaires ont servi à rembourser la dette publique, donc libéré de grosses sommes que le service de la dette aurait englouties.

L'autre école juge important, pour des raisons politiques, que la Caisse ait son budget séparé. Mais, dans ce cas, nous devons voir dans les bons d'État que détient son fonds d'investissement de vrais avoirs, comme nous le ferions pour un fonds de pension privé. (Proposition : « blanchissons » ce fonds d'investissement en le déposant dans des banques privées, qui achèteront les bons d'État. Cela rendrait-il ses avoirs « réels » ?)

Donc, la commission essaie de gagner sur les deux tableaux. Quand la Caisse a des excédents, ils ne sont pas à elle puisqu'elle n'est qu'une composante de l'État. Mais quand elle a des déficits, elle est toute seule. Concrètement, cette logique tordue confisque l'ensemble des fonds supplémentaires que la population active a injectés dans le système depuis 1983, quand le sénateur Daniel Patrick Moynihan, entre autres, a fait voter le relèvement de la taxe sur les salaires – afin de constituer ce fonds d'investissement dont la commission actuelle, coprésidée par M. Moynihan, affirme aujourd'hui qu'il n'est pas réel.

Et quel sera le déficit de la Caisse de retraite publique une fois son fonds confisqué ? 37 % des recettes de la taxe sur les salaires, dit la commission, ce qui paraît énorme mais ne fait que dans les 2 % du PIB. Chiffre intéressant : c'est à peu près ce que l'État fédéral paie aujourd'hui en intérêts sur sa dette – celle que les excédents de la Caisse contribuent à rembourser.

J'oubliais : il y a une autre réalité budgétaire de grandeur comparable au manque à gagner supposé de la Caisse : la réduction d'impôts Bush, qui, en définitive, réduira les recettes de l'État d'environ 1,7 % du PIB.

Il y a des raisons de réformer la Caisse de retraite publique. Il y a même des arguments pour une privatisation. Mais nous ne pouvons avoir un débat sensé sur la réforme si les participants ne veulent pas aborder les problèmes honnêtement. Les membres de la commission, M. Moynihan compris, viennent de se disqualifier.

LA FAUTE DE LA COMMISSION

25 juillet 2001

Vous avez commencé à épargner pour votre retraite il y a dix-huit ans. Vous auriez pu acheter des actions et obligations d'entreprises, mais votre neveu vous a persuadé de garder l'argent dans la famille. Depuis, vous n'avez cessé de lui en prêter. Vos apports l'ont aidé à franchir quelques mauvaises passes, et récemment il a utilisé les sommes qu'il vous a empruntées pour rembourser son prêt immobilier.

Mais voici qu'il vous dit maintenant que vous devriez penser à investir pour votre retraite. Après tout, vous n'avez aucun avoir réel. « Et l'argent que tu me dois ? » lui demandez-vous. « Ce n'est pas un avoir réel, répond-il, ce n'est qu'une promesse. Je ne pourrais l'honorer qu'en gagnant davantage ou en dépensant moins, et tu ne peux pas attendre ça de moi. » Incidemment, vous apprenez qu'il vient de se payer un yacht – et que les mensualités de ce yacht suffiraient à couvrir sa dette envers vous.

La plupart des gens jugeraient votre neveu inexcusable, mais la commission sur la réforme des retraites, que George W. Bush a composée à son gré, pense qu'il a parfaitement raison. La Caisse de retraite publique est en excédent depuis 1983 : on a alors augmenté la taxe sur les salaires pour créer un fonds d'investissement, destiné à financer les futures retraites. Ces excédents auraient pu être investis en actions ou obligations d'entreprises, mais il a paru plus sûr et moins problématique d'acheter de la dette publique – des bons de l'État américain. Aujourd'hui, il y a 1 200 milliards de dollars dans ce fonds d'investissement en plein essor. Mais la commission affirme que les bons d'État qu'il contient ne sont pas des avoirs réels.

Autant dire que, lorsque vous avez remboursé le prêt immobilier de votre neveu, vous n'avez rien fait pour améliorer ses finances.

Chaque dollar que la Caisse place en bons d'État – et non, par exemple, en obligations d'entreprises – est un dollar que l'État fédéral n'a pas à emprunter ailleurs. Si le fonds d'investissement de la Caisse, avec les excédents qu'il a accumulés, n'avait pas acheté 1 200 milliards de dollars de bons d'État, il aurait bien fallu que l'État les emprunte, et, au lieu de créditer le fonds de 65 milliards de dollars d'intérêts cette année, il aurait dû en cracher au moins autant, en versements réels, en cash, à des créanciers privés. La contribution du fonds au budget fédéral a donc été bien réelle. Cela ne fait-il pas de ces bons un avoir réel ?

Puisque le fonds sert à rembourser la dette publique, il réduit le service de cette dette et facilite le versement des pensions aux retraités. Il est vrai néanmoins que, lorsque la Caisse de retraite publique commencera à se faire payer ses reconnaissances de dettes, l'État fédéral devra augmenter davantage les impôts et/ou diminuer davantage les dépenses que s'il pouvait renier ses engagements. Mais s'agit-il, comme le proclame la commission, d'un fardeau écrasant ?

Un peu d'arithmétique. Si nous avions aujourd'hui la démographie de 2040 (48 retraités, et non 30, pour 100 actifs), les versements de la Caisse dépasseraient cette année les recettes de la taxe sur les salaires d'environ 180 milliards de dollars. Cela paraît énorme, mais, si la réduction d'impôts Bush adoptée il y a deux mois (le yacht flambant neuf de votre neveu) était totalement opérationnelle aujourd'hui, elle réduirait le revenu annuel d'environ 170 milliards de dollars.

La commission qui, il y a dix-huit ans, a augmenté la taxe sur les salaires et créé l'excédent de la Caisse était présidée par Alan Greenspan. Hier, le même Greenspan, toujours plus partisan, a déclaré devant une commission du Sénat que la réduction d'impôts de Bush était « tout à fait modeste ». Eh bien, si la réduction d'impôts est modeste, la somme dont aura besoin la Caisse pour ses problèmes de trésorerie est modeste aussi. Vous ne pouvez pas gagner sur les deux tableaux.

Mais gagner sur les deux tableaux – George Orwell parlait de « double pensée » – est la raison d'être du rapport de la commission actuelle. On voudrait nous faire croire que les excédents de la Caisse de retraite publique n'existent pas vraiment puisque tout est dans le même budget, mais que ses déficits posent des problèmes effroyables parce qu'elle doit s'autofinancer ; que 170 milliards de dollars par an sont une somme tout à fait modeste si c'est un cadeau pour les riches, mais un fardeau insupportable si c'est une obligation envers les retraités.

Et on voudrait que nous prenions au sérieux les recommandations d'une commission qui vient de publier un rapport tendancieux, incohérent quant à la logique et intellectuellement de mauvaise foi.

REMÈDE EMPOISONNÉ

19 mars 2002

L'article à la une du *New York Times* de dimanche sur les médecins qui évitent les affiliés à Medicare est déjà assez alarmant : il semble que les récentes réductions de prestations incitent de nombreux médecins à ne pas les prendre du tout pour patients. Mais ce n'est que le début d'une lutte qui va bientôt dominer la politique américaine.

Pensons-la comme la collision entre une force irrésistible (la montée des coûts de santé) et un objet immuable (la détermination du mouvement conservateur américain à rétrécir l'État). L'administration Bush et ses alliés ne reconnaissent pas encore la contradiction entre leurs promesses aux retraités et leur idéologie du mini-État. Mais nous avons déjà dépassé le stade où ils pouvaient la dissimuler sous des chiffres flous. La volonté de rester dans le corset de projections irréalistes pour les dépenses de Medicare s'est déjà traduite par des paiements irréalistes aux donneurs de soins. Et cela va s'aggraver.

Pourquoi le coût de la santé monte-t-il sans cesse ? Pas parce que les médecins et les hôpitaux sont cupides, mais en raison des progrès de la médecine. Des maladies autrefois incurables peuvent désormais être soignées, ce qui ajoute aux patients des années de vie dont la qualité augmente considérablement, mais à un prix toujours plus haut. Le triple pontage coronarien est bien plus efficace que les bonnes paroles du médecin, mais il coûte aussi bien plus cher.

Au cours des années 1990, la hausse des coûts médicaux a paru toucher un plafond. Mais il est désormais clair qu'il s'agissait d'un phénomène exceptionnel, dû au passage aux HMO[1]. Aujourd'hui, ils ont repris leur ascension.

Si la santé était une question purement privée, le progrès médical ne poserait pas plus problème que celui du home-cinéma. Mais les États-Unis, et tous les pays avancés, considèrent les soins essentiels comme un droit et non comme un privilège. Notre combinaison Medicare/Medicaid* satisfait ce droit de façon un peu désordonnée ; mais le but de notre système est bien de garantir que nul ne se voie refuser un traitement susceptible de lui sauver la vie sous prétexte qu'il ne peut pas payer.

Pourquoi ne pas laisser la santé aux bons soins des individus ? Parce que, même aux États-Unis, il y a des limites à la dose d'inégalité que l'opinion est disposée à tolérer. Le riche peut s'offrir une maison plus grande ou des vacances plus excitantes que les familles ordinaires ? Soit. Les Américains acceptent sans problème ces différences-là. Mais une société où le riche guérit d'une maladie dont le citoyen moyen meurt est trop dure, même pour nous.

Donc, nous avons Medicare et Medicaid. Et l'opinion soutient à une majorité écrasante l'extension de Medicare aux médicaments prescrits, pour la même raison : il paraît immoral à la plupart des Américains que des remèdes essentiels à la vie des gens ne soient accessibles qu'aux malades assez riches pour les payer de leur poche. Inclure la prise en charge des médicaments dans Medicare, c'est moins l'élargir à un nouveau domaine que rester fidèle à son intention première.

Répondre aux attentes de la population en matière de santé – c'est-à-dire assurer les soins fondamentaux à tous les Américains, et en particulier à tous les retraités – exigera de lourdes dépenses publiques. Or le mouvement conservateur en général et l'administration Bush en particulier ne sont pas prêts à

1. Health Maintenance Organization : il s'agit de plans santé qui ne se limitent pas à rembourser des soins, mais travaillent avec un réseau de professionnels auquel le patient est tenu de s'adresser.

avancer l'argent. Après tout, les dépenses de l'État sont en fin de compte payées par l'impôt.

Mais ils n'osent pas dire ouvertement qu'ils sont prêts à refuser des soins essentiels à ceux qui ne peuvent les payer. Donc, que peuvent-ils faire ?

L'administration Bush essaie encore de truquer les chiffres. Quand ils ont vu le projet de budget publié le mois dernier, les économistes spécialistes de la santé se sont frotté les yeux. Il est fondé sur l'hypothèse d'un taux de croissance des dépenses de Medicare bien inférieur à ce que tout le monde juge plausible – globalement, il budgétise pour les dix prochaines années 300 milliards de dollars de moins que le montant jugé nécessaire par l'organisme neutre qu'est le Congressional Budget Office. Et il reprend aussi l'idée invraisemblable d'une prise en charge des médicaments prescrits qui ne coûtera pas cher du tout – en prévoyant pour ce programme la moitié de ce que les autres pensent indispensable, ou moins encore.

Mais nous en sommes déjà au point où nous devons soit accroître le financement, soit refuser les soins aux retraités. La morale de l'article de dimanche, c'est que les versements de Medicare ont déjà été réduits au-delà de la ligne rouge, si bien que les affiliés ne peuvent trouver de médecin qui les accepte. Quelque chose doit céder, et vite.

L'ARITHMÉTIQUE FAIT PEUR

21 juin 2002

« Il est difficile de faire comprendre quelque chose à quelqu'un, observait Upton Sinclair, quand son salaire dépend de son incompréhension. » Pour donner sens à ce qui passe pour un débat sur la réforme de la Caisse de retraite publique, il faut bien voir que les partisans de la privatisation – du remplacement, au moins partiel, du système actuel par des comptes retraite personnels – sont décidés à ne pas comprendre l'arithmétique élémentaire. Sinon, ils seraient obligés d'admettre que ces comptes vont fragiliser et non renforcer les finances du système.

Dans la Caisse de retraite publique telle que nous la connaissons, les taxes sur les salaires payées par chaque génération servent essentiellement à verser les pensions de retraite de la génération précédente. Si les cotisations des actifs jeunes vont dans des comptes personnels, un problème crève les yeux : qui va payer les pensions des retraités actuels et des actifs vieillissants ? C'est de l'arithmétique : 2 – 1 = 1. La privatisation crée un trou financier qu'il faut combler – en réduisant les pensions, en transférant des fonds importants du budget général, ou en faisant les deux.

Pendant la campagne de 2000, George W. Bush a réussi à s'en tirer en soutenant une absurdité : non seulement les comptes personnels allaient rapporter gros et sans grand risque, mais ils allaient aussi sauver la Caisse. Quelle que soit l'explication, peu de journalistes ont souligné qu'il affirmait que 2 – 1 = 4. Mais quand a sonné l'heure des plans concrets, il n'a plus été possible d'esquiver l'arithmétique.

Bien évidemment, les plans établis par la « Commission sur le renforcement de la Caisse de retraite publique » de M. Bush, s'ils sont présentés de façon aussi confuse que possible, prévoient à la fois des réductions massives de pensions et d'énormes « astérisques magiques » – des injections de milliers de milliards de dollars venus d'un lieu tenu secret. Un récent rapport du Center on Budget and Policy Priorities, rédigé par Peter Diamond, du Massachusetts Institute of Technology, et Peter Orszag, de la Brookings Institution, expose l'étendue des dégâts. (M. Diamond, qui est l'un des plus éminents économistes du monde et que l'on peut considérer comme le plus grand spécialiste mondial des systèmes de retraite, a été mon collègue lorsque j'enseignais au MIT.)

Le rapport Diamond-Orszag est instructif. J'ai été moi-même surpris par une ou deux révélations. Par exemple, les mystérieuses injections de fonds d'origine non précisée que postule la commission suffisent presque à conserver la Caisse exactement comme elle est, sans aucune baisse de pension, pour l'éternité. Et les plans de la commission prévoient des réductions drastiques des allocations handicap, mission cruciale de la Caisse que les privatiseurs ont coutume d'oublier.

Mais, en un sens, le plus intéressant de l'affaire, c'est la réaction de l'administration à ce nouveau rapport.

Charles Blahous, l'ex-directeur exécutif de la commission, aujourd'hui à la Maison-Blanche, a immédiatement réagi par un texte qu'il faut bien qualifier d'hystérique. Le nombre d'illogismes et de déformations qu'il a fait entrer dans ces quelques pages établit peut-être un record. Il accuse furieusement MM. Diamond et Orszag de ne pas avoir abordé des problèmes qu'ils traitent tout à fait clairement. À l'une de ces accusations, M. Orszag répond sèchement : « Dans sa hâte de publier une réplique à notre étude, le directeur exécutif semble avoir omis de lire le dernier encadré [...] qui traite précisément ce problème et fournit les comparaisons qu'il demande (même s'il risque de ne pas être très satisfait des résultats). Nous attirons son attention sur cet encadré. »

Petit échantillon de la tactique de M. Blahous : il souligne avec force que les comptes personnels n'affaiblissent pas la Caisse de retraite publique, puisque faire passer de l'argent du fonds d'investissement à ces comptes ne change rien à la somme totale disponible… si l'on compte encore les comptes privés dans la somme totale ! Comme on dit dans la littérature technique, « *Well, duh* [1] ». Certes, l'argent ne s'évapore pas – mais on ne peut plus s'en servir pour payer les pensions des Américains âgés, dont les propres cotisations à la Caisse ont servi à financer les retraites des générations précédentes.

À mesure que les faits font surface, la stratégie générale des partisans de la privatisation de la Caisse se précise : maintenir l'opinion dans la confusion le plus longtemps possible. Voici qu'on demande aux républicains de nier que les comptes personnels – qui exposent leurs propriétaires à tous les risques de tout investissement privé – constituent une « privatisation ». « Ne vous rendez pas complices de la démagogie des démocrates », tonne une circulaire de leur parti. Donc, ça ressemble à un canard, ça marche comme un canard, mais ce n'est pas un canard – jusqu'à la prochaine élection.

Mais quoi qu'ils disent, c'est un canard. Et les économistes de l'administration qui prétendent que la privatisation va renforcer la Caisse de retraite publique font plus que jamais coin-coin.

1. « Ça va loin ! »

Troisième partie

SPOILS SYSTEM

Comment en sommes-nous arrivés là ? Comment le système politique américain, qui a donné à l'économie des gestionnaires si raisonnables pendant les années 1990, nous a-t-il enfoncés dans ce marais de mauvaise foi et d'irresponsabilité ? C'est une question à laquelle je ne m'attendais guère à devoir répondre : je ne me considère pas comme un chroniqueur essentiellement politique. Ma tribune dans le *New York Times*, je l'ai dit dans l'introduction, devait porter initialement sur les affaires et l'économie internationale, pas sur la politique intérieure. Mais, à mesure que les décombres s'accumulent, j'ai jugé nécessaire de tenter d'expliquer pourquoi nos orientations sont à ce point mauvaises.

L'une des réponses, je crois, est que la politique américaine s'est polarisée à l'extrême. Le centre n'a pas tenu [1]. Derrière cette polarisation politique, il y a l'inégalité croissante des revenus. Le résultat est une forme de lutte des classes – dont la force motrice n'est pas l'effort des pauvres pour faire payer les riches mais celui d'une élite économique pour étendre ses privilèges. Le chapitre 8 envisage la polarisation de la politique américaine d'un point de vue économique, en la mettant en parallèle avec celle de la répartition des revenus. Il montre

1. Cette expression, ainsi que le titre du chapitre 8, est une allusion aux célèbres vers de William Butler Yeats, « *Things fall apart / The center cannot hold* » (« Tout s'effondre ; le centre ne peut pas tenir »).

aussi que des idées qui, il n'y a pas si longtemps, auraient paru inacceptables – le privilège héréditaire est une bonne chose ; les pauvres ne paient pas assez d'impôts – ont réussi à se glisser dans le discours politique.

La croisade contre l'État-providence repose sur une idéologie qui dénigre à peu près tout ce que fait l'État hors la défense nationale. Les conservateurs d'aujourd'hui veulent le déloger même de fonctions traditionnelles comme la protection de l'environnement, la réglementation du marché des titres et le contrôle du trafic aérien. Certains – dont la page éditoriale du *New York Times* – ont cru que l'attentat terroriste du 11 Septembre, qui ne ressemblait en rien à un conflit armé traditionnel, allait les faire évoluer. Mais non ! Comme le prouve le chapitre 9, l'administration Bush et ses alliés au Congrès n'ont pas bougé d'un pouce. Quelques jours seulement après le 11 Septembre, ils essayaient toujours d'empêcher une prise en charge de la sécurité aérienne par l'État. Et, après quelques journées de sympathie débordante pour New York et de séances photo avec les pompiers, ils ont commencé à revenir sur les promesses d'aide financière. En février 2003, la logique de la privatisation a atteint le comble de l'absurdité : n'ayant pratiquement rien fait pour renforcer la sécurité du territoire, l'administration a exhorté le public à se protéger au moyen de feuilles de plastique et de gros Scotch.

On peut comprendre pourquoi tant de gens s'attendaient à voir l'administration Bush mettre une sourdine à son programme intérieur après le 11 Septembre. Elle disait que c'était la guerre – et la guerre, traditionnellement, n'est pas le meilleur moment pour diviser le pays. Exemple célèbre : après Pearl Harbor, Franklin Roosevelt a déclaré que le « Dr New Deal » cédait la place au « Dr la Victoire ». Il a mis en sommeil son programme politique pour favoriser l'unité nationale.

Mais, après le 11 Septembre, l'administration Bush a fait l'inverse. Elle a vu dans le terrorisme une belle occasion de faire de la politique partisane. Peu de tribunes m'ont valu autant de *mails* haineux que celles où j'ai accusé l'administration d'exploiter le 11 Septembre à des fins politiques, de se draper dans la bannière étoilée pour mieux affaiblir les réglementations sur l'environnement, faire voter des réductions d'impôts au profit des entreprises et des riches et surtout gagner l'élection de mi-mandat. Mais, comme l'explique le chapitre 10, l'exploitation a commencé quelques heures seulement après l'attentat – et, peu à peu, il est apparu, non seulement à moi mais à d'autres observateurs toujours plus nombreux, que nous avions à la tête du pays des personnes vraiment sans scrupules. Chaque administration a sa part de politiciens cyniques – sans eux, même le meilleur des hommes n'aurait aucune chance d'atteindre de si hautes fonctions. Mais celle-ci, apparemment, n'a *que* des politiciens cyniques, qui instrumentalisent la tragédie nationale à des fins politiques, n'essaient même pas de s'attaquer aux vrais problèmes et se disent que d'autres nettoieront le capharnaüm qu'ils laisseront derrière eux.

Donc, comment en sommes-nous arrivés à nous faire gouverner par ces gens-là ? Le chapitre 11 examine l'infâme secret pas si secret de la politique américaine récente : la manipulation croissante des médias et du processus politique par des organisations de droite aux très gros moyens financiers. Oui, Virginia, la grande conspiration de droite existe[1]. Elle ne se cache même pas. Tout individu muni d'un modem et d'un peu de temps libre peut s'informer par lui-même sur ce réseau d'institutions qui harcèle systématiquement les progressistes en vue et intimide les sources d'information « pas dans la ligne » (j'ai été moi-même visé, bien sûr). Mais on n'en parle pas souvent dans la grande presse. Ici, vous en saurez quelque chose.

1. Allusion à un célèbre éditorial du *New York Sun* en 1897, « Oui, Virginia, le Père Noël existe », en réponse à une question posée par Virginia O'Hanlon, huit ans.

CHAPITRE 8

Tout se défait

LE CENTRE NE TIENT PAS

4 janvier 2002

Quand le Congrès reviendra à Washington, les affrontements reprendront – et chaque parti accusera l'autre d'être partisan. Pourquoi ne peuvent-ils pas s'entendre, tout simplement ?

Parce que des problèmes fondamentaux sont en jeu, sur lesquels les idées des uns et des autres sont plus éloignées que jamais.

Un récent article de *Slate* m'a conduit à Keith Poole et Howard Rosenthal, politologues qui, sur la base des votes au Congrès, tracent des « cartes » des positions idéologiques des parlementaires. Ils ont découvert qu'on peut prédire très exactement les votes d'un représentant si on l'a situé sur deux axes, celui des questions ethniques et celui des divergences économiques gauche-droite sur des questions comme le taux d'imposition marginal et la générosité des prestations sociales.

Et ils ont découvert aussi – ce qui n'est pas une surprise – que le centre n'a pas tenu. Ralph Nader peut ironiser sur les « républicrates », mais démocrates et républicains ont radicalement divergé à partir des années 1980, et ils sont aujourd'hui plus éloignés sur les questions économiques qu'ils ne l'ont jamais été depuis le début du XXe siècle.

Qui a changé de position ? Tom Daschle ne semble pas nettement plus progressiste que ne l'était, disons, Tip O'Neill[1].

1. Tom Daschle, sénateur du Dakota du Sud, est le *leader* * de la minorité démocrate au Sénat. Tip O'Neill (1912-1994), représentant démocrate du

Mais dans l'autre camp, Tom DeLay, qui va bientôt devenir le *leader* * de la majorité à la Chambre des représentants, se situe clairement à droite des précédents *leaders* républicains. Bref, une observation superficielle suggère que la politique américaine s'est polarisée parce que les républicains ont viré à droite et que les démocrates ne les ont pas suivis. Et, bien évidemment, les données de Poole et de Rosenthal qui indiquent cette divergence entre les partis montrent aussi qu'elle reflète une évolution des républicains vers une politique économique plus conservatrice, tandis que les démocrates ont plus ou moins campé sur leurs positions antérieures. Comme l'ont découvert des personnalités comme James Jeffords et Lincoln Chafee [1], il est devenu très difficile d'être ce qui s'appelait autrefois un républicain modéré.

Mais pourquoi les républicains ont-ils évolué vers la droite ?

Ce pourrait être par pure conviction intellectuelle. Les républicains ont compris que les impôts légers et l'État rétréci sont bons pour tout le monde, et pas les démocrates. Mais les idées tendent à prendre racine dans un terreau fertilisé par les tendances socio-économiques. Le Dr Poole suggère que la source la plus probable de la polarisation politique, c'est la polarisation économique : l'inégalité des revenus et des fortunes en plein essor.

Je sais par expérience qu'à la seule mention de la répartition des revenus, on est furieusement accusé d'inciter à la « lutte des classes ». Voici néanmoins ce que le Congressional Budget Office, institution (vraiment) non partisane, a récemment découvert. Après correction de l'inflation, le revenu des ménages situés au milieu de la répartition des revenus est passé de 41 400 dollars en 1979 à 45 100 dollars en 1997, soit une augmentation de 9 %. Pendant la même période, celui du 1 % des ménages les plus riches est passé de 420 200 dollars à

Massachusetts de 1953 à 1986, a présidé très longtemps la Chambre des représentants.

1. James Jeffords, sénateur du Vermont, a quitté le parti républicain en mai 2001 pour siéger comme indépendant, ce qui, à l'époque, a fait basculer le Sénat du côté démocrate. Lincoln Chafee est un sénateur républicain de Rhode Island connu pour ses positions modérées.

1 016 000 dollars, soit une augmentation de 140 %. Autrement dit, le revenu de ces ménages, qui représentait 10 fois celui du ménage moyen typique en 1979, lui était plus de 23 fois supérieur en 1997.

Il eût été bien surprenant que ce glissement tectonique dans le paysage économique n'ait pas de traduction politique.

On aurait pu s'attendre à voir cette concentration des revenus au sommet susciter des revendications populistes : faire payer les riches. Mais, je l'ai dit, tant la simple observation que les chiffres de Poole et Rosenthal montrent que les démocrates n'ont pas viré à gauche. Ce sont les républicains qui ont viré à droite. Et ils sont allés si loin vers la droite que l'électeur moyen a du mal à s'en rendre compte ; comme je l'ai relevé dans une précédente tribune, des groupes types [1] ont littéralement refusé de croire des résumés exacts de la loi de stimulation que les *leaders* républicains de la Chambre ont fait adopter en octobre dernier, dans un vote « parti contre parti ».

Pourquoi la réaction à la montée des inégalités a-t-elle été un grand élan pour réduire les impôts des riches ? Bonne question. Pas parce que les riches se votent à eux-mêmes une meilleure part : ils ne sont pas assez nombreux. Pour comprendre les tendances politiques aux États-Unis, il faut probablement réfléchir au financement des campagnes électorales, au lobbyisme, à l'argent et à son pouvoir de poser les termes du débat politique.

En tout cas, la morale de l'histoire est claire : les luttes politiques en cours à Washington ne sont pas des chamailleries sans importance. La droite est à l'offensive. La gauche – qui occupe la position autrefois qualifiée de centre – veut maintenir le cap. Trop d'observateurs, se berçant d'illusions réconfortantes, veulent croire que ce tumulte des partis n'est qu'une aberration passagère. Désolé, les gars : ça va continuer, pour l'avenir prévisible. Autant vous y faire.

1. Voir note 1, p. 24.

L'HEURE DES FILS SONNE AUSSI

22 novembre 2002

L'Amérique, nous le savons tous, est la terre de l'égalité des chances. Le succès de chacun dépend de ses capacités et de son dynamisme, pas de ce que faisait son père.

Demandez aux frères Bush. Discutez-en avec Elizabeth Cheney, dont le poste au Département d'État a été spécialement créé pour elle. Ou avec son mari, conseil juridique en chef de l'Office of Management and Budget.

Interrogez Eugene Scalia, premier avocat du département du Travail, et Janet Rehnquist, inspectrice générale du département de la Santé et des Services humanitaires. Et n'oubliez pas de le vérifier auprès de William Kristol, rédacteur en chef du *Weekly Standard*, et du commentateur conservateur John Podhoretz [1].

L'intéressant, c'est l'extrême rareté des commentaires, sans parler des critiques, qu'a inspirés cette belle brochette. Peut-être est-ce dû à l'esprit bon enfant des médias, mais j'y verrais bien un symptôme d'un phénomène plus général : le retour en force du statut héréditaire.

Il a toujours été bon d'avoir un père riche ou puissant. La semaine dernière, mon collègue de Princeton Alan Krueger a publié dans le *New York Times* une tribune où il passe en revue

1. Antonin Scalia, père d'Eugene, et William Rehnquist, père de Janet, sont juges à la Cour suprême. Irving Kristol, père de William, et Norman Podhoretz, père de John, sont des pionniers du mouvement néoconservateur.

les statistiques qui dissipent le mythe de la mobilité sociale américaine : « Ce qui distingue les États-Unis des autres pays, écrit-il, c'est une répartition des revenus plus statique d'une génération à l'autre et moins d'occasions d'ascension sociale. » Et Kevin Phillips, dans *Wealth and Democracy*, montre que les fortunes des barons voleurs ont été bien plus durables que ne le veut la légende.

Mais le passé n'est qu'un prologue. Selon l'un des travaux cités par M. Krueger, la transmission héréditaire du statut s'est accrue dans les dernières décennies. Et ce n'est qu'un début. Les tendances lourdes – économiques, sociales, politiques – vont assurer aux enfants des riches d'aujourd'hui un avantage considérable sur ceux qui ont choisi les mauvais parents.

D'abord, les privilèges à transmettre ont grossi. Il y a trente ans, le p-dg d'une grande firme était un bureaucrate – bien payé, mais pas vraiment riche. Il ne pouvait léguer à ses héritiers ni son poste, ni une grande fortune. Les p-dg impériaux d'aujourd'hui, en revanche, vont laisser de grosses successions – et ils sont souvent capables d'assurer aussi à leurs enfants des postes lucratifs. Plus généralement, la montée spectaculaire des inégalités aux États-Unis a élargi le fossé qui sépare les riches de la classe moyenne ; il est donc plus difficile à franchir qu'avant.

En même temps s'est fermée l'une des voies royales de l'ascension sociale : un bon système scolaire ouvert à tous. Les parents ambitieux ont de plus en plus le sentiment que l'école publique est un cul-de-sac. Il est révélateur que Jack Grubman, l'ex-analyste de Salomon Smith Barney, semble avoir vendu son âme non pour s'enrichir personnellement, mais pour obtenir deux places dans la bonne école maternelle [1]. Hélas, la plupart de nos concitoyens n'ont pas une valeur marchande suffisante pour faire entrer leurs gamins à « 92nd Street ».

La transmission héréditaire du statut social sera puissamment renforcée par l'abrogation des droits de succession – bel

1. Jack B. Grubman, analyste des télécommunications chez Salomon, avait outrageusement vanté l'action de la firme WorldCom, qui fit faillite en juillet 2002. Il sollicite dans un de ses mails ces inscriptions en maternelle.

exemple de l'étrange virage de l'opinion et de la politique en faveur de mesures bénéficiant aux riches, alors que notre société se mue de plus en plus en société de classes.

Il n'en a pas toujours été ainsi. Les dynasties influentes du XXe siècle, comme les Kennedy, les Rockefeller et, oui, les Sulzberger[1], étaient confrontées à une opinion publique qui se méfiait des positions acquises par héritage. Cette méfiance, ils l'ont surmontée en montrant qu'ils avaient vraiment le sens du « Noblesse oblige » : ils ont justifié leur présence en se faisant les champions des grands principes. La légende des Kennedy a d'ailleurs un parfum de Bonnie Prince Charlie[2] ; les héritiers légitimes étaient aussi perçus comme les défenseurs des sans-grade contre les puissants.

Mais les héritiers d'aujourd'hui ne ressentent aucun besoin de manifester leur sollicitude aux moins fortunés. Bien au contraire, ils sont souvent de cupides défenseurs des puissants contre les sans-grade. Le principal titre de gloire personnel de M. Scalia est sa croisade contre les réglementations qui protègent les travailleurs des risques ergonomiques. Les critiques que s'est attirées Mme Rehnquist sont dues à ses efforts pour alléger les sanctions contre les firmes du secteur de la santé convaincues de fraude.

L'idéologie officielle de l'élite américaine reste la méritocratie, tout comme nos dirigeants politiques simulent le populisme. Mais ça ne durera pas. Bientôt, notre société redécouvrira l'importance d'être bien né et la vulgarité des parvenus doués.

Depuis des années, on nous répète que l'essentiel, ce sont les valeurs familiales. Et c'est vrai. Mais il faudra un certain temps à la majorité des Américains pour comprendre le sens réel de la formule : la valeur de l'appartenance à la bonne famille.

1. Il s'agit de la famille qui possède le *New York Times*.

2. Surnom du Jeune Prétendant, Charles Édouard Stuart (1720-1788), héritier légitime du trône d'Angleterre qu'il chercha vainement à recouvrer.

EH ! LES PETITS VEINARDS !

3 décembre 2002

On sait que de méchants critiques du mouvement conservateur répètent que son programme économique, c'est réductions d'impôts, réductions d'impôts et réductions d'impôts. J'aurais même pu le dire aussi.

Eh bien, je m'en excuse. Enhardis par l'élection de mi-mandat, les principaux idéologues conservateurs viennent de se déclarer favorables à des augmentations d'impôts – mais seulement pour les personnes à faibles revenus.

Comme c'est souvent le cas pour ce genre de chose, le débat public à ce sujet est né de la page éditoriale du *Wall Street Journal*. Ses rédacteurs, semble-t-il, sont contrariés à l'idée que certaines personnes à ressources faibles ne paient pas grand-chose, voire rien du tout, en impôt sur le revenu. Non en raison de la perte de recettes fiscales, vous pensez bien ! Mais parce que ces « petits veinards » (la formule n'est pas de moi, elle est du *Wall Street Journal*) risquent de ne pas ressentir pour l'État la haine qui convient.

Le *Wall Street Journal* prend l'exemple d'un hypothétique veinard qui ne gagne que 12 000 dollars par an (il y en a qui ont une chance insolente !), donc, selon l'éditorial, « paie un peu moins de 4 % de son revenu en impôts ». Cette assertion est bien sûr un truquage délibéré : le calcul ne prend en compte que l'impôt sur le revenu. Si vous incluez les taxes sur les salaires et sur les produits de consommation, un ouvrier qui gagne

12 000 dollars paie probablement plus de 20 % de son revenu en impôts. Mais qui va faire le calcul ?

L'intéressant, c'est ce qui chagrine le *Wall Street Journal* dans cette situation : l'impôt de cet ouvrier n'est pas « suffisant » pour « le faire bouillir de rage ».

Qu'est-ce que c'est que cette histoire ? vous demandez-vous. C'est une chamaillerie interne à la droite. Le *Wall Street Journal* est terrifié à l'idée que les futures réductions d'impôts pourraient comprendre des concessions symboliques aux familles ordinaires. Il veut que tout aille aux entreprises et aux très riches. Mais la théorie politique révélée par son éditorial – la politique doit être dure avec les déshérités afin qu'ils n'aient aucune sympathie pour l'État – pourrait expliquer bien des événements récents.

Par exemple, les républicains de la Chambre des représentants viennent de refuser de prolonger l'indemnisation du chômage. Leur inertie signifie qu'à la fin du mois plus de 800 000 travailleurs vont recevoir de l'État une lettre les informant que leurs allocations ont été interrompues – Joyeux Noël ! Cette décision aurait été dure dans tous les contextes. Dans une conjoncture où l'administration affirme que nous avons besoin de réductions d'impôts supplémentaires pour stimuler la demande, réduire brutalement les revenus des ménages les plus susceptibles de réduire en conséquence leurs dépenses est négatif pour tout le monde. Mais dès que vous avez compris que la souffrance est bonne parce qu'elle amène les citoyens à haïr leur État, alors, ce n'est plus absurde.

Exemple encore meilleur : le sous-financement par le Congrès du State Children's Health Insurance Program[1]. Les détails des manœuvres parlementaires sont complexes, mais le résultat, c'est que les conservateurs n'ont vu aucun intérêt à maintenir un financement suffisant pour ce programme très efficace. Les sommes en cause ne sont guère importantes à l'aune des critères de Washington. Les effets seront dramatiques. Selon les estimations de l'Office of Management and Budget,

1. Programme d'assurance maladie pour les enfants au niveau des États.

900 000 enfants vont perdre l'assurance maladie dans les trois prochaines années.

Certes, nous vivons aujourd'hui dans ce que George W. Bush a appelé l'« ère de la responsabilité personnelle ». Si un enfant a choisi d'avoir des parents qui ne peuvent payer les soins médicaux, il doit en accepter les conséquences. Mais un calcul politique peut aussi jouer en l'affaire. L'État ne doit rien faire de bien, sinon on risque de ne pas comprendre qu'il est mauvais. Vous saisissez ?

Qu'apprenons-nous de ce catalogue de cruautés ? Que le « conservatisme compatissant » et le principe « Aucun enfant ne doit rester sur le bord de la route » étaient de simples slogans – mais, si cela a pu surprendre des croyants comme John J. DiIulio, c'était évident depuis le début pour certains d'entre nous. Plus important : nous apprenons à quel point le mouvement conservateur d'aujourd'hui est implacable et extrémiste.

Certains – républicains modérés qui ne sont pas prêts à admettre ce qui est arrivé à leur parti, démocrates qui estiment que leur parti peut apaiser la droite en faisant ses propres promesses de rétrécissement de l'État – ne l'ont toujours pas compris. Ils s'imaginent qu'un jour la droite va décider qu'elle a eu ce qu'elle voulait.

Mais les ambitions de la droite sont illimitées. Rien de ce que les modérés pourront offrir ne l'apaisera. En définitive, la population qui profite réellement de la plupart des programmes que la droite est déterminée à abolir en prendra conscience. Mais combien de temps les électeurs mettront-ils pour le comprendre ? Cela dépend beaucoup du choix que feront les hommes politiques modérés : formuleront-ils clairement les problèmes, ou tenteront-ils de ne pas se faire repérer en parlant comme les conservateurs ?

CHAPITRE 9

L'intérêt privé

SAVOIR PAYER LE PRIX

16 septembre 2001

Aujourd'hui, la plupart des Américains ne songent qu'à punir les coupables. Mais la tragédie de mardi dernier vient en partie de nous. Pourquoi être restés si vulnérables ?

Il n'y a pas seulement l'ignominie des terroristes. Il y a aussi les économies de bouts de chandelle qui, en s'accumulant, ont créé le désastre – et un système qui les a encouragées et même imposées. C'est un problème qui ne se limite pas au terrorisme. Quelque chose ne tourne pas rond dans notre philosophie politique. Nous sommes un pays qui ne veut pas payer le prix de la sécurité publique.

Rétrospectivement, la négligence, au niveau national, de la sécurité dans les aéroports est ahurissante. Nous savions depuis longtemps les États-Unis visés par les terroristes, et que, selon tous les experts, les actions les plus probables toucheraient des avions de ligne.

Néanmoins, sur tout le territoire américain, les agents de sécurité des aéroports sont payés environ 6 dollars de l'heure, moins que s'ils étaient serveurs dans un *fast-food*. Ces gardiens de nos vies ne reçoivent que quelques heures de formation, et plus de 90 % de ceux qui contrôlent les bagages le font depuis moins de six mois.

Rien n'imposait qu'il en fût ainsi. L'an dernier, un rapport du General Accounting Office * a fustigé l'état de la sécurité dans les aéroports américains, en le comparant défavorablement aux systèmes des autres pays avancés. En Europe, les personnels qui vérifient vos bagages sont payés environ 15 dollars de l'heure plus les avantages sociaux, et ils ont reçu une formation prolongée. Pourquoi les États-Unis ne sont-ils pas aussi prudents ?

La réponse, c'est qu'en Europe la sécurité dans les aéroports est traitée comme une question de police, et qu'elle est payée soit par l'aéroport, soit par l'État. Aux États-Unis, elle est payée par les compagnies aériennes. Évidemment, elles dépensent le moins possible. Ne leur reprochons rien, c'est de notre faute, car nous nous en remettons à des entreprises privées pour faire un travail qui relève par nature du secteur public.

De nombreuses propositions ont été faites, au fil des ans, pour faire passer ce travail entre les bonnes mains. En 1997, par exemple, Robert Crandall, président d'American Airlines, a suggéré la création d'une société nationale à but non lucratif pour gérer la sécurité dans les aéroports. Mais aucune de ces idées n'a abouti. Elles étaient trop contraires à l'esprit de l'époque, entièrement voué à réduire le rôle de l'État et non à l'étendre.

Et l'esprit de l'époque était absolument contre tout ce qui ressemblait à une augmentation des dépenses publiques, sauf strictement militaires. Penchez-vous sur la triste histoire des précautions qu'on n'a pas prises, et vous verrez combien de fois des sommes qui paraissent aujourd'hui ridicules ont été le point d'achoppement. En 1996, un comité consultatif sur la sécurité aérienne, constitué par les pouvoirs publics, a recommandé de consacrer à son amélioration 1 milliard de dollars par an – environ 2 dollars par passager. Il rejetait l'idée d'une taxe spéciale sur les aéroports pour assurer ce financement : puisqu'il s'agissait d'un problème de sécurité nationale, soutenait-il, l'argent devait venir des recettes fiscales générales. Mais les responsables de l'Office of Management and Budget ont averti le comité qu'il avait « des attentes irréalistes sur les perspectives de crédits non affectés ». Traduction : n'espérez pas que les politiques donnent l'argent. Et ils ne l'ont pas fait.

Ce problème va bien au-delà du terrorisme. L'an dernier, Laurie Garrett, l'auteur de *The Coming Plague* [1], a publié un nouveau livre effrayant, *Betrayal of Trust : The Collapse of Global Public Health* [2]. L'histoire qu'elle retrace ressemble dangereusement à celle de la sécurité dans les aéroports. On a laissé un élément crucial mais sans éclat de notre infrastructure publique se dégrader jusqu'à l'effondrement – parce que nous avons compté sur le secteur privé pour faire le travail du secteur public, et parce que des agences publiques ont été privées de ressources par des politiciens qui prenaient des poses contre le « trop d'État ». Ne soyons pas surpris si nous nous découvrons un jour aussi vulnérables à une attaque de microbes qu'au récent attentat terroriste. Et pour les mêmes raisons.

J'espère que nous traduirons en justice les organisateurs de l'attentat de la semaine dernière. Mais j'espère aussi qu'une fois la rage retombée, les Américains voudront bien en tirer l'une des grandes leçons : il y a des choses pour lesquelles l'État doit dépenser de l'argent, et toutes ne concernent pas les soldats. Si nous refusons d'apprendre cette leçon-là, si nous continuons à lésiner sur des services publics cruciaux, peut-être découvrirons-nous – comme nous l'avons fait la semaine dernière – que nous avons lésiné sur la valeur de nos vies.

1. « La peste arrive », East Rutherford, Penguin Books, 1995.
2. « Confiance trahie : l'effondrement de la santé publique mondiale », New York, Hyperion Books, 2001.

INTÉRÊT PUBLIC

10 octobre 2001

J'ai débusqué un service public qui, en vertu des critères habituels, devrait faire un beau candidat au dégraissage – voire à la liquidation.

Certains diront sûrement qu'il faut laisser nombre de ses activités à l'initiative privée. Et il est incontestable que ses coûts diminueraient s'il sous-traitait ses tâches à des entreprises, qui n'auraient pas à se conformer à des règles strictes pour le recrutement et le licenciement du personnel. Effectivement, beaucoup de ses agents ont des salaires très supérieurs à ceux que paie, à qualification équivalente, le secteur privé.

Son nom ? Le service des pompiers de la ville de New York.

Pourquoi New York a-t-elle besoin d'un service des pompiers ? Parce que – chacun l'admet ou devrait l'admettre – nous ne pouvons pas laisser la protection contre le feu aux propriétaires individuels : un incendie qui naît dans mon immeuble peut s'étendre au vôtre.

Mais pourquoi New York ne confie-t-elle pas la lutte anti-incendies à des entreprises privées ? Peut-être est-ce moins clair. Fondamentalement, c'est parce que la ville ne peut pas rédiger un contrat qui couvrirait toutes les éventualités. Une firme privée aurait donc toujours une incitation à faire des économies aux dépens de la sécurité publique. Ce n'est évidemment pas acceptable quand l'enjeu est si élevé, et en particulier quand il nous faut de fiers agents du service public prêts à tout pour nous protéger – comme les héroïques pompiers de New York – et pas des salariés se sachant payés le moins possible par une compagnie qui ne pense qu'à accroître ses profits.

Bref, il y a des tâches qui incombent à l'État. Ce qui nous amène au problème de l'heure : la sécurité dans les aéroports.

De multiples études ont préconisé de la fédéraliser, pour des raisons très semblables à celles qui ont poussé les municipalités à prendre en charge la lutte contre le feu. Peut-être n'attendons-nous pas du personnel de sécurité des aéroports qu'il risque sa vie, mais la nôtre est bel et bien entre ses mains. À ces raisons s'en est ajoutée une autre : la nécessité de communiquer à ce personnel des informations sensibles sur des terroristes potentiels. Les événements récents ont-ils enfin convaincu les hésitants ?

Pensez-vous ! Bob Barr, le représentant républicain de Géorgie, est très clair : « Moi, je suis un conservateur. Quand j'examine un problème, je me dis : est-ce bien une fonction fédérale ? »

Vous avez bien lu. Des terroristes montent à Boston dans des avions qu'ils utilisent pour tuer des milliers d'innocents à New York, et M. Barr ne parvient toujours pas à voir pourquoi la sécurité des aéroports est une fonction fédérale. Qu'est-ce qui le persuaderait qu'une intervention de l'État fédéral est nécessaire ? Si l'U.S. Army n'existait pas, il s'opposerait à sa création, j'imagine – peut-être soutiendrait-il que les milices des États fédérés feraient l'affaire, avec l'aide de quelques fournisseurs aux armées du secteur privé (c'est-à-dire des compagnies de mercenaires).

Les idées de M. Barr n'ont rien d'exceptionnel. Les *leaders* républicains du Congrès se sont déclarés absolument opposés à tout projet de fédéraliser la sécurité dans les aéroports, parce que cela créerait une nouvelle bureaucratie fédérale. Ils ont même assimilé la fédéralisation à du « socialisme », et auraient précisé à l'administration Bush qu'ils préféraient qu'il n'y ait pas de projet de loi sur la sécurité dans les aéroports plutôt qu'un texte instaurant de nouvelles fonctions fédérales.

Cette histoire dépasse la question de la sécurité dans les aéroports. Elle révèle, au cas où l'on aurait eu le moindre doute, que la droite dure aux États-Unis est fanatique. Rien, littéralement rien ne la persuadera qu'il est besoin d'accroître les dépenses fédérales. Et je ne parle pas d'une coterie de marginaux isolés, je parle des hommes qui contrôlent le parti républicain au Congrès – et qui semblent avoir repris la Maison-Blanche.

Car l'administration Bush, après avoir joué avec l'idée de fédéralisation dans les semaines qui ont suivi l'attentat terroriste, semble ces derniers jours revenue à l'une de ses grandes convictions : il faut toujours céder à la droite dure (qui est implacable et rancunière), même en temps de crise nationale.

Je dois l'admettre : au fond, je ne comprends pas. Je peux comprendre pourquoi certains s'opposent à tout ce qui évoque une redistribution des revenus, même si je ne suis pas d'accord. Mais comment peut-on s'opposer par principe à un programme dont les seuls buts sont de protéger le public et de restaurer la confiance ?

Quelle que soit l'explication, cette controverse sur la sécurité dans les aéroports ne laisse aucun doute sur un point : la méfiance fanatique de la droite envers l'État est devenue le fait premier de la politique américaine. Même en ces temps de terrorisme.

LA SOLUTION DES 55 CENTS

21 novembre 2001

Quand Gerald Ford a rejeté la demande d'aide financière de New York, le *Daily News* a titré en gros caractères à la une : « Ford à la Ville : Va te faire voir ! » Cela se passait ainsi à l'époque.

Aujourd'hui, seuls les lecteurs attentifs des journaux savent que George W. Bush est revenu sur sa promesse personnelle d'allouer une aide à la ville meurtrie ; et seuls les passionnés de politique savent que cela s'inscrit dans un tableau plus général – les mesures économiques aujourd'hui en discussion à Washington vont appauvrir les États et les municipalités dans tout le pays.

Gerald Ford ne méritait pas vraiment ce gros titre. Il n'avait jamais promis quoi que ce soit à une ville qui, incontestablement, était largement responsable de ses malheurs budgétaires. Pourquoi se serait-il senti tenu de l'aider ?

Mais cette fois, c'est une autre histoire. M. Bush, vous vous en souvenez peut-être, a eu quelques journées difficiles après l'attentat terroriste. Certains se posaient des questions sur ses mouvements le 11 Septembre ; à New York, on lui reprochait avec quelque colère de ne pas être venu rapidement dans la ville. La Maison-Blanche réagit à la première critique par son histoire de « menace crédible » contre l'*Air Force One*. Quant à la seconde, plus importante, M. Bush arrangea vite les choses en promettant à la délégation des parlementaires de l'État de

New York qu'il fournirait une aide massive – il dit au sénateur Charles Schumer que la ville avait « un chèque en blanc ».

M. Bush n'a peut-être pas été précis sur les détails, mais tous les participants à cet entretien croyaient savoir ce qu'il avait promis. Tous les articles de presse des premiers jours que j'ai pu trouver indiquaient que M. Bush allait attribuer à la ville de New York la moitié des 40 milliards de dollars du budget antiterroriste qu'il proposait. Et cette somme n'était considérée en général que comme un premier versement.

Or, la semaine dernière, la commission des finances de la Chambre des représentants a fini par révéler les détails. Et le budget antiterroriste, qui suivait de très près les demandes de l'administration, ne contenait que 9 milliards de dollars pour New York, moins de la moitié des 20 milliards promis. Dans des négociations de dernière heure avec des parlementaires républicains furieux, cette somme fut relevée à 11 milliards. Mais cela ne faisait encore que 55 cents le dollar.

Les dirigeants de l'administration ont dit qu'en fin de compte ils verseraient la totalité des 20 milliards. Mais, puisqu'ils n'ont pas tenu la promesse de M. Bush de les intégrer au budget antiterroriste, pourquoi faudrait-il les croire ? Plus le souvenir de l'attentat s'éloigne, plus l'administration, revenant à sa politique de l'avant-11 Septembre, embrasse la ligne dure des conservateurs – ce qui s'est déjà en grande partie produit –, et moins il est probable que New York verra le reste de l'argent.

Le jour où l'administration Bush dira à la ville d'aller se faire voir n'arrivera peut-être jamais. Il y aura plutôt de vagues promesses, puis quantité de comptabilité imaginative – par exemple, le coût du déploiement de la garde nationale sera compté dans les 20 milliards de dollars. Mais l'aide que les New-Yorkais pensaient promise, l'aide qui devait contribuer à la reconstruction de la ville apparaît de plus en plus comme un mirage.

Cela s'inscrit, je l'ai dit, dans un contexte général. Dans tout le pays, la conjonction d'une crise économique et des effets du 11 Septembre a pris en tenaille, financièrement, les États et les municipalités. Puisque tous les gouvernements d'État sont légalement tenus d'équilibrer leur budget, cela va leur imposer des réductions draconiennes dans leurs dépenses.

On aurait pu croire que les mesures de « stimulation » décidées en ce moment à Washington viendraient en aide aux gouvernements des États dans cette période difficile. Bien au contraire, elles vont aggraver les dégâts. Les clauses qui exemptent des impôts fédéraux certaines composantes importantes des profits des entreprises vont aussi réduire les profits imposables par les États. L'an prochain, selon toute vraisemblance, nous verrons un joli spectacle : de grosses réductions d'impôts pour les entreprises et les particuliers qui gagnent plus de 300 000 dollars par an, et en même temps des États qui réduisent désespérément les dépenses – surtout celles qui concernent la santé et l'éducation des milieux défavorisés.

Pour en revenir à New York, ce qui m'intrigue, c'est à quel point l'histoire de la promesse qui n'en était pas une retient peu l'attention. Dans les semaines qui ont suivi le 11 Septembre, il allait de soi pour tout le monde qu'il y aurait un grand effort national pour aider à reconstruire la ville. Aujourd'hui, il est clair qu'il n'y en aura pas. L'administration peut affirmer qu'elle donne ce qu'elle a promis, mais New York devra mendier chacun de ces 20 milliards de dollars.

Où est le scandale ? Les New-Yorkais n'adorent-ils pas se plaindre ?

QUELQUE CHOSE À GRATTER

8 février 2002

D'abord il y a une promesse. Puis pas de promesse. Puis une promesse – jusqu'au moment où l'on relâche à nouveau son attention.

Aux lendemains immédiats du 11 Septembre, avant qu'il ne commence son ascension astronomique dans les sondages – et juste avant sa première visite post-terrorisme à New York –, George W. Bush a fait une promesse personnelle : la ville recevrait au moins 20 milliards de dollars d'aide à la reconstruction. Tout le monde pensait, à l'époque, que c'était un plancher et pas un plafond.

Puis il s'est passé une bizarrerie : seuls 11 milliards de dollars d'aide à la ville ont été réellement budgétisés. J'ai évoqué la chose dans une tribune de novembre dernier, « La solution des 55 cents » – mais je me suis fait éreinter, et on m'a assuré que M. Bush, bien évidemment, tiendrait parole.

À présent, nous avons le projet de budget de l'administration : 1 200 milliards de dollars. Curieusement, il ne contient aucune aide supplémentaire à New York. Il semble bien que les dollars s'arrêtent là, à 55 % de l'engagement initial.

Les parlementaires de New York ont été prompts à réagir. Ils ont exigé de Mitch Daniels, le directeur du budget à la Maison-Blanche, des explications sur cette absence. M. Daniels a d'abord répondu qu'il avait l'intention de compter dans l'aide à New York les 5 milliards de dollars de secours aux victimes du

11 Septembre – violation claire et nette du sens de la promesse tel que tout le monde l'avait compris. Puis il s'en est pris violemment aux représentants de New York et leur a lancé : « Ça me fait drôle de parler de ça comme d'un petit jeu où il y a quelque chose à gratter. »

La Maison-Blanche s'est vite efforcée de réparer les dégâts. M. Daniels a retiré ses commentaires et M. Bush réitéré sa promesse de verser les 20 milliards de dollars – juste à temps pour une nouvelle séance photo avec des officiers de police et des pompiers de New York. Mais l'argent n'est toujours pas inscrit au budget, et cette réalité – sans compter les remarques initiales de M. Daniels, qui exprimaient sûrement le fond de sa pensée – en dit long sur les priorités de l'administration.

Pour remettre ce rudoiement de New York dans son contexte, il faut bien voir que, lorsqu'il s'agit de réductions d'impôts et de dépenses militaires, le budget de l'administration Bush est, pour ses propres souhaits, d'une indulgence illimitée. Quantité d'envolées rhétoriques vibrantes rappellent au pays que c'est la guerre et que tout le monde doit faire des sacrifices – mais cette austérité ne s'étend pas aux quelques pour-cent les plus riches de la population, qui non seulement recevront la part du lion des futures réductions d'impôts déjà votées, mais devraient avoir aussi l'essentiel des 600 milliards de dollars d'allégements supplémentaires que l'administration propose maintenant. (En réalité, environ 1 000 milliards de dollars sans les astuces comptables, mais qui va calculer ?)

Si elle parle beaucoup de choix difficiles, l'administration semble incapable de choisir dès qu'il s'agit de dépenses militaires. Une filiale du Carlyle Group a-t-elle à vendre une pièce d'artillerie de 70 tonnes qui n'avait de sens – et encore ! – qu'au temps de la guerre froide ? Nous achetons. Deux fournisseurs rivaux proposent-ils des avions de combat sophistiqués conçus pour combattre une nouvelle génération de MIG inexistante ? Nous prenons les deux.

Mais hors du militaire il y a de grosses restrictions, et d'importants détournements de ressources qui en imposeront d'autres plus tard. Vous connaissez celui de l'excédent de la

Caisse de retraite publique pour couvrir le déficit général de l'État – déficit qui serait bien inférieur si l'administration renonçait à certaines de ses réductions d'impôts, et qui s'évanouirait complètement si elle manifestait aussi quelque retenue dans ses achats d'armes. Mais savez-vous qu'elle a budgétisé 300 milliards de dollars de moins pour Medicare que le montant jugé nécessaire par le Congressional Budget Office pour maintenir les prestations actuelles – sans parler de nouvelles comme celle des médicaments prescrits ? On ne sait pas trop si elle a vraiment l'intention de refuser des soins médicaux aux retraités ou si elle tente simplement de dissimuler l'échelle du désastre budgétaire qui nous attend.

Comparée à tout cela, la promesse non tenue à la ville de New York est vraiment de la petite monnaie, et c'est ce qui, en un sens, laisse perplexe. Puisque le budget est déjà massivement déficitaire pour l'avenir prévisible, pourquoi ne pas ajouter à ce déficit 9 milliards de dollars pendant un an et éviter d'offrir à ses adversaires une cible aussi facile ?

Réponse possible : terrorisme ou pas, les parlementaires républicains en vue conservent une antipathie éternelle pour la Grosse Pomme[1] – et cette administration ne contrarie jamais ses partisans à droite.

Mais je crois qu'en réalité il s'agit de pure arrogance. Galvanisée par ses taux d'approbation dans les sondages, l'administration estime que ses promesses d'hier ne comptent plus. Vous ne savez pas qu'on est en guerre ?

1. *The Big Apple*, surnom de New York.

POUR LONGTEMPS

10 septembre 2002

Les Américains peuvent être fiers de leur réaction au 11 Septembre. Ils n'ont pas eu à répondre à des appels au sacrifice puisque aucun n'a été lancé, mais ils ont réagi à l'horreur avec calme et tolérance. Il n'y a pas eu de panique. Quelques crimes odieux ont été commis, mais on n'a pas vu de foule en colère attaquer des gens pour leur faciès. Le peuple américain est resté fidèle à ce qui fait l'Amérique.

Un an après, il règne un grand malaise. Les scandales d'entreprises, l'effondrement des cours boursiers, la montée du chômage y sont pour beaucoup. Mais il y a aussi autre chose : nous ne savons toujours pas que penser de ce qui nous est arrivé. Nos dirigeants et une grande partie des médias nous disent que nous sommes un pays en guerre, mais la métaphore était mauvaise dès le début et le devient de plus en plus avec le temps.

Les effets du 11 Septembre, tant humains qu'économiques, n'ont pas ressemblé à ceux d'une attaque militaire mais d'une catastrophe naturelle. Le parallèle avec le tremblement de terre qui a frappé le Japon en 1995 est presque troublant. Comme l'attentat terroriste, le séisme de Kobé a tué brutalement des milliers d'innocents. Comme l'attentat, il a laissé une population en proie aux cauchemars et à un grave sentiment d'insécurité. Comme l'attentat, il a frappé un pays déjà aux prises avec les tristes lendemains d'une bulle financière.

Le tremblement de terre de Kobé n'a eu qu'un impact éphémère sur l'économie japonaise – ce qui suggère que l'impact du 11 Septembre sur l'économie américaine a dû l'être aussi, et c'est bien le cas. La psyché japonaise a été plus durablement marquée par le séisme, comme la nôtre par le 11 Septembre. Mais, globalement, le Japon a repris sa route, et nous le ferons aussi.

Il y a bien sûr une différence entre un acte de Dieu et une atrocité délibérée. Nous ne sommes pas seulement traumatisés mais furieux, bien décidés à retrouver et à punir les coupables. Il était naturel d'interpréter le 11 Septembre comme l'équivalent moral de Pearl Harbor, et la lutte qui a commencé ce jour-là comme l'équivalent, pour notre génération, de la Seconde Guerre mondiale.

Mais si c'était une guerre, elle ressemblait fort peu à celles que l'Amérique a gagnées dans le passé. Où est l'appel au sacrifice ? au grand effort national ? Comment saurons-nous quand ou si nous avons gagné ? Nul besoin d'être un grand stratège pour comprendre que, dans la lutte qui nous attend, il n'y aura pas de jour J ni V-J [1]. Le jour où nous pourrons déclarer le terrorisme éradiqué pour de bon ne viendra jamais. Ce sera plus proche de la lutte anticriminalité, où le succès est toujours relatif et la victoire jamais finale, que de la guerre.

Or, la métaphore dont nous nous servons pour décrire cet affrontement est importante. Certaines pratiques temporairement justifiables pendant une guerre ne le sont pas pendant un combat permanent contre le crime, même si les criminels sont des fanatiques meurtriers.

C'est vrai même de réalités aussi prosaïques que la gestion du budget fédéral. Traditionnellement, la guerre est une raison valable de mettre le budget en déficit : l'État emprunte pour couvrir les dépenses d'une période de crise extrême mais temporaire. Or notre période de crise à nous n'est ni extrême ni temporaire. Peut-on raisonnablement s'attendre à voir les

1. Le jour J est bien sûr celui du débarquement en Normandie. Le *V-J Day* est le jour de la victoire sur le Japon.

dépenses de surveillance du territoire et de défense nationale retomber à leur niveau antérieur au 11 Septembre, sans parler de baisser suffisamment pour que l'équilibre du budget dans l'avenir prévisible soit restauré ? Non. Nous ferions mieux de nous demander comment payer les factures de l'État par des moyens permanents.

Autre question, bien plus importante évidemment : l'état de droit et les libertés civiles. De grands dirigeants démocratiques ont violé les règles en temps de guerre. Si Abraham Lincoln n'avait pas suspendu l'*Habeas corpus* en 1861, les États-Unis n'existeraient pas aujourd'hui. Mais le danger était extrême, et l'écart de conduite n'a pas duré longtemps : dès la victoire dans la guerre de Sécession, la procédure légale a été rétablie. Peut-on imaginer un événement qui convaincrait nos dirigeants actuels qu'ils n'ont plus besoin de pouvoirs spéciaux ?

C'est que notre situation nouvelle de population menacée n'est pas temporaire. Nous y sommes pour longtemps. Quand nous prenons des mesures antiterroristes, nous devons être prêts à vivre avec elles indéfiniment.

Le vrai défi aujourd'hui n'est pas d'éliminer le terrorisme. Cet objectif est hors d'atteinte. Le défi, c'est de trouver comment faire face à la menace terroriste sans perdre la liberté et la prospérité qui ont fait de l'Amérique une grande nation.

SPOILS SYSTEM

19 novembre 2002

Règle numéro un : il faut toujours une couverture. Le plan de l'administration Bush d'ouvrir jusqu'à 850 000 emplois fédéraux à la concurrence privée a pour objectif officiel de promouvoir l'efficacité. On nous dit que la vigueur concurrentielle va mettre fin à la paresse bureaucratique. Les coûts vont baisser et chacun s'en trouvera mieux, sauf une poignée de syndicalistes surpayés.

Et, qui sait, peut-être la réforme fera-t-elle effectivement gagner quelques dollars ici et là. Mais je doute qu'il y ait un seul homme politique ou journaliste à Washington pour croire que cette privatisation d'une grande partie de l'État fédéral – que l'administration se dit en droit de décider sans aucune législation nouvelle – est vraiment due au désir de réduire les coûts.

Il existe de nombreuses expériences de privatisation par les pouvoirs publics à tous les niveaux – fédération, États fédérés, collectivités locales. Leur bilan ne corrobore pas les assertions extravagantes sur l'amélioration de l'efficacité. Il y a parfois d'importantes réductions de coût, mais il s'avère trop souvent que les économies promises sont un mirage. Il est courant, notamment, que les entreprises privées fassent des offres intéressantes pour emporter le marché, puis augmentent les prix une fois le personnel du service public dispersé. Prévoir globalement 20 à 30 % d'économies est une ineptie – et il y a fort à parier que les dirigeants qui font ces prévisions le savent.

Donc, quel est le but ?

D'abord, servir de pare-feu politique. Confrontée à des déficits budgétaires à perte de vue, l'administration – décidée à étendre et non à reconsidérer le programme de réductions d'impôts qu'elle a d'abord justifié par des projections de gros excédents – doit se donner l'air de réduire les dépenses. Mais que peut-elle réduire ? Le gros des dépenses publiques va soit à des postes essentiels comme la défense et le système judiciaire, soit à des programmes sociaux destinés aux classes moyennes comme la Caisse de retraite et Medicare que l'administration n'ose pas attaquer ouvertement.

Privatiser les emplois fédéraux est une réponse parfaite à ce dilemme. Non que ce soit une vraie réponse : la paie de ces fonctionnaires menacés ne représente qu'environ 2 % du budget fédéral ; donc les gains d'efficacité de la privatisation, même s'ils ont lieu, n'enlèveront pratiquement rien aux dépenses globales. Mais, pendant quelques années, on parlera de privatisation, ce qui donnera l'impression que l'administration fait quelque chose contre le déficit.

Cela dit, détourner l'attention de la réalité des déficits n'est, soyons-en sûrs, qu'un avantage secondaire. De même pour un autre effet de la privatisation : briser l'un des derniers bastions du pouvoir syndical. Karl Rove vise plus haut.

Il y a quelques mois, M. Rove a comparé son patron à Andrew Jackson. Comme certains l'ont rappelé à l'époque, l'un des grands legs de Jackson a été le *Spoils System* : les emplois fédéraux réservés aux amis politiques. Le statut de fonctionnaire fédéral, qui met soigneusement à l'abri de toute pression politique, a été justement créé pour mettre fin au Spoils System. Mais l'administration a trouvé moyen de contourner ces contraintes.

Nul besoin de spéculer sur ce qui va suivre, car Jeb Bush a déjà ouvert la voie.

Le gouverneur de Floride a énormément privatisé, et, à en croire le *Miami Herald* qui a passé au crible les documents publics, « son audacieuse expérience a été un succès – du moins pour lui et le parti républicain, au vu de ces documents. Cette politique a créé un réseau de fournisseurs qui ont donné des millions de dollars pour les campagnes électorales du gouverneur, d'autres personnalités républicaines et du parti républicain de Floride ».

L'intéressant, dans cette affaire de réseau de fournisseurs, n'est pas seulement que les grosses contributions sont liées aux gros contrats. C'est la fin de la pratique traditionnelle des entreprises : se couvrir dans tous les cas de figure en donnant aux deux partis. Les compagnies qui gagnent gros dans la Floride de M. Bush donnent fort peu ou rien du tout aux démocrates. Bizarre, non ? Comme si, pour faire des affaires avec l'État de Floride, il fallait prouver sa fidélité.

Est-ce à dire que nous revenons à l'époque de Boss Tweed et de Mark Hanna [1] ? Ah ça non – c'étaient des minables. La mainmise d'un seul parti sur l'État d'aujourd'hui offre des possibilités d'enrichir les amis et de punir les ennemis dont les politiciens de la vieille école n'ont jamais rêvé.

Jusqu'où pourra-t-on pousser le nouveau Spoils System ? Dans quelle mesure s'en servira-t-on pour assurer au parti au pouvoir un avantage politique permanent ? Restez à l'écoute, je suis sûr que nous aurons vite la réponse.

1. Hommes politiques de la fin du XIXe siècle. William March Tweed, démocrate, dominait par le clientélisme la ville de New York. Mark Hanna, industriel de Cleveland, était l'un des caciques du parti républicain.

CHAPITRE 10

L'exploitation du 11 Septembre

CHERCHEZ LE BORGNE

31 octobre 2001

J'ai lu quelque part que, pour comprendre vraiment une loi, il fallait chercher l'article spécialement consacré aux borgnes barbus qui boitent – repérer la clause qui transforme un texte apparemment d'intérêt public en cadeau à un intérêt particulier.

La plupart des commentaires sur la loi de « stimulation » votée par la Chambre la semaine dernière soulignent les énormes sommes qu'elle prodigue aux firmes géantes. Mais cela ne nous en dit pas beaucoup sur les intérêts précis qui sont servis. Ce qui est bon pour les entreprises américaines est bon pour General Motors : on a du mal à imaginer une loi essentiellement faite de cadeaux aux firmes privées qui n'aurait pas pour effet d'en donner beaucoup aux plus grandes. Pour comprendre l'objectif véritable, il faut repérer les gros versements qui iront à des compagnies de taille plus modeste.

L'une des composantes du projet a été conçue sur mesure à l'intention d'un petit groupe de firmes financières multinationales. Une autre est clairement destinée à certains assureurs des soins médicaux. Mais le plus remarquable, c'est à quel point l'abrogation de l'impôt minimum de remplacement[1] – mesure qui figure aussi dans le plan dit « de stimulation » de l'adminis-

1. Cet impôt est un prélèvement minimum obligatoire sur les entreprises rentables, conçu pour éviter qu'en accumulant les exemptions fiscales et autres crédits d'impôts elles ne paient absolument rien au fisc.

tration et qui semble l'une de ses grandes priorités – va profiter à des compagnies qui ne sont pas si grandes que ça.

Exemple : rien d'étonnant si, selon les calculs effectués par Citizens for Tax Justice, General Motors, avec ses 380 000 salariés, reçoit 800 millions de dollars. Mais il est vraiment stupéfiant que TXU (l'ex-Dallas Power and Light), qui n'a que 16 000 salariés, touche 600 millions. Et il y a un certain nombre de firmes de taille moyenne qui, comme TXU, se qualifient pour des chèques d'un montant ahurissant. Il s'agit de ChevronTexaco, Enron, Phillips Petroleum, IMC Global et CMS Energy. Qu'ont-elles en commun ?

Disons qu'elles sont plutôt dans le secteur de l'énergie ou des mines, et plutôt basées au Texas ou dans les environs. Bref, le borgne barbu qui boite ressemble fort à Dick Cheney.

Il est quasiment certain que les chevauchements sont nombreux entre les compagnies qui gagnent gros à l'abrogation de l'impôt minimum de remplacement et celles auxquelles le plan sur l'énergie conçu par le groupe de travail de M. Cheney aurait réservé de grosses subventions. Vous vous souvenez peut-être que l'administration, défiant ouvertement la loi, a refusé de communiquer au Congrès les comptes rendus des réunions de ce groupe de travail. C'est l'un des problèmes qui se sont soudain évanouis après le 11 Septembre.

Nul besoin, j'imagine, de souligner que les grands vainqueurs en l'affaire sont apparemment des firmes qui ont donné généreusement et exclusivement au parti républicain à la dernière élection. (Cela sans suggérer le moins du monde que les démocrates sont moins sensibles à l'influence de l'argent.)

À mes yeux, l'histoire de l'administration Bush commence à ressembler beaucoup à l'intrigue de *Victor/Victoria*[1]. À l'origine, nous avions un candidat que l'on supposait modéré, puis nous avons compris, ou cru comprendre, que c'était un masque : il s'agissait en réalité d'un ultraconservateur qui avait fait semblant d'être un modéré pour parvenir au pouvoir.

1. Comédie musicale dans laquelle une femme se fait passer pour un homme qui se fait passer pour une femme. Blake Edwards l'a adaptée pour le cinéma en 1982.

Mais les dernières propositions économiques de l'administration, comme le plan énergétique de Cheney, ne semblent pas l'œuvre de partisans sérieux du libre marché. Elles n'ont de sens dans aucune économie, ni celle de l'offre ni celle de la demande. Mais elles donnent quantité d'argent à certaines firmes. Donc, l'idéologie n'était peut-être qu'un second masque d'un candidat qui était en fait celui des entreprises – pas des entreprises en général, mais d'un petit groupe de sociétés aux intérêts bien précis – et qui faisait semblant d'être un ultraconservateur faisant semblant d'être un modéré pour se faire élire.

Tableau intéressant, et plus que vraisemblable. Mais le téléspectateur moyen ne le verra jamais à l'écran. Beaucoup refuseraient de l'admettre quelle que soit la puissance des preuves. Et c'est ce qui rend toute l'affaire possible : au pays des aveugles, les borgnes barbus qui boitent sont rois.

LA DOCTRINE DE ROVE

11 juin 2002

Il y a quelques mois, un de mes collègues universitaires – très lié aux démocrates – m'a vivement incité à écrire une ou deux tribunes qui diraient du bien de l'administration Bush. « De quoi pourrais-je la féliciter ? » lui ai-je demandé.

Long silence. (C'est drôle comme l'« équilibre » devient un but en soi.) Il a fini par trouver quelque chose : « Pourquoi pas son libre-échangisme ? »

Hum, hum... George W. Bush, en fait, s'est révélé très protectionniste. Si les droits de douane sur l'acier et la loi sur l'agriculture ont beaucoup retenu l'attention, ils ne sont que deux éléments d'un vaste ensemble qui comprend notamment les droits punitifs (et presque totalement injustifiés) sur le bois d'œuvre résineux du Canada et la révocation des privilèges commerciaux des Caraïbes. Quant au libre-échange, l'administration Bush est totalement pour – sauf s'il y a un coût politique quelconque, même minime, à respecter ses prétendus principes.

Ce qui m'amène au dernier écho qui agite les salons politiques de Washington : l'article d'*Esquire* dans lequel le chef de cabinet de la Maison-Blanche, Andy Card, dit redouter qu'avec le départ de Karen Hughes et de son influence modératrice Karl Rove le dur prenne le gouvernail. Si les dix-huit derniers mois ont montré à quoi ressemble la politique quand M. Rove ne la contrôle que partiellement, on frémit à l'idée de ce qui nous attend.

Car ce qui caractérise le *modus operandi* de M. Rove n'est pas le conservatisme : il pense que l'administration doit faire tout ce qui peut lui rapporter un avantage politique. Exploiter la guerre contre le terrorisme, bien sûr – il s'en est d'ailleurs vanté –, mais aussi choyer des intérêts particuliers.

L'une des vertus sous-estimées de Bill Clinton était le grand idéalisme de sa politique économique. L'économiste Brad DeLong, de Berkeley, l'a félicité de s'être montré « prêt à prendre des risques politiques majeurs afin de faire ce qu'il estimait bon pour le pays en politique économique internationale ». Il pensait à la situation fort délicate où s'était mis Bill Clinton en ignorant les sondages et les frontières des partis pour faire voter l'Accord de libre-échange nord-américain (ALENA) en 1993, et aux risques encore plus grands qu'il avait pris pour sauver le Mexique de sa crise financière en 1995. Comme M. DeLong, je connais certains acteurs clés de ces deux décisions et je suis sûr qu'elles ont été prises sur leurs mérites. Les clintoniens pensaient vraiment qu'ils faisaient ce qu'il fallait faire.

Cette politique de principe a continué jusqu'au bout. Si Bill Clinton avait donné à la sidérurgie les droits de douane qu'elle voulait, Al Gore serait probablement aujourd'hui à la Maison-Blanche. Mais les dirigeants de l'époque ne voulaient pas céder aux intérêts particuliers, car ils s'inquiétaient vraiment des conséquences – pour le pays et pour l'économie mondiale.

L'administration de M. Rove ne voit pas l'utilité de tels scrupules. Ses petites affaires ne se limitent pas au commerce et aux subventions agricoles. Le plan Bush-Cheney sur l'énergie, soulignent les experts du Cato Institute, était peut-être conservateur au sens où il était anti-écologiste, mais, pour le reste, il regorgeait de mesures qui sont des abominations aux yeux des tenants du libre marché : pouvoir accru de l'État d'exproprier des terres privées (pour les lignes électriques), fortes incitations fiscales en faveur de sources d'énergie non rentables au prix du marché (le nucléaire en particulier). Ce plan n'était pas idéologique ; il était payant.

Et si l'administration ne prend pas de position de principe, qui le fera ? J'ai été très frappé par un article de la lettre d'information *The Hill* intitulé « Les syndicats regardent le parti républicain d'un autre œil » : le porte-parole de l'United Auto Workers, rapportait-il, avait dit que son syndicat « ne s'arrêtait pas aux étiquettes » et observait les positions que prenaient les parlementaires « sur certains problèmes ». Autrement dit, le syndicat soutiendrait quiconque satisferait ses intérêts particuliers.

Certes, c'est un peu du déjà-vu. Paula Stern, l'ex-directrice de l'International Trade Commission, qualifie sur le ton de l'évidence Ronald Reagan de « président le plus protectionniste depuis Herbert Hoover », et dit qu'il a « légitimé la tendance des industries puissantes à faire valoir leur poids politique, et pas nécessairement des arguments économiques ou juridiques » pour obtenir ce qu'elles veulent. Donc, en un sens, M. Bush suit les traces de M. Reagan.

Mais il me semble que c'est pire cette fois, qu'il y a plongée dans une politique motivée par l'intérêt particulier, jusqu'à des profondeurs oubliées depuis la période antérieure au New Deal. Et, s'il faut en croire cet article d'*Esquire*, cela devrait encore s'aggraver. Qui veut du Smoot-Hawley [1] ?

1. En juin 1930, dans le contexte de la Grande Dépression, le Smoot-Hawley Tariff Act porta les droits de douane à un niveau record.

CES HISTOIRES DE RÉALITÉ

25 juin 2002

Vérité sur l'administration Bush : là où d'autres verraient des problèmes, elle voit de belles occasions.

Une crise économique ? Belle occasion de faire voter une réduction d'impôts très peu stimulante à court terme mais accablante pour le budget en 2010. Une pénurie d'électricité en Californie ? Belle occasion de promouvoir les forages en Alaska, qui ne produiront pas d'électricité et fort peu de pétrole avant 2013. Un attentat de terroristes infiltrés, munis d'armes légères ? Belle occasion d'acquérir quantité d'armes lourdes et un système de défense antimissiles, au cas où, la prochaine fois, Al-Qaida attaquerait avec des divisions blindées ou tirerait un missile balistique intercontinental.

Le président Bush père a un jour avoué qu'il était un peu faible sur « ces histoires de vision ». Les conseillers de son fils n'ont pas ce problème. Ils ont une vision forte de l'avenir de l'Amérique. Un avenir, nous l'avons appris récemment, où l'occupant de la Maison-Blanche aura le droit d'emprisonner indéfiniment qui il voudra, citoyens américains compris, sans procès ni examen judiciaire. Mais ils s'intéressent nettement moins aux histoires de réalité.

Tel est bien le signe distinctif de tous les programmes que l'administration a fait voter en réaction à des problèmes réels : ils ont fort peu à voir, ou rien du tout, avec leur solution. Les problèmes sont là pour servir à la concrétisation de la vision. Et un problème non utilisable à cette fin, par exemple l'effondrement de la confiance dans les directions d'entreprise ou le chaos au Moyen-Orient, est perçu comme une contrariété qu'il faut ignorer si possible ou au mieux traiter de façon purement cosmétique. Manifestement, l'équipe Bush estime que les problèmes du monde réel se résoudront bien tout seuls, ou du moins ne feront pas les gros titres du journal télévisé parce que, par pure coïncidence, ils seront rejetés dans l'ombre par une alerte à l'attentat terroriste.

Mais, si on ne les traite pas, les problèmes réels ont une fâcheuse tendance à dégénérer. Et ils sont nombreux, ces dernières semaines, à être arrivés au point critique. Quoi qu'en ait dit le discours d'hier, notre politique moyen-orientale est manifestement à la dérive. Le dollar et la Bourse plongent, menaçant une reprise économique déjà chancelante. Amtrak[1] a été poussé au bord de la fermeture parce qu'il n'a pas réussi à attirer l'attention de l'administration. Et l'État fédéral lui-même sera bientôt à court d'argent, car les républicains de la Chambre ne veulent pas regarder la réalité en face et relever le plafond de son endettement. (Ces histoires d'esquive semblent contagieuses.)

Ce serait donc un bon moment pour faire ce que la Maison-Blanche conseille toujours à ses adversaires : mettre de côté l'esprit de parti. M. Bush acceptera-t-il de laisser là, même un jour ou deux, son effort pour consolider sa base politique, et de faire vraiment quelque chose qui ne figurait pas au programme prévu ? N'y pensons pas !

À mon avis, la plupart des commentateurs manquent l'essentiel dans l'histoire du discours de M. Bush à la remise des diplômes de l'Ohio State University, celui pour lequel il s'est inspiré, selon l'un de ses assistants, de la pensée d'Emily Dickinson, du pape Jean-Paul II, d'Aristote et de Cicéron, entre autres. Certes, la remarque de ce subordonné était idiote – mais elle nous donne une idée du niveau de flagornerie que M. Bush

1. La National Railroad Passenger Corporation, la compagnie nationale des chemins de fer créée en 1971.

semble regarder comme un dû. Bientôt, on nous dira qu'il est aussi maître calligraphe et traverse souvent à la nage le Yangzi. Et personne n'osera rire. Juste avant que M. Bush ne prononce son discours réel fort peu aristotélicien, les étudiants de l'Ohio State ont été menacés d'expulsion et d'arrestation s'ils le chahutaient, et on leur a fermement conseillé de l'accueillir par « un tonnerre d'applaudissements ».

Il est intéressant de noter que le département de la Sécurité intérieure en projet, quoique d'une efficacité douteuse pour son objectif officiel, sera protégé contre les futures Coleen Rowley[1]. Il sera exempté tant de la protection des employés qui révèlent des illégalités que du Freedom of Information Act*.

Mais revenons aux problèmes qui dégénèrent : économiquement, nous semblons entrer dans la passe la plus dangereuse pour le pays et pour le monde depuis l'été 1998. À l'époque, fort heureusement, notre politique économique était gérée par des esprits intelligents et prêts à apprendre de leurs erreurs. Peut-on en dire autant aujourd'hui ?

L'administration Bush, je l'ai déjà dit, a un complexe d'infaillibilité : jamais, au grand jamais, elle ne reconnaît avoir commis une faute. Et ce type d'arrogance conduit finalement au désastre. Lisez Aristote.

1. Agent du FBI, elle a fait des révélations très gênantes sur l'incompétence de cette institution, qui n'avait pas exploité sérieusement, pour enquêter sur les projets des fondamentalistes islamiques, les pistes éventuellement ouvertes par l'arrestation de Zacharias Moussaoui un mois avant le 11 Septembre. Ce qui n'a pas empêché les autorités américaines de poursuivre ensuite Moussaoui pour les attentats, même s'il était alors en prison.

LE PERROQUET EST MORT

25 octobre 2002

Il y a quelques jours, Dana Milbank du *Washington Post* a écrit que, pour George W. Bush, « les faits sont malléables ». Dressant la liste de ses déclarations « douteuses, voire fausses » sur toute une gamme de sujets, de la puissance militaire de l'Irak au budget fédéral, le correspondant à la Maison-Blanche concluait que la rhétorique présidentielle avait eu « de petits grains de folie ».

Ces derniers jours aussi, le *Wall Street Journal* a noté : « De hauts responsables ont fait état à maintes reprises d'informations des services secrets [...] qui restent en grande partie non vérifiées. » L'ancien chef du contre-terrorisme à la CIA a été plus net : « Fondamentalement, des informations falsifiées s'infiltrent dans les déclarations de haut niveau. » *USA Today* estime qu'« on a fait pression sur les services de renseignement pour qu'ils biaisent délibérément leurs évaluations afin de les rendre conformes à un programme politique ».

Tous ces euphémismes m'ont rappelé le perroquet des Monty Python : il pousse les pâquerettes vers le haut, son métabolisme est entré dans l'histoire, il a rejoint le chœur invisible. Bref, il est mort.

Et l'administration Bush ment énormément.

Je m'empresse de préciser que je ne reproche pas aux journalistes de ne pas le dire tout à fait dans ces termes. M. Milbank est un homme courageux, qui paie le prix habituel pour sa bravoure : il est aujourd'hui visé par une campagne de diffamation de la Maison-Blanche.

Cette riposte ordinaire vous aidera peut-être à comprendre comment M. Bush parvient à garder une image publique de franchise alors qu'en réalité il est plus fuyant et insaisissable que tout autre homme politique dont on garde souvenir. Avez-vous remarqué cette déclaration récente : permettre à Saddam Hussein de rester au pouvoir ne serait pas renoncer au « changement de régime », car, si le dictateur irakien satisfait les conditions des Nations unies, « cela voudra dire que le régime a changé » ?

Le récent torrent d'articles sur la malhonnêteté de l'administration porte essentiellement sur l'effort pour vendre la guerre contre l'Irak. Mais l'habitude elle-même remonte à la campagne de 2000 où elle s'est manifestée sur toute une série de problèmes. Points saillants : le plan de privatisation partielle de la Caisse de retraite publique, avec son arithmétique 2 – 1 = 4 ; la réduction d'impôts, prétendument conçue pour les classes moyennes alors que plus de 40 % des bénéfices vont au 1 % de plus riches ; l'affirmation selon laquelle il existait soixante lignées de cellules souches accessibles à la recherche ; la promesse d'inclure des limites sur le dioxyde de carbone dans un plan environnemental.

Plus généralement, M. Bush a fait campagne en modéré, « en rassembleur, pas en diviseur ». *The Economist* l'a soutenu en 2000 parce qu'il voyait en lui le candidat le plus apte à dépasser l'esprit partisan. Aujourd'hui, cette revue l'appelle « le partisan en chef ».

Il est tentant de ne voir dans tout cela qu'une question de personnalité, mais il y a plus. Il y a de la méthode dans la mauvaise foi de l'administration.

L'administration Bush est une clique très élitiste à façade populiste. Sa politique intérieure est conçue pour profiter à un tout petit nombre de personnes – celles qui gagnent au moins 300 000 dollars par an et se moquent bien de l'environnement et de leurs compatriotes moins fortunés. Certes, cette base est élargie par certains intérêts particuliers puissants, notamment la droite chrétienne et le lobby des armes à feu. Mais si cette coalition peut lever de très grosses sommes et mobiliser des agents pour monter des émeutes bourgeoises si nécessaire, la politique elle-même est intrinsèquement impopulaire. D'où le besoin de remodeler ces faits malléables.

Ce qui laisse perplexe, c'est la stratégie à long terme. Malgré sa mainmise sur le *Bully Pulpit*[1], M. Bush n'a guère réussi à changer les idées de base de la population. Avant le 11 Septembre, le virage de l'administration vers la droite dure suscitait un malaise croissant dans le pays. Le terrorisme a valu à M. Bush une immense popularité personnelle car l'opinion a fait bloc autour du drapeau, mais l'hélium n'a cessé de fuir de ce ballon.

En ce moment, l'administration joue la carte de la guerre, en inventant des faits autant qu'il est besoin, et en s'efforçant d'utiliser les vestiges de la popularité post-11 Septembre de M. Bush pour faire main basse sur l'ensemble des trois pouvoirs. Mais après ? Rien n'indique que M. Bush ait jamais eu l'intention de gouverner au centre.

Donc, son cercle rapproché pense sûrement que le contrôle total de l'État peut servir à verrouiller un avantage politique permanent – en dépit de l'évolution de l'opinion, car plus elle en apprend sur les orientations de l'équipe au pouvoir, moins elle les aime. La grande question : la presse, qui commence à retrouver sa voix, va-t-elle la reperdre face à un régime de parti unique ?

1. La « super-tribune ». C'est le président Theodore Roosevelt qui a surnommé ainsi la Maison-Blanche.

LE PRINCIPE DE PITT

1er novembre 2002

Donc, Harvey Pitt avait décidé de ne pas communiquer aux autres membres de la Securities and Exchange Commission un petit détail sur l'homme qu'il avait choisi pour diriger un nouvel organisme capital, chargé de surveiller la comptabilité, après avoir rejeté un candidat infiniment plus qualifié. William Webster, révèle Stephen Labaton du *New York Times*, a dirigé le comité d'audit de US Technologies. Aujourd'hui, cette compagnie est poursuivie en justice par des actionnaires qui soutiennent que les directeurs leur ont volé des millions.

Et qu'a fait le comité de M. Webster quand un auditeur extérieur a exprimé ses inquiétudes sur les contrôles financiers de l'entreprise ? Oui, c'est bien cela : il a licencié cet auditeur.

La réaction de M. Pitt à la divulgation de cette histoire dépasse tout ce qu'un satiriste eût pu imaginer. « Pitt ouvre une enquête sur lui-même », dit un gros titre. Exact : c'est le propre service de Pitt qui va enquêter sur la façon dont il a choisi M. Webster.

Pendant ce temps, que pensait M. Webster ? Nul ne le croit corrompu, mais, après avoir si radicalement échoué à réglementer les directeurs d'une seule petite entreprise, comment pouvait-il s'estimer qualifié pour imposer l'honnêteté comptable à toutes les firmes des États-Unis ?

Mais ce n'est pas par accident que M. Pitt a choisi la mauvaise personne. M. Webster a été préféré à de meilleurs candidats justement parce que les lobbyistes des cabinets d'experts-comptables – groupe dont fait toujours partie, manifestement, M. Pitt – pensaient qu'il allait être inefficace.

Appelons cela le principe de Pitt. Le fameux principe de Peter posait que les cadres supérieurs échouaient parce qu'ils montaient jusqu'à leur niveau d'incompétence. Le principe de Pitt dit que l'incompétence, c'est parfois exactement ce que souhaitent les dirigeants.

En l'espèce, les simples actionnaires réclamaient une répression énergique des méfaits directoriaux – et M. Pitt feignait d'obtempérer. Mais cette administration est dirigée par et pour des gens qui ont joliment profité de leurs contacts internes (Harken et Halliburton[1], vous vous souvenez ? Et pourquoi l'administration ne veut-elle rien révéler du groupe de travail sur l'énergie ?). Donc, Pitt a choisi un homme au passé prestigieux mais sans rapport avec le sujet, sur lequel il pourrait compter pour que le travail ne soit pas fait.

Ce principe explique bien des choses. Exemple : le travail du secrétaire au Trésor est de mettre en œuvre une politique budgétaire et économique saine. Si l'on ne veut pas que ce travail soit fait, on nomme un haut dirigeant de l'industrie manufacturière qui ne comprend pas grand-chose aux budgets fédéraux ni à la macroéconomie. Il sera l'homme idéal pour présider à un passage ultrarapide d'excédents records à d'immenses déficits. Il ira jusqu'à déclarer gaiement que « les derniers indicateurs paraissent bons », quelques jours seulement avant que la confiance des consommateurs ne fasse une chute sans précédent depuis neuf ans.

Le travail de l'*attorney general* est de défendre la Constitution et de faire respecter l'État de droit. Si l'on ne veut pas que ce travail soit fait, on choisit un ancien sénateur qui n'a guère de respect pour la loi ni pour la Constitution – et notamment

1. Le 22 juin 1990, George Bush, alors membre du conseil d'administration de Harken Energy, vend à temps 212 140 actions de la compagnie : deux mois plus tard, celle-ci annonce 23,2 millions de dollars de pertes et l'action plonge. Halliburton a reçu une très grosse partie des contrats de « reconstruction » en Irak et a été accusée de diverses fraudes. Son ancien p-dg est Dick Cheney, qui aurait conservé un grand nombre d'actions.

pour toutes les fadaises du genre respect des procédures, séparation de l'Église et de l'État, etc. Il sera l'homme idéal pour réagir à une crise nationale en emprisonnant plus de 1 000 personnes sans inculpation, sans en arrêter une seule qui aurait commis un acte terroriste, pas même dans l'affaire du bacille du charbon.

Le même principe est aussi applicable à moindre niveau. Les experts du renseignement et de la défense doivent évaluer avec réalisme les menaces à la sécurité nationale et les conséquences de l'action militaire américaine. Si l'on ne veut pas que ce travail soit fait, on le confie à de grands intellectuels néoconservateurs qui n'ont aucune expérience du monde réel. On peut compter sur eux pour apercevoir des liens avec le terrorisme là où la CIA dit qu'il n'y en a pas et pour envisager allègrement de faire la guerre dans des zones urbaines très peuplées alors que l'armée elle-même est très nerveuse.

Mais c'est au sommet que le principe de Pitt trouve son application la plus importante. Le travail du président est d'unifier le pays, et de le diriger en des temps difficiles. Si l'on ne veut pas que ce travail soit fait, on nomme un gars affable d'une célèbre famille pour qui la vie a toujours été facile, en politique et en affaires, grâce à ses relations. Il sera le genre de type qui ne voit rien de mal à tirer d'une crise nationale un avantage partisan, et ira même jusqu'à dire que les membres de l'autre parti n'ont pas le moindre souci de la sécurité du pays.

Par cette méthode, on peut convertir en un peu moins d'un an un grand élan d'unité nationale et de bonnes dispositions en un climat de désarroi croissant, où les Américains sont toujours plus nombreux à dire que le pays va dans le mauvais sens.

CHAPITRE 11

La grande conspiration

LA MACHINE À FUMER

29 mars 2002

En un sens, il est dommage que le livre de David Brock *Blinded by the Right : The Conscience of an Ex-Conservative*[1] fasse une telle place à la vie privée de nos gardiens autoproclamés de la morale. Ces histoires vont faire vendre mais risquent de brouiller le fond du message : la « grande conspiration de la droite » n'est pas une métaphore exaltée mais une réalité concrète, et elle fonctionne en grande partie comme un lobby.

L'économie politique moderne nous enseigne que de petits groupes bien organisés l'emportent souvent sur l'intérêt général. L'industrie sidérurgique a obtenu les droits de douane qu'elle voulait, alors que les pertes des consommateurs seront bien supérieures aux gains des producteurs, parce que le consommateur d'acier moyen ne comprend pas ce qui ce passe.

Blinded by the Right montre la même logique à l'œuvre sur des problèmes non économiques. La machine à scandales qui employait M. Brock était, *de facto*, un groupe de pression financé par une poignée de fanatiques richissimes – des hommes comme le révérend Sun Myung Moon, dont la secte, l'Église de l'unification, possède le *Washington Times*, et Richard Mellon Scaife, le bailleur de fonds de la tapageuse revue *American Spectator* et de bien d'autres initiatives de la droite. Il était effi-

1. «Aveuglé par la droite : la conscience d'un ex-conservateur », New York, Crown Publishers, 2002.

cace parce que le consommateur d'information moyen ne comprenait pas ce qui se passait.

Les efforts de ce groupe ont réussi à faire de Whitewater – investissement à perte de 200 000 dollars – un synonyme de scandale, bien qu'une enquête de huit ans qui a coûté 73 millions de dollars n'ait jamais réussi à trouver la moindre preuve d'un quelconque délit des Clinton. Imaginez un peu ce que la machine à scandales aurait pu faire avec une matière première plus prometteuse – par exemple les transactions d'affaires vraiment singulières du jeune George W. Bush !

Mais il n'existe, bien sûr, aucune machine à scandales comparable à gauche. Pourquoi, au fait ?

D'abord, quelle qu'en soit la raison, il existe à droite un niveau de colère et de haine dont on ne trouve à gauche, au mieux, qu'un faible écho chez les militants antimondialisation, et aucun chez les progressistes modérés. Ceux que je connais, d'ailleurs, sont en général fort réticents à regarder en face la politique « sale » d'aujourd'hui.

Il est bien naturel que les milliardaires soient plus souvent des fanatiques d'extrême droite que d'extrême gauche. Quand des milliardaires soutiennent des causes plus ou moins progressistes, ils s'efforcent en général d'aider le monde et non de faire main basse sur le système politique américain. Pour le dire sans détour : pendant que George Soros dépensait sans compter pour promouvoir la démocratie à l'étranger, M. Scaife dépensait sans compter pour la détruire aux États-Unis.

Et sa réussite est impressionnante : de grandes figures de l'empire Scaife sont aujourd'hui hauts responsables de l'administration Bush. (Et le journal de M. Moon est devenu, de fait, l'organe privé de l'administration.) Il est clair que le scandale paie. Le public et, ce qui est moins excusable, les médias légitimes sont toujours prêts à supposer qu'il n'y a pas de fumée sans feu – alors qu'en réalité une bande de richards en colère s'est payé une machine à fumer.

Les médias restent étonnamment faciles à embobiner. Voyez comment la presse est tombée dans le panneau de cette histoire frauduleuse d'actes de vandalisme commis par les secrétaires de Clinton sur le départ. Ou comment, plus récemment, s'est répandue l'invention d'un séjour du p-dg d'Enron, Ken Lay, à la Maison-Blanche sous Clinton.

Les lecteurs réguliers de cette tribune savent qu'il n'y a pas si longtemps j'ai été moi-même la cible d'une campagne de diffamation de second ordre. Le mécanisme était typique : les sources de droite répètent avec insistance qu'une transaction d'affaires normale est en réalité corrompue (dans mon cas, un travail de consultant pour Enron – quand j'étais professeur d'université et non éditorialiste, et nullement en position de faire la moindre faveur à cette entreprise) ; puis les médias légitimes reprennent le sujet, en supposant qu'avec un tel tumulte il doit y avoir du vrai dans ces allégations ; et il en reste, sans nul doute, l'impression durable, même si aucune faveur n'a été donnée ni reçue, que le personnage cible a dû faire quelque chose de mal. (N'est-ce pas un bel hypocrite de critiquer le capitalisme des copains alors qu'il allait lui-même à la soupe ?) Maintenant que j'ai lu le livre de M. Brock, je comprends ce qui s'est passé.

Tim Noah, de *Slate*, avec qui je suis souvent d'accord, affirme que M. Brock ne nous apprend rien : « Nous savons [...] qu'une droite dure effroyablement bien financée avait l'obsession de diffamer Clinton. » Qui, « nous » ? La plupart des gens ne le savent pas – et il a tort d'employer l'imparfait : une droite dure effroyablement bien financée travaille toujours à diffamer quiconque n'est pas d'accord avec ses projets, et trop de journalistes se prêtent au jeu.

J'ai trouvé *Blinded by the Right* déplaisant mais instructif. Et je crois que je ne serai pas le seul.

LES FURIEUX

23 avril 2002

Un candidat vaguement centre gauche se présente à l'élection présidentielle. Dans un monde rationnel, il gagnerait facilement. Son parti est au pouvoir et réussit : le chômage a diminué, la croissance s'est accélérée, le mauvais climat qui régnait sous le gouvernement précédent s'est évanoui.

Mais tout tourne mal. Sa modération devient un handicap ; fustigeant son attachement à l'économie de marché, des candidats de gauche – qui n'ont aucune chance d'être élus mais font de la politique-spectacle – le privent d'un électorat crucial. Si ses qualités humaines sont reconnues, le candidat n'est pas une bête de campagne. Il a, disent les censeurs, « un style professoral » qui paraît à bien des électeurs « condescendant et sans humour ». Surtout, les modérés sont apathiques et sûrs d'eux. Pour eux, il va gagner, c'est évident – ou de toute manière l'issue de l'élection ne changera pas grand-chose.

Résultat : victoire cinglante de l'extrême droite. Il s'agit d'un pays majoritairement tolérant et ouvert, mais il y a un noyau dur, 20 % peut-être de l'électorat, qui ressent une fureur profonde même dans les bonnes périodes. Et les particularités du système électoral permettent à cette minorité de droite de l'emporter, même si, en réalité, la gauche modérée a eu plus de voix.

Si ce que je dis là sonne comme une autopsie de la campagne d'Al Gore en 2000, c'est voulu. Mais je parlais, en fait, de l'élection traumatisante de dimanche dernier en France, où l'actuel Premier ministre Lionel Jospin est arrivé troisième, derrière un extrémiste de droite enragé, Jean-Marie Le Pen. Récemment encore, on considérait Le Pen comme fini. Il vient de remporter un triomphe stupéfiant.

Comme je l'ai suggéré implicitement, il y a d'importants parallèles entre le séisme dans la politique française et les événements politiques récents aux États-Unis. Je vais préciser ces ressemblances, puis la différence essentielle entre les deux situations.

Ce que le scrutin français a révélé, c'est qu'en France comme aux États-Unis il y a beaucoup d'électeurs en colère. Ils ne sont pas la majorité : M. Le Pen a obtenu environ 17 % des voix, moins que Ross Perot ici en 1992. Mais ils sont très motivés et peuvent exercer une influence sans rapport avec leur nombre si les modérés s'imaginent qu'une société tolérante va de soi.

Pourquoi sont-ils en colère ? Pas pour l'économie. La paix et la prospérité ne les réconcilient pas avec Bill Clinton ou Jospin. Il s'agit plutôt, semble-t-il, des valeurs traditionnelles. Notre droite furieuse attaque les progressistes sans dieu, celle de France s'en prend aux immigrés. Dans les deux cas, ce qui les tourmente vraiment, c'est une perte de certitudes. Ils voudraient revenir à une époque plus simple, d'avant cet inquiétant mélange moderne de populations et d'idées.

Dans les deux cas, cette minorité en colère a eu bien plus d'influence que ses effectifs ne lui en promettaient, en grande partie par impéritie de la gauche et apathie des modérés. Al Gore a eu Ralph Nader, M. Jospin un pot-pourri de gauchistes ineptes (deux trotskistes lui ont pris 10 % des voix). L'un et l'autre ont été raillés et dédaignés par des modérés autosatisfaits.

Mais voici la grande différence. M. Le Pen est un *outsider* politique. Son résultat de dimanche lui permet d'être présent au second tour, mais il ne deviendra pas président de la République française. Ses idées d'extrême droite ne seront donc pas mises en œuvre dans l'avenir prévisible.

Aux États-Unis, en revanche, l'extrême droite a été majoritairement récupérée par le parti républicain, à moins que ce ne soit l'inverse. Des personnages qui ont des idées aussi extrémistes dans leur genre que celles de M. Le Pen sont chez nous en position de les mettre en pratique.

Prenons le cas du représentant Tom DeLay. La semaine dernière, M. DeLay a dit à un groupe d'interlocuteurs que Dieu lui a donné mission de promouvoir « une conception biblique du monde », et que, s'il a cherché à faire destituer Bill Clinton, c'est en partie parce que celui-ci avait « la fausse conception du monde ». Bon, il y a des politiciens bizarres partout. Mais M. DeLay est le *majority whip** de la Chambre des représentants, chargé de maintenir la discipline du parti majoritaire, et la plupart des observateurs voient en lui le véritable homme fort derrière le président de la Chambre Dennis Hastert.

Et il y a John Ashcroft.

L'élection française a révélé que nous avons davantage de points communs avec les Français que les deux peuples ne sont prêts à le reconnaître. Il y a, chez eux comme chez nous, une fureur irrationnelle juste au-dessous de la surface de la politique ordinaire. La différence, c'est qu'ici les furieux gouvernent.

1984

6 septembre 2002

La guerre c'est la paix. La liberté c'est l'esclavage. L'ignorance c'est la force. Colin Powell et Dick Cheney sont en parfaite harmonie. Et l'administration Bush ne privatisera pas la Caisse de retraite publique.

L'insistance avec laquelle Ari Fleischer a nié toute divergence sur l'Irak entre MM. Powell et Cheney semble avoir ouvert les yeux de certains journalistes, fût-ce brièvement, sur l'évidence. Le weblog [1] d'ABC, *The Note*, y a vu une proposition du type « le chocolat c'est la vanille », et reconnu que « l'équipe Bush a toujours eu un problème de crédibilité avec une partie de la presse en raison de son énergie à dire "le haut est en bas" et "le noir est blanc" ».

Mais l'administration n'a pas à se faire de souci. Beaucoup de journalistes, à en juger par l'expérience passée, reviendront vite à leur servilité habituelle. La prochaine fois que nos dirigeants asséneront que le chocolat c'est la vanille, une grande partie des médias – pour éviter d'être accusés de parti pris progressiste, pour donner une impression d'« équilibre » – passeront sous silence sa couleur marron. Au mieux, ils signaleront que certains démocrates disent que cette denrée est de couleur marron.

1. Un weblog, ou blogue, est un site Internet évolutif où sont publiés au fur et à mesure de leur arrivée des articles de longueur et de thème variables, dont les derniers sont classés par ordre chronologique inverse sur la page principale.

Les tendances orwelliennes de l'équipe Bush sont depuis longtemps évidentes pour tous ceux qui suivent ses déclarations en matière économique. Même pendant la campagne 2000, elles reposaient sur la double pensée, l'aptitude à croire simultanément deux idées contradictoires. Le plan Bush de privatisation partielle de la Caisse de retraite publique a toujours reposé sur l'équation 2 – 1 = 4 : nous pouvons détourner une partie de la taxe sur les salaires vers des comptes personnels à haut rendement tout en continuant à utiliser le même argent pour verser leurs pensions aux retraités.

La tactique orwellienne ne se limite pas à la double pensée : nos dirigeants pratiquent aussi la novlangue, la redéfinition des mots pour rendre impossible la pensée déloyale. Là encore, la Caisse de retraite est l'exemple parfait. Les consultants politiques républicains ont constaté qu'en ces temps d'effondrement des cours et de scandales d'entreprise le mot « privatisation » a pris une connotation négative. La réponse ? Nier que les comptes personnels soient une privatisation, et intimider la presse pour qu'elle en fasse autant. Une circulaire du RNCC, le Comité national de campagne républicain, expose la nouvelle stratégie : « Il est très important de ne pas laisser les journalistes rouler pour la démagogie démocrate en assimilant à tort "comptes personnels" et "privatisation". »

Est-il inexact de dire « compte personnel égale privatisation » ? Nous pourrions répondre sur le fond. Dans le plan Bush, l'état du compte personnel du salarié reflète l'ensemble des gains ou des pertes sur les actions qu'il contient. Lorsque l'individu assume tous les risques et reçoit tous les profits, n'y a-t-il pas privatisation ?

Mais attendez, nous avons mieux. La campagne pour transformer la Caisse de retraite publique en système de comptes personnels a été menée par le Cato Institute. Le plan Bush est directement issu de son projet sur la question. Plusieurs membres de la commission de M. Bush sur la réforme de la Caisse étaient étroitement liés à cet institut et une grande partie du personnel technique de cette commission en venait tout droit. On peut tout apprendre du rôle qu'a joué en l'affaire le Cato Institute sur le site Internet spécial qu'il a créé, socialsecurity.org.

Et comment s'appelait le projet du Cato Institute en faveur des comptes personnels ? « Projet de privatisation de la Caisse de retraite publique », bien sûr.

Ce qui nous ramène au problème de l'intimidation. Le RNCC ne croit pas vraiment qu'il puisse convaincre l'électorat que la privatisation n'est pas la privatisation. Mais ce n'est pas le but. Sa circulaire ne se demande pas comment communiquer auprès du public ; c'est une liste d'exigences à imposer à la presse. Comme le dit Joshua Marshall sur le site talkingpointsmemo.com, l'objectif est de « terroriser les journalistes pour qu'ils n'utilisent pas le mot "privatisation" dans ce contexte ».

Et cette intimidation va probablement réussir. D'ailleurs, elle le fait déjà. Judy Woodruff de CNN, observe M. Marshall, a dûment fait écho à la circulaire du RNCC dans une récente interview du *leader* de la minorité à la Chambre, Richard Gephardt.

Le problème, malheureusement, ne se limite pas à la question des retraites. Lorsqu'une administration est persuadée qu'elle peut prétendre impunément que le noir est blanc et le haut en bas – et tout, dans l'histoire de cette administration, suggère qu'elle en est intimement convaincue –, on voit mal où cela peut s'arrêter. L'habitude d'ignorer les réalités gênantes en présumant que des médias dociles suivront infecte vite tous les aspects d'une politique. Y compris, oui, les questions de guerre et de paix.

L'ennui, c'est que la réalité finit toujours par s'imposer. Et, au cas où vous n'en seriez plus très sûr, l'ignorance ce n'est pas la force.

IN MEDIA(S) RES

29 novembre 2002

Cette semaine, Al Gore a énoncé une évidence. « Les médias sont bien bizarres ces temps-ci concernant la politique, a-t-il déclaré au *New York Observer*. Et, pour dire la vérité, certains parmi les plus grands font partie intégrante du parti républicain. »

La réaction de la plupart des journalistes des « médias progressistes » a été le silence gêné. Je ne comprends pas bien pourquoi, mais il y a des choses qu'on est censé taire, justement parce qu'elles sont si clairement vraies.

Le programme politique de Fox News, pour prendre l'exemple le plus important, n'a rien d'obscur. Roger Ailes, le président de la chaîne, a été conseiller de l'administration Bush. Brit Hume, de Fox, s'est même attribué le mérite du succès à l'élection de mi-mandat. « C'est grâce à nos reportages, a-t-il dit à Don Imus[1]. Les gens nous regardent, ils nous suivent électoralement. Nul ne doit douter de l'influence de Fox News sur ces questions. » (Peut-être était-ce de l'humour, mais imaginez le tollé si, après une victoire démocrate, Dan Rather[2], même pour plaisanter, s'en était dit l'artisan.)

1. Journaliste qui présente et interviewe des personnalités à la télévision et à la radio.

2. Journaliste de la CBS depuis 1962, fort peu apprécié des conservateurs. C'est lui qui, dans une émission spéciale de *Soixante minutes* d'avril 2004, a révélé les exactions subies par les prisonniers irakiens à Abu Ghraib.

Cela dit, mon propos n'est pas de critiquer Fox. Je voudrais traiter ici une question d'ordre général : les intérêts économiques des médias vont-ils compromettre leur objectivité ?

Pendant les cinquante dernières années, les pouvoirs publics ont presque toujours considéré la partialité des médias comme un problème potentiel évident. Il n'existait, après tout, que trois chaînes de télévision nationales, peu de licences de radio, et un ou deux journaux seulement dans bien des villes. Comment dissuader ceux qui contrôlaient ces sources d'information essentielles de s'en servir à mauvais escient ?

La solution retenue a été un assortiment de réglementations et de directives informelles. La « doctrine de l'équité » a imposé aux radiotélévisions d'accorder une représentation comparable aux points de vue opposés. Les restrictions sur la propriété ont maintenu le pluralisme des médias. Et il était clair pour tout le monde que les grandes sources d'information resteraient au-dessus de la mêlée, et distingueraient clairement entre exposé des faits et commentaire. Si ce système n'a pas toujours fonctionné, il a effectivement posé des limites.

Mais depuis quinze ans, on l'a en grande partie démantelé. La doctrine de l'équité a été abolie en 1987. Les restrictions sur la propriété ont été assouplies à bon rythme, et il paraît probable que, l'an prochain, la Federal Communications Commission* (FCC) abrogera bon nombre de celles qui restent – elle ira peut-être même jusqu'à permettre aux grands groupes de s'acheter entre eux. Le principe implicite qui interdisait le journalisme ouvertement partisan a disparu aussi – du moins quand il prend parti dans le bon sens.

La FCC soutient que les anciennes règles ne sont plus nécessaires parce que le marché a changé. À en croire la ligne officielle, les nouveaux médias – la télévision par câble, puis Internet – ont permis au public d'accéder aux sources d'information les plus diverses, donc on n'a plus besoin de directives publiques.

Mais est-ce bien la vérité ? Si la télévision par câble a étendu considérablement la gamme des divertissements, son impact a été beaucoup plus réduit en matière d'information. Il y a aujourd'hui cinq grandes sources d'informations télévisées au lieu de trois, mais cette augmentation semble compensée, et au-delà, par d'autres évolutions. L'influence de la presse écrite a poursuivi son long déclin. Et les cinq sources télévisées sont toutes devenues aujourd'hui des composantes de grands conglomérats : vous êtes informés par AOLTimeWarnerGeneral ElectricDisneyWestinghouseNewsCorp.

Quant à Internet, c'est magnifique pour les fous de politique et les drogués de l'actualité – chacun peut lire les journaux canadiens et britanniques ou télécharger les analyses des *think tanks*. Mais la majorité des gens n'en ont ni le temps ni l'envie. Soyons réalistes : Internet ne réduit en rien l'influence des cinq sources.

Bref, nous avons une situation propice aux conflits d'intérêt. Une poignée d'organisations apportent l'information à la majorité de la population ; elles ont des intérêts commerciaux majeurs qui, inévitablement, les exposent à la tentation de présenter l'actualité sous un certain jour, et plus généralement de courtiser le parti au pouvoir. Il y a déjà eu quelques exemples insignes de nouvelles non données. La manifestation antiguerre de 100 000 personnes qui s'est tenue à Washington le mois dernier – événement important quoi qu'on pense de la question – a été pratiquement ignorée par certains médias cruciaux.

Pour l'instant, la partialité flagrante est encore limitée par les anciennes règles et normes de comportement. Mais les règles seront bientôt abolies et les normes s'érodent sous nos yeux.

Les conflits d'intérêt de nos médias surconcentrés sont-ils une menace pour la démocratie ?

J'ai donné les faits, à vous de juger.

TÉLÉCOMS : LE RETOUR DES BARONS VOLEURS ?

6 décembre 2002

Les mauvaises métaphores font la mauvaise politique. Tout le monde parle de l'« autoroute de l'information ». Or, du point de vue économique, le réseau des télécommunications ne ressemble pas à une autoroute mais aux chemins de fer de l'époque des barons voleurs, quand ils n'étaient pas encore efficacement concurrencés par les camions. Chemins de fer qu'on a fini par soumettre à une réglementation très stricte, pour une excellente raison : ils avaient un gros pouvoir de marché et en abusaient souvent.

Ceux qui décident aujourd'hui de l'avenir d'Internet – et d'abord Michael Powell, président de la Federal Communications Commission (FCC) – semblent tout ignorer de ce passé. Ils s'enthousiasment pour les miracles de la déréglementation et ne s'intéressent pas aux risques de mainmise sur le marché. Pendant que les barons voleurs de demain fortifient leurs châteaux.

Jusqu'à tout récemment, Internet semblait l'incarnation même du libre marché idéal – un lieu où des fournisseurs de services se concurrençaient par milliers, où tout le monde pouvait visiter tous les sites. Et le secteur technologique a été un terreau fertile de l'idéologie libertarienne : de nombreux *techies* affirmaient n'avoir besoin ni de l'aide ni des réglementations de Washington.

Mais le vaste cybermonde ouvert et concurrentiel reposait justement sur cette réglementation de l'État que décriaient tant d'enthousiastes d'Internet. Le service local du téléphone est un monopole naturel, et, dans un monde non réglementé, il est probable que les monopoles du téléphone local vous inciteraient énergiquement à utiliser leurs téléservices. Si vous pouvez choisir, c'est parce qu'ils sont tenus de se comporter en réseau public – de permettre à des fournisseurs de service indépendants d'utiliser leurs lignes.

Il y a quelques années, chacun supposait qu'il en irait de même dans le haut débit. Le Telecommunications Act * de 1996 était censé créer une industrie du haut débit très concurrentielle. Mais ce fut du travail bâclé : la concurrence promise ne s'est jamais concrétisée. Personnellement, je n'ai pas le moindre choix. Si je veux le haut débit, il n'y a que le service Internet de ma société locale du câble. Je suis dans la situation de l'agriculteur du XIXe siècle qui devait faire transporter sa récolte dans les wagons de l'Union Pacific ou pas du tout. Si je vivais plus près d'un central téléphonique ou si j'avais une vue dégagée du ciel côté sud[1], j'aurais peut-être d'autres options, mais il n'y a que quelques endroits aux États-Unis qui jouissent d'une réelle concurrence dans le haut débit.

Et cela va probablement rester ainsi. La volonté politique de corriger la loi de 1996, de créer dans le haut débit le type d'environnement libre qui va de soi aux yeux de nombreux internautes s'est évanouie.

En mars dernier, la FCC a usé d'une astuce linguistique – définir l'accès câblé à Internet comme un « service d'information » et non de télécommunications – pour exempter les sociétés du câble de l'obligation de se comporter en réseau public. Elle va probablement en faire autant pour l'ADSL, qui passe par les lignes de la compagnie téléphonique locale. Résultat : la plupart des familles et des entreprises n'auront pas plus le choix sur le mode d'accès au cyberespace que l'agriculteur moyen du XIXe siècle sur le chemin de fer qui emportait son blé.

Il y avait, il y a d'autres solutions. Nous aurions pu restaurer la concurrence en tronçonnant l'industrie du haut débit : il suf-

1. Nécessaire pour installer la télévision par satellite.

fisait de restreindre les compagnies téléphoniques locales et celles du câble à un seul métier : vendeur d'espace sur leurs lignes à des fournisseurs indépendants de services Internet. Ou nous aurions pu admettre que la concurrence soit faible et réglementer les fournisseurs d'accès Internet comme autrefois ATT. Mais aujourd'hui, nous nous orientons vers un système où il n'y aura ni concurrence effective ni réglementation.

Pis encore : la FCC lève à bon rythme les restrictions sur la « propriété transversale » des médias et des compagnies de télécoms. Le jour est peut-être proche où, dans votre ville, un même conglomérat possédera le journal local, plusieurs chaînes de télévision locale, la société de services du câble et la compagnie téléphonique – et vous offrira le seul accès possible à Internet.

Le résultat net sera probablement des tarifs exorbitants, mais ce n'est pas le plus grave. Des fournisseurs haut débit sans vrais concurrents ni réglementation risquent de rendre fort difficile à leurs clients l'accès à des sites extérieurs à leur domaine propriétaire. Ce qui mettrait fin à Internet tel que nous le connaissons. Et il y a aussi une dimension politique. Que se passe-t-il quand une poignée de conglomérats contrôle non seulement ce que vous pouvez regarder mais aussi ce que vous pouvez télécharger ?

Il n'est pas trop tard pour repenser le problème ; bon nombre de parlementaires des deux partis s'interrogent sur la voie que prend actuellement M. Powell. Mais le temps presse.

EUROPE-AMÉRIQUE :
POURQUOI LA GRANDE FRACTURE ?

18 février 2003

On a beaucoup spéculé sur les raisons de la brouille soudaine entre l'Europe et les États-Unis. Question de culture ? d'histoire ? Mais on ne s'est guère intéressé à un motif évident : si nos idées sont différentes, c'est en partie parce que nos informations le sont aussi.

Rappelons les faits. Beaucoup d'Américains reprochent aujourd'hui à la France le coup de froid dans nos relations avec l'Europe. Il est même question de boycotter les produits français.

Mais l'attitude de la France n'a rien d'exceptionnel. Les gigantesques manifestations de samedi dernier ont confirmé ce que disent les sondages : dans tous les pays européens, l'opinion se méfie profondément de l'administration Bush et reste sceptique sur la guerre en Irak, quelle que soit la position du gouvernement. D'ailleurs, les plus grands rassemblements ont eu lieu dans des pays dont les dirigeants soutiennent Bush.

On a manifesté en masse en Amérique aussi. Mais la méfiance ressentie pour les États-Unis à l'étranger a atteint un tel niveau, même chez nos alliés britanniques, qu'un récent sondage réalisé en Grande-Bretagne classe notre pays comme le plus dangereux du monde – devant la Corée du Nord et l'Irak.

Pourquoi les autres pays ne voient-ils pas le monde comme nous ? La réponse tient en grande partie à la façon dont chacun est informé. Le nouveau livre d'Eric Alterman, *What Liberal*

Media ?[1], n'insiste pas sur les comparaisons internationales, mais la différence entre les nouvelles qui parviennent aux Américains et aux Européens est une démonstration claire et nette de ce qu'il veut dire. Au moins au regard de leurs homologues étrangers, les médias « progressistes » américains frappent par leur conservatisme – et en l'occurrence par leur bellicisme.

Ce n'est pas essentiellement de la presse écrite que je parle. S'il y a des différences, les grands journaux nationaux des États-Unis et du Royaume-Uni semblent au moins décrire la même réalité.

Mais la plupart des gens s'informent à la télévision – et là, l'écart est immense. La couverture des manifestations antiguerre de samedi nous a rappelé à quel point les reportages des chaînes câblées américaines, notamment, semblent concerner une autre planète que celle dont parlent les médias étrangers.

Qu'a vu le téléspectateur de chaîne câblée ? Samedi, les présentateurs de Fox News ont appelé les manifestants de New York « les éternels opposants » ou « les contestataires en série ». CNN a été un peu moins méprisant, mais a titré sur son site Internet dimanche matin : « L'Irak se réjouit des rassemblements antiguerre ». Et l'image qui accompagnait l'article montrait des manifestants à Bagdad, pas à Londres ni à New York.

Ce n'est pas du tout sur ce ton que les médias du reste du monde ont relaté les événements de samedi, mais les chaînes américaines sont restées dans leur rôle. Depuis des mois, nos deux principales chaînes d'informations câblées agissent comme si la décision d'envahir l'Irak avait déjà été prise, et se proposent de préparer le peuple américain à la guerre imminente.

Il n'est donc pas surprenant que le public cible ait les idées un peu floues sur la distinction entre le régime irakien et Al-Qaida. Selon les sondages, la majorité des Américains pensent que tout ou partie des preneurs d'otages du 11 Septembre étaient des Irakiens, et beaucoup que Saddam Hussein était mêlé à l'attentat, accusation que même l'administration Bush

1. « Quels médias progressistes ? », New York, Basic Books, 2003.

n'a jamais portée. Et puisque tant d'Américains concluent qu'une guerre contre Saddam est évidemment nécessaire, les Européens qui ne veulent pas y aller sont à leurs yeux des lâches.

Les Européens, qui ne voient pas les mêmes actualités à la télévision, sont bien plus portés à se demander pourquoi la politique américaine se focalise ainsi sur l'Irak – et non sur la Corée du Nord, ou d'ailleurs sur Al-Qaida. C'est pourquoi ils sont si nombreux à douter des motivations des États-Unis. Ils se disent que tout ça c'est pour le pétrole, ou que Washington se choisit un adversaire facile, qu'il sait pouvoir écraser. S'opposer à la guerre en Irak ne leur paraît pas de la lâcheté mais du courage : il en faut pour tenir tête aux pressions brutales de l'administration Bush.

La grande fracture transatlantique de l'information a deux explications possibles. Selon la première, les médias européens professent un anti-américanisme généralisé qui les amène à déformer l'actualité, même dans des pays comme le Royaume-Uni où les dirigeants des deux grands partis soutiennent Bush et souhaitent une attaque contre l'Irak. Selon la seconde, certains médias américains – opérant dans un contexte où quiconque s'interroge sur la politique étrangère de l'administration est accusé de manquer de patriotisme – se sont donné mission de vendre la guerre, pas de donner un ensemble diversifié d'informations qui pourrait amener à douter de son bien-fondé.

Quelle est la bonne ? J'ai donné les faits, à vous de juger.

CHAÎNES POLITISÉES

25 mars 2003

Dans l'ensemble, les récentes manifestations pour la guerre sont loin d'avoir mobilisé autant que les rassemblements contre la guerre. Mais il est sûr qu'elles ont été plus véhémentes. L'une des plus frappantes a eu lieu après les critiques de Natalie Maines, la chanteuse des Dixie Chicks, contre le président Bush. Une foule s'est rassemblée en Louisiane pour regarder un tracteur de 15 tonnes écrabouiller un amas de CD, cassettes, etc., des Dixie Chicks. Pour ceux qui connaissent l'histoire européenne du XXᵉ siècle, la scène rappelait d'étranges souvenirs… Mais, comme l'a dit Sinclair Lewis, ça ne peut pas arriver chez nous.

Qui a organisé ces manifestations pour la guerre ? Des poids lourds de l'industrie radiophonique, étroitement liés à l'administration Bush.

Celle où les CD ont été réduits en poudre est une idée de KRMDC, l'une des stations de Cumulus Media – chaîne de radios qui a exclu les Dixie Chicks des musiques qu'elle diffuse. Mais la plupart des rassemblements, dans tout le pays, ont eu lieu à l'initiative de stations de radio du groupe Clear Channel Communications, firme géante basée à San Antonio, qui contrôle plus de 1 200 stations et domine de plus en plus les ondes.

La compagnie affirme que les manifestations, baptisées « Rally pour l'Amérique », ont été décidées par certaines stations de leur propre chef. C'est peu probable : selon Erik Boehlert, auteur d'articles instructifs sur Clear Channel dans *Salon*, la firme est connue – et fort détestée – pour son implacable contrôle centralisé.

Jusqu'à présent, le groupe Clear Channel n'était critiqué que pour ses pratiques en affaires. On l'accusait d'user de sa puissance pour pressurer les producteurs de disques et les artistes, et de rendre ainsi toujours plus insipide la musique qu'on entend à la radio. Mais voici qu'il utilise ouvertement son influence pour aider l'une des parties dans une controverse politique qui divise profondément le pays.

Pourquoi un groupe de médias s'ingère-t-il ainsi dans la politique ? Cela pourrait être, bien sûr, par simple conviction personnelle de ses dirigeants. Mais on a aussi de bonnes raisons de penser que Clear Channel – qui n'est devenu une compagnie géante que dans les toutes dernières années, après la levée de nombreuses restrictions en matière de propriété des médias par le Telecommunications Act de 1996 – courtise le parti au pouvoir. D'un côté, la firme est en butte à certaines attaques : un procès est en cours dans lequel elle est accusée d'avoir menacé de réduire le temps de passage à l'antenne des artistes qui ne partent pas en tournée avec son service concerts ; et certains hommes politiques veulent même revenir sur la déréglementation qui a permis sa croissance. De l'autre, la Federal Communications Commission envisage d'élargir la déréglementation à des domaines qui permettraient à Clear Channel de s'étendre encore davantage, en particulier dans la télévision.

Ou peut-être le donnant-donnant est-il plus ciblé. Les bushologues chevronnés ont tous ricané quand il s'est avéré que Clear Channel était derrière les manifestations pour la guerre, car les relations entre ses hauts dirigeants et George W. Bush ne datent pas d'hier. Le vice-président de Clear Channel est Tom Hicks, dont le nom dit peut-être quelque chose aux lecteurs de mes tribunes. Quand M. Bush était gouverneur du Texas, M. Hicks dirigeait la société de gestion des investissements de l'université du Texas, l'Utimco. Et le président de Clear Channel, Lowry Mays, était membre de son conseil d'administration. Sous les auspices de M. Hicks, l'Utimco a confié une grande partie de la dotation de l'université à des sociétés étroitement liées au parti républicain ou à la famille Bush. En 1998, M. Hicks a acheté les Texas Rangers, et cette transaction a rendu M. Bush multimillionnaire.

Il y a du nouveau ici. Sa nature n'est pas tout à fait claire, mais on n'aurait peut-être pas tort de penser qu'il s'agit du pas suivant dans la constitution d'une nouvelle oligarchie américaine. Comme l'a écrit Jonathan Chait dans *The New Republic*, sous l'administration Bush « l'État et les entreprises se sont mêlés en un seul grand "nous" ». Dans presque tous les domaines de la politique intérieure, les milieux d'affaires gouvernent : « Des dizaines de nominations politiques ont eu lieu au niveau des cadres moyens de l'État ; [...] ceux-ci supervisent aujourd'hui les branches pour lesquelles ils travaillaient hier. » Nous aurions dû comprendre que cette voie est à double sens. Si les politiques ne pensent qu'à faire des faveurs aux entreprises amies, pourquoi celles-ci ne leur rendraient-elles pas la politesse en faisant des faveurs aux politiques – par exemple en organisant des manifestations « populaires » pour les soutenir ?

Tout cela n'est possible, bien sûr, que parce qu'on ferme les yeux. Du temps de Clinton, le plus léger indice d'irrégularité prenait aussitôt les proportions d'un gigantesque scandale. Ces temps-ci, la presse à scandale clouera plutôt au pilori le journaliste trop curieux. Vous ne savez pas qu'on est en guerre ?

PARLER VRAI

28 mai 2003

Certains groupes de presse, dont le *New York Times*, font actuellement leur autocritique sur la marche à la guerre contre l'Irak. Ils se demandent – et ils font bien – pourquoi ils ont répercuté bruyamment et sans réserve les déclarations peu fondées sur une effroyable menace irakienne, tout en ignorant ou minimisant les preuves du contraire.

Mais il ne s'agit pas seulement de l'Irak, et pas seulement du *New York Times*. De nombreux journalistes semblent regretter à présent le climat général qui a rendu possible ces reportages d'avant guerre : la presse ne voulait pas publier des informations négatives sur George W. Bush.

Les Américains qui s'informent en parcourant la une des journaux ou en regardant la télévision doivent être un peu surpris de la soudaine métamorphose psychologique de M. Bush. Depuis le 11 Septembre et pendant plus de deux ans, il était droit comme un i, d'une rectitude et d'une pureté morale absolues.

Et voici que les téléspectateurs entendent parler d'un président refusant de dire clairement pourquoi il nous a lancés dans la guerre et comment va cette guerre, incapable de reconnaître ses erreurs et d'en tirer les leçons, et aux yeux duquel personne n'est responsable de rien, ni lui ni ses collaborateurs. Que s'est-il passé ?

La réponse est évidente : l'homme droit comme un i n'a jamais existé. C'était un personnage de fiction, que les médias, pour diverses raisons, ont présenté comme authentique.

En réalité, les défauts du président, qui aujourd'hui font même fulminer des conservateurs, ont toujours été bien en vue. Les problèmes de M. Bush avec la vérité sont évidents de longue date pour qui veut bien vérifier l'arithmétique de ses budgets. Son inaptitude à admettre ses fautes est claire aussi depuis longtemps. J'ai parlé pour la première fois du « complexe d'infaillibilité » de M. Bush il y a plus de deux ans, et je n'étais pas le premier.

Donc, pourquoi la presse créditait-elle M. Bush de vertus dont les journalistes savaient qu'il ne les possédait pas ? D'abord par patriotisme mal placé. Après le 11 Septembre, une grande partie des médias a décidé collectivement, semble-t-il, de s'abstenir de toute critique contre le commandant en chef. Au nom de l'unité nationale.

Autre facteur : la tyrannie de l'équilibre. Dans les reportages comme dans les commentaires, journalistes modérés et progressistes font souvent les pires contorsions pour parler gentiment des conservateurs. Beaucoup de commentateurs aujourd'hui caustiques contre Bush cherchaient désespérément, il n'y a pas si longtemps, à se démarquer des « ennemis viscéraux du président » – dont les critiques n'ont jamais été motivées par une haine irrationnelle, et paraissent bien timides à la lumière des révélations récentes.

Certains journalistes ne peuvent pas se résoudre à croire que le président des États-Unis soit malhonnête sur des questions aussi graves.

Enfin, ne sous-estimons pas le rôle de l'intimidation. Depuis le 11 Septembre, quiconque envisageait de faire une remarque négative sur le président devait s'attendre à une avalanche d'*e-mails* haineux, et à l'offensive des commentateurs et publicistes de la droite qui feraient tout pour ruiner sa réputation. On pouvait craindre aussi de se voir refuser le type d'informations internes sur lequel reposent tant de carrières de journalistes.

L'administration Bush, qui savait tout cela, jouait de la presse à son gré. Mais cette ère est-elle révolue ?

Selon un récent sondage Pew, 55 % des journalistes des grands médias nationaux estiment que la presse ne s'est pas montrée assez critique envers M. Bush, contre 8 % seulement qui pensent qu'elle l'a trop critiqué. Plus important : ils semblent agir en conséquence.

Ces derniers temps, des événements stupéfiants se sont produits. Les habituels suspects ont tenté de mettre un terme aux reportages sur les exactions dans les prisons, en accusant leurs auteurs de saper le moral des troupes, mais les articles continuent. L'*Attorney general* a lancé une nouvelle alerte au terrorisme, mais la presse s'est posé la question du pourquoi. (À un point de presse du matin à la Maison-Blanche, Terry Moran d'*ABC News* a dit tout haut ce que beaucoup pensaient tout bas lors d'alertes précédentes qui tombaient trop bien : « Peut-être manipulez-vous l'opinion américaine pour empêcher un certain message de lui parvenir : c'est une possibilité troublante. »)

Cela ne va peut-être pas durer. En juillet 2002, Dana Milbank du *Washington Post* – qui s'efforçait, en risquant sa carrière, de transmettre une image réaliste de la présidence Bush – observait : « Les correspondants de presse à la Maison-Blanche ont montré les dents » pour la première fois depuis le 11 Septembre. Ce fut bref. L'administration fit battre les tambours de guerre et le gros des troupes médiatiques se remit au garde-à-vous.

Mais cette fois, ce sera peut-être différent. Et dans ce cas M. Bush – dont le sort a toujours dépendu de la docilité des journalistes – pourrait être en situation encore plus délicate que ne le suggèrent les derniers sondages.

Quatrième partie

QUAND LES MARCHÉS DÉRAILLENT

Ceux qui ne sont pas très versés en économie s'imaginent souvent, semble-t-il, que les économistes se divisent en deux camps. Ce sont soit des conservateurs attachés au libre marché, soit des progressistes partisans du maxi-État, et les deux sont inconciliables. En fait, il y a bien moins de désaccords entre économistes que ne le voudrait la légende. Et ceux qui, comme moi, professent des idées plutôt avancées ont souvent un grand respect pour l'efficacité des marchés.

Mais respecter les marchés n'est pas les diviniser. Il leur arrive de dérailler – et nous avons eu ces dernières années quelques exemples spectaculaires d'« échecs du marché », comme disent les économistes, qui ont eu des conséquences très graves pour la population. Mais ce n'est pas toujours le marché qui déraille, il peut y avoir aussi des déraillements intellectuels et moraux.

Le chapitre 12 est consacré à la crise énergétique de 2000-2001 en Californie, où une tentative de donner plus de liberté aux forces du marché en déréglementant celui de l'électricité a tourné au désastre. La nature de ce désastre a été obscurcie par la rigidité des préjugés favorables au libéralisme. Pour trop de gens – et à coup sûr pour les grandes voix des médias –, c'est devenu un article de foi : le marché a toujours raison et toute réglementation de l'État est mauvaise. Donc, lorsque la Californie s'est soudain retrouvée en butte aux prix astronomiques et aux coupures de courant à répétition, la plupart des commentateurs *savaient* que c'était nécessairement dû à des erreurs de l'État, à une « déréglementation imparfaite » (bien qu'ils n'aient jamais dit clairement où était l'imperfection). Et ils ont aussi accusé les écologistes, qui auraient empêché l'industrie de l'énergie de construire suffisamment de capacités de production.

Mais j'ai étudié la question avec un esprit ouvert et, mieux encore, assez de connaissances de base en économie pour trouver quelques vrais experts et comprendre ce qu'ils disaient. Il est vite devenu clair pour moi que le désastre californien ne résultait pas d'une pénurie de capacités de production ; il était dû à la manipulation du marché par les producteurs d'électricité et les courtiers en énergie.

Au début, j'ai été presque le seul à défendre cette thèse : les preuves, bien que très fortes, restaient des présomptions et heurtaient les préjugés en vigueur. Mais d'autres arguments ont fini par faire surface qui ont convaincu même les non-initiés : notes internes exposant en détail les stratégies visant à piéger les marchés et, même, enregistrements de courtiers en train de dire à des directeurs de centrale de fermer. La vérité s'est alors imposée : le marché avait fait l'objet d'une immense razzia en plein jour – et pratiquement personne n'avait voulu y croire.

Pourquoi l'opinion était-elle si prête à croire que la crise californienne était de la faute des écologistes alors qu'il n'y a jamais eu une once de preuve en faveur de cette idée ? Mettons cette conviction au compte d'un autre mythe : l'incompatibilité entre les marchés et la protection de l'environnement. Si les durs de l'écologie et les durs du libre marché ont un point commun, c'est d'être persuadés que logique économique et valeurs écologiques ne se mêlent pas. Mais ce n'est pas vrai. L'économie la plus simple nous donne d'excellentes raisons de protéger l'environnement si l'on reconnaît les dégâts qu'il subit comme un coût tout aussi réel que les dépenses financières traditionnelles. Certes, il est fréquent que des économistes critiquent le fonctionnement de nos mesures environnementales actuelles, et il m'est à moi-même arrivé de le faire, mais c'est une contestation des moyens et non des fins. Réglementer plus intelligemment ne signifie pas moins protéger l'environnement.

Mais nos dirigeants actuels, même s'ils parlent parfois de rendre la politique de l'environnement plus intelligente, veulent surtout qu'il y ait moins de règles dans tous les domaines. L'administration Bush est résolument anti-écologique, peut-être parce que tant de ses membres – et de ses finances de campagne – viennent des industries d'extraction (pétrole, charbon, bois d'œuvre, etc.). Le chapitre 13 expose ses mesures anti-environnement et l'inévitable mauvaise foi dont elle use pour les masquer.

Le chapitre 14 jette un bref regard sur un grand sujet : le sentiment d'un échec des politiques de libre marché à l'étranger. À tort ou à raison, une large partie du monde est aujourd'hui convaincue que les États-Unis ont fait pression sur des pays pour qu'ils libéralisent leurs marchés, puis ont refusé d'assumer la moindre responsabilité quand la spéculation sur les devises et autres désastres ont frappé leur économie. Je propose ici quelques études de cas.

Si l'essentiel de ce livre porte sur la dérive des États-Unis dans les toutes dernières années, ce vaste sujet s'inscrit dans un autre, encore plus vaste. Les Américains ne constituent que 5 % de la population mondiale, et leurs problèmes politiques actuels finiront bien par se régler. Dans le chapitre 15, j'essaie de prendre du recul et de voir plus large.

Humainement, la mondialisation – terme qui désigne en bloc l'expansion du commerce mondial, le resserrement des liens entre les marchés financiers nationaux et tant d'autres évolutions qui rendent le monde plus petit – est *le* problème du XXIe siècle. C'est aussi une question sur laquelle j'ai beaucoup travaillé dans ma carrière d'économiste.

Dans l'ensemble, je suis favorable à la mondialisation – nettement plus que bien des gens avec lesquels je suis d'accord quand il s'agit de politique américaine. Ce sont d'ailleurs mes arguments en faveur du libre-échange qui m'ont valu l'inimitié de Ralph Nader et de diverses publications progressistes. Je n'ai pas changé d'idée sur le sujet. Le chapitre 15 est essentiellement consacré à la défense de la liberté du commerce, de ses bienfaits pour les pays pauvres et du caractère fallacieux de certains arguments courants contre la mondialisation. Mais le commerce ne suffit pas. Il est de notre devoir, humainement, de venir en aide aux pays pauvres, et c'est un devoir – comme je l'explique dans ce chapitre – qu'en tant que nation nous esquivons.

CHAPITRE 12

La Californie hurle

LA CALIFORNIE HURLE

10 décembre 2000

La déréglementation de l'électricité en Californie, où les producteurs peuvent la vendre à n'importe quel prix qu'on acceptera de payer, devait la rendre moins chère et plus propre. Or l'État fait face à une pénurie de courant si grave que le gouverneur a éteint les lumières de l'arbre de Noël officiel. Pénurie qui s'avère extrêmement lucrative pour les compagnies d'électricité et a fait naître le soupçon d'une manipulation du marché.

L'expérience amène à s'interroger sur la déréglementation. Et plus généralement sur les risques de la foi aveugle dans le marché.

Certes, le problème de la Californie vient en partie d'une hausse inattendue de la demande d'électricité, sous-produit de l'expansion économique. Et peut-être y aurait-il eu crise même sans déréglementation.

Mais probablement pas. Dans l'ancien système honni, les compagnies, jouissant d'un pouvoir de monopole, étaient sûres d'engranger de bons profits même s'il y avait excédent de capacité. Elles construisaient donc plus de centrales qu'elles n'en avaient besoin, suffisamment pour satisfaire la demande en cas de pic inattendu. Mais sur le marché déréglementé, où les prix fluctuent constamment, elles ont compris que, si elles investissaient trop, les prix et les profits allaient plonger. Elles ont donc été réticentes à construire de nouvelles centrales. C'est pourquoi une poussée inattendue de la demande a créé des pénuries et fait monter les prix.

On me dira que sur la durée ce n'est pas un mal. Construire des capacités de production pour les besoins exceptionnels coûtait cher, et ces coûts étaient facturés aux consommateurs, tandis qu'avec une fluctuation des prix dans un système où il y a moins de « jeu », les consommateurs, à tout prendre, paieront moins. À en croire l'économie de base, d'ailleurs, c'est très bien que le prix de l'électricité devienne astronomique s'il y a un problème d'approvisionnement. C'est ce qui incite les compagnies d'électricité à investir. On pourrait donc soutenir qu'aucune intervention publique ne se justifie, qu'imposer un prix plafond ne ferait qu'aggraver le problème, qu'il faut s'en remettre au libre jeu de la concurrence pour résoudre la crise.

Mais jusqu'à quel point le marché de l'électricité est-il concurrentiel ? Si la crise californienne est politiquement explosive, c'est parce qu'on soupçonne qu'elle n'est pas seulement due à une insuffisance de capacités de production, mais aussi à des prix artificiellement gonflés.

Comment pourrait-on manipuler le marché ? Supposons un mois de juillet torride, avec les climatiseurs à tout-va dans l'ensemble de l'État et une industrie de l'électricité presque à la limite de sa capacité. Si une partie des capacités de production était soudain déconnectée pour quelque raison que ce soit, la pénurie ainsi créée ferait monter en flèche les prix de gros de l'électricité. Un gros producteur pourrait donc accroître ses profits en inventant des problèmes techniques pour arrêter certains générateurs et faire monter considérablement le prix du reste de sa production.

Cela arrive-t-il vraiment ? Un récent document de travail du National Bureau of Economic Research, rédigé par Severin Borenstein, James Bushnell et Frank Wolak, cite des éléments prouvant que le marché a été manipulé exactement de cette façon en Grande-Bretagne avant 1996 et en Californie pendant les étés 1998 et 1999.

Normalement, on ne craint pas ce scénario en saison froide, où la demande est plus faible. Mais les fonctionnaires de l'État de Californie – et on les comprend – se posent des questions sur la crise actuelle de l'électricité, car, curieusement, près du quart de la capacité de production de l'État est déconnectée, soit pour travaux d'entretien prévus, soit pour cause de panne.

Peut-être les compagnies d'électricité californienne ne manipulent-elles pas les prix. Mais il est sûr qu'elles ont les moyens et de bonnes raisons de le faire – et on se demande bien pourquoi les dérégulateurs ne s'en sont pas inquiétés, pourquoi ils n'ont pas posé des questions d'une évidence manifeste pour s'assurer que le marché qu'ils proposaient de créer allait vraiment fonctionner comme prévu.

Et peut-être est-ce la leçon générale à tirer de la débâcle : il ne faut pas se jeter tête baissée dans une solution de marché quand on n'est pas vraiment sûr que le marché fonctionnera. Tant l'analyse économique que l'expérience britannique auraient dû nous inspirer des doutes sérieux sur le plan de déréglementation californien ; mais on les a ignorés – tout comme des signaux d'alarme comparables sont aujourd'hui ignorés par les enthousiastes du marché-réponse-à-tout, du remboursement des médicaments à l'éducation.

PAS RÉELLE ?

18 février 2001

« La trahison ne paie jamais. Pourquoi ? demandait sir John Harrington. Parce que, quand elle paie, personne n'ose l'appeler trahison. » Heureusement, les enjeux sont plus bénins aujourd'hui. Une version moderne pourrait être : « La déréglementation n'échoue jamais. Pourquoi ? Parce que, quand elle échoue, on dit que ce n'en était pas une vraie. »

À première vue, la débâcle de l'électricité en Californie est une leçon de choses sur les risques de la déréglementation. La magie du libre marché devait fournir une électricité propre, peu coûteuse, abondante. Or l'État se trouve en butte non seulement à des pénuries et à des prix astronomiques, mais aussi à de fortes pressions pour assouplir ses réglementations sur la qualité de l'air. Sombre tableau, où les seules touches de lumière (au sens littéral du terme) sont les quelques villes, dont Los Angeles, qui possèdent leur système d'alimentation électrique.

Mais des voix toujours plus fortes font chorus pour nier que la déréglementation soit en cause. Selon ce qui est devenu, semble-t-il, la pensée admise, des bureaucrates interventionnistes ont empêché l'État de Californie d'avoir une déréglementation « réelle » : ils ont créé un système mi-chair mi-poisson associant les pires caractéristiques des deux mondes. L'idée est commode : les vrais croyants peuvent continuer à professer leur foi en l'infaillibilité du marché et les dérégulateurs des autres États à prétendre que ça ne peut pas arriver chez eux.

Hélas, un examen attentif des points sur lesquels la déréglementation californienne n'aurait pas été « réelle » suggère que, s'il y a eu effectivement des lacunes, ce ne sont pas elles qui ont causé la catastrophe.

Pour comprendre les limites de la déréglementation en Californie, souvenons-nous qu'elle a scindé la branche de l'électricité en deux secteurs. Des entreprises de production, qui appartiennent essentiellement à des firmes extérieures à cet État, produisent l'électricité et la vendent en gros à des entreprises de distribution, qui la revendent au détail aux consommateurs.

Premier point sur lequel la Californie n'a pas pleinement déréglementé : si les prix du marché de gros ont été libérés, les tarifs des services de distribution sont restés fixés par l'État. Ce qui veut dire que, même quand les pénuries d'électricité ont fait monter les prix de gros à des niveaux astronomiques, les ménages et les entreprises n'ont eu aucune incitation financière à consommer moins d'électricité. L'origine de cette fixation des prix de détail est un peu bizarre. Il s'agissait en fait d'une mesure temporaire prise pour faciliter les choses aux entreprises de distribution, une façon de leur assurer des profits supplémentaires puisqu'on attendait une chute des prix de gros. Il s'est avéré, néanmoins, que la rigidité des tarifs a gêné l'État face à la crise.

Mais si les tarifs n'avaient pas été fixes, cela aurait-il changé grand-chose ? Tout indique que, pour compenser la pénurie actuelle par une réduction de la demande, il aurait fallu tant les augmenter que cette hausse aurait été politiquement inacceptable. D'ailleurs, à San Diego, le gel initial des tarifs de l'électricité pour les entreprises et les ménages a pris fin avant que la crise n'éclate. Mais quand ils ont soudain triplé l'été dernier, il y a eu un tel tollé qu'il a fallu instaurer de nouveaux plafonds.

La déréglementation était incomplète sur un autre point : les régulateurs ont interdit aux sociétés de distribution de conclure des contrats d'achat d'électricité à long terme ; elles étaient tenues d'acheter sur un marché « spot » à court terme. La hausse des prix du spot les a acculées à la faillite et a contraint le gouvernement de l'État à dépenser des milliards pour que le courant ne soit pas coupé. Si les sociétés de distribution s'étaient assuré de grosses sources d'approvisionnement garanti à moindre prix, elles n'auraient pas encore fait faillite – mais elles seraient tout de même victimes d'une hémorragie financière.

Les contrats à long terme auraient retardé l'heure de vérité comptable, mais auraient-ils permis d'avoir davantage d'électricité ? Certains disent que oui. Avec une grande partie de leur production vendue dans ce cadre, les propriétaires de centrales auraient eu moins de pouvoir de marché – c'est-à-dire moins d'incitations à délester pour faire monter les prix du spot. Les producteurs d'électricité nient énergiquement qu'ils le font, bien sûr, en dépit de lourdes présomptions du contraire. Si on les croit, il faut conclure que les contrats à long terme n'auraient rien changé à l'actuelle pénurie d'électricité.

Et qui a voulu interdire les contrats à long terme, au fait ? En 1999, de grandes compagnies de distribution d'électricité ont lancé une pétition pour obtenir le droit d'en signer. Les organisations de défense des consommateurs, d'abord réticentes, ont fini par les soutenir. Mais les régulateurs ont refusé, et pourquoi ? Parce que toute modification des règles pour autoriser ce type de contrat se heurtait – vous avez deviné – à l'opposition farouche des producteurs. Un mythe est en gestation qui présente la Californie comme la victime, non d'une déréglementation qui a mal tourné, mais de politiciens quasi socialistes qui n'ont pas laissé à celle-ci la moindre chance de fonctionner. Ce n'est pas ce qui s'est passé. Les défenseurs de la déréglementation devraient cesser de s'inventer des excuses et chercher sérieusement pourquoi elle a déraillé.

PRIX DU COURANT, PRIX DU POUVOIR

24 mars 2001

Bienvenue au Cartel Californie. La semaine dernière, un rapport de l'Independent System Operator (ISO) qui gère le réseau électrique californien l'a rendu plus ou moins officiel : la crise de l'électricité dans le *Golden State*[1] est en partie due à une manipulation du marché par les producteurs. Selon ce rapport, ils ont extorqué aux sociétés de distribution qui vendent le courant aux consommateurs un surcoût de plus de 6 milliards de dollars en dix mois.

Il est à peu près certain que les autorités fédérales vont ignorer ce rapport. J'y reviendrai dans un instant. Mais j'aimerais d'abord éclaircir un ou deux points sur son contenu.

L'ISO n'accuse pas les producteurs d'électricité de participer à un vaste complot. Je n'aurais d'ailleurs pas dû ouvrir ma tribune par le mot « cartel ». Ces compagnies n'avaient pas besoin de conspirer. À chacune individuellement la logique de la situation rendait facile – irrésistible, presque – de manipuler le marché. Pour croire qu'elles n'en ont rien fait, il faudrait les prendre pour des saintes ou les supposer très mauvaises en affaires, car elles auraient laissé passer une occasion flagrante d'accroître leurs profits.

Imaginez la situation : un été torride, le marché de l'électricité en Californie tendu à se rompre. Il n'y a qu'une poignée de grands vendeurs d'électricité en gros et vous êtes l'un d'eux.

1. Surnom de la Californie, depuis la Ruée vers l'or au milieu du XIXe siècle.

L'idée doit forcément vous venir à l'esprit : qu'arriverait-il aux prix si l'une de mes centrales quittait le réseau ? Et quand les compagnies agissent en conséquence… vous voyez le tableau.

Comprenons bien que ces accusations portées contre les producteurs – rétention de courant pour faire monter les prix – ne sont pas nées subitement quand la crise a commencé. Ce n'est pas l'invention hâtive de politiciens en mal de bouc émissaire. Des économistes ont mis en garde contre les risques de manipulation longtemps avant que les problèmes de la Californie n'arrivent à la une des journaux. Certains l'avaient d'ailleurs déjà fait avant la déréglementation californienne : le problème du « pouvoir de marché » était apparu clairement en Grande-Bretagne, où l'expérience de la déréglementation et de la privatisation a commencé plusieurs années avant le début du mouvement aux États-Unis.

Et les travaux de recherche continuent à s'accumuler. Juste avant que l'ISO ne publie son rapport, les économistes Paul Joskow et Edward Kahn ont communiqué une étude démontrant avec force que l'« exercice d'un pouvoir de marché » a joué un grand rôle dans la hausse des prix de l'électricité de l'été dernier. Ces auteurs ne sont pas de gauche, ni même opposés à la déréglementation. Ils ont simplement essayé de porter un regard objectif sur les faits, qui leur ont inspiré une conclusion quasi incontournable : les délestages délibérés pour faire monter les prix ont été un facteur important de la crise californienne.

Mais tout porte à croire que Washington restera sourd à ces preuves. Comme on l'a lu vendredi dans un article de ce journal, la Federal Energy Regulatory Commission (FERC), le molosse chargé de surveiller l'industrie de l'électricité, ressemble plutôt ces temps-ci à un petit chien d'appartement. Une information m'a particulièrement frappé : ses experts ont établi que les compagnies d'électricité californiennes « avaient les moyens potentiels d'exercer un pouvoir de marché », mais n'ont pas pu conclure qu'elles l'avaient fait. Leurs dirigeants, répétons-le, doivent être des saints ou des hommes d'affaires incompétents, voire les deux.

Que devraient faire les régulateurs ? Obliger les producteurs à payer de grosses amendes, pensent certains, mais je suis sceptique. Il n'est pas évident que l'on parvienne à prouver quelle compagnie a été responsable de quoi, ni d'ailleurs que les producteurs aient violé la loi en quoi que ce soit. La FERC pourrait plutôt imposer un plafond temporaire sur les prix de gros. Cela limiterait le dommage financier subi par la Californie, dont le gouvernement dépense actuellement plus de 1 milliard de dollars par mois pour subventionner les achats d'électricité. Et, sur un marché où l'« exercice du pouvoir de marché » joue un rôle majeur, plafonner les prix de gros pourrait être un moyen d'augmenter l'offre, car les compagnies n'auraient plus de raison de retenir de l'électricité pour faire monter les prix.

Mais ça n'arrivera pas. À cause d'un attachement viscéral au libre marché ? de l'influence politique des compagnies qui produisent l'électricité (oui, souvent basées au Texas) ? Quelle que soit la raison, on aurait du mal à imaginer administration moins encline à compatir avec le triste sort de la Californie que celle d'aujourd'hui.

Et si son indifférence exaspère les Californiens, il y a de quoi.

LE VRAI LOUP

29 avril 2001

J'ai reçu il y a peu une lettre d'un économiste que je respecte. Il me sermonnait pour mes éditoriaux « à la Nader » sur la crise énergétique en Californie. Il ne croyait pas du tout qu'une manipulation du marché par les compagnies d'électricité pût être un facteur important. Cela lui paraissait trop proche du discours des gauchistes viscéraux, qui voient la cupidité des capitalistes à la source de tous les problèmes, de la pauvreté du tiers monde à la cherté des loyers. La gauche a tant de fois crié au loup que les esprits pondérés ont l'habitude de ne pas croire ce qu'elle dit.

Mais aujourd'hui, un vrai loup est arrivé. Il se comporte en prédateur, fait des ravages dans notre État le plus peuplé – et personne n'y croit.

Certes, la Californie aurait subi une pénurie d'électricité cet été même si elle n'avait jamais déréglementé. Et même s'il existait une concurrence sérieuse sur le marché de gros de l'électricité, ses prix monteraient pendant les périodes de forte demande, et des milliards de dollars passeraient donc des contribuables ou des consommateurs aux producteurs.

Mais, et nous en avons à présent des preuves accablantes, il n'y a pas de concurrence sérieuse sur le marché de l'électricité en Californie, et les initiatives des producteurs qui « piègent le système » ont immensément amplifié la crise. Le fait essentiel, c'est que la Californie est restée en situation à peu près continue de pénurie d'électricité et de prix de gros très élevés indépendamment du niveau de la demande. Une épidémie de délestages fort lucrative a commodément maintenu le marché à court d'électricité, même en période de demande faible où l'on aurait dû avoir un gros excédent de capacités de production.

Frank Wolak, l'économiste de Stanford qui conseille le réseau électrique californien, a souligné qu'un délestage dans une centrale, c'est à peu près comme un salarié qui téléphone pour dire qu'il est malade. On ne peut pas savoir avec certitude s'il l'est vraiment ou s'il a choisi de prendre sa journée pour d'autres raisons, mais on peut avoir des présomptions si l'on se renseigne. Une démarche de ce type a convaincu M. Wolak que « les producteurs d'électricité utilisent stratégiquement des délestages artificiels pour retirer du marché des capacités de production » – et son point de vue est partagé par d'autres chercheurs, toujours plus nombreux.

Ce qui nous amène à la dernière initiative de la FERC. Mercredi dernier, elle est apparemment venue en aide à la Californie, en fixant de nouveaux prix plafonds sur son marché de l'électricité. Je dis « apparemment », car, plus on examine son plan, moins il semble susceptible d'apporter le moindre secours. Il a d'ailleurs été adopté par deux voix contre une : William Massey, le seul commissaire qui sympathisait avec les appels au contrôle des prix, a voté contre au motif qu'il serait inefficace.

Qu'est-ce qui ne va pas dans le plan de la FERC ? D'abord, il ne plafonne les prix qu'en situation de crise[1] – oubliant que les prix de l'électricité sont restés à des niveaux peu explicables même hors situation de crise. Il est rédigé comme si le marché de l'électricité était vraiment concurrentiel, en dépit de toutes les preuves du contraire.

1. C'est-à-dire quand l'Independent System Operator (ISO), l'autorité qui gère le réseau électrique californien, constate que l'alimentation du réseau en électricité va être inférieure à un niveau critique, et prend des mesures d'urgence (en demandant notamment aux centrales de répartir entre elles la pénurie par des coupures de courant planifiées).

Deuxièmement, même ces plafonds sur les prix en cas de crise comportent nombre d'échappatoires, qui offrent d'amples possibilités au « blanchiment de mégawatts », comme dit M. Wolak – la vente d'électricité à des filiales qui, pour une raison quelconque, sont exemptées des contrôles des prix (ils ne s'appliquent pas, par exemple, aux « importations » venues des États voisins), puis sa revente sur le marché californien. Et, puisque le prix autorisé dépend du coût de la production d'électricité dans la centrale la moins efficace, les producteurs se trouvent clairement incités à produire inefficacement, ajoute Severin Borenstein, de l'Institut de l'énergie de l'université de Californie : « Je prédis que des centrales dont nous n'avions jamais entendu parler vont être soudain remises en service, et elles seront sacrément inefficaces. »

Le verdict général paraît clair : ce n'est pas un plan sérieux. Des propositions sérieuses pour atténuer la crise, il y en a – à l'automne dernier, M. Wolak a d'ailleurs soumis un projet auquel les autres experts ont fait bon accueil –, mais la FERC les a toutes ignorées.

Interprétation charitable : la FERC n'a pas encore compris, elle ne peut se résoudre à croire que, cette fois, il y a un vrai loup. Interprétation non charitable : son initiative de la semaine dernière a été conçue pour échouer. *The Medley Report*, lettre d'information en ligne, voit dans son plan du « théâtre sans contenu [...] une habile manœuvre tactique de l'administration Bush pour détourner d'elle toute retombée politique » du désastre imminent.

Quoi qu'il en soit, il est clair que la FERC et l'administration n'ont toujours pas offert à la Californie un vrai secours.

LA CALIFORNIE REBRANCHÉE

27 juin 2001

On était sûr que ces mauviettes de Californiens, avec toutes leurs inepties sur les économies d'énergie et leur hostilité aux grandes compagnies, passeraient l'été à suffoquer dans le noir. Mais les événements ne se conforment pas au scénario. L'été a commencé et pourtant, jusqu'à présent, l'électricité reste suffisante – et à des prix très raisonnables. Sur le marché de gros, où elle se vendait souvent à 750 dollars le mégawatt l'an dernier à pareille époque, elle coûtait ces derniers jours moins de 100 dollars, parfois moins de 50.

Tout le monde semble hésiter à parler de ces bonnes nouvelles, de peur qu'un propos optimiste ne soit vite démenti par la suite des événements. Il est toujours possible que les choses prennent mauvaise tournure. Néanmoins, le contraste entre le désastre attendu et la réalité, plutôt agréable jusqu'à présent, exige une explication.

L'une des grandes raisons de l'amélioration de la situation en Californie, ce sont les économies d'énergie. Compte tenu de la température, la consommation d'électricité des Californiens cet été est de 5 à 10 % inférieure au niveau prévu.

Seconde raison : une forte chute des prix du gaz naturel, l'une des grandes composantes du coût de production de l'électricité. J'y reviendrai dans un instant.

Mais le facteur de redressement le plus important, c'est que les centrales électriques sont reconnectées. En mars, les climatiseurs étant au repos, on aurait dû avoir un gros excédent de capacités de production. Mais environ 15 000 mégawatts, un tiers du potentiel californien, étaient mystérieusement indisponibles. Aujourd'hui, la capacité hors ligne est inférieure à 4 000 mégawatts.

Pourquoi les centrales électriques de Californie se sont-elles remises à fonctionner ? Ou plutôt, pourquoi ne fonctionnaient-elles pas quand cet État manquait désespérément de courant et que les prix étaient bien plus élevés qu'aujourd'hui ?

Beaucoup d'économistes admettent aujourd'hui la réponse inconfortable : les producteurs ont délibérément retenu de l'électricité hors marché pour faire monter encore plus haut des prix déjà élevés. Encore récemment, les preuves de cette manipulation étaient de simples présomptions. Elles viennent d'être corroborées par des témoignages directs d'ex-salariés d'un producteur d'électricité.

Donc, pourquoi la manipulation du marché a-t-elle cessé ? Les producteurs vendent maintenant une grande partie de leur production dans le cadre de contrats à long terme avec l'État, ce qui réduit leurs incitations à faire monter les prix du spot. Mais voici probablement la grande raison : l'intense examen public, dont l'aboutissement le plus fort a été la récente décision des régulateurs fédéraux d'imposer des plafonds sur les prix, a convaincu les compagnies qu'elles feraient mieux de se tenir à carreau. (Le détail des dispositions de ces plafonds a peut-être moins compté que le signal envoyé : les régulateurs étaient enfin prêts à réglementer un peu).

Le cas du gaz naturel pourrait être du même ordre. L'an dernier, El Paso Natural Gas, qui contrôle l'un des grands pipelines desservant la Californie, a loué un gros pourcentage de sa capacité à sa propre filiale de marketing. Celle-ci a été massivement accusée de se servir de sa mainmise sur ce pipeline pour retenir du gaz hors du marché californien, donc faire monter les prix. Elle nie, et soutient qu'un document interne qui évoque « la capacité d'influencer le marché physique au bénéfice de toute position financière/spéculative » ne dit pas ce qu'il paraît dire. Mais quand son bail a expiré au début du mois, les prix du gaz en Californie ont vite chuté de 50 %.

Le pire est peut-être passé, plus tôt que tout le monde ne s'y attendait. Une sécheresse, une vague de chaleur pourraient encore provoquer des coupures de courant répétées, mais le temps travaille pour la Californie. De nouvelles centrales vont entrer en activité dans quelques semaines, et beaucoup plus dans les dix-huit mois qui viennent.

Le grand perdant de toute l'affaire – car il y en a toujours un, même quand les nouvelles sont bonnes –, c'est bien entendu Dick Cheney, l'architecte du plan énergétique « Forons et consommons » de l'administration Bush. Souvenons-nous de son rejet sarcastique des économies d'énergie, simple « signe de vertu personnelle », et de ses critiques cinglantes contre ceux qui pensaient qu'un contrôle des prix pourrait être efficace. Or, voici que soudain tout va mieux, et c'est en partie grâce aux économies d'énergie, en partie grâce au contrôle des prix et à la menace de nouvelles interventions de l'État, qui ont dissuadé les producteurs de continuer à manipuler le marché.

Autrement dit, M. Cheney – qui s'enorgueillit de sa lucidité – était un naïf coupé des réalités. Et les vrais réalistes étaient ces imbéciles qui s'imaginaient que la Californie pouvait résoudre sa crise en économisant l'énergie et en traduisant en justice les producteurs d'électricité.

ENRON TOMBE À L'EAU

17 août 2001

Celui que les dieux veulent perdre, ils le mettent sur la couverture de *BusinessWeek*. Quand le numéro du 12 février est sorti avec cette photo de Jeffrey Skilling, on a compris que le pire allait arriver à Enron et à son nouveau p-dg. Ça n'a pas manqué : le mardi, M. Skilling a démissionné pour « raisons personnelles ». Le lendemain, il a admis que la principale de ces raisons personnelles était la chute de 50 % du cours de l'action Enron depuis le mois de janvier.

N'est-ce qu'une nouvelle histoire d'espoirs extravagants déçus, comme il y en a tant ces temps-ci ? Non, ce cas-là a une portée plus générale. Enron, basé à Houston, est à l'avant-garde d'un puissant mouvement qui se propose de « financiariser » (c'est son propre terme) tout et n'importe quoi, c'est-à-dire de vendre et d'acheter n'importe quoi comme s'il s'agissait d'options sur titre.

C'est un mouvement qui concerne autant la politique que les affaires, et la compagnie n'a pas hésité à faire usage de ses relations politiques pour promouvoir sa cause. Avec l'entrée de George W. Bush à la Maison-Blanche – largement grâce à Enron, l'une des grandes forces motrices de sa campagne –, tous les espoirs semblaient permis.

Mais une impression se précise : la financiarisation est un mouvement qui a eu les yeux plus gros que le ventre.

À l'origine, Enron était une compagnie de pipeline de gaz naturel, bien enfermée, comme toutes les entreprises du même genre, dans un corset rigide de réglementations. Mais, au milieu des années 1980, le marché du gaz a été libéré, et Kenneth Lay, qui était p-dg à l'époque et revient succéder à M. Skilling, a vu là une opportunité grandiose.

Cette compagnie qui livrait des calories, il l'a transformée en société faisant commerce de contrats. Comme l'écrit *BusinessWeek*, elle est devenue « plus proche de Goldman Sachs que de Consolidated Edison ». Enron a émergé comme le principal « faiseur de marché » pour la nouvelle industrie déréglementée du gaz naturel ; et puisque la déréglementation a bien fonctionné dans le gaz, devenu le combustible le plus apprécié du pays, le nouveau rôle d'Enron s'est révélé extrêmement lucratif.

Après le gaz, l'électricité. Quand sa déréglementation est devenue la grande affaire dans tous les États-Unis, Enron s'est donné un rôle clé sur le marché du courant électrique : courtier en gros. La compagnie a vite cherché de nouveaux mondes à conquérir : l'eau, le haut débit sur les câbles de fibre optique, le stockage de données, et même l'espace publicitaire.

Puis les difficultés ont commencé. Enron a renoncé à l'activité distribution d'eau, prenant acte de la réticence des pouvoirs publics à confier un secteur aussi crucial à la magie de la main invisible. Et les mécréants ont trouvé d'amples justifications à leur peu de foi quand la déréglementation de l'électricité, qu'on avait toujours présentée comme un succès garanti, a déraillé de façon spectaculaire en Californie.

Les vrais croyants soutiennent que la crise de l'électricité de 2000-2001, qui a fait passer des dizaines de milliards de dollars de la poche des contribuables aux caisses des producteurs d'électricité – et un joli paquet à Enron aussi –, n'est pas à lire comme un verdict sur la déréglementation : tout a été de la faute d'hommes politiques touche-à-tout qui n'ont pas laissé fonctionner le marché. Mais cette assertion n'est pas particulièrement convaincante, essentiellement parce qu'elle est fausse. La vraie leçon de la catastrophe californienne est claire : les préoccupations qui ont été à l'origine des réglementations – le pouvoir de monopole et le risque d'une manipulation du marché – restent des problèmes réels aujourd'hui.

Alertés par ce qui s'est passé en Californie, les États et les collectivités locales seront désormais beaucoup plus prudents sur la déréglementation. Il y a même un mouvement de re-réglementation des marchés de l'électricité. Et cela signifie moins d'affaires pour Enron. Or le cours de son action dépend de la façon dont on perçoit ses perspectives de trouver de nouvelles Californies à conquérir.

Évidemment, les gens qu'Enron a mis à la Maison-Blanche sont toujours là, et semblent n'avoir rien appris de la Californie. Il est vrai que l'administration Bush prend parfois des libertés avec son attachement de principe au libre marché : elle estime par exemple que les producteurs d'énergie ont besoin d'énormes subventions, même si les pénuries qu'elles étaient censées corriger se sont révélées imaginaires (un grand article récemment paru dans *Barron's* nous met en garde : « Énergie : bientôt le trop-plein »).

Mais pour le reste, la foi de l'administration dans des marchés totalement déréglementés reste inébranlée. Le nouveau chef de la Federal Energy Regulatory Commission – l'instance de surveillance qui a ostensiblement refusé de faire son travail en Californie – est, vous avez deviné, un Texan étroitement lié à l'industrie de l'énergie. Et l'administration croit toujours que la « financiarisation » est le bon moyen de traiter tout et n'importe quoi, des bons d'éducation à la Caisse de retraite publique.

Mais elle a tort. Et j'espère qu'il ne faudra pas toute une série de catastrophes pour nous apprendre qu'il y a des limites à ce que peuvent faire les marchés.

FLAGRANT DÉLIT

10 mai 2002

Vieille blague : un fermier entend des bruits suspects dans son poulailler. « Qui est là ? – Personne. Y a que nous, les poulets », répond le voleur. Rassuré, le fermier retourne au lit.

C'est un bon résumé du comportement des régulateurs fédéraux pendant la crise de l'électricité en Californie. Comme je le répète depuis plus d'un an, il y a de très fortes présomptions pour penser que la manipulation du marché a joué un rôle essentiel dans cette crise. Les compagnies énergétiques avaient les raisons, les moyens et l'occasion de faire monter les prix à des niveaux astronomiques. Et la crise avait exactement les traits typiques en cas de manipulation : une grande partie de la capacité de production d'électricité restait inactive tandis que les prix de gros en étaient à cinquante fois leur niveau normal.

Pourtant, les dirigeants fédéraux, de George W. Bush jusqu'au bas de l'échelle, n'ont offert à la Californie que des sermons sur les vertus du libre marché. La Federal Energy Regulatory Commission, censée surveiller ces questions, n'a trouvé aucune preuve de comportement criminel. En deux mots, la FERC a demandé aux compagnies : « Manipulez-vous le marché ? » « Qui, nous ? » ont-elles répondu. Et ça s'est arrêté là. Mon étude favorite de la FERC a découvert que les compagnies d'électricité avaient les moyens d'exercer « un pouvoir de marché », qu'il aurait été lucratif pour elles de le faire, mais qu'il n'y avait aucune preuve qu'elles l'avaient fait. Leurs dirigeants doivent être vraiment super !

L'importance des notes internes explosives d'Enron, révélées il y a quelques jours, c'est qu'elles montrent à quel point ils étaient super. Il s'avère qu'Enron manipulait bel et bien les marchés avec des plans baptisés de noms culturels, comme *Fat Boy*, *Death Star* ou *Get Shorty*[1]. Qui a dit qu'on ne plaisante pas en affaires ?

Ces notes sont venues au jour en dépit de la détermination évidente de la FERC à ne rien voir. (Nous savons maintenant que l'administration Bush a en fait laissé Enron choisir les membres de la commission.) « La FERC, résume un haut fonctionnaire californien, c'est comme un papa qui refuse de croire que son fiston a mal tourné. Les notes internes, c'est comme quand on trouve dans le cartable un journal intime qui dit : aujourd'hui, j'ai volé de l'alcool. »

Le gros risque maintenant, c'est que l'on transforme cette histoire en une simple « affaire Enron ». C'est faux. Enron était surtout un courtier, pas un producteur de courant, et à lui seul il n'aurait pu avoir qu'un impact limité sur les prix de l'électricité. Prise globalement, l'affaire suppose une manipulation du marché par plusieurs producteurs. Les présomptions sont accablantes, et si aucune note explosive n'a encore percé, comment s'en étonner ? Le cas Enron montre combien il est facile à des compagnies de cacher leurs traces, surtout quand les régulateurs sont avec elles. Si Enron n'avait pas perdu son prestige en faisant faillite, soyons sûrs que nous n'aurions jamais entendu parler du « gros garçon » et de « l'étoile de la mort ».

1. *Death Star* (« l'étoile de la mort ») est le nom de l'arme terrible de l'Empire dans le film *La Guerre des étoiles* de George Lucas (1977). Il s'agissait, en l'occurrence, de provoquer de fausses congestions des lignes électriques pour obtenir des paiements compensatoires de l'ISO. *Get Shorty* (en français *Stars et truands*) est un film de Barry Sonnenfeld (1995) avec John Travolta, inspiré d'un roman d'Elmore Leonard (1990). *Get Shorty* peut signifier « Mets-toi en pénurie », et désignait la vente de réserves de sécurité à l'ISO, qu'Enron lui rachetait moins cher quand elles se révélaient inutiles. La technique du « gros garçon », *Fat Boy*, consistait à gonfler artificiellement la demande pour faire monter les prix.

Il y a un point, néanmoins, qui concerne spécifiquement Enron. J'ai peut-être été injuste envers Thomas White, le secrétaire à l'Armée de terre. Il dirigeait Enron Energy Services, dont j'avais cru que la tâche était essentiellement d'enregistrer de faux profits, pour gonfler le cours de l'action Enron. Or il s'avère que ce service avait aussi un autre rôle : monter de fausses transactions d'électricité pour gonfler les vrais profits d'Enron aux dépens de l'État de Californie. Pourquoi, au juste, M. White est-il toujours secrétaire ?

Mais ce qui me fait vraiment mal dans cette histoire n'est pas le comportement des firmes de l'énergie. Ni même celui de l'administration Bush – bien que, non contente de regarder sans réagir la Californie se faire escroquer de 50 milliards de dollars, elle ait exploité ses malheurs sans vergogne pour promouvoir un plan énergétique sans aucun impact sur cette crise (et devenu aujourd'hui, bien sûr, crucial pour la guerre contre le terrorisme).

Non, ce qui me fait mal, c'est la position adoptée par tant de commentateurs économiques et politiques – que le désastre californien n'avait rien à nous apprendre sur les risques de la déréglementation et les dangers de l'amour-passion du libre marché. Tout a été, assurent-ils, de la faute de la Californie elle-même, parce qu'elle a instauré un système « défectueux » – terme merveilleusement vague qui les dispense d'expliquer ce qui s'est vraiment passé. Le principal « défaut » du système, en réalité, était l'absence de garde-fou contre les manipulations.

Et je suis sûr qu'on fera tout pour ignorer les toutes dernières révélations. Pourquoi laisser de simples faits importuner une belle théorie politiquement commode ?

EN PLEIN JOUR

27 septembre 2002

« Il n'y a qu'une poignée de grands vendeurs d'électricité en gros et vous êtes l'un d'eux. L'idée doit forcément vous venir à l'esprit : qu'arriverait-il aux prix si l'une de mes centrales quittait le réseau ? Et quand les compagnies agissent en conséquence… vous voyez le tableau. »

J'ai écrit ces lignes en mars 2001, quand la crise de l'électricité en Californie battait son plein. Déjà à cette date, les experts que j'avais consultés – des économistes qui suivaient la situation de près et sans préjugés – étaient persuadés que les compagnies créaient délibérément la pénurie, mais ce n'est que dans les toutes dernières semaines, avec une série de rapports et de jugements accablants, que l'opinion commune a, à contrecœur, accepté l'évidence.

C'est le vrai mystère de la crise californienne : comment un hold-up de 50 milliards de dollars a-t-il pu avoir lieu en plein jour ?

Certes, il a toujours été difficile de prendre sur le fait les manipulateurs pour un acte précis. Frank Wolak, de Stanford, compare les compagnies d'électricité à un salarié qui se porte souvent malade par téléphone. Son cas est clair, mais, tant qu'on ne l'a pas pris en flagrant délit de simulation, il est difficile de prouver qu'il n'est pas malade.

Néanmoins, les preuves commencent à s'accumuler. Il y a eu d'abord les notes internes d'Enron. Puis, la California Public

Utilities Commission a établi que la plupart des coupures de courant qui ont frappé la Californie entre novembre 2000 et mai 2001 n'étaient pas dues à l'insuffisance des capacités de production, mais à la décision des grandes compagnies de garder hors réseau une bonne partie de leurs centrales. Et, tout dernièrement, un juge de la Federal Energy Regulatory Commission a déclaré que la société El Paso a fait usage de sa mainmise sur un pipeline crucial pour créer artificiellement une pénurie de gaz naturel.

Mais pourquoi les compagnies de l'énergie ont-elles cru pouvoir s'en tirer sans problème ?

Les malfaiteurs en vue sont de très gros contributeurs au parti républicain : ce pourrait être l'une des réponses. Certains analystes suggèrent que les compagnies de l'énergie se jugeaient libres de manipuler les marchés parce qu'elles pensaient avoir acheté une protection qui les exemptait de la réglementation fédérale – les plus portés à parler de complot soulignent que les grosses coupures de courant ont commencé juste après l'élection de 2000 et se sont arrêtées quand les démocrates ont pris le contrôle du Sénat.

Il est certain que les régulateurs fédéraux paraissaient bien décidés à ne rien voir et à ne rien entendre, et surtout à ne révéler aucune preuve du forfait aux autorités californiennes. Un jugement antérieur de la FERC sur El Paso visait, selon de nombreux observateurs, à étouffer l'affaire. Dans un autre cas, AES/Williams a été accusé de fermer certaines unités de production d'électricité, ce qui obligeait le réseau électrique à acheter du courant beaucoup plus cher à d'autres unités de la même compagnie. En avril 2001, la FERC et Williams ont conclu le réglement suivant : la compagnie remboursait les surprofits mais ne payait aucune amende, et la FERC mettait les preuves sous scellés. Et voici ce qu'a dit, la semaine dernière, le bulletin d'information de la CBS : « Les régulateurs fédéraux ont des enregistrements audios des salles de commande des centrales qui prouvent que les courtiers de Williams Energy appelaient les directeurs de ces centrales pour leur dire de couper le jus. L'État fédéral a mis les scellés sur ces enregistrements dans un règlement secret [le même ?], et refuse toujours de les communiquer. »

Si c'est vrai, cela signifie que la FERC a pris au moins une compagnie d'électricité la main dans le sac au plus fort de la crise, à un moment où les autorités de l'État la suppliaient d'agir – et qu'elle a fait disparaître les preuves. L'affaire a pourtant suscité fort peu d'attention au niveau national.

Il n'a jamais été à la mode de parler de ce qui s'est vraiment passé en Californie. Quand la crise était en cours, la plupart des commentateurs s'en tenaient à une analyse qui blâmait l'interventionnisme des bureaucrates et non la cupidité des compagnies. Quand elle a pris fin, c'est soudain devenu de l'histoire ancienne.

Peut-être notre foi nationale dans les marchés est-elle si forte que les Américains ne veulent pas entendre parler d'un cas où ils ont spectaculairement déraillé. Je reste néanmoins perplexe devant cette inattention non seulement au désastre, mais aussi aux indices d'efforts pour étouffer la vérité. Il s'agit tout de même du plus gigantesque abus de pouvoir de marché depuis l'époque des barons voleurs – et les agents fédéraux n'ont rien fait pour l'arrêter.

Et si la FERC a été étrangement inefficace pendant la crise californienne, que pouvons-nous attendre des autres administrations publiques ? Dans tous les services de l'État, du département de l'Intérieur[1] et du Service des forêts à l'Agence de protection de l'environnement, d'ex-lobbyistes des industries réglementées sont aujourd'hui aux commandes – et se montrent peu enclins à créer des problèmes à leurs employeurs d'hier et de demain.

C'est donc à nos risques et périls que nous ignorons l'expérience de la Californie, car il est fort probable qu'elle nous donne la clé d'événements à venir.

1. Ce département est celui qui gère par exemple les parcs nationaux, les terres de l'État, les réserves indiennes. Il a aussi un important service géologique et minier.

L'ÉLECTRO-FOLIE DU POUVOIR

28 mars 2003

Ils se prenaient pour des réalistes lucides et voyaient leurs adversaires comme des cœurs tendres aux idées floues. Ils faisaient taire toute critique de leurs prémisses, même si les sceptiques comprenaient de nombreux experts de l'État. Ils avaient suprêmement confiance en eux. Et pourtant, très rapidement, tout ce qu'ils avaient dit s'est révélé entièrement faux.

Non, je ne parle pas de la guerre. Je parle du groupe de travail sur l'énergie que Dick Cheney a dirigé en 2001. Mais il y a des parallèles troublants. Ces jours-ci, les commentateurs se demandent comment M. Cheney – qui a prédit avec tant d'assurance que nos soldats seraient « accueillis en libérateurs » – a pu se tromper à ce point. Mais un nouveau rapport dévastateur sur la crise énergétique californienne nous rappelle qu'il a été aussi sûr de lui et s'est autant trompé sur d'autres problèmes.

Au printemps 2001, les lumières s'éteignaient dans toute la Californie. Il y avait des coupures totales et partielles, et les prix de l'électricité montaient en flèche. Le groupe de travail de M. Cheney a été constitué pendant ce désastre. Il a conclu, pour résumer, que la crise énergétique était un problème à long terme, provoqué par les bureaucrates interventionnistes et ces empoisonneurs d'écologistes qui ne laissaient pas les grandes compagnies faire ce qu'il fallait. Solution : mettre au rancart les réglementations de défense de l'environnement et offrir aux firmes de l'énergie des milliards de dollars de subventions.

En passant, M. Cheney, sarcastique, a défini les économies d'énergie comme un simple « signe de vertu personnelle », et affiché son mépris pour les dirigeants californiens qui réclamaient le contrôle des prix et jugeaient la crise exacerbée par une manipulation du marché. Soyons juste : l'attitude railleuse de M. Cheney sur ce dernier point était partagée quasi unanimement dans le monde politique et les médias – oui, je m'autofélicite d'avoir eu raison.

Car nous le savons maintenant : tout ce que disait M. Cheney était faux.

En fait, la crise de l'électricité en Californie n'avait rien à voir avec les restrictions environnementales et beaucoup avec la manipulation du marché. En 2001, nous avions essentiellement des présomptions, mais à présent nous disposons d'un nouveau rapport de la Federal Energy Regulatory Commission, qui jusqu'à présent rejetait la thèse de la manipulation. C'est fini. Ce rapport conclut qu'elle a été omniprésente et donne une montagne de preuves directes, dont des enregistrements téléphoniques, des *e-mails* et des notes internes. Il n'y a plus le moindre doute : les coupures de courant en Californie étaient pour la plupart artificielles, créées par les compagnies pour faire monter les prix et les profits.

Et qu'est-ce qui a mis fin à la crise ? Parmi les facteurs principaux, les économies d'énergie et le contrôle des prix. Pendant ce temps, qu'arrivait-il à cette insuffisance à long terme de capacités de production qui imposait de suspendre les réglementations écologiques et de fournir quantité d'aide sociale aux entreprises ? Quelques mois après la publication du rapport Cheney, les analystes boursiers baissaient les notes des firmes de l'énergie en raison d'un risque de surcapacité à long terme.

Bref, M. Cheney et ses réalistes lucides nous menaient en bateau : leurs rapports décrivaient un monde imaginaire totalement étranger à la réalité. Comment ont-ils pu se tromper à ce point ?

Première réponse : M. Cheney a voulu que son groupe de travail ne comprenne que des gens du même avis que lui. Pour autant que nous le sachions, il n'a consulté que des p-dg de l'énergie. Son groupe était donc exposé à ce que les militaires appellent l'« amplification incestueuse », que le *Jane's Defense Weekly* définit en ces termes : « situation, dans une guerre, où l'on n'écoute que ceux qui sont déjà d'accord sur tout, ce qui renforce les convictions établies et facilite les erreurs de calcul ».

Deuxième réponse : au fond, M. Cheney a demandé conseil sur les moyens de sortir de la crise aux compagnies mêmes qui la créaient pour s'amuser et s'enrichir. Mais comptait-il parmi les rieurs ?

Nous ne saurons peut-être jamais ce qui s'est vraiment passé dans le groupe de travail sur l'énergie, puisque l'administration Bush a fait des efforts sans précédent pour nous en empêcher. Au début, le General Accounting Office, organisme non partisan censé exercer une surveillance interne, paraissait déterminé à ne pas lâcher prise, mais après l'élection de mi-mandat, selon la lettre d'information *The Hill*, les républicains du Congrès sont allés voir son directeur et l'ont menacé de sabrer dans son budget s'il ne renonçait pas.

La vraie morale de l'histoire est peut-être là. Depuis deux ans, M. Cheney et d'autres hauts dirigeants ont eu tort encore et toujours – sur l'énergie, sur l'économie, sur le budget. Mais leur puissance politique les a protégés de toute conséquence désagréable. Dans ces conditions, ni eux ni le pays ne tirent les leçons de leurs fautes, et elles continuent à grossir.

CHAPITRE 13

Dans le brouillard

LA VÉRITÉ BRUTE (ET NON RAFFINÉE)

9 mai 2001

Les prix de l'essence sont repartis à la hausse, et l'administration s'empresse d'en tirer argument en faveur de sa stratégie énergétique « Forons et consommons ». Mais l'examen des causes de l'actuelle pénurie d'essence suggère une tout autre morale : les économies d'énergie devraient constituer un élément majeur de notre stratégie et les avoir négligées est une de nos grandes erreurs.

Commençons par le commencement : la montée des prix de l'essence cette année n'a rien à voir avec une pénurie de brut. Même si nous avions déjà criblé de trous la toundra en Alaska et le fond océanique au large de la Floride, nous serions dans le même pétrin. La contrainte à laquelle nous nous heurtons aujourd'hui, c'est notre capacité limitée de raffinage, de transformation du brut en essence.

Pourquoi la capacité de raffinage est-elle insuffisante ? Aucune raffinerie nouvelle n'a été construite dans ce pays depuis vingt ans. Ce que Dick Cheney souligne avec un plaisir évident. Sous-texte implicite : c'est la faute de ces écologistes qui ont mis des bâtons dans les roues de l'industrie pétrolière. C'est sûrement l'explication, non ?

Faux. Que les réglementations environnementales aient un peu gêné la production de nos raffineries existantes, soit. Le problème n'est pas tant leur rigueur que leur incohérence. Chaque région a ses propres règles, ce qui fragmente la production nationale – par exemple, les États du Midwest imposent que l'essence contienne de l'éthanol, sous-produit du maïs. Mais, si l'industrie pétrolière n'a construit aucune nouvelle raffinerie depuis vingt ans, la vraie raison est qu'elle n'en avait pas besoin. Jusqu'à l'année dernière, le raffinage était une activité en crise permanente, dont le fléau était la surcapacité.

Voici ce qui s'est passé. Dans le sillage de la crise du pétrole des années 1970, les particuliers aux États-Unis se sont mis aux économies d'énergie – ce n'était pas un « signe de vertu personnelle », selon la formule sarcastique de M. Cheney, mais un moyen de limiter les dépenses. Les voitures, notamment, sont devenues bien moins gourmandes en essence. Pendant ce temps, l'industrie pétrolière pratiquait l'« extension rampante des raffineries » : les capacités de raffinage grandissaient par petits ajouts successifs, même si aucune raffinerie nouvelle n'était construite. Résultat : surcapacité et écrasement des marges bénéficiaires jusqu'à la fin des années 1990.

Si nous nous sommes finalement heurtés à des contraintes de capacité, c'est qu'il y a eu une forte poussée de la demande, due en partie au boom économique de la fin des années Clinton mais surtout au regain d'enthousiasme des Américains pour les gros véhicules avides de carburant – enthousiasme stimulé par... le prix modique de l'essence. En 1998, comparée à l'ensemble des prix à la consommation, l'essence n'avait jamais été moins chère dans l'histoire des États-Unis – 60 % moins chère qu'en 1981. Le pays s'est rué sur des VLT[1] toujours plus gigantesques. Et il a soudain découvert que nous manquions de capacités de raffinage. Les raffineurs n'ont pas été entravés par des règles qui les auraient empêchés d'en construire de nouvelles – ils ont été pris au dépourvu, tout simplement.

Il faut garder cette histoire à l'esprit quand on fait l'analyse logique des récents discours de M. Cheney. À l'entendre, on pourrait croire que nous vivons dans un pays où des forces politiques puissantes s'opposent à la production d'énergie et prêchent un retour aux âges des ténèbres. « Parler exclusivement

1. Les « véhicules loisir travail », ou SUV (*Sport Utility Vehicles*).

d'économies d'énergie, s'est-il écrié dans un discours, c'est esquiver les problèmes difficiles. [...] Ce n'est pas une base suffisante – à elle seule – pour une politique énergétique saine et globale. » Dans un autre, il a tourné en dérision des personnages non précisés qui « disent au peuple américain qu'il doit vivre dans le noir, éteindre toutes les lumières ». Bref, M. Cheney voit le problème ainsi : il y a pénurie parce que des extrémistes des économies d'énergie nous ont empêchés de construire les capacités de production que les gens sérieux savaient nécessaires.

Dois-je souligner que cette analyse, comme tant de celles qui émanent de cette administration, est une contre-vérité cynique ? Sans même lui demander qui conseille au peuple américain de vivre dans le noir, je défie M. Cheney de donner quelques exemples de politiques influents qui prônent le recours exclusif aux économies d'énergie. En réalité, depuis dix ans, dans leur quasi-totalité, ils n'en ont pas parlé du tout – et encore moins exclusivement.

Il nous faudra construire des raffineries – et des centrales électriques, et des pipelines, etc. Mais laisser entendre que nos difficultés résultent d'une foi excessive dans les économies d'énergie est ridicule. Il serait plus juste de dire que nous sommes en état de crise parce que nos dirigeants n'ont même pas osé prononcer le mot.

ÇA VA CARBURER !

20 mai 2001

Qui savait que Dick Cheney avait un tel sens de l'humour ? Il nous avait fait crouler de rire avec sa descente en flammes des économies d'énergie : simple « signe de vertu personnelle » ! Mais la plaisanterie est devenue bien meilleure jeudi, après la publication du plan énergétique de l'administration. Juste pour rire, M. Cheney y a inséré quelques pseudo-mesures d'économies. Et la première est un crédit d'impôt pour – tenez-vous bien – les acheteurs de voitures hybrides gazéo-électriques.

Vous saisissez la blague ? Pendant la campagne, l'un des gags favoris de George W. Bush était de ridiculiser Al Gore pour avoir proposé – vous avez deviné – un crédit d'impôt aux acheteurs de voitures hybrides. L'éclat de rire était énorme, car c'était le parfait symbole du souci des détails triviaux qu'il prêtait à son adversaire. Aujourd'hui, dans un geste finement satirique, M. Cheney a fait de cette proposition sa mesure phare en économies d'énergie. Dans les dents, les mauviettes !

Il semble que les commentateurs vedettes, qui s'étaient trompés sur MM. Bush et Cheney pendant toute la campagne, se soient encore trompés. Nous le savons maintenant : le langage modéré de M. Bush avant l'élection n'était pas sincère ; mais il s'avère que le discours libertarien de l'administration pendant l'offensive de charme pour la réduction d'impôts ne l'était pas non plus. Ces gens-là ne croient pas au libre marché, ils croient au métal lourd. Raffineries ! Pipelines ! Centrales nucléaires ! Tout est là !

Afin de justifier leur passion des tubes métalliques, M. Cheney et ses collaborateurs ont tout fait pour fabriquer une crise de l'énergie – et ils ont soudain décidé qu'après tout le libre marché, ça ne marchait pas. « Des estimations, révèle le rapport, indiquent qu'au cours des vingt prochaines années la consommation de pétrole aux États-Unis augmentera de 33 %. » Quelles estimations ? On ne nous le dit pas. Mais c'est un chiffre énorme. Dans les vingt ans qui ont pris fin en 1999, dernière année pour laquelle nous avons des chiffres officiels, la consommation de pétrole a augmenté de moins de 5 %. Seule hypothèse imaginable : les collaborateurs de M. Cheney extrapolent la chute prononcée du rendement d'utilisation du carburant automobile dans les toutes dernières années, quand on est passé des voitures ordinaires aux VLT. Et ils veulent que nous fondions notre politique énergétique sur ce postulat : cette tendance très récente va se poursuivre sans trêve pendant des décennies.

Ce n'est pas une fatalité. D'ailleurs, ça n'arrivera pas, même en l'absence de toute mesure sérieuse d'économie d'énergie. Pour consommer autant d'essence que le rapport Cheney prétend qu'il nous en faut, ceux qui ont aujourd'hui une voiture ordinaire devraient tous passer au VLT et les conducteurs de VLT à un véhicule proche du tank Sherman.

Que cache l'arithmétique lubrifiée de M. Cheney ? Il va sans dire qu'il veut nous faire peur, pour que nous assouplissions les réglementations sur l'environnement. Mais ce n'est pas tout : le plan Cheney offre toute une gamme de subventions, explicites et implicites, aux producteurs d'énergie. Le Cato Institute y voit d'ailleurs « un somptueux buffet de cadeaux et subventions à l'intention de la quasi-totalité des lobbies de l'énergie à Washington ». Bizarre, n'est-ce pas ? Quand vous êtes un salarié mal payé, ou un consommateur d'énergie, le marché est sacro-saint – si l'État vous prêtait la moindre assistance, ce serait un drame terrible. Mais les producteurs d'énergie ont apparemment besoin d'encouragements exceptionnels pour faire leur travail normal.

En réalité, bien sûr, ils n'en ont aucun besoin. M. Cheney adore répéter qu'il va nous falloir construire une nouvelle centrale par semaine pendant vingt ans, sous-entendant que c'est une tâche herculéenne qui ne saurait être accomplie qu'avec une aide considérable de Washington. Mais la montée des prix a déjà suscité un immense boom de la construction dans l'industrie électrique, qui ajoutera trois ou quatre centrales par semaine pendant les prochaines années. Comme l'ont dit quelques blagueurs, si l'industrie électrique veut respecter l'objectif de M. Cheney, il va falloir qu'elle ralentisse son programme de construction.

La vérité, c'est que l'administration présente les choses à l'envers. Elle soutient que nous sommes confrontés à une crise de l'énergie à long terme, et qu'il n'y a pas de réponse à court terme. En réalité, à long terme, les forces de l'offre et de la demande s'occuperont de nos besoins énergétiques, avec ou sans le coûteux programme Cheney d'aide sociale aux entreprises. Ce qui serait vraiment utile, c'est une stratégie pour faire face à un problème temporaire de prix astronomiques et d'énormes profits immérités. Mais nous ne la verrons pas venir, du moins pas de Washington.

OPEP : PÂTIR ET COMPATIR

5 août 2001

George W. Bush a dit quelque chose d'intéressant sur l'économie l'autre jour. Non, vraiment. Ce n'était pas le refrain habituel sur les réductions d'impôts panacée universelle. Il a fait une remarque non prévue dans le script, qui traduit ce qu'il pense et ressent vraiment. On pourrait dire qu'elle nous donne un aperçu de son âme, et il s'avère que son âme, ou peut-être n'est-ce que son cœur, appartient – quelle que soit leur nationalité – à ceux qui vendent du pétrole.

On a récemment interrogé M. Bush sur la décision de l'Organisation des pays exportateurs de pétrole de réduire sa production de 1 million de barils par jour. C'est à peu près la production quotidienne maximale à attendre, selon les estimations du département de l'Énergie, des forages dans la toundra en Alaska – et pas avant le milieu de la prochaine décennie. De plus, l'OPEP réduit sa production pour que les prix du pétrole restent hauts malgré un affaissement de la demande mondiale, ce qui paraît contraire aux intérêts des États-Unis.

M. Bush n'en a pas moins exprimé une remarquable compassion pour la cause de l'OPEP. Comme s'il ressentait la douleur des exportateurs de pétrole. « Il est très important qu'il y ait stabilité du marché, a-t-il déclaré. J'ai lu certains commentaires de ministres de l'OPEP, et ils disaient qu'il s'agissait simplement d'assurer que le marché resterait stable et prévisible. » Peut-être vous demandez-vous si, par cette remarque, M. Bush donne vraiment son aval à la fixation arbitraire d'un prix ou s'il se montre simplement courtois, mais son porte-parole Ari Fleischer a dissipé les doutes : « Le président pense que la stabilité est importante, et il peut y avoir stabilité avec des prix bas, il peut y avoir stabilité avec des prix modérés. »

C'est le même homme qui, pendant la campagne électorale de l'an dernier, disait qu'il forcerait l'OPEP à « ouvrir le robinet ». L'Organisation a-t-elle interprété les remarques de M. Bush comme un feu vert pour de nouvelles réductions de production ?

Selon un spécialiste du pétrole interviewé par l'agence Reuters, le soutien public de M. Bush à leurs efforts pour garder les prix à haut niveau « a excité de nombreux ministres de l'OPEP ».

Bizarre, non ? Quand la Californie se plaint de prix de l'électricité trop élevés, on lui fait un cours sur l'impossibilité de défier les lois de l'offre et de la demande. Mais quand des producteurs étrangers s'entendent pour empêcher une chute des prix due à un engorgement du marché pétrolier, l'administration non seulement se déclare d'accord avec eux, mais ressort la vieille théorie discréditée qui prétend que les cartels sont dans l'intérêt du consommateur.

Ce n'est pas le seul cas où elle renonce à ses principes quand il s'agit de pétrole. La loi énergétique adoptée à la Chambre des représentants la semaine dernière se distingue par son indifférence aux effets environnementaux et par l'absence de toute mesure sérieuse d'économie d'énergie – quand relever les normes de rendement d'utilisation du carburant permettrait d'économiser facilement bien plus de pétrole que nous n'en trouverons jamais dans la toundra.

Mais le plus stupéfiant, c'est que cette loi contient plus de 30 milliards de dollars de subventions et d'avantages fiscaux spéciaux pour les producteurs d'énergie. Stupéfiant, ça l'est d'autant plus que l'argent manque : les républicains attendent nerveusement les nouvelles projections budgétaires, et tout le monde à Washington s'attend à y lire que les réductions d'impôts ont effacé l'excédent budgétaire disponible pour l'avenir prévisible.

Il apparaît donc que de nombreux principes de l'équipe Bush comportent une clause spéciale qui prévoit une dérogation pour le pétrole. L'administration dit à tous qu'il faut s'en remettre au libre marché et accepter que les prix montent et baissent en fonction de l'offre et de la demande – sauf à ceux qui vendent du pétrole. Elle dit à tous qu'il faut se prendre en charge et n'attendre aucune subvention de l'État fédéral – sauf à ceux qui vendent du pétrole. Elle dit à tous les pays que les États-Unis défendront leurs intérêts sans hésiter à froisser les sensibilités locales – sauf à ceux qui vendent du pétrole.

M. Bush – faut-il le préciser ? – est bien naïf d'attribuer des motifs altruistes aux ministres de l'OPEP. Ils ne veulent pas la stabilité, ils veulent de l'argent – le vôtre. Et leur initiative n'a fait aucune faveur à l'économie mondiale : bien au contraire, la chute des prix pétroliers était l'un des facteurs d'espoir qui, selon les économistes, allaient peut-être atténuer les risques de récession générale. La décision de l'OPEP de réduire la production, que M. Bush semble excuser, a donc été mauvaise pour le monde et mauvaise pour les Américains. Sauf pour ceux qui vendent du pétrole, bien sûr.

RÉCHAUFFEMENT PLANÉTAIRE : ERSATZ DE POLITIQUE

15 février 2002

Les consommateurs avisés le savent : un mot en plus dans le nom d'une denrée peut changer bien des choses, rarement pour le meilleur. Toutes mes excuses aux amateurs de Velveeta, mais, pour la plupart d'entre nous, l'« aliment au fromage » ne vaut pas le fromage.

En entendant l'administration Bush s'engager hier à réduire de 18 % « l'intensité en gaz à effet de serre », les esprits confiants ont peut-être compris qu'elle s'engageait à réduire les gaz à effet de serre, ces émissions (essentiellement de dioxyde de carbone dû à la combustion de l'énergie fossile) qui provoquent le réchauffement de la planète. C'est d'ailleurs ce qu'ont rapporté certains articles de presse. Mais le mot en plus change bien des choses. Le but que se fixe ainsi l'administration représente une amélioration à peu près nulle, et, conformément à cet objectif, elle annonce des mesures insignifiantes qui n'auront pratiquement aucun effet.

Qu'appelle-t-on « intensité en gaz à effet de serre » ? Le volume des émissions de ces gaz divisé par le produit intérieur brut. L'administration dit qu'elle va réduire ce quotient de 18 % d'ici dix ans. Mais puisque, selon la plupart des projections, le PIB devrait dans la même période s'accroître de 30 % ou davantage, cela revient en fait à autoriser une importante augmentation des émissions.

Maintenir leur croissance au-dessous de celle de l'économie, me direz-vous, n'est-ce pas déjà faire un certain effort pour lutter contre le réchauffement de la planète ? Non. Parce que cela se serait produit de toute façon. La réduction de l'intensité en gaz à effet de serre que vise l'administration peut être réalisée sans aucune mesure – et tant mieux, car de fait elle n'en propose aucune.

Les raisons pour lesquelles l'intensité en gaz à effet de serre tend à diminuer avec le temps sont complexes, mais la logique fondamentale est simple. Nous devenons progressivement une société postindustrielle, où les secteurs du savoir et des services croissent plus vite que l'industrie traditionnelle. Puisqu'il faut moins d'énergie pour faire circuler des bits que des plaques de tôle, un dollar de PIB n'exige pas, en général, la combustion d'autant de carbone dans la nouvelle économie que dans l'ancienne.

Mais l'ancienne est toujours là, et la nouvelle utilise, malgré tout, de grosses quantités d'énergie – notamment si son personnel de bureau effectue de longs trajets en VLT du logis à la souris et retour. Donc, l'intensité en gaz à effet de serre diminue peut-être quand l'économie croît, mais les émissions de gaz à effet de serre, elles, augmentent toujours. Et ce sont elles qui nuisent à la planète.

Donc, que propose l'administration Bush ? Pas grand-chose.

La principale mesure concrète présentée hier est une gamme d'avantages fiscaux récompensant des initiatives bonnes pour la planète, par exemple installer des panneaux solaires ou récupérer le méthane des décharges. Inutile d'entrer dans les détails, de se demander par exemple pourquoi les crédits d'impôt devraient être le meilleur outil. (Oh, j'oubliais : les réductions d'impôts sont la bonne réponse à tous les problèmes.) Le point crucial est clair : c'est trop peu. 4,6 milliards de dollars sur cinq ans. Moins d'un *cent* par jour et par Américain. Cela vous paraît-il suffire à bouleverser en profondeur notre usage de l'énergie ? Est-ce un niveau de réaction approprié à une menace majeure contre la planète ?

Et c'est la partie concrète du projet ! L'autre consiste à créer un « registre » : les entreprises pourront, si elles le souhaitent, y faire inscrire leurs émissions de gaz à effet de serre. Si elles

les réduisent, elles recevront... ah, rien du tout. Mais de futures administrations leur en sauront peut-être gré.

D'où la vraie question : pourquoi une administration qui manifestement ne veut rien faire contre le réchauffement de la planète se sent-elle tenue de monter cette pantalonnade ?

Parce que, sur les problèmes d'environnement, elle est clairement en décalage avec l'opinion publique, bien sûr. Si chacun en était conscient, son indifférence au sort de la planète serait des plus impopulaires.

Pour contrer cette menace politique potentielle, l'administration Bush exagère les coûts économiques des réglementations environnementales. Au printemps dernier, Dick Cheney a fallacieusement laissé entendre qu'elles avaient provoqué une pénurie de capacités de raffinage. Aujourd'hui, George W. Bush prétend contre toute vraisemblance que le protocole de Kyoto détruirait des millions d'emplois.

En même temps, l'administration crée l'illusion d'une action environnementale en annonçant des mesures à première vue impressionnantes mais pratiquement vides de tout contenu.

Donc, méfiez-vous avant d'acheter. Ce que l'administration a offert hier, c'est un « aliment à la politique anti-réchauffement », qui ressemble peu à la vraie denrée.

HUIT KILOMÈTRES CARRÉS

1er mars 2002

Selon mes calculs, mon espace de travail mesure quelques centimètres carrés au sol. Cela vous paraît peut-être invraisemblable, mais j'utilise une méthodologie tout à fait admise. Tout à fait admise, en tout cas, par les partisans des forages pétroliers dans la Réserve naturelle de l'Arctique.

La semaine dernière, la secrétaire à l'Intérieur Gale Norton a répété la réponse officielle à ceux qui craignent un développement massif de l'exploitation pétrolière dans l'un des derniers espaces naturels encore vierges d'Amérique : « Son impact sera limité à 8 km^2 sur les 8 000 de la Réserve. » Ce chiffre est issu de la version Chambre des représentants du plan énergétique Bush-Cheney, qui promet que « la surface couverte par les équipements de production et de soutien » ne dépassera pas 8 km^2. Tableau rassurant : une minuscule enclave de développement perdue dans l'immensité arctique.

Mais ce tableau est une escroquerie. Le développement ne sera pas limité à une petite enclave : selon l'US Geological Survey, le pétrole présent dans la réserve est réparti entre de nombreux gisements séparés. Les forages seront donc disséminés dans toute la plaine littorale. Les routes qui relieront ces puits ne font pas partie des 8 km^2 : ce ne sont pas « des équipements de production et de soutien ». Et la « surface couverte » est très étroitement définie. Si un pipeline traverse un terrain sur une série de poteaux, seule compte l'emprise au sol des poteaux : la terre nue sous le pipeline n'est pas « couverte ».

Vous avez compris, à présent, comment j'arrive à travailler dans si peu d'espace. Suivant ces définitions, mon « impact » se limite aux zones en contact avec la matière : le bout des pieds de la table et de la chaise et les semelles de mes chaussures. Le reste du sol de mon bureau est de la nature inviolée.

La leçon de cette histoire va bien au-delà de l'impact des forages sur les caribous. Dans les efforts de nos dirigeants pour vendre au pays leur stratégie énergétique « forons et consommons », la publicité mensongère est partout. Nous qui suivons ce problème, nous avons du mal à comprendre pourquoi le plan du Pentagone qui prévoit la diffusion de fausses informations fait tant de remous. En quoi serait-ce différent de la pratique actuelle ?

Souvenons-nous que, juste avant cette dernière offensive pour ouvrir la Réserve naturelle arctique aux forages pétroliers, on a présenté comme une initiative politique majeure un plan sur le réchauffement de la planète consistant à ne faire pratiquement rien. Quels sont les autres mensonges de l'administration sur ses projets énergétiques ?

Une idée arrive sûrement en tête de liste : forer dans la Réserve naturelle arctique est un enjeu de sécurité nationale, la clef pour briser notre dépendance à l'égard du pétrole importé. En réalité, le scénario privilégié de l'Energy Information Administration indique que, même au bout de dix ans d'exploitation, l'Arctique ne produira que 600 000 à 900 000 barils par jour – faible pourcentage des 11 millions de barils quotidiens que nous importons aujourd'hui.

Autre idée absurde : forer dans la Réserve naturelle va créer des centaines de milliers d'emplois – assertion fondée sur une étude vieille de dix ans, effectuée par... vous avez deviné, l'Association professionnelle de l'industrie pétrolière.

Mais l'aspect le plus écœurant de la propagande de l'administration en matière d'énergie, c'est son effort persistant pour lier les pénuries à l'écologie – effort dont il est clair à présent qu'il a souvent été de mauvaise foi.

Au printemps dernier, par exemple, Dick Cheney, déplorant que les États-Unis n'aient construit aucune nouvelle raffinerie de pétrole depuis les années 1970, liait la chose aux restrictions environnementales. J'ai montré dans une tribune de mai dernier que l'écologie n'y était pour rien : on n'avait pas construit de raffineries parce que l'industrie était déjà en situation de surcapacité. J'ignorais que quelques semaines plus tôt, dans une critique cinglante du projet de rapport sur l'énergie de M. Cheney, des experts de l'Environmental Protection Agency* avaient défendu exactement la même idée. La version finale du rapport, soit dit en passant, ne dit pas clairement que les réglementations antipollution ont provoqué des pénuries d'essence, elle le suggère par insinuation.

Aujourd'hui, les citoyens qui s'en donnent la peine peuvent percer à jour ces mensonges. On peut lire sur Internet ce que l'US Geological Survey a vraiment à dire sur les réserves pétrolières de l'Arctique. Mais je ne cesse de me demander quand l'administration va fermer ces sites. Selon les nouvelles règles édictées par John Ashroft, les agences de l'État n'ont plus instruction de donner autant que possible l'information au public. On leur demande de la refuser chaque fois qu'elles ont une base juridique pour le faire. Et des évaluations honnêtes des réserves pétrolières en zone écologiquement sensible pourraient aider les terroristes – on ne sait jamais.

LE FOND DE L'AIR EST POLLUÉ

26 avril 2002

Pour la Journée de la Terre, George W. Bush a organisé une séance photo en pleine nature et fait l'éloge de son initiative « Ciels clairs ». Les démocrates ont ricané et l'ont traité d'instrument des intérêts pollueurs.

Y a-t-il du bon dans les plans de l'administration Bush pour la qualité de l'air ? La réponse est oui. Mais – vous saviez bien qu'il y aurait un « mais » – le bon est timide et insuffisant, tandis que le mauvais est mis en œuvre avec ardeur et détermination.

Le système actuel de lutte contre la pollution atmosphérique a vraiment besoin d'une refonte. Dans les années 1970, le Clean Air Act a fixé des règles strictes, mais seulement pour les sources de pollution « nouvelles ». Les centrales électriques, usines et autres équipements existants ont été mis à l'abri par une clause d'antériorité. On s'était dit qu'avec le temps ces vieux établissements sales allaient fermer.

Le résultat a été celui qu'on pouvait prévoir. Les pollueurs ont maintenu ces vieux sites en activité précisément parce qu'ils étaient exemptés des nouvelles règles. Au lieu d'en construire d'autres, les firmes ont investi massivement dans les centrales et usines existantes pour étendre leurs capacités de production.

L'administration Clinton a voulu mettre le holà. Elle a poursuivi en justice certaines entreprises, qu'elle accusait de créer de nouvelles sources de pollution en feignant de maintenir les anciennes. Les pollueurs ont évidemment exécré cet « examen des nouvelles sources », et ils ont contribué à coup de millions de dollars à la campagne de M. Bush.

Il devait y avoir un meilleur moyen. Et il y en a un : on l'appelle « plafond et échanges ». Dans ce système, les sources de pollution existantes reçoivent des permis d'émettre des quantités spécifiées de polluants – mais elles peuvent les revendre à d'autres. D'où une incitation à réduire la pollution des anciennes usines : cela libère des permis pour la vente. Le système « plafond et échanges » a déjà été institué avec un grand succès pour certains polluants, notamment le dioxyde de soufre émis par les centrales. Et, en réduisant peu à peu le nombre de permis, l'État peut l'utiliser pour réduire durablement la pollution.

Le mécanisme concret du plan de l'administration Bush contre la pollution atmosphérique est un système « plafond et échanges » pour le dioxyde de soufre, les dioxydes d'azote et le mercure. Donc, que peut-on lui reprocher ? Bien des choses, hélas.

D'abord, ce plan, ostensiblement, n'inclut pas le dioxyde de carbone, source principale du réchauffement de la planète. Outre qu'elle viole l'un des engagements de campagne de M. Bush, cette omission jette une ombre sur la politique future. Des experts en environnement me disent que réduire les émissions de dioxyde de carbone dans le cadre d'une stratégie intégrée contre de nombreux polluants reviendrait beaucoup moins cher qu'ajouter ces dispositions plus tard, quand des décisions d'investissement cruciales auront déjà été prises. Donc, en ne faisant rien contre le réchauffement de la planète, cette administration compromet aussi l'action des suivantes.

Deuxièmement, le plan Bush autorise encore une pollution deux fois plus élevée que le niveau jugé approprié, en privé, par les experts de l'Environmental Protection Agency (EPA). Réduire encore la pollution de moitié n'aurait, selon les documents internes de l'EPA, qu'un coût très limité, mais l'administration préfère manifestement ne pas demander à l'industrie de supporter même ces dépenses légères.

Enfin – c'est le plus important –, l'initiative « Ciels clairs » de l'administration reste à ce jour une promesse en l'air. Aucun projet de loi n'a été déposé, et l'on semble considérer que rien ne presse. Pendant ce temps, l'administration agit vite pour saborder l'examen des nouvelles sources : elle épargne ainsi, aux dépens de l'environnement, des milliards de dollars de frais de nettoyage à ses soutiens financiers (en particulier dans les États sous le vent du Nord-Est). De plus, en sabordant l'examen des nouvelles sources, elle risque de miner le soutien politique à sa propre initiative antipollution. Tant qu'elles étaient menacées, les entreprises pollueuses souhaitaient un nouveau système de contrôle moins contraignant. Mais à présent, avec leurs puissants alliés au Congrès, elles aimeraient autant que tout reste en l'état.

Une démoralisation évidente règne à l'EPA, où le médiateur pour les déchets toxiques vient de rejoindre la cohorte des responsables qui ont démissionné en signe de protestation. Le personnel sent bien que ses supérieurs politiques ne le soutiennent pas. « L'EPA est sur le siège arrière, voire sur le pare-chocs arrière, et les compagnies de l'énergie s'en donnent à cœur joie », résume Eric Schaeffer, qui vient de démissionner de son poste de chef du service d'exécution civile.

Bref, ce qu'on nous offre aujourd'hui, c'est une modeste initiative nouvelle contre la pollution qu'on appliquera peut-être un jour, finalement, si l'administration en trouve le temps. Vous ne savez pas qu'on est en guerre ? Pendant ce temps, les grands pollueurs obtiennent ce qu'ils ont payé en contributions de campagne : un laissez-passer de plusieurs milliards de dollars.

PÉTROLE : L'HEURE DE VÉRITÉ

5 juillet 2004

Avant le début de la guerre en Irak, que son empire médiatique a tant fait pour promouvoir, Rupert Murdoch a confié ce qu'on allait y gagner : « Ce qui va en sortir de plus important pour l'économie mondiale, permettez-moi de le dire, ce sera le baril à 20 dollars. » Hier les cours du brut à New York ont approché les 40 dollars le baril, leur plus haut niveau depuis treize ans.

Ceux qui attendaient de la guerre de gros bénéfices économiques se sont trompés du tout au tout sur l'évolution des événements en Irak, mais la désastreuse occupation de ce pays n'est que l'une des raisons de la hausse du prix du pétrole. L'autre, qui ne disparaîtra pas même si nous parvenons à sortir du bourbier, c'est l'intensification de la concurrence pour une offre mondiale de pétrole limitée.

Avec le chaos en Irak – dont une campagne continue de sabotage contre les pipelines pétroliers –, les exportations de brut n'ont toujours pas retrouvé leur niveau d'avant guerre, et encore moins apporté les millions de barils quotidiens supplémentaires qu'imaginaient les optimistes. De plus, les retombées de la guerre hantent les marchés, qui craignent à présent des attentats terroristes contre les équipements pétroliers d'Arabie Saoudite et commencent à redouter une radicalisation de tout le Moyen-Orient. (Il est intéressant de voir d'ex-thuriféraires de la détermination de George Bush dans la guerre contre le terrorisme comprendre tardivement qu'il a donné à Oussama Ben Laden exactement ce qu'il voulait.)

Mais même si tout s'était bien passé, l'Irak n'aurait pu faire baisser les prix du brut que pour un an ou deux au maximum, car les États-Unis et les autres pays avancés sont aujourd'hui en concurrence pour le pétrole avec des économies asiatiques en plein essor.

Le pétrole est une ressource finie. On n'a découvert aucun grand gisement depuis 1976, et les experts craignent fort qu'il n'y en ait plus. Certains analystes soutiennent que la production mondiale a déjà atteint son point culminant ou n'en est pas loin. La plupart estiment que les progrès technologiques permettront d'exploiter davantage des sources connues comme les sables bitumineux canadiens, et que la production va donc continuer à augmenter pendant une ou deux décennies. Mais la question vraiment cruciale n'est pas de savoir quand elle plafonnera physiquement. C'est de savoir quand la courbe des prix pétroliers tournera définitivement vers le haut. Ce virage à la hausse est inévitable, car une économie mondiale en croissance forte se heurte à une ressource dont l'offre est limitée. Mais quand se produira-t-il ? Peut-être vient-il d'avoir lieu.

Je sais bien qu'on a déjà fait des prédictions de ce genre pendant la crise énergétique des années 1970. Toutefois, l'issue de cette crise a été souvent mal comprise. Les prix sont retombés non parce que le monde a découvert de nouveaux champs pétrolifères, mais parce qu'il a trouvé moyen d'opérer avec moins de brut.

Pendant les années 1980, la consommation de pétrole a chuté dans le monde entier, car la crise de l'énergie a eu des effets à retardement : voitures plus économes en carburant, meilleure isolation des maisons, etc. La croissance a certes conduit à une reprise progressive de la consommation mondiale de pétrole, mais en 1993 encore, elle n'était que légèrement supérieure à son niveau de 1979. Aux États-Unis, la consommation de pétrole n'a retrouvé son niveau de 1979 qu'en 1997.

Mais depuis, la demande mondiale a augmenté à vive allure : le monde consomme quotidiennement 12 millions de barils de plus qu'il y a dix ans, à peu près la production de l'Arabie Saoudite et de l'Iran réunis. Le grand coupable n'est pas l'amour de l'Amérique (certes à courte vue) pour les grosses voitures ; les gros accroissements de la demande sont dus à l'essor de certains pays en développement. La Chine, en particulier, ne consomme encore que 8 % du pétrole mondial, mais elle a représenté 37 % de la croissance de la consommation mondiale de brut dans les quatre dernières années.

Une demande mondiale en forte croissance se heurte à une offre mondiale limitée : voilà pourquoi le marché du pétrole est si vulnérable aux crises de nerfs. Peut-être parviendrons-nous à surmonter cette crise et à retrouver un baril aux environs de 30 dollars. Mais, même dans ce cas, ce ne sera qu'un répit temporaire.

Ironie de l'histoire. On nous en aura parlé, de la concurrence de l'industrie chinoise et des centres d'appel indiens. Mais c'est une autre concurrence, bien différente – pour le pétrole et d'autres ressources –, qui s'avère autrement dangereuse pour notre prospérité.

Que faire ? Piste de réflexion : nous ne résoudrons ce problème ni en forant ni en conquérant. Quoi que nous fassions, le brut va augmenter. La solution, c'est de nous adapter.

CHAPITRE 14

Désastres étrangers

LA DURE LEÇON DE HONG KONG

Fortune, 28 septembre 1998

Ne le dites à personne, mais j'ai soufflé l'idée d'un joli coup financier à quelques amis milliardaires. Ils prennent discrètement une position de vendeurs à découvert[1] sur l'action Microsoft. Puis nous faisons courir le bruit que Bill Gates est devenu Hare Krishna. L'action Microsoft plonge et bingo ! À nous les centaines de millions.

Bon, d'accord, à y repenser, peut-être n'est-ce pas si génial. D'abord, je n'ai pas d'amis milliardaires. Et même si j'en avais, il y a un hic. Mon projet me vaudrait une intéressante conversation avec la Securities and Exchange Commission, qui se terminerait par une invitation polie mais ferme à passer quelques années dans une prison à régime souple.

Donc, modifions le plan. Au lieu d'attaquer une entreprise, faisons le coup à un petit pays. Nous prenons une position de vendeur à découvert sur sa Bourse, puis nous vendons sa devise sur le marché des changes, suffisamment pour déclencher une fuite générale hors de sa monnaie. La Banque centrale du pays devra relever les taux d'intérêt, ce qui fera plonger la Bourse locale. Et nous serons riches jusqu'à la fin de nos jours.

1. C'est-à-dire qu'ils vendent à terme des actions Microsoft qu'ils n'ont pas encore : ils s'engagent à les remettre à une date convenue à l'acheteur, qui les paie au cours initial. Ils les achèteront eux-mêmes juste avant la remise. Si à ce moment-là elles coûtent moins cher, ils auront gagné la différence entre les deux cours.

Oh ! il y a bien quelques détails empoisonnants. Il me faut toujours des amis milliardaires. Mais le gros problème, c'est qu'il est trop tard pour souffler l'idée. Il semble bien, voyez-vous, que certains spéculateurs l'aient déjà trouvée tout seuls, et mise en pratique. C'est du moins ce qu'affirme l'Autorité monétaire de Hong Kong. Comme vous l'avez probablement entendu dire, elle a accusé des investisseurs, férus de vente à découvert, de complot délibéré contre l'économie de la cité-État. Elle a donc procédé à de gros achats à la Bourse de Hong Kong pour faire monter les cours, et donner une bonne leçon à ces mécréants. Après quoi elle a purement et simplement interdit la vente à découvert des actions principales. Un point c'est tout.

Prenons bien la mesure de l'événement. La sympathie du gouvernement de Hong Kong pour le laisser-faire est célèbre. On n'a jamais eu là-bas à s'excuser d'être un spéculateur. L'Autorité monétaire a toujours mené une politique résolument non interventionniste. En instaurant un lien rigide entre le dollar de Hong Kong et celui des États-Unis, en soutenant à 100 % la devise locale par des réserves en dollars américains, elle s'est plus rapprochée que toute autre Banque centrale moderne d'un retour à l'étalon-or. Aux yeux des conservateurs américains, Hong Kong est la preuve vivante du bien-fondé de leur principe : tout ce qu'un État doit assurer, c'est une monnaie saine et des droits de propriété sûrs, et le secteur privé fera le reste.

Donc, quand les autorités de Hong Kong ont déclaré la guerre aux spéculateurs, les libéraux du monde entier ont été vraiment horrifiés. Qu'était-il arrivé au principe sacré de non-intervention ?

Je ne peux ni confirmer ni démentir une conspiration de spéculateurs contre Hong Kong. Mais beaucoup d'économistes estiment que, dans certaines circonstances, une devise peut subir des attaques spéculatives qui s'autoconfirment : en retirant leur confiance à une devise potentiellement saine, les investisseurs la contraignent à la dévaluation, qui prouve alors qu'ils avaient bien raison de ne pas lui faire confiance. Ces situations-là offrent d'importants profits potentiels aux Soroi[1] – les gros joueurs qui prennent une position à découvert dans la devise puis provoquent délibérément ce type d'attaque.

Hong Kong, qui ne veut pas compromettre sa crédibilité en dévaluant, mais qui ne veut pas non plus relever les taux d'intérêt alors que son économie subit déjà une dynamique de récession, a le profil de la victime parfaite des spéculateurs. Et si jusqu'ici les accusations de conspiration ont été lancées en Asie par des tribuns anti-occidentaux comme le Premier ministre Mahathir en Malaisie, elles émanent cette fois de technocrates ultrarespectables comme Joseph Yam, directeur exécutif de l'Autorité monétaire de Hong Kong.

Si Yam est si convaincu qu'il y a complot, pourquoi n'en a-t-il pas simplement remis les preuves au régulateur en lui demandant d'aller cueillir les coupables et de les interroger ? La réponse est simple : quel régulateur ? Si je conspire contre l'action d'une société américaine, je viole la loi américaine. Mais si des fonds spéculatifs de New York attaquent un marché financier étranger, on ne voit pas bien quelle instance a juridiction, s'il y en a une. Et tant pis s'il est beaucoup plus probable que nous pleurions pour Hong Kong ou pour l'Argentine que pour Microsoft ! Les attaques spéculatives contre les entreprises sont efficacement réprimées par des dispositions réglementaires ; celles qui visent les pays ne le sont pas. Et c'est la vraie morale de l'histoire. S'il est un thème récurrent dans le chaos économique de ces dernières années, c'est bien celui-ci : les marchés des capitaux sont mondiaux, les institutions qui les organisent et les réglementent – qui leur permettent de fonctionner – restent nationales. On a du mal à imaginer comment pourraient apparaître des institutions réellement mondiales – comment il serait possible, par exemple, de traduire en justice des Américains travaillant à Londres pour avoir manipulé un marché en Chine. Mais tant que nous n'aurons pas trouvé la solution, ça va sacrément secouer.

1. Pluriel (grec) du nom du célèbre financier George Soros.

PLEURER AVEC L'ARGENTINE

1er janvier 2002

Si les images des émeutes en Argentine ont lui fugitivement sur nos petits écrans, presque personne ne s'en soucie aux États-Unis. Ce n'est qu'un désastre de plus dans un petit pays lointain dont nous ne savons rien – aussi lointain et aussi peu susceptible d'affecter notre existence que, disons, l'Afghanistan.

Je ne fais pas cette comparaison au hasard. Peut-être la plupart des Américains voient-ils dans les événements argentins une banale crise latino-américaine après tant d'autres – ces gens-là en ont tout le temps, non ? –, mais, pour une grande partie du monde, la politique économique argentine portait partout l'estampille « *made in Washington* ». Son échec catastrophique est d'abord et avant tout un désastre pour les Argentins, mais c'est aussi un désastre pour la politique étrangère des États-Unis.

Voici comment l'histoire apparaît aux Latino-Américains. L'Argentine, plus que tout autre pays en développement, a cru aux promesses du « néolibéralisme » vanté par les États-Unis (il s'agit ici du « libéralisme » au sens du libre marché, pas de Ted Kennedy). Elle a réduit radicalement ses droits de douane, privatisé ses entreprises publiques, accueilli les multinationales à bras ouverts et ancré le peso au dollar. Wall Street a applaudi et l'argent a afflué massivement. Un moment, l'économie du libre marché a paru réussir, et ses partisans ne se sont pas privés de s'en glorifier.

Puis, les choses ont commencé à mal tourner. Il n'est pas surprenant que la crise financière asiatique de 1997 ait eu des répercussions en Amérique latine, et l'Argentine a d'abord semblé moins affectée que ses voisins. Mais, si le Brésil s'est vite relevé, la récession argentine s'est éternisée.

Je pourrais expliquer longuement les causes du marasme argentin. Elles ont plus à voir avec la politique monétaire qu'avec la libéralisation des marchés, mais les Argentins – on peut le comprendre – n'ont que faire de ce type de distinction fine, d'autant plus que Wall Street et Washington leur ont dit et répété que libre marché et rigueur monétaire étaient inséparables.

De plus, quand l'économie s'est dégradée, le Fonds monétaire international – qu'une grande partie du monde considère, pour d'excellentes raisons, comme une annexe du département du Trésor des États-Unis – a été fort peu secourable. Les experts du FMI savaient depuis des mois, peut-être des années, que la parité 1 peso = 1 dollar était insoutenable. Le Fonds aurait pu indiquer à l'Argentine comment se tirer du piège monétaire où elle était engluée et offrir une couverture politique aux dirigeants argentins pendant qu'ils faisaient le nécessaire. Mais, comme les docteurs médiévaux qui tenaient à saigner leurs patients et recommençaient quand la saignée avait aggravé leur état, les dirigeants du FMI ont prescrit l'austérité et encore l'austérité, jusqu'à la fin.

Aujourd'hui, l'Argentine est en plein chaos – certains observateurs la comparent même à la république de Weimar. Et les Latino-Américains ne considèrent pas les États-Unis comme un spectateur innocent.

Je ne sais pas combien d'Américains en ont conscience, même dans l'élite. Ceux qui ont encouragé l'Argentine à suivre une orientation désastreuse réécrivent fiévreusement l'histoire afin de blâmer les victimes. De toute manière, nous ne sommes vraiment pas doués pour nous percevoir comme les autres nous voient. Selon un récent sondage de l'institut Pew auprès des « leaders d'opinion », 52 % des Américains pensent que notre pays est aimé à l'étranger parce qu'« il fait beaucoup de bien » ;

seuls 21 % des étrangers et 12 % des Latino-Américains sont de cet avis.

Que se passera-t-il ensuite ? Pour le redressement de l'Argentine, le meilleur espoir était une dévaluation ordonnée : l'État aurait réduit la valeur en dollar du peso tout en convertissant de nombreuses dettes libellées en dollars en dettes libellées en pesos. Mais cette solution semble désormais s'éloigner.

Le nouveau gouvernement de l'Argentine – quand elle en aura un – optera probablement pour un retour au passé. Il réintroduira contrôles des changes et quotas d'importation, tournera le dos aux marchés mondiaux. Et ne soyons pas surpris s'il revient aussi à la vieille rhétorique antiaméricaine.

Permettez-moi cette prédiction : ces politiques rétrogrades vont fonctionner, au sens où elles entraîneront une amélioration temporaire de la situation économique – exactement comme des politiques analogues ont fonctionné dans les années 1930. Tourner le dos au marché mondial est mauvais pour la croissance à long terme – la meilleure preuve : l'histoire de l'Argentine elle-même. Mais, comme l'a dit John Maynard Keynes, à long terme nous serons tous morts.

En avril encore, George W. Bush présentait avec enthousiasme le projet de Zone de libre-échange des Amériques comme un objectif majeur de sa politique étrangère. Il allait « construire un âge de prospérité dans un hémisphère de liberté ». S'il s'agissait vraiment d'un objectif majeur, nous venons de subir un échec majeur. Ne pleurez pas pour l'Argentine, pleurez avec elle !

NOUS PERDONS L'AMÉRIQUE LATINE

16 avril 2002

Beaucoup estiment – et moi aussi – qu'Hugo Chavez n'est pas le président dont le Venezuela a besoin. Mais il se trouve que c'est celui que le Venezuela a élu – librement, dans une élection honnête et constitutionnelle. C'est pourquoi tous les pays démocratiques de l'hémisphère occidental, même s'ils n'aiment pas nécessairement M. Chavez, ont dénoncé le coup d'État qui a tenté de le renverser la semaine dernière.

Tous les pays démocratiques, veux-je dire, sauf un.

La BBC le dit ainsi : « Loin de condamner l'éviction d'un président démocratiquement élu, les dirigeants des États-Unis ont déclaré que la crise était de la faute de M. Chavez lui-même » et ils ont été « clairement satisfaits du résultat » – même si le nouveau gouvernement provisoire a aussitôt aboli le Parlement, le pouvoir judiciaire et la Constitution. On présume qu'ils ont été moins satisfaits quand le putsch a chaviré. La BBC encore une fois : « Après le retour en force du président Chavez [...] Washington paraît plutôt stupide. » Impression que la conseillère à la Sécurité nationale, Condoleezza Rice, n'a pas dissipée lorsque – c'est à peine croyable – elle a enjoint au président restauré de « respecter le processus constitutionnel »...

Le pire dans tout cet épisode, c'est sûrement la trahison de nos principes démocratiques. « Du peuple, par le peuple, pour le peuple » n'a pas à être complété par : « tant que c'est bon pour les États-Unis ».

Mais même sous l'angle de la *Realpolitik*, notre bienveillance pour le coup d'État vénézuélien a été d'une remarquable ineptie.

Nous avons manifestement intérêt à voir l'Amérique latine sortir de son cycle politique traditionnel : l'alternance du populisme sommaire et des dictatures militaires. Tout ce qui importe aux États-Unis – le commerce, la sécurité, la drogue, oui, c'est bien ça – ira mieux si nos voisins ont des institutions stables.

Mais comment atteindre cette stabilité ? Dans les années 1990, il apparut enfin qu'il y avait un moyen. Appelons-le le nouvel ordre mondial. La réforme économique mettrait fin à la tentation du populisme. La réforme politique éliminerait le risque de dictature. Et, dans les années 1990, de leur propre chef mais encouragés par les États-Unis, la plupart des pays latino-américains ont bel et bien engagé un processus spectaculaire de réformes, tant économiques que politiques.

Les résultats concrets ont été inégaux. Sur le plan économique, là où les espoirs initiaux étaient les plus forts, ça ne s'est pas trop bien passé. Il n'y a eu aucun miracle économique en Amérique latine et quelques désastres notoires, dont le dernier en date est la crise argentine. Le mieux que l'on puisse dire, c'est que certains pays sinistrés, en particulier le Mexique, semblent avoir rétabli leur équilibre (avec une aide massive de l'administration Clinton) et retrouvé le chemin d'une croissance régulière mais modeste.

Néanmoins, les désastres économiques n'ont pas déstabilisé la région. La crise du Mexique en 1995, celle du Brésil en 1999 et même la crise actuelle en Argentine n'ont livré ces pays ni à des révolutionnaires ni à des dictateurs. Parce que le volet politique des réformes a réussi au-delà de toute attente. L'Amérique latine est devenue une région de démocraties, et ces démocraties semblent remarquablement robustes.

Donc, si les États-Unis avaient pu nourrir l'espoir d'une nouvelle stabilité latino-américaine fondée sur une économie prospère et dynamique, ils ont eu en réalité autre chose : la stabilité en dépit des difficultés économiques et grâce à la démocratie. Et ils auraient pu avoir bien pire.

Ce qui nous ramène au Venezuela. M. Chavez est un populiste à l'ancienne, et sa politique a été incompétente et capricieuse, mais il a été régulièrement élu dans une région qui a désormais compris l'importance de la légitimité démocratique. Qu'est-ce que les États-Unis espéraient gagner en le renversant ? Certes, c'est un grand amateur de rhétorique anti-américaine et un casse-pieds pour notre diplomatie, mais pas une menace sérieuse.

Et pourtant, nous avons tenu à rappeler au monde la triste époque où n'importe quel dictateur de droite pouvait compter sur l'indéfectible soutien des États-Unis.

De plus, nous avons pris fait et cause pour des conspirateurs particulièrement incompétents. M. Chavez s'était aliéné de nombreux milieux dans son propre peuple. Les manifestations qui ont conduit à son bref renversement ont débuté par une grève générale décidée par les syndicats. Or, le gouvernement mis en place par l'éphémère coup d'État ne comprenait que des représentants du grand patronat et des riches, point final. Comment s'étonner de sa déconfiture ?

Mais même si le putsch avait réussi, notre comportement aurait été vraiment stupide. Une évolution positive était en cours – un nouveau climat de confiance dans l'hémisphère fondé sur le partage des valeurs démocratiques. Comment avons-nous pu la jeter aux orties avec une telle désinvolture ?

LE CONTINENT PERDU

9 août 2002

Mercredi dernier, l'administration Bush, qui se prétend libre-échangiste et contre les renflouements, a mis à nouveau son argent là où n'est pas sa rhétorique. Il y a moins de deux semaines, le secrétaire au Trésor Paul O'Neill a créé un incident diplomatique et fait plonger la devise brésilienne avec sa petite phrase sur l'aide qui finissait « dans les banques suisses ». Aujourd'hui, le Fonds monétaire international, avec la bénédiction de M. O'Neill, a accepté de prêter au Brésil une somme sans précédent : 30 milliards de dollars.

C'est une bonne nouvelle, j'imagine, que nos dirigeants se soient enfin éveillés à deux réalités désagréables : une menace majeure contre les intérêts des États-Unis se développe dans cet hémisphère, et faire le contraire de ce qu'a fait Clinton n'est pas toujours judicieux. De fait, si l'on n'avait pas consenti un prêt au Brésil, la crise financière sud-américaine, déjà comparable à l'asiatique de 1997, aurait pu prendre rapidement des proportions bien supérieures.

Cette affaire m'inspire néanmoins un certain malaise. Je vais donner les arguments en faveur du prêt du FMI, puis expliquer mes inquiétudes.

Point positif : le gouvernement actuel du Brésil est très responsable. Les prêts antérieurs du FMI sont allés à des États qui soit ne faisaient pas rentrer l'impôt (la Russie), soit s'étaient voués à un taux de change insoutenable (l'Argentine). Le Brésil, en comparaison, est un modèle de bonne conduite.

Dans ce cas, pourquoi y a-t-il crise ? Une élection est prévue pour le mois d'octobre, et le successeur que s'est choisi le président Fernando Enrique Cardoso est largement distancé par deux candidats de centre gauche. Les investisseurs sont nerveux, ce qui a enclenché l'un de ces cercles vicieux qui ne sont que trop familiers dans l'histoire des crises monétaires. La peur de voir l'État décider de ne pas rembourser sa dette a fait plonger la devise et monter en flèche les taux d'intérêt. Puisque l'essentiel de la dette est soit libellé en dollars, soit indexé sur les taux d'intérêt à court terme, cela rend encore plus vraisemblable le défaut de paiement.

La petite phrase de M. O'Neill était impardonnable parce qu'elle a renforcé ce cercle vicieux, cette spirale mortifère. Le prêt du FMI est un effort pour l'inverser. L'effet net de la gaffe de M. O'Neill, c'est probablement qu'il a fallu donner au Brésil 10 milliards de dollars de plus.

Pourquoi suis-je mal à l'aise ? D'abord, on peut se demander qui au juste nous renflouons. Comme l'écrit Paul Erdam sur CBSMarketWatch.com – dans un éditorial à la gloire de l'administration ! –, « le renflouement brésilien est aussi un sérieux coup de main à Citigroup et à Fleetboston, qui, à eux deux, avaient près de 20 milliards de dollars en danger au Brésil : les financiers de Wall Street ne l'oublieront sûrement pas quand viendra le temps des contributions de campagne électorale ».

Plus important : si l'on veut voir plus loin que la stabilisation financière à court terme, il faut bien se demander où tout cela va conduire. Les économies asiatiques étaient très performantes avant leur crise, et l'on pourrait considérer les renflouements comme un moyen de les remettre en selle. Mais s'il y a retour en force de la gauche au Brésil et dans toute l'Amérique latine, ce n'est pas pour rien. Nous avons promis à ces peuples un jardin de roses, mais, même avant cette dernière crise, trop de Latino-Américains n'ont eu que les épines.

Il y a dix ans, Washington a garanti absolument aux pays latino-américains que, s'ils s'ouvraient aux marchandises et aux capitaux étrangers et s'ils privatisaient leurs entreprises d'État, ils connaîtraient une très forte croissance économique. Elle n'a pas eu lieu. L'Argentine est une catastrophe. Le Mexique et le Brésil passaient, il y a quelques mois, pour des succès, mais dans ces deux pays le revenu par tête n'est aujourd'hui que légèrement supérieur à son niveau de 1980. Et, comme les inégalités se sont considérablement accrues, la situation de la majorité de la population s'est probablement dégradée depuis vingt ans. Comment s'étonner que l'opinion en ait assez des appels à l'austérité et à la discipline du marché ?

Pourquoi la réforme n'a-t-elle pas eu l'effet promis ? Question difficile et perturbante. Moi aussi, j'ai cru à de nombreux éléments du consensus de Washington, sinon à tous. Mais aujourd'hui, l'heure est venue, comme dit Brad DeLong de l'université de Berkeley, de mettre une note à mes convictions. Et ma belle assurance sur le bien-fondé des conseils que nous avons donnés est au plus bas. On ne peut que sympathiser avec les dirigeants politiques latino-américains qui veulent tempérer l'enthousiasme pour le libre marché et mieux protéger les travailleurs et les pauvres.

Ma conclusion : les États-Unis doivent être très prudents sur ce qu'ils attendent en échange de cet argent. Nous éloignons le Brésil du bord de l'abîme, mais nous ne sommes pas pour autant en position d'exiger à nouveau des Latino-Américains qu'ils agissent à notre façon. La vérité, c'est que notre crédibilité a bien diminué chez nos voisins du Sud. Si nous en faisons trop, nous la perdrons toute.

CHAPITRE 15

Impasses morales

MAUVAIS PROCÈS À L'OMC

Slate, 24 novembre 1999

Si une image vaut mille mots, deux pages de publicité dans le *New York Times*, avec plus d'une douzaine d'images, peuvent en dire très long. Effectivement, le fastueux encart inséré le 15 novembre par le Turning Point Project, rassemblement d'opposants à la mondialisation en général et à l'Organisation mondiale du commerce en particulier, en dit davantage que tous les discours sur ce qui motive vraiment ces militants. Bien davantage, en fait, qu'ils ne l'ont cru.

Cette publicité paraît à l'occasion de la « réunion ministérielle » de l'OMC, qui aura lieu à Seattle dans quelques jours. L'OMC est devenu à la mythologie de gauche ce que l'ONU est au mouvement de la Milice [1] : le centre nerveux d'une conspiration mondiale contre tout ce qui est bon et honnête. Selon ce mythe, l'OMC est une sorte d'institution supranationale « parfaitement opaque » qui contraint les pays à se plier aux desiderata des multinationales ; elle détruit les cultures locales (la publicité s'intitule « Monoculture mondiale ») ; elle ravage l'environnement ; et elle foule au pied la démocratie, en obligeant les États à abroger les lois qui font obstacle à ses sinistres projets.

1. Tendance militante de l'extrême droite américaine, organisée en groupes de citoyens armés. Elle estime qu'une conspiration d'intérêts financiers internationaux et d'organisations supranationales, à commencer par l'ONU, cherche à dominer les États-Unis.

Comme la plupart des légendes urbaines réussies, celle-ci est fondée sur une parcelle de vérité. La marche progressive du monde vers le libre-échange, qui a commencé dans les années 1930 avec le Trade Agreements Program de Franklin Roosevelt, a toujours reposé sur des négociations internationales : je réduirai mes droits de douane si vous réduisez les vôtres. Mais il y a toujours eu le problème des États qui reprennent d'une main ce qu'ils ont donné de l'autre – qui, après avoir dûment supprimé leurs droits de douane, utilisent d'autres prétextes pour interdire l'entrée des importations (si le libre-échange règne dans l'Union européenne ? *certainement*[1], mais ces vaches britanniques, elles ne sont pas saines). Pour faire respecter les accords, on a nécessairement besoin d'une procédure quasi judiciaire qui détermine quand des mesures d'ordre apparemment intérieur reviennent en fait à rétablir des entraves au commerce et constituent donc une violation du traité. Dans le cadre du système antérieur à l'OMC, le GATT, cette procédure était lente et lourde. Elle est à présent plus rapide et plus résolue. Inévitablement, certaines de ses décisions sont contestables. L'interdiction par les États-Unis des filets de pêche au thon dangereux pour les dauphins était-elle vraiment une entrave déguisée au libre-échange ? Mais le pouvoir si redouté qu'a l'OMC de casser les lois locales est strictement limité au respect de l'esprit des accords existants. Elle ne peut nullement obliger les pays sceptiques quant aux bienfaits de la mondialisation à s'ouvrir davantage au commerce et à l'investissement étrangers. Si la plupart des pays sont néanmoins très désireux de prendre part à la mondialisation, ou du moins disposés à le faire, c'est parce qu'ils sont convaincus que c'est dans leur propre intérêt.

Et, dans l'ensemble, ils ont raison. Le fait premier, c'est que tous les exemples réussis de développement économique depuis un siècle – tous les cas de pays pauvres qui ont pu accéder à un niveau de vie à peu près correct, ou du moins améliorer très nettement leur situation – ont eu lieu *via* la mondia-

1. En français dans le texte.

lisation, c'est-à-dire en produisant pour le marché mondial, pas en s'efforçant d'être autosuffisant. Beaucoup d'ouvriers qui effectuent cette production sont très mal payés à l'aune du premier monde, mais, pour affirmer que la mondialisation les a appauvris, il faut éviter soigneusement toute comparaison dans le temps et dans l'espace – afin d'oublier qu'ils étaient encore plus pauvres avant ces nouveaux emplois à l'exportation, et de ne pas voir que les populations sans accès au marché mondial sont dans une situation bien pire que celles qui y ont accès. La crise financière de 1997-1999 a donné temporairement quelques munitions à ceux qui prétendent que la mondialisation est mauvaise pour les ouvriers partout, mais elle n'a pas duré et, de toute manière, pour résoudre les futures crises, les pays devront sûrement faire un peu de police contre les mouvements de capitaux à court terme et non rompre totalement avec la mondialisation. Même les Malaisiens continuent de faire bon accueil aux investissements étrangers à long terme et fondent leurs espoirs sur les exportations de biens manufacturés.

Et l'environnement ? Certes, on a rasé des forêts pour alimenter les marchés mondiaux. Mais les pays qui n'ont pas le souci de l'environnement sont tout à fait capables de faire d'immenses dégâts sans l'aide des multinationales – demandez aux Européens de l'Est. Les exemples les plus flagrants de saccage de l'environnement dans le tiers monde aujourd'hui n'ont rien à voir avec l'OMC. Les feux de forêt qui enveloppent l'Asie du Sud-Est dans un nuage de fumée annuel sont allumés par des habitants des lieux en mal de terres. La destruction subventionnée de la forêt vierge amazonienne a commencé dans le cadre d'une stratégie brésilienne de développement autocentré. Dans l'ensemble, l'intégration de l'économie mondiale, qui met les initiatives nationales sous surveillance internationale, est probablement, à tout prendre, une force qui améliore et non aggrave les politiques environnementales.

Mais ces problèmes, de toute façon, ne sont pas au cœur du sujet, car ce que la publicité exprime clairement – plus clairement, je crois, que ne l'ont voulu ses auteurs –, c'est que l'opposition à la mondialisation a en réalité très peu à voir avec les salaires ou l'environnement. Car, mis à part des souches tronçonnées et un déversoir, voici les horreurs de la mondialisation que le Turning Point Project a choisi d'illustrer : un échangeur, un parking plein de voitures, un embouteillage, un lotissement pavillonnaire, un immeuble couvert d'antennes paraboliques, un bureau avec de nombreux écrans d'ordinateurs, des cols blancs dans une rue commerçante, de très grands immeubles de bureaux, une « ferme industrielle » et ses batteries de poulets, une allée de supermarché, un McDonald's.

Chaque image est assortie d'une légende en forme de question : Los Angeles ou Le Caire ? L'Inde ou Londres ? etc.

Qu'y a-t-il de si horrible dans ces scènes ? Voici ce qu'en dit le texte de la publicité : « Il y a quelques décennies, il était encore possible de partir de chez soi et d'aller ailleurs : l'architecture était différente, le paysage était différent, la langue, la tenue, les valeurs étaient différentes. C'était une époque où l'on pouvait parler de diversité culturelle. Mais, avec la mondialisation économique, la diversité fond à vue d'œil. »

Que peut-on répondre à cela ? Quel touriste a l'âme assez morte pour ne pas souhaiter pouvoir visiter la France profonde, la ville de Mexico ou d'ailleurs Kansas City comme elles étaient plutôt que comme elles sont ? Mais le monde n'est pas fait pour l'édification des touristes. Il est organisé, ou devrait l'être, pour le bien de ses habitants dans leur vie quotidienne. Et c'est là que l'indignation du Turning Point Project commence à paraître suspecte.

Car ce qui est sûrement le plus frappant dans les horreurs de la mondialisation illustrées par ces photos, c'est que, pour la plupart des habitants de la planète, elles représentent des aspirations et non de terribles menaces. Les embouteillages et les échangeurs affreux, c'est bien ennuyeux, mais la grande majorité des gens accepteraient ce désagrément avec joie en échange de la liberté qu'apporte une voiture (et plus encore le niveau de revenu qui permet d'en acheter une). Les lotissements et les grands immeubles sont peut-être laids, mais, comparés aux huttes de villages ou aux bidonvilles, c'est le paradis. Porter un costume et travailler devant un ordinateur dans une tour de bureaux, c'est mieux, qu'on le veuille ou non, que s'échiner dans une rizière. Et personne ne vous oblige à manger chez McDonald's.

Certes, ce qui est bon pour chacun ne le reste pas toujours quand tous les autres en font autant. Avoir une grande maison avec jardin est agréable, voir la campagne se muer en banlieue pavillonnaire proliférante ne l'est pas. Et si nous pouvions tous convenir (ou être persuadés par des incitations fiscales) d'occuper un peu moins d'espace, ce serait peut-être mieux pour tout le monde. Il en va de même pour les choix culturels. Avec leur goût immodéré pour les divas canadiennes, les habitants de Boston mettent en difficulté les auteurs-compositeurs locaux, et ils s'en trouveraient peut-être mieux, collectivement, si une réglementation imposait aux stations de radio locales de faire une place aux talents bostoniens. Mais la frontière entre l'action collective justifiée et le paternalisme méprisant est très délicate à tracer, notamment en matière culturelle. Mettons-nous une société en garde contre des effets non voulus, ou sommes-nous en désaccord avec des goûts individuels ?

Il ressort très clairement de la publicité du *New York Times* que le Turning Point Project et tout le mouvement qu'il représente sont du côté paternaliste de cette frontière. Ils parlent de liberté et de démocratie, mais quelle est leur revendication essentielle ? Qu'on empêche les individus d'avoir ce qu'ils veulent – qu'on autorise, qu'on encourage même les États à leur refuser le droit de conduire une voiture, de travailler dans un bureau, de manger des cheeseburgers et de regarder la télévision par satellite. Pourquoi ? Probablement parce qu'ils seront vraiment plus heureux s'ils gardent « leur langue, leur tenue et leurs valeurs » traditionnelles. Ainsi les Espagnols seraient plus heureux s'ils étaient encore vêtus de noir et laissaient des prêtres bornés régir leur existence, et les habitants du Sud des États-Unis si les planteurs sirotaient encore des whiskys glacés à la menthe, s'habillaient de blanc et recevaient de leurs métayers les marques de déférence traditionnelles… au lieu de vivre dans ce monde moderne terriblement « monotone » où Madrid ressemble à Paris et Atlanta à New York.

Eh bien, j'ai la ferme impression que les habitants de Madrid et d'Atlanta, s'ils peuvent regretter une certaine perte de leurs traditions, préfèrent la modernité. Et vous savez quoi ? Je pense que le reste du monde a le droit de faire le même choix.

TRAVAILLEURS CONTRE TRAVAILLEURS

21 mai 2000

Dans les années 1920, le parti communiste d'Afrique du Sud a fait campagne sous le slogan « Prolétaires du monde entier, unissez-vous pour une Afrique du Sud blanche ». Ce n'était pas aussi incongru qu'il y paraît. Le mouvement politique qui a fini par imposer l'apartheid avait de puissantes racines populistes, et même socialistes. Il se souciait sincèrement de la situation économique du travailleur afrikaner et voulait le protéger des exactions du grand capital international. Malheureusement, son principal moyen d'améliorer la condition du travailleur blanc consistait à empêcher les capitalistes d'embaucher comme ouvriers des non-Blancs, lesquels étaient si pauvres qu'ils acceptaient des salaires inférieurs.

Le mouvement ouvrier américain n'est pas aussi brutalement direct dans ses slogans. Il est probable que ses dirigeants ne se l'avouent pas à eux-mêmes, mais leur opposition toujours plus bruyante aux importations vise en réalité à améliorer la condition des ouvriers américains en refusant des emplois à ceux du reste du monde. Quand le président des Teamsters, James P. Hoffa, écrit, comme il l'a fait récemment sur cette page : « Ne demandons pas aux travailleurs américains de se mettre en concurrence avec des étrangers à qui on ne paie pas un salaire décent », on voit clairement ce que cela implique. Étant donné la faible productivité des travailleurs du tiers monde, le manque d'infrastructures, le retard général du développement de leur pays, exiger qu'on leur verse un salaire que les Américains jugeraient décent revient à leur demander de s'auto-évaluer trop cher, donc de perdre leur emploi. Et ce n'est pas un hasard. Toute politique qui n'exclurait pas du marché du travail les ouvriers de là-bas ne soulagerait pas ceux d'ici.

Il y a une sorte de fatalité tragique dans la démarche qui a conduit le mouvement syndical dans cette impasse morale. Il a le droit absolu d'estimer que les travailleurs américains ont été floués. Mesuré par les méthodes traditionnelles, le salaire réel que le col-bleu ramène chez lui est plus faible aujourd'hui qu'il y a un quart de siècle. On peut ergoter sur les statistiques, mais il est incontestable que les ouvriers ont été laissés pour compte dans la croissance économique du pays. De plus, loin de compenser cette inégalité des rémunérations, la politique de l'État l'a en général aggravée. L'impôt est devenu moins progressif, l'enseignement public s'est dégradé pour ceux qui ne peuvent se permettre de vivre aux bons endroits, etc.

Tout économiste plein de bonnes intentions peut énumérer des mesures qui aideraient la classe ouvrière américaine : un système national d'assurance maladie, des compléments de salaire plus importants et plus intéressants, dans l'esprit du crédit d'impôt sur le revenu du travail[1], etc. Mais, si j'étais syndicaliste, je ricanerais de ma candeur professorale. Vous savez aussi bien que moi que ces propositions-là sont des rêves, que, dans l'Amérique d'aujourd'hui, la gauche réelle doit consacrer tous ses efforts à résister à l'offensive pour faire pencher encore plus la fiscalité et le système de prestations sociales dans le sens des riches : tel est le courant politique, et le mouvement ouvrier – dont l'influence a beaucoup baissé depuis vingt ans – est bien incapable de l'inverser.

Donc, que va faire un dirigeant syndical ? Choisir un terrain de lutte où il peut gagner, se battre pour limiter les importations qui concurrencent les ouvriers qu'il représente. Les électeurs ne verront pas forcément le protectionnisme comme une menace

1. Il s'agit d'un crédit d'impôt destiné aux ménages à bas salaires dont au moins un membre travaille. S'il s'avère supérieur à l'impôt dû, l'État verse au ménage concerné la différence.

directe à leur budget (bien qu'il en soit une). Certes, ce combat ne rapportera pas énormément : même l'interdiction totale des importations de biens manufacturés en provenance des pays du tiers monde ne ferait monter les salaires des cols-bleus que de 3 à 4 %. Mais qui fait le calcul ? Et, si la cible est assez rébarbative – s'il s'agit par exemple d'un régime détestable en Chine –, le mouvement ouvrier, avec son poids politique limité mais non négligeable, pourrait remporter une victoire.

Bref, il est compréhensible que le syndicalisme ait choisi d'essayer d'aider les travailleurs américains en privant d'emploi d'autres travailleurs encore plus nécessiteux à l'étranger – tout en le niant farouchement, bien sûr. Si j'étais un dirigeant ouvrier, je serais probablement protectionniste aussi. Mais comprendre cette stratégie politique, voire la juger inévitable, ne signifie pas l'approuver.

Ceux qui aiment le confort des certitudes morales – c'est-à-dire nous tous – voudraient bien que ce soit plus simple, que le seul ennemi soit la cupidité des entreprises, que des hommes comme M. Hoffa défendent les droits des travailleurs du monde entier. Les progressistes ont du mal à admettre que le mouvement ouvrier américain, avec sa noble tradition, œuvre à présent contre les intérêts de la majorité pauvre du monde. Mais c'est ainsi.

LE SYNDROME D'HARPAGON

25 décembre 2001

« Que diable irions-nous faire dans cette galère ? » s'est écrié le secrétaire au Trésor des États-Unis. Bon, d'accord, Paul O'Neill n'a pas vraiment parlé de galère, mais, la semaine dernière, son refus catégorique d'augmenter l'aide aux pays pauvres et la mauvaise foi du prétexte – il « aimerait voir vraiment ce qui fonctionne avant de prendre de nouveaux engagements » – étaient bien dignes d'Harpagon.

En vérité, nous savons déjà ce qui fonctionne. Nul ne pense que l'aide étrangère va faire des miracles et transformer du jour au lendemain le Mozambique en pays scandinave, mais des objectifs plus modestes, comme sauver chaque année des millions de personnes de maladies tels le paludisme et la tuberculose, sont tout à fait à notre portée à un coût tout à fait modeste.

Tel est le message d'une commission dont le rapport vient d'être publié par l'Organisation mondiale de la santé. Elle appelle les pays avancés à financer un plan mondial visant à « garantir l'accès des pauvres aux services de santé essentiels ». Ce programme fournirait des articles vraiment fondamentaux que beaucoup de pays pauvres ne peuvent s'offrir : des antibiotiques pour traiter la tuberculose, des moustiquaires imprégnées d'insecticide pour lutter contre le paludisme, etc. Prix : environ 0,1 % des revenus des pays avancés. Gain : au moins 8 millions de vies par an.

Ce n'est pas une commission de doux rêveurs idéalistes. Le rapport cite cette formule de Jeffrey Sachs, le professeur de Harvard qui l'a présidée : « Pour le "réalisme sceptique", je ne crains personne – je peux donner toutes les raisons qui rendent trop difficile de changer les choses. » M. Sachs sait bien que persuader les pays avancés de sortir l'argent sera épineux – et que les États-Unis, en particulier, seront probablement très hostiles à l'idée. Mais c'est l'un de ces cas où la volonté politique des dirigeants peut faire une différence énorme.

Actuellement, les États-Unis sont l'Harpagon du monde occidental, le pays riche le moins généreux de la planète. L'un des tableaux du rapport de l'OMS indique le pourcentage de leur PIB que les pays avancés consacrent à l'aide internationale. Les États-Unis sont bons derniers, loin derrière des pays beaucoup plus pauvres comme le Portugal et la Grèce. Les sommes proposées par l'OMS doubleraient notre budget d'aide, non parce qu'elles sont massives mais parce que nous partons de très bas : environ 10 cents par jour et par citoyen américain.

Néanmoins, doubler notre aide sonne comme un rêve impossible. Mais est-ce bien vrai ? Nous sommes peut-être un pays Harpagon, mais nous ne sommes pas un pays d'Harpagons. Individuellement, les Américains sont souvent généreux. Mieux : ils sont, sans le savoir, apparemment prêts à donner beaucoup plus d'aide internationale que le pays ne le fait en réalité. Quand on leur demande quel pourcentage du budget fédéral il faudrait y consacrer, ils le situent en général aux alentours de 10 % – environ vingt fois ce que nous donnons vraiment.

Mais les électeurs sont mal informés. Ils pensent que la part de l'aide internationale dans les dépenses fédérales devrait être *ramenée* à 10 %. Et ils se demandent pourquoi les étrangers ne nous témoignent pas davantage de gratitude pour tout l'argent que nous leur donnons. Bref, les Américains vivent dans le passé. Le plan Marshall a pris fin il y a plus de cinquante ans mais ils ne s'en sont pas aperçus.

J'en retiens que nous nous plaisons à croire que nous sommes généreux. Dans ces conditions, une administration américaine qui voudrait suivre les recommandations de l'OMS n'aurait peut-être pas tant de mal à s'assurer un soutien politique. Il lui suffirait d'utiliser la super-tribune de la Maison-Blanche pour révéler à l'opinion tout ce qui sépare l'image généreuse que l'Amérique se fait d'elle-même de la triste réalité.

Pourquoi le ferait-elle ? On pourrait dire que les États-Unis ont intérêt à aider les pauvres du monde. La commission Sachs souligne qu'améliorer la santé dans les pays les plus pauvres aurait beaucoup d'avantages par ailleurs : la maladie est une entrave majeure à la croissance économique, et la croissance dans les pays en développement renforcerait la prospérité et la sécurité de la planète.

On pourrait dire aussi qu'en réduisant l'écart entre ses paroles et ses actes, l'Amérique serait mieux fondée à prétendre au leadership moral qu'elle croit mériter.

Mais le meilleur argument est sûrement d'ordre moral. Une somme que les Américains remarqueraient à peine, 10 cents par jour et par citoyen, sauverait la vie, au sens strict du terme, à des millions de personnes. Pouvons-nous vraiment juger inutile, en ce jour de Noël, de faire ce cadeau ?

L'AFRIQUE SANS FRIC

31 mai 2002

Pauvre Bono. Il a eu un instant d'emportement et n'a pas pu en sortir.

Le tour d'Afrique de Bono, chanteur-vedette du groupe de rock U2, en compagnie du secrétaire au Trésor Paul O'Neill est sûrement l'une des entreprises les plus insolites de l'histoire de l'économie du développement. Pour un temps, les tensions latentes entre les deux hommes ont été masquées par la courtoisie de Bono, mais lundi il a perdu son sang-froid.

Ils visitaient ensemble un village d'Ouganda, où un nouveau puits, en amenant de l'eau propre, a fait beaucoup pour la santé des habitants. De ce succès, comme des autres initiatives de développement qu'il voyait, M. O'Neill concluait que l'on pouvait améliorer considérablement les conditions de vie avec peu d'argent ; il n'était donc pas nécessaire d'augmenter massivement l'aide internationale. Signalons en passant que celle des États-Unis représente actuellement 0,11 % de leur PIB. Le Canada et les grands pays européens sont environ trois fois plus généreux. Le « Fonds du millénaire » proposé par l'administration Bush augmentera notre aide, mais en la portant seulement à 0,13 %.

Fureur de Bono. Ces projets réussis prouvent exactement le contraire, martèle-t-il, le puits montre « que nous avons besoin de beaucoup d'argent pour le développement, et sûrement pas que nous n'en avons pas besoin. Et si le secrétaire ne le voit pas, on va lui payer des lunettes et une paire d'oreilles toutes neuves ».

Le moyen le plus simple de réfuter M. O'Neill est peut-être de rappeler la proposition faite l'an dernier par l'Organisation mondiale de la santé : fournir aux pays pauvres des articles de base comme des antibiotiques et des moustiquaires imprégnées d'insecticide. Si les États-Unis avaient soutenu ce programme, qui, selon les estimations de l'OMS, allait sauver 8 millions de vies par an, leur contribution annuelle aurait été d'environ 10 milliards de dollars : 10 cents par jour et par Américain, ce qui aurait néanmoins doublé notre aide actuelle. Sauver des vies – même africaines – coûte de l'argent.

Mais M. O'Neill est-il vraiment aveugle et sourd aux besoins de l'Afrique ? Probablement pas. Il est pris entre le marteau et l'enclume. Il veut montrer qu'il se soucie de la pauvreté dans le monde, mais Washington a d'autres priorités.

Priorités dont nous avons une démonstration frappante : le contraste entre le rejet immédiat du projet de l'OMS par l'administration Bush et l'effort bipartisan pour rendre permanente l'abrogation récente des droits de succession. Remarquons bien que les adversaires de cet impôt n'ont même pas usé d'un argument du type « économie du ruissellement[1] » : ils n'ont pas dit que réduire la fiscalité pesant sur les héritiers richissimes serait bon pour tous. Non, ils ont fait appel à l'émotion. Ils ont voulu nous faire ressentir la douleur de ceux qui paient l'« impôt sur la mort ». Et ces gros sanglots ont ému : le Congrès a refusé de maintenir les droits de succession, même en relevant à 5 millions de dollars le plafond de l'exemption – la part non imposable de tout héritage.

Faisons le calcul. Avec un plafond d'exemption à 5 millions de dollars, les droits de succession ne toucheraient qu'une poignée de familles extrêmement riches. En 1999, il n'y a eu que 3 300 successions d'une valeur fiscale supérieure à 5 millions de dollars. Valeur moyenne de ces héritages : 16 millions de dollars. Si l'on appliquait les taux d'avant 2001 à la part qui dépasse la barre des 5 millions, la famille moyenne taxée

1. La *trickle down theory* prétend que l'argent donné aux riches « ruisselle », grâce à leurs dépenses, sur l'ensemble du corps social.

conserverait 10 millions de dollars – ce qui ne me paraît pas un sort épouvantable – et l'État collecterait 20 milliards chaque année. Mais non : l'impôt doit être entièrement supprimé.

Donc, voici nos priorités. Lorsqu'on nous propose de sauver la vie à 8 millions de personnes par an, dont de nombreux enfants, nous trouvons que c'est trop cher. Mais lorsqu'on nous demande de renoncer à une somme deux fois supérieure pour permettre à chacune des 3 300 heureuses familles concernées de toucher en totalité ses 16 millions d'héritage et pas seulement 10 millions, nous n'hésitons pas. Aucun héritier ne doit rester sur le bord de la route !

Ce qui nous ramène au petit voyage d'O'Neill et de Bono. La vedette du rock espérait sûrement que les hauts responsables américains étaient mal informés et non cruels, qu'ils ne se rendaient pas compte des conditions de vie dans les pays pauvres et de tout ce que l'aide internationale pouvait apporter. En montrant à M. O'Neill les réalités de la pauvreté et les bienfaits concrets de l'aide, Bono espérait allumer l'étincelle de la compassion qui doit bien dormir quelque part au fond du cœur de ces « conservateurs compatissants ».

Mais il n'a toujours pas trouvé ce qu'il cherchait.

L'AMÉRIQUE DES LIBERTÉS (AVEC LA LOI)

24 mai 2002

Au début de l'administration Reagan, j'ai passé un an dans l'équipe technique du Council of Economic Advisers *. J'y ai observé, à ma grande déception, comment se fait vraiment la politique économique. Mais j'ai été agréablement surpris de voir à quel point les dirigeants des États-Unis prenaient nos accords commerciaux internationaux au sérieux.

En dépit de sa rhétorique libre-échangiste, l'administration Reagan était bien décidée à protéger des secteurs industriels pour en tirer politiquement profit. La limitation « volontaire » des exportations de voitures japonaises en a été le plus bel exemple. Néanmoins, une règle était strictement respectée : les ingérences dans le commerce devaient être « légales dans le cadre du GATT » – elles ne pouvaient pas violer les accords du GATT (intégrés depuis aux règles de l'OMC). Et ce respect scrupuleux s'est maintenu jusqu'à la fin des années Clinton. Chacun comprenait qu'il y avait des choses qu'on ne pouvait pas faire, quand bien même elles auraient été très commodes en termes d'avantage politique immédiat.

Bref, à l'époque, notre politique économique internationale était conduite par des dirigeants responsables.

Lorsque l'administration Bush a imposé des droits très lourds sur l'acier importé, on a vu clairement que ce n'était plus le cas. Sur le plan purement économique, ces droits de douane ne sont pas une si grosse affaire. Mais ils démontrent un mépris sans précédent des règles internationales.

Le risque immédiat est la contre-attaque des autres pays. L'Union européenne a menacé d'imposer des droits de douane en représailles et, en début de semaine, le Japon, le Brésil, la Corée du Sud et la Chine ont dit qu'ils en feraient autant. (M. Bush a vraiment unifié le monde, au moins sur ce problème.) Mais, comme me l'a dit un jour un spécialiste avisé du commerce, le vrai danger, quand les États-Unis violent les règles, ce ne sont pas les représailles, c'est l'émulation. Si nous ne respectons pas nos accords commerciaux, qui le fera ?

Mais d'abord, pourquoi avons-nous besoin d'accords commerciaux ? Les coûts que les droits de douane et les quotas d'importation imposent aux consommateurs d'un pays sont presque toujours supérieurs aux gains qu'ils procurent aux producteurs de ce pays. Néanmoins, s'il n'y avait pas d'accords de commerce, c'est en général le protectionnisme qui l'emporterait. Les consommateurs ne se rendent pas compte que les droits de douane sur l'acier ou les quotas sur le sucre sont mauvais pour eux, mais la sidérurgie et l'industrie sucrière savent très exactement ce qu'elles y gagnent.

Si nous réussissons à avoir un commerce relativement libre, c'est que le monde – sous l'impulsion des États-Unis – a instauré un système opposant l'intérêt des exportateurs à la puissance des branches qui préféreraient ne pas avoir à subir la concurrence des importations. Chaque pays accepte de recevoir les exportations des autres pays en échange d'un accès à leur marché. Dans le langage des négociations commerciales, les signataires de ce genre d'accords font des « concessions ». Mais le but réel de ces concessions est de nous protéger de nos mauvais instincts.

Le système repose sur un postulat : un accord est un accord. Un pays qui a accepté d'autoriser les importations d'acier ne reviendra pas sur sa parole parce que le vent a tourné en politique intérieure. Les accords commerciaux comprennent des « clauses de sauvegarde », qui précisent les circonstances exceptionnelles où des droits de douane temporaires sont autorisés, mais les conditions dans lesquelles on peut les faire jouer sont très restrictives.

Et la sidérurgie, manifestement, ne les remplissait pas. Notamment parce que, ces derniers temps, les importations d'acier étaient en baisse et non en hausse. Quand l'administration Bush a néanmoins décidé d'accorder à la sidérurgie la protection qu'elle voulait, elle a en fait déclaré – comme dans tant d'autres domaines – que les règles ne s'appliquent pas à votre serviteur.

L'administration affirme qu'elle n'a fait que défendre les intérêts des États-Unis. Robert Zoellick, le représentant au Commerce – autrefois authentique libre-échangiste, il ressemble, ces temps-ci, à un homme brisé –, a lancé : « L'Oncle Sam ne va pas devenir l'Oncle Sot pour ces gens-là. » Mais si vous êtes prêt à croire qu'il s'agit de l'intérêt national, j'ai une menace terroriste contre le pont de Brooklyn à vous proposer.

Le véritable enjeu relève, bien sûr, de la politique politicienne à court terme – celle qui a conduit l'administration à priver les pays des Caraïbes d'un accès crucial au marché américain, avec des effets dévastateurs en perspective sur leurs économies, pour aider un seul parlementaire de Caroline du Sud. Dans le cas de l'acier, Karl Rove a mis en balance trois voix de la Virginie-Occidentale dans le collège électoral et le système commercial mondial construit depuis soixante ans. Et il a vite choisi.

M. Bush bénéficiera bientôt de la procédure parlementaire spéciale pour la promotion du commerce – ce qu'on appelle la « voie rapide [1] ». Il dit en avoir besoin pour négocier de nouveaux accords commerciaux. Mais à quoi bon de nouveaux accords si nous n'honorons pas les anciens ?

1. Le *fast track* est une procédure qui limite les débats et interdit les amendements, ou les soumet à des restrictions sévères. Il est surtout employé au Congrès pour le vote des accords commerciaux.

LE FARDEAU DE L'HOMME BLANC

24 septembre 2002

Nous devrions écouter Karl Rove quand il fait l'éloge d'anciens présidents. Dernièrement, il a tenu à dire que George W. Bush est un nouvel Andrew Jackson. En cette heure où M. Bush lui demande d'exempter des règles de la fonction publique le département de la Sécurité intérieure, le Congrès devrait se souvenir de la motivation initiale de ces règles : l'écœurement général face au Spoils System, qui réservait les postes de fonctionnaires fédéraux aux fidèles du pouvoir – pratique inaugurée sous Jackson.

Mais le modèle initial de M. Rove était William McKinley. Avant le 11 Septembre, nous pensions qu'il admirait la stratégie suivie par ce président en politique intérieure. Or McKinley a aussi été le créateur d'un empire outre-mer, et un fort parfum d'ambition impériale flotte à nouveau dans l'air.

Je sais bien que la nouvelle doctrine Bush enjoignant aux États-Unis d'œuvrer à « des changements de régime » dans des pays en qui nous voyons de futurs dangers potentiels se fonde sur de nobles principes moraux. Mais les impérialistes de l'ère McKinley aussi pensaient avoir des justifications morales. La guerre contre l'Espagne – qui gouvernait ses colonies très brutalement mais ne représentait pour nous aucune menace – a été justifiée par un prétendu acte de terrorisme contre l'un de nos navires de guerre, bien qu'on n'ait jamais eu aucune preuve que c'était l'Espagne qui avait coulé le *Maine*. Et notre conquête des Philippines, selon McKinley, avait pour but « d'éduquer les Philippins, de les faire progresser, de les civiliser et de les christianiser ».

Même en laissant de côté ces questions de clarté morale, le parallèle entre la poursuite par les États-Unis de leur « destinée manifeste » il y a un siècle et notre nouvel esprit de mission mondialisée est fort instructif.

Premièrement, l'expérience de la guerre hispano-américaine devrait nous rappeler qu'une prompte victoire dans une guerre conventionnelle n'est pas forcément la fin de l'Histoire. Grâce à la supériorité technologique des États-Unis, l'amiral George Dewey a détruit une flotte espagnole dans la baie de Manille sans perdre un seul homme. Mais, on ne sait comment, une guerre propre et technologique contre l'Espagne s'est métamorphosée en une autre guerre, atrocement sale, qui a fait des centaines de milliers de victimes civiles, contre la résistance philippine.

Deuxièmement, l'expérience impériale des États-Unis devrait nous dissuader de prendre trop au sérieux les théories géopolitiques grandioses. Les doctrines de l'époque considéraient les colonies comme des atouts stratégiques. En fin de compte, notre mainmise sur les Philippines nous a-t-elle rendus plus forts ? C'est vraiment douteux. Aujourd'hui, nous sommes sûrs que l'intervention militaire contre les États-voyous nous protégera du terrorisme. Mais celui qui est dans notre collimateur ne paraît pas avoir été mêlé au 11 Septembre. Sur quel critère détermine-t-on quel régime il faut changer ?

Enfin, n'oublions pas que les théories économiques qui ont justifié la constitution des empires occidentaux à la fin du XIXe siècle – en affirmant que les colonies seraient des marchés très intéressants et des sources précieuses de matières premières – se sont révélées absurdes. Dans la quasi-totalité des cas, les coûts de la conquête et de la défense d'un empire ont dépassé considérablement les bénéfices qu'on a pu en tirer, même en comptant large. Aujourd'hui, les commentateurs-vedettes nous expliquent qu'une guerre contre l'Irak ferait baisser les prix du pétrole, voire rapporterait un pactole financier. Mais l'effet sur les prix du brut est loin d'être certain, tandis que les coûts considérables d'une guerre, d'une occupation et d'une reconstruction ne sont pas douteux (oui, une reconstruction : nous n'allons pas bombarder l'Irak puis nous en laver les mains, n'est-ce pas ?). Et les États-Unis ne pourront pas se rembourser sur les revenus du pétrole irakien – sauf si nous voulons confirmer au monde que nous ne sommes, en fin de compte, que des impérialistes à l'ancienne.

L'impérialisme du XIXe siècle était un mauvais chemin. On se doute que la doctrine Bush en est un aussi, car elle nous détourne des problèmes réels – services de sécurité inopérants, économie à la dérive, budget sinistré et alliances en lambeaux.

Cinquième partie

BAGDAD ET APRÈS

La première édition de ce livre aux États-Unis a été mise sous presse le lendemain de la chute de Bagdad. L'année suivante a été pour le moins agitée. Cette cinquième partie comprend des tribunes que j'ai publiées pendant cette dernière période.

Le chapitre 16 raconte l'histoire, toujours plus inquiétante, de la « guerre contre le terrorisme ». Le jour où Bagdad est tombée, l'opinion quasi unanime était que, quoi qu'on puisse dire de George Bush, il protégeait vraiment bien l'Amérique. Mais nous étions quelques-uns à en douter. Bush paraissait obsédé par l'Irak, et des menaces plus urgentes comme la Corée du Nord ne l'intéressaient pas. Il manifestait une réticence plus qu'étrange à financer la surveillance du territoire, ou à voir dans ce type de dépenses autre chose qu'une occasion de saupoudrage électoraliste. Et le bilan de l'administration en Afghanistan, où elle a gâché une victoire en refusant d'investir des fonds, de l'attention et des moyens militaires dans la stabilisation d'après guerre, était de mauvais augure pour l'Irak.

Les pires craintes des adversaires de la guerre se sont effectivement réalisées. Il s'est avéré que l'Irak ne représentait aucune menace. Et l'évidence s'est peu à peu imposée : l'administration Bush avait gonflé le dossier parce qu'elle voulait livrer cette guerre à grand spectacle, tout en négligeant non seulement la sécurité du territoire américain mais même la traque militaire d'Al-Qaida. Celui qui s'est autoproclamé « président de guerre » se montre faible face au terrorisme.

Le chapitre 17 porte sur des questions plus prosaïques de dollars et de cents. Il relate essentiellement le dévoilement progressif du programme révolutionnaire de l'administration – sa volonté de réduire encore les impôts malgré la guerre et l'énormité des déficits, son désir de moins en moins dissimulé d'utiliser les déficits pour sabrer dans les programmes sociaux. Ce chapitre examine aussi deux problèmes cruciaux : la santé et la reprise économique qui reste incomplète.

Enfin, le chapitre 18 évoque les abus alarmants qui accompagnent l'effort de la droite pour s'assurer une mainmise permanente sur le pouvoir. Ils vont du culte de la personnalité – étranger à la tradition américaine – qui entoure George Bush aux tentatives de stigmatiser l'opposition comme antipatriotique, et à une approche toujours plus orwellienne de la vérité et de l'Histoire.

CHAPITRE 16

Guerre et terrorisme

OURAGAN SUR LE CAPITAINE

14 mars 2003

Dans *Ouragan sur le Caine*, c'est l'affaire des fraises qui finit par convaincre les hésitants que le capitaine Queeg n'a pas toute sa raison [1]. La politique étrangère est-elle la barquette de fraises du capitaine Bush ?

Depuis quelques semaines, les prises de conscience soudaines se multiplient. C'est une épidémie. Elle est longue, la liste des éminents experts jusqu'ici favorables à la politique irakienne de Bush qui viennent de changer d'avis publiquement. Aucun n'est en désaccord sur l'objectif : qui verrait d'un mauvais œil le renversement de Saddam Hussein ? Mais ils ont fini par comprendre que, pour y parvenir, M. Bush n'a pas le bon profil. Et beaucoup de gens, plus que vous ne croyez, dont bon nombre de responsables du département du Trésor, du Département d'État et du Pentagone – mais oui –, ne se limitent pas à douter des compétences du président et de son cercle rapproché : ils estiment que ceux qui dirigent l'Amérique ont perdu tout sens des réalités.

Si ce jugement vous paraît dur, pensez à la récente débâcle de notre diplomatie et à ses causes : une arrogance effroyable et un sentiment de puissance tout à fait surdimensionné.

1. Dans le roman de Herman Wouk, le capitaine Queeg met le *Caine* sens dessus dessous pour retrouver une barquette de fraises volée, ce qui achève de persuader ses seconds de sa folie et les décide à se mutiner.

Le cercle rapproché de M. Bush n'arrive pas à comprendre pourquoi la tactique qui a eu de si merveilleux effets sur les journalistes et les démocrates aux États-Unis est inefficace sur le reste du monde. Ils ont multiplié les promesses, en oubliant que la plupart des pays ne les croient pas. Ils ont menacé. Ils ont donné à leurs projets l'aura de l'inévitable – combien de fois nos dirigeants ont-ils assuré qu'ils avaient déjà réuni les voix nécessaires au Conseil de sécurité ? Ils ont signifié aux autres pays que s'opposer à la volonté des États-Unis revenait à soutenir objectivement les terroristes. Et malgré tout, le monde persiste à regimber !

N'a-t-on donc laissé aucun expert du Département d'État rappeler à nos dirigeants que, sur le plan non militaire, les États-Unis ne sont pas si dominants que cela – que la Russie et la Turquie ont besoin du marché européen plus que du nôtre, que l'aide internationale de l'Europe est plus de deux fois supérieure à la nôtre, et que, dans une bonne partie du monde, l'opinion publique, ça compte ? Apparemment non.

Et pour quelles raisons M. Bush nous a-t-il brouillés avec tous nos alliés les plus précieux (je dis bien *tous* : Tony Blair est peut-être avec nous, mais l'opinion publique britannique est passionnément anti-Bush) ? Les arguments avancés au départ pour présenter l'Irak comme un danger immédiat se sont effondrés. On n'a trouvé aucune preuve de ses prétendus liens avec Al-Qaida. Aucun indice non plus d'un programme nucléaire en activité. Et l'irrépressible désir de l'administration Bush de croire en l'existence de ce programme a provoqué une série de déconfitures fort embarrassantes, couronnées par l'affaire des documents falsifiés du Niger[1], qui étaient censés la démontrer. La situation s'est alors éclaircie : renverser Saddam est devenu une obsession, indépendante de tout fondement logique.

1. Le 28 janvier 2003, dans son discours sur l'état de l'Union, George W. Bush fait état (après les Britanniques) d'un contrat d'achat d'uranium naturel nigérien par l'Irak. Quand la CIA remet enfin ce document à l'Agence internationale de l'énergie atomique, celle-ci prouve qu'il s'agit d'un faux et en informe officiellement le Conseil de sécurité le 7 mars.

Mais ce qui fait vraiment paniquer les experts, c'est l'irresponsabilité de M. Bush et de son équipe, leur refus presque puéril d'admettre les problèmes si, dans l'immédiat, ils n'ont pas envie de s'en occuper.

J'ai souvent évoqué ici l'étrange passivité de l'administration Bush face à une économie en panne et à un déficit budgétaire galopant : défense à la réalité de perturber le rêve d'une réduction durable des impôts ! C'est ce même « Ne pas déranger, je travaille » qui désespère les spécialistes de la politique étrangère, dans la fonction publique comme à l'extérieur. Faut-il rappeler qu'aujourd'hui le danger est clairement la Corée du Nord et non l'Irak ? Le programme nucléaire de Kim Jong II n'est ni une rumeur ni une invention : c'est une chaîne de montage de bombes atomiques qui se met en place. Mais l'administration soutient que ce n'est qu'une crise « régionale » et va jusqu'à refuser tout contact avec Kim Jong II.

« Il serait difficile, lit-on dans une lettre d'information influente sur la politique étrangère, le *Nelson Report*, d'exagérer la rage, le désespoir, le dégoût et l'effroi qui montent dans le petit monde des experts en politique extérieure à Washington, en cette heure où l'attaque contre l'Irak approche tandis qu'on laisse pourrir la crise nord-coréenne sans aucune politique cohérente des États-Unis. [...] Nous en sommes arrivés au point où la politique étrangère en général et coréenne en particulier risque de devenir le "Waco" de George Bush [...]. Avec Kim Jong II (et Saddam) dans le rôle de David Koresh[1]. [...] Les esprits pondérés ne savent quoi inventer pour forcer la porte de l'univers mental de George Bush. »

Nous espérons tous une victoire rapide en Irak, avec le moins possible de victimes civiles. Mais nous sommes toujours plus nombreux à le comprendre : même si tout se passe bien au début, cette guerre aura été une mauvaise guerre, livrée pour de mauvaises raisons – et le prix à payer sera lourd.

1. Allusion au massacre par le FBI, le 19 avril 1993, au terme de 51 jours de siège, de 73 membres de la secte des davidiens dirigée par David Koresh, hommes, femmes et enfants, retranchés à Waco (Texas) : l'incapacité des autorités à négocier a abouti au plus tragique des dénouements.

Il est à peu près certain, hélas, que le sursaut de lucidité de nos faiseurs d'opinion survient trop tard. Selon toute probabilité, quand vous lirez ma prochaine tribune, la guerre aura commencé.

TERRORISME : ALERTE ROUGE... OU BLEUE ?

1er avril 2003

Tandis que fusent les récriminations sur l'Opération Victoire Facile Prédite[1], certains commentateurs ont la nostalgie des lendemains immédiats du 11 Septembre, où – du moins le croient-ils – la nation était unie contre la menace terroriste. À mon avis, ce fut vraiment bref : moins de quarante-huit heures après l'attentat, les républicains du Congrès tentaient déjà de l'exploiter pour faire voter une réduction de l'impôt sur les plus-values. Mais, sur la sécurité nationale, il y a eu au début, c'est vrai, une certaine union sacrée des deux partis.

Qu'est-il arrivé à cette union sacrée ? Elle a été victime de la persistance de deux préjugés de la droite : son hostilité acharnée aux dépenses publiques non militaires et son amour fou de l'« Amérique profonde », qu'elle oppose aux grands États urbains.

On aurait pu croire que le 11 Septembre allait tempérer l'opposition de la droite à certains types de dépenses intérieures : puisque des milliers d'Américains venaient d'être assassinés par des individus uniquement armés de cutters, chacun allait sûrement comprendre que la sécurité nationale ne

1. « *Operation Predicted Cakewalk* », écrit Paul Krugman. Dans le Cakewalk, « danse du gâteau » inventée par les esclaves noirs des plantations, le meilleur danseur remporte un gâteau. C'est un ami et collaborateur de Donald Rumsfeld, Kenneth Adelman, qui avait prédit en février 2002 qu'une guerre contre l'Irak serait une « danse du gâteau ».

se résume pas à la puissance strictement militaire. On aurait eu tort. Dans un remarquable article récent, intitulé « Le président du 11 Septembre », Jonathan Chait, de *The New Republic*, révèle que depuis le 11 Septembre l'administration Bush néglige systématiquement la surveillance du territoire. Tenant absolument à limiter les dépenses publiques, elle s'est constamment opposée aux projets de sécurisation de cibles intérieures potentielles comme les ports et les centrales nucléaires.

Mais il est un phénomène que M. Chait omet de souligner : ces dépenses antiterroristes déjà insuffisantes ont été concentrées sur les régions qui en ont le moins besoin. J'ai déjà parlé du mythe du pays profond – en gros, les « États rouges », ceux qui ont voté pour George W. Bush à la présidentielle de 2000, par opposition aux « États bleus », qui ont voté pour Al Gore. L'Amérique de l'intérieur serait peuplée d'individualistes farouches, fort éloignés des parasites qui vivent sur les côtes. En réalité, bien sûr, les États ruraux sont massivement subventionnés par les États urbains. Le New Jersey paie environ 1,50 dollar d'impôts fédéraux pour chaque dollar qu'il reçoit en retour. Le Montana reçoit environ 1,75 dollar en dépenses publiques fédérales pour chaque dollar d'impôts qu'il paie.

Tout programme raisonnable de dépenses de sécurité intérieure aurait dû corriger, du moins en partie, ce déséquilibre. Les cibles naturelles du terrorisme se trouvent à l'intérieur ou à proximité des grandes agglomérations. Ce sont donc ces métropoles qu'il faut protéger en priorité. Exact ?

Eh bien, pas si sûr. Dès les premiers mois après le 11 Septembre, les parlementaires républicains ont dit clairement qu'ils ne soutiendraient aucun effort de grande ampleur pour reconstruire ou même sécuriser New York. Depuis, le préjugé anti-urbain a pris une forme statistique. En vertu de la clé de répartition des crédits qu'il a adoptée, le département de la Sécurité intérieure dépense sept fois plus pour protéger chaque habitant du Wyoming que chaque New-Yorkais.

Voici comment cela fonctionne. Dans ses principaux programmes de subvention, le département ne tente à aucun moment d'évaluer les besoins. Chaque État reçoit en dotation de base 0,75 % du budget total, indépendamment de sa population. Le reste est ensuite réparti en fonction de la population. L'affaire est excellente pour les États peu peuplés, comme le Wyoming ou le Montana. Elle est très mauvaise pour des États comme la Californie ou New York, qui ne reçoivent que 4,7 % des fonds. Et, puisque New York et les autres grands États urbains restent les cibles les plus probables d'un nouvel attentat spectaculaire, elle est très mauvaise aussi pour le pays.

Pourquoi adopter un mode de calcul aussi original ? Peut-être parce qu'il ne l'est pas tant que ça. Ce qui lui ressemble le plus, c'est le collège électoral, qui lui aussi confère aux États peu peuplés un poids disproportionné (pas à ce point, certes). Or, à quelques exceptions près, les États peu peuplés sont rouges – c'est d'ailleurs le déséquilibre du collège électoral en faveur des petits États qui a permis à George W. Bush d'entrer à la Maison-Blanche, alors qu'au suffrage universel il avait perdu. On n'a guère de mal à imaginer que ce système – qui n'a vraiment aucun sens en termes de sécurité nationale – a été précisément retenu parce qu'il satisfait la même base sociale. (Soyons juste : un grand « État rouge » est perdant, c'est le Texas ; mais un jour ou l'autre, et plus vite qu'on ne le croit souvent, le Texas pourrait virer au bleu.)

Bref, la répartition des crédits confirme la thèse de M. Chait : même en temps de guerre – une guerre bizarrement sans rapport avec la menace terroriste –, l'administration Bush ne cherche pas sérieusement à protéger le territoire national. Elle subordonne encore les besoins de sécurité des États-Unis à son programme politique de toujours.

JE GAGNE ET PUIS J'OUBLIE

11 avril 2003

Reconnaissons-leur ce mérite : les faucons avaient raison de dire qu'avec une volée de mitraille à guidage de précision le régime de Saddam Hussein allait s'effondrer. Mais même ceux qui ne croient pas à cette guerre s'attendaient à un succès militaire. (« Sur le champ de bataille, nous allons bien sûr à la victoire, probablement facile » : ainsi commençait ma tribune au début du conflit). Ce qui nous inquiétait – et nous inquiète toujours –, c'est la suite. Comme l'a écrit hier un autre sceptique, Michael Kinsley de *Slate* : « J'espère sincèrement que les événements me donneront tort. Mais ce n'est pas encore fait. »

Pourquoi s'inquiéter ? Je ne prétends pas avoir une vision privilégiée de ce qui se passe dans l'esprit du peuple irakien. Mais, dans le mode de fonctionnement de l'administration Bush, il existe un scénario qui augure mal de l'avenir : je gagne et puis j'oublie, la conquête suivie du *malign neglect* [1].

Les hommes du président, il faut le dire, sont très doués pour la conquête, militaire et politique. Ils concentrent toute leur attention sur un seul problème, remuent ciel et terre, n'hésitent pas à violer les règles. Cette technique leur a valu la victoire à maintes reprises : bataille du décompte des voix en Floride,

1. L'un des grands principes de la politique extérieure américaine a longtemps été le *benign neglect*, la « douce insouciance » ou l'« indifférence bienveillante » – par exemple au cours extérieur du dollar. D'où cette idée de *malign neglect* (« indifférence malveillante »).

vote de la réduction d'impôts de 2001, chute de Kaboul, élection de mi-mandat, chute de Bagdad.

Mais après le triomphe, quand vient le moment de prendre en charge ce qu'ils ont gagné, leur attention se disperse et tout va à vau-l'eau.

Le meilleur exemple est l'Afghanistan, le pays que l'administration Bush a oublié. Une bonne partie de son territoire est retombée sous la coupe de chefs de guerre fondamentalistes. N'étant pas payés, soldats et policiers désertent massivement (souvenons-nous que M. Bush a omis d'inclure la moindre assistance à l'Afghanistan dans son dernier budget).

Le frère du président Hamid Karzai, Ahmed Wali Karzai, a confié à un journaliste d'Associated Press : « C'est comme si je revoyais deux fois le même film, et personne n'essaie de régler le problème. Avec l'effondrement des talibans, on a promis aux Afghans une vie nouvelle, l'espoir, le changement. Mais que leur a-t-on donné ? Rien. Chacun est retourné à ses affaires. »

Le même scénario est à l'œuvre sur le front économique. Le président Bush a remporté un triomphe grandiose en 2001, quand il a fait adopter une énorme réduction d'impôts, en affirmant que c'était le parfait remède pour guérir l'économie de ses maux. Et après, que s'est-il passé ?

Un effondrement progressif. Il y a eu un trimestre de croissance soutenue, début 2002 – et on a crié victoire : la politique Bush avait réussi. Mais ensuite, tout est allé de mal en pis. La croissance a été trop lente pour créer des emplois. Fin 2002, après une année de « reprise », il y avait moins d'actifs employés que fin 2001.

Dans les deux derniers mois, la situation s'est rapidement dégradée. En février et en mars, l'économie américaine a perdu 465 000 emplois : la perte totale d'emplois depuis le début officiel de la récession, en mars 2001, a donc franchi la barre des 2 millions.

À l'heure où j'écris, l'emploi s'est contracté davantage, et depuis plus longtemps, que pendant la crise économique de l'administration Bush père, et on ne voit aucun signe de retournement de tendance. Le nombre des nouvelles inscriptions au chômage reste très supérieur au niveau qui indiquerait une amélioration du marché de l'emploi.

Certains espèrent que l'économie va se rétablir d'elle-même – que les consommateurs et les entreprises, soulagés par l'issue de la guerre, vont se remettre à dépenser sans retenue. Mais c'est un espoir, pas un plan. Où est le plan ?

La réponse, c'est qu'il n'y a pas de plan pour l'économie. La Maison-Blanche s'est concentrée sur un nouveau projet de triomphe politique – l'élimination de l'impôt sur les dividendes. Or son impact sur nos problèmes économiques actuels sera faible ou nul.

Je pourrais le démontrer par une analyse économique, mais voici une information politique qui en dit long. *USA Today* nous apprend que, face aux inquiétudes du Congrès sur le déficit budgétaire, l'administration s'est déclarée prête à envisager une introduction graduelle de son plan sur les dividendes.

En clair : elle est prête à renoncer aux réductions d'impôts immédiates – l'unique composante qui aurait pu stimuler l'économie tout de suite – pour faire voter intégralement son projet à long terme, donc remporter une victoire totale.

L'effrayant, c'est que cette « culture du brûlis » érigée en méthode de gouvernement peut rester viable pour Bush et les siens, puisque les triomphes initiaux font toujours la une des médias. Malheureusement, le monde doit vivre sur les terres brûlées qu'ils laissent derrière eux.

QUESTIONS D'ACCENT

29 avril 2003

« Nous n'avons pas menti, a déclaré un membre de l'administration Bush à *ABC News*, nous avons accentué certains points. » Il parlait de la façon dont nos dirigeants ont gonflé la menace que Saddam Hussein représentait pour les États-Unis. Selon le reportage d'*ABC*, la vraie raison de la guerre était que l'administration « voulait faire passer un message ». Mais pourquoi l'Irak ? « Les hauts responsables le reconnaissent : Saddam avait tout ce qu'il fallait pour constituer, de leur point de vue, la cible parfaite. »

« Des deux côtés de l'Atlantique, écrit le journal britannique *The Independent*, les services secrets ont été ulcérés de voir les notes qu'ils adressaient à leurs gouvernements déformées par les dirigeants politiques dans leur marche vers la guerre. » « Ils ont ignoré les synthèses du renseignement disant que l'Irak n'était pas une menace », a confié au quotidien une « source de haut niveau ».

De fait, nous n'avons trouvé à ce jour aucune arme de destruction massive. Certes, nous finirons bien par dénicher un peu de gaz toxique ou quelques armes biologiques rudimentaires. Mais ce ne sont pas de vraies ADM, ces armes qui peuvent faire d'un petit pays pauvre une menace pour la plus formidable puissance que le monde ait jamais connue. Souvenons-nous que le président Bush, quand il a expliqué ses raisons de faire la guerre, a parlé d'un « nuage en forme de champignon ». Manifestement, l'Irak n'avait rien de tel – et, nécessairement, M. Bush le savait.

Est-ce grave de nous être laissés tromper sur les véritables raisons de cette guerre ? Certains pensent que non : nous avons gagné, et le peuple irakien a été libéré. Il y a néanmoins quelques questions désagréables que nous devrions nous poser – pas seulement sur l'Irak, mais sur nous-mêmes.

D'abord, pourquoi notre compassion est-elle si sélective ? En 2001, l'Organisation mondiale de la santé – cette même OMS sur laquelle nous comptons aujourd'hui pour nous protéger contre le SRAS[1] – a présenté un plan de lutte contre les maladies infectieuses dans les pays pauvres, en soulignant qu'il sauverait des millions de vies chaque année. La part des dépenses incombant aux États-Unis aurait été d'environ 10 milliards de dollars par an – une petite fraction de ce que nous allons dépenser pour la guerre et l'occupation. Mais l'administration Bush a rejeté ce projet avec mépris.

Ou considérons l'une des premières grandes décisions de la diplomatie américaine après la guerre : son opposition à l'envoi d'une force de maintien de la paix de l'ONU en Côte-d'Ivoire (ex-colonie française) pour faire respecter une trêve dans une terrible guerre civile. Les États-Unis ont fait valoir que cela coûterait trop cher. Et c'est sûrement vrai : nous n'aurions pas laissé mourir des innocents pour le seul plaisir de contrarier les Français ?

Donc, il semble que notre vive sollicitude pour le peuple irakien ne s'étende pas aux autres populations souffrantes. Simple question d'accent, j'imagine. Un mauvais esprit pourrait cependant souligner que, si l'on sauve des vies pacifiquement, il n'y a pas de revue de la victoire.

Mais enfin, les dirigeants d'un pays démocratique ne sont-ils pas censés dire la vérité à leurs concitoyens ?

On se demande si la majorité de la population saura jamais que les justifications initiales de la guerre se sont révélées fausses. La plupart des Américains, à mon avis, sont persuadés que nous avons trouvé des armes de destruction massive.

1. Syndrome respiratoire aigu sévère.

Chaque découverte de ce qui pourrait en être une bénéficie d'une couverture télévisée tonitruante. Combien remarquent l'information ultérieure – si elle vient jamais – annonçant qu'il s'agissait d'une fausse alerte ? Cette méthode de désinformation répète celle qui a permis de faire accepter la guerre au départ. Chaque accusation de l'administration Bush contre l'Irak avait droit à une couverture médiatique magistrale. Pas le démenti qui suivait.

Les médias d'information ont-ils jugé non patriotique de mettre en doute la crédibilité de l'administration ? Il est certain que des faits étranges se sont produits. Par exemple, en septembre, M. Bush a fait état d'un rapport de l'Agence internationale de l'énergie atomique d'où il ressortait, selon lui, que Saddam n'était qu'à quelques mois de l'arme nucléaire. « Je ne sais pas quelle autre preuve il nous faut », concluait-il. En fait, ce rapport ne disait rien de tel, et, pendant quelques heures, l'article principal du site internet de MSNBC a eu pour titre : « Maison-Blanche : Bush déforme un rapport sur l'Irak ». Puis cet article a disparu – pas seulement de la page centrale, mais du site.

Par ce système d'affirmations retentissantes et de rétractations discrètes ou omises, l'opinion américaine reste probablement persuadée que nous avons fait la guerre pour conjurer une menace immédiate – tout comme elle croit que Saddam était mêlé au 11 Septembre.

La guerre, c'est vrai, a renversé un odieux dictateur. Mais en démocratie les décisions, bonnes ou mauvaises, se prennent, en principe, avec le consentement informé des citoyens. Ce n'est pas ce qui s'est passé cette fois-ci. Et nous sommes une démocratie. N'est-ce pas ?

LES SENTIERS DE LA GLOIRE

16 mai 2003

Quelles que soient ses insuffisances par ailleurs, George W. Bush a été un chef efficace dans le combat contre le terrorisme : tel était, jusqu'à présent, le dogme suprême de la politique américaine. Mais plus on en apprend sur l'état du monde et moins on y croit. La guerre en Irak, en particulier, n'a nullement rendu l'Amérique plus sûre. En fait, elle a rendu un fier service au terrorisme.

Où en est la guerre contre le terrorisme ? Vous avez entendu parler des attentats à la bombe de Riyad. Mais un autre événement a eu lieu cette semaine : l'International Institute for Strategic Studies, institut britannique respecté qui ne nourrit aucune animosité particulière contre Bush, a déclaré qu'Al-Qaida était à présent « plus insidieuse et tout aussi dangereuse » qu'avant le 11 Septembre. Autant pour ceux qui se vantent d'avoir mis les terroristes aux abois.

Mais tout de même : l'administration Bush ne fait-elle pas de son mieux contre le terrorisme ? Non.

Sa campagne antiterroriste me fait penser à la véritable apparence de la plupart des studios de télévision : un splendide plateau dans une salle minable vouée aux cartons et rubans adhésifs. Les chaînes sont aux petits soins pour ce que les téléspectateurs verront à l'écran. Elles dépensent le moins possible pour tout ce qui se trouve hors le champ des caméras.

Pour la campagne antiterroriste, c'est pareil : M. Bush prend des poses héroïques à l'écran et son administration néglige tout ce qui n'est pas photogénique.

J'ai déjà signalé le refus stupéfiant par nos dirigeants de toute dépense, même minime, pour protéger le pays contre de futurs attentats – des dispositifs qui sécuriseraient les ports, les usines chimiques, les centrales nucléaires, etc. Mais le département de la Sécurité intérieure n'est pas totalement inefficace. Cette semaine, il a aidé les républicains du Texas à retrouver la trace de leurs collègues démocrates qui avaient quitté le parlement local en signe de protestation.

Cette négligence de la surveillance du territoire se traduit aussi par l'incapacité de l'administration Bush à poursuivre l'effort outre-mer quand la partie télévisée de l'opération est finie. Le renversement des talibans a été une vraie victoire – notre seule victoire importante, peut-être, sur le terrorisme. Mais dès que Kaboul est tombée, l'administration s'est désintéressée du pays. Aujourd'hui, l'essentiel du territoire afghan est sous la coupe des chefs de guerre. Le gouvernement Karzai ne fait que tenter de survivre, et les talibans reviennent en force.

Le sénateur Bob Graham a porté une accusation encore plus grave : Al-Qaida était « dans les cordes » il y a un an mais elle a réussi à se rétablir parce que l'administration a détourné vers l'Irak des ressources de l'armée et du renseignement. En sa qualité d'ancien président de la commission du renseignement du Sénat, il est en position de le savoir. Et, s'il est démocrate, ne mettons pas trop vite ses propos au compte de la polémique partisane : à l'automne dernier, lorsqu'il a commencé à tirer la sonnette d'alarme, ses collègues républicains l'ont soutenu. « Il a tout à fait raison d'être inquiet », a déclaré le sénateur Richard Shelby, qui avait vu les mêmes informations.

Un rapport secret du Congrès, ajoute le sénateur Graham, révèle que « les leçons du 11 Septembre ne sont pas mises en œuvre aujourd'hui », et accuse l'administration de dissimuler cette situation.

Mais nous avons vaincu Saddam. Cela n'améliore-t-il pas notre sécurité ? Non !

Saddam ne menaçait pas l'Amérique – il n'avait aucun lien important avec le terrorisme, et la principale équipe américaine d'enquête sur les armes de destruction massive est rentrée aux États-Unis. Quant à l'équipe Bush, fidèle à son habitude, elle s'est déconcentrée dès que la couverture télévisée s'est réduite. Le premier résultat a été une orgie de pillages : on a même pillé les lieux de stockage des déchets nucléaires, qu'avec une incroyable négligence nous avions omis de sécuriser. Qui veut sa bombe sale ? Aujourd'hui, selon un article de *The New Republic*, des factions irakiennes armées se préparent à la guerre civile.

Ce qui nous laisse confrontés au dilemme précis que redoutaient les adversaires de la guerre. Soit nous quittons l'Irak au plus vite et le pays pourrait bien se muer en nouvel Afghanistan plus vaste et plus dangereux. Soit nous restons pour longtemps et nous risquons de devenir « une puissance occupante dans un pays profondément hostile » – exactement ce dont a besoin Al-Qaida pour mieux recruter. Qui a prononcé les mots que nous venons de citer ? Le président George H. W. Bush en 1991, pour expliquer sa décision de ne pas marcher sur Bagdad.

Massoud Barzani, le dirigeant kurde, n'a pas craint de prononcer le mot en « B » : puisque l'Amérique ne parvient pas à assurer le suivi, a-t-il regretté, « la merveilleuse victoire que nous avons remportée va se transformer en *bourbier* ».

La vérité, c'est que les sentiers de la gloire télévisée ont conduit l'administration Bush à détourner son attention d'Al-Qaida pour livrer bataille à un régime qui, si détestable fût-il, ne représentait aucune menace. Et notre sécurité s'en trouve bien moins assurée qu'avant.

DÉNÉGATION ET DUPERIE

24 juin 2003

La politique est riche en paradoxes. Sur le site Internet de la Maison-Blanche, le discours du 7 octobre 2002 où George W. Bush a exposé ses arguments en faveur de la guerre contre l'Irak s'intitule « Dénégation et duperie ». On ne saurait mieux dire.

Les dirigeants de l'administration Bush nous ont dupés pour nous précipiter dans la guerre, on ne peut plus en douter sérieusement. Et la grande question aujourd'hui, c'est de comprendre pourquoi tant de personnalités influentes s'enferment dans la dénégation, refusent d'admettre cette évidence.

Sur la duperie : grâce aux fuites en provenance d'analystes professionnels des services secrets, qui sont furieux de l'exploitation abusive qu'on a fait de leur travail, nous avons une image beaucoup plus complète des conditions dans lesquelles l'Amérique est entrée en guerre. Après l'enquête de mon collègue Nicholas Kristof, d'autres enquêtes publiées par le *New York Times* et le *Washington Post* et l'article magistral de John Judis et Spencer Ackerman dans *The New Republic*, nous savons que les plus hauts dirigeants, dont M. Bush, ont cherché à donner sur la menace irakienne une impression qui n'était pas corroborée par les vrais rapports du renseignement.

En particulier, il n'y a jamais eu aucune preuve d'un lien entre Saddam Hussein et Al-Qaida ; nos dirigeants n'en ont pas moins suggéré à maintes reprises son existence. Quant aux prétendues preuves d'un programme nucléaire irakien en activité, elles ont été entièrement démontées par les propres experts de l'administration ; ses hauts responsables ont néanmoins continué d'en faire état et de multiplier les mises en garde contre la menace nucléaire de l'Irak.

Pourtant, l'*establishment* politique et médiatique campe aujourd'hui dans la dénégation. Il cherche des excuses aux manigances de l'administration pour induire en erreur tant le Congrès que l'opinion.

Certains commentateurs ont suggéré, par exemple, qu'on n'avait rien à reprocher à M. Bush tant qu'on pouvait trouver à ses déclarations d'avant guerre une interprétation techniquement vraie. Ah bon ? Mais il ne s'agit pas d'un différend entre hommes d'affaires que vont trancher les lignes en petits caractères du contrat. Nous parlons de la décision la plus solennelle qu'un pays puisse prendre. Si les discours de M. Bush ont donné au pays une impression trompeuse sur la question de la guerre, une analyse textuelle fine qui montrerait qu'au sens strictement littéral il n'a pas dit ce qu'il a paru dire ne serait pas une excuse. Elle ferait penser, au contraire, qu'il savait parfaitement que son argumentation ne tenait pas.

Voyons par exemple ce qu'a dit M. Bush, dans son discours « Dénégation et duperie », sur le prétendu lien entre Saddam et Oussama : que « leurs contacts de haut niveau remontaient à une décennie ». En réalité, les services secrets étaient informés d'un essai de prise de contact entre Saddam et Al-Qaida alors naissante au début des années 1990, mais ils n'avaient trouvé aucune preuve solide d'une poursuite de cette relation. M. Bush a donc prononcé une phrase qui semblait affirmer l'existence de rapports suivis entre l'Irak et Al-Qaida, mais en la formulant prudemment – ce qui suggère que lui-même, ou le rédacteur de son discours, savait fort bien que l'argument était douteux.

D'autres commentateurs soutiennent qu'en dépit du manque de preuves M. Bush croyait peut-être sincèrement que Saddam travaillait avec Oussama et mettait au point des armes nucléaires. C'est peu probable : pourquoi aurait-il usé de formules aussi fuyantes s'il ne savait pas qu'il arrangeait la vérité ? Mais de toute manière, il y a bien un coupable. Si les hauts dirigeants de l'administration n'ont pas communiqué à M. Bush les rapports des services secrets qui réfutaient des points cruciaux de son argumentation contre l'Irak, c'est qu'ils n'ont pas fait leur travail. Et M. Bush devrait être le premier à exiger leur démission.

Donc, pourquoi tant de gens cherchent-ils des excuses au président et à ses collaborateurs ?

Pour certains, c'est tout simplement par esprit de parti, bien sûr. L'une des grandes différences entre notre scandale et l'affaire du Watergate, c'est qu'il est à peu près impossible aujourd'hui d'imaginer un sénateur républicain lançant : « Que savait le président et quand l'a-t-il su ? »

Mais même des non-républicains évitent d'attaquer l'administration sur son argumentation malhonnête concernant la guerre, parce qu'ils ne veulent pas avoir à en tirer les conséquences.

Supposons qu'un homme politique – ou un journaliste – s'avoue à lui-même que M. Bush a embobiné le pays pour qu'il entre en guerre. Déclencher une guerre sous de faux prétextes, c'est – au minimum – un abus de confiance. Donc celui qui s'avoue que c'est arrivé a le devoir moral d'exiger la sanction des responsables. Et de le faire face à une machine politique puissante et implacable, mais aussi face à un pays qui n'est pas encore prêt à croire que ses dirigeants ont exploité le 11 Septembre à leurs propres fins politiques. Perspective bien effrayante !

Mais si nous ne trouvons personne qui soit prêt à prendre ce risque – regarder la vérité en face et agir en conséquence –, qu'arrivera-t-il à notre démocratie ?

QUI EST CUPIDE, À PRÉSENT ?

30 septembre 2003

C'est officiel : l'administration qui dédaignait naguère l'aide aux pays neufs prétend aujourd'hui mettre en œuvre une version modernisée du plan Marshall. Mais l'Irak n'est pas l'Europe d'après guerre, et George W. Bush n'est sûrement pas Harry Truman. D'ailleurs, si Churchill a qualifié l'initiative de Truman d'« acte le plus désintéressé de l'Histoire », ce qu'on apprend de la reconstruction irakienne est de plus en plus marqué au sceau de la cupidité. Et il ne s'agit pas, comme certains voudraient le faire croire, d'une flétrissure mineure sur une noble entreprise.

Le copinage affairiste joue un rôle important dans notre débâcle irakienne. Pas seulement parce qu'avec lui la reconstruction coûte bien plus cher qu'elle ne devrait. Le gros problème, c'est son impact désastreux sur la politique. En considérant les contrats comme du butin à distribuer aux amis, nos dirigeants retardent le relèvement de l'Irak, avec des effets potentiellement catastrophiques.

Il est rare qu'on nous le rappelle aujourd'hui, mais, à l'époque du plan Marshall, les Américains étaient très attentifs aux profits de guerre engrangés au nom du patriotisme. Pour obtenir l'aval du Congrès à son plan, Truman a dû donner des garanties : ce ne serait pas une distribution de cadeaux – les fonds seraient administrés par une agence indépendante de la Maison-Blanche, et, pour leur usage, comme Marshall l'avait promis, les priorités seraient fixées par les Européens et non par les Américains.

Heureusement, les assurances de Truman étaient crédibles. Si on l'honore de nos jours pour son action présidentielle d'après guerre, son ascension politique avait été due à son implacable croisade contre les profiteurs de guerre, qu'il considérait comme des traîtres.

La reconstruction de l'Irak, en revanche, reste fermement sous la coupe de la Maison-Blanche, et elle est gérée par et pour les amis. Pour trouver l'équivalent de la joyeuse insouciance de l'actuelle présidence à l'égard des « conflits d'intérêt », il faut remonter à l'administration Harding. Le contrat géant octroyé sans appel d'offres à Halliburton, la compagnie qui a fait la fortune de Dick Cheney, est l'illustration parfaite de ce qui était à prévoir.

Malgré la détérioration de la situation en Irak, malgré les protestations du Conseil de gouvernement irakien qui exige plus d'autonomie et de pouvoir, les dirigeants américains font toujours barrage aux initiatives locales et s'efforcent de garder les gros contrats aux mains de qui vous savez.

En juillet 2003, par exemple, deux firmes audacieuses du Moyen-Orient ont entrepris de proposer des services de téléphonie mobile à Bagdad, en bricolant des équipements compatibles avec ceux des pays voisins. Puisque l'effondrement du réseau téléphonique de Bagdad est un facteur important dans les difficultés de l'après-guerre, les autorités de la coalition auraient dû s'en réjouir.

Mais non : elles ont vite fermé ces services. Seules pourraient opérer dans la téléphonie mobile, ont-elles expliqué, les entreprises retenues au terme d'un processus d'appel d'offres. Or, ces règles, révélées le 31 juillet, semblaient soigneusement formulées pour exclure toute firme non américaine (devant la vigueur des protestations, elles ont été révisées, mais il semble qu'elles favorisent encore les habituels suspects). Bizarrement, l'annonce des résultats de l'appel d'offres, initialement prévue pour le 5 septembre, a été remise à plus tard. En attendant, seuls Paul Bremer et ses collaborateurs ont des portables – et, comme on a eu l'idée déroutante d'attribuer ce contrat à MCI, même ces portables-là ne fonctionnent pas très bien : MCI, dont l'équipe dirigeante a perpétré la plus grande escroquerie comptable de l'Histoire, n'a aucune expérience dans la construction des réseaux de téléphonie mobile.

Et puis, il y a l'électricité. Si l'Irak subit toujours des coupures de courant, c'est notamment parce que les professionnels et institutions du pays ont été écartés du secteur de la réparation. Le contrat exclusif a été attribué à Bechtel, dont les liens avec le parti républicain sont presque aussi étroits que ceux de Halliburton. Or, à en croire un article récent du *Washington Post*, Bechtel ignore superbement les demandes urgentes de pièces détachées essentielles que lui adressent les ingénieurs irakiens.

Pendant ce temps, plusieurs compagnies étroitement liées à de grandes figures de l'administration se sont mises à offrir effrontément leurs services aux entreprises qui souhaitent faire des affaires en Irak, pour leur « faciliter les choses ». L'ancien cabinet juridique de Douglas Feith, le sous-secrétaire au Pentagone qui supervise la reconstruction de l'Irak, a mis sa petite plaque. Une autre firme, dont le p-dg est Joe Allbaugh, ex-directeur de campagne de Bush-Cheney en 2000, qui se trouvait, il y a quelques mois encore, à la tête de la FEMA [1], en a fait autant. Et une troisième société qui est entrée sur ce marché est dirigée par le neveu d'Ahmed Chalabi.

Moralité : les optimistes qui s'attendent à voir l'administration Bush remettre sur de bons rails sa politique irakienne se font de douces illusions. Car les faits sont là : les coûts de l'occupation explosent, les experts du militaire soulignent que notre armée est dangereusement surengagée – et pourtant nos dirigeants laissent languir la reconstruction et grossir l'exaspération du peuple irakien pour octroyer des contrats juteux à leurs amis. Comment croire qu'ils changeront jamais de méthodes ?

1. Federal Emergency Management Agency, le service public de prévention et gestion des risques majeurs aux États-Unis.

L'ANALOGIE VIETNAMIENNE

16 avril 2004

L'Irak n'est pas le Vietnam. La différence la plus nette, ce sont les pertes humaines, qui ne représentent qu'un petit pourcentage du carnage indochinois. Mais il y a aussi des ressemblances réelles. Et à certains points de vue, semble-t-il, l'Irak, c'est pire.

Certes, le corps expéditionnaire américain en Irak est beaucoup plus réduit que l'armée que nous avons envoyée au Vietnam. Mais, globalement, les effectifs des forces armées américaines en général, et de l'armée de terre en particulier, ont aussi beaucoup diminué depuis 1968. Si on le mesure au pourcentage de notre puissance militaire qu'il retient, l'Irak est un conflit de la taille du Vietnam.

Et il soumet peut-être notre armée à plus rude tension. Au Vietnam, les forces américaines étaient essentiellement composées de conscrits, appelés pour une période limitée et qui revenaient à la vie civile après leur service militaire. En Irak, il s'agit de volontaires de longue durée, dont des réservistes qui n'auraient jamais cru qu'on les enverrait en mission prolongée outre-mer. Si on leur demande de passer des années à lutter contre une guérilla, l'entraînement de ces volontaires, leur moral, leur désir de se réengager vont être gravement compromis.

Cela prouve, disent certains faucons, qu'il nous faut une armée de terre plus nombreuse. Mais le président Bush n'a pas repris l'idée. En fait, il semble rechigner à payer les forces que nous avons déjà.

Comparons la politique budgétaire de George Bush et celle de Lyndon Johnson, et l'époque du Vietnam apparaîtra comme un âge d'or de l'esprit de responsabilité. Au début, Johnson ne voulait pas regarder en face le coût de la guerre, mais en 1968 il a pris le taureau par les cornes. En augmentant les impôts et en réduisant les dépenses, il a rétabli l'équilibre. En un an seulement, un déficit de 3,2 % du PIB s'est mué en excédent de 0,3 %. Un plan de même envergure aujourd'hui éliminerait l'essentiel de notre déficit budgétaire.

Mais M. Bush, s'il parle volontiers d'« aller jusqu'au bout », n'a rien retiré de sa liste de vœux aux États-Unis. Bien au contraire, il a utilisé l'éclat initial de son apparent succès en Irak pour faire passer une réduction d'impôts de plus… et attendu qu'elle soit votée pour nous parler des 87 milliards de dollars supplémentaires dont il avait besoin. Et il continue. Dans sa conférence de presse de mardi, il n'a pas dit un mot sur la rallonge de 50 à 70 milliards de dollars que chacun sait nécessaire pour financer la suite des opérations.

Cette triche budgétaire s'inscrit dans un contexte plus large. Si le Vietnam a ébranlé la confiance en soi de l'Amérique, ce n'est pas seulement parce que nous avons perdu, mais aussi parce que nos dirigeants ne nous ont pas dit la vérité. En septembre dernier, le général Anthony Zinni a évoqué « le Vietnam où nous avons entendu tous les mensonges », et il a demandé à son public d'officiers si ça recommençait. Bien sûr que les ressemblances foisonnent. Entre l'incident du golfe du Tonkin et l'inexistence des armes de destruction massive et des liens avec Al-Qaida. Entre « gagner les esprits et les cœurs » et « accueillez-nous en libérateurs ». Entre « la lumière au bout du tunnel » et « nous avons passé le cap ». Entre la vietnamisation et la nouvelle armée irakienne.

Certains disent que l'Irak n'est pas le Vietnam parce que nous sommes venus apporter la démocratie et non soutenir un régime corrompu. Mais la rhétorique idéaliste ne coûte pas cher. Au Vietnam, les dirigeants américains n'ont jamais dit :

nous soutenons un régime corrompu. Ils ont dit qu'ils défendaient la démocratie. Le reste du monde et les Irakiens eux-mêmes croiront dans les intentions idéalistes de l'Amérique le jour où ils verront un gouvernement irakien légitime et non corrompu – et pas, disons, des élections truquées portant au pouvoir Ahmed Chalabi. Si nous n'œuvrons pas pour la démocratie en Irak, qu'y faisons-nous ? Parmi les partisans modérés de la guerre, beaucoup se trouvent déjà dans une impasse logique. Ils ne se font plus d'illusions sur nos chances de réussite, mais ils redoutent les conséquences si nous partons. Amère ironie de l'Histoire : l'un des vrais motifs de l'invasion de l'Irak était de montrer au monde notre puissance. Et on nous explique à présent que nous ne pouvons pas partir car cela démontrerait notre faiblesse ! C'est dire à quel point l'affaire a mal tourné.

Là encore, le parallèle avec le Vietnam est évident. Vous vous souvenez de la théorie des dominos ?

Et il y en a encore un autre : la politique nixonienne est de retour.

Nous nous rappelons le Watergate. Mais les menées de Nixon pour réprimer l'opposition ont été tout aussi graves. Par exemple les manifestations « Allez le dire à Hanoi », où les adversaires de la guerre du Vietnam étaient accusés de saper le moral des troupes et de faire le jeu de l'ennemi. Mardi dernier, George Bush, faisant du méta-Nixon, a déclaré que tous ceux qui parlent d'analogies entre l'Irak et le Vietnam sapent le moral des troupes et font le jeu de l'ennemi.

UN CHAMP CLOS POUR LEURS RÊVES

4 mai 2004

En novembre dernier, l'économiste en chef de l'Heritage Foundation débordait d'optimisme à propos de l'Irak. Paul Bremer, expliquait-il, venait de remplacer le « système fiscal "faire payer les riches" de Saddam » par un impôt non progressif. « Peu d'Américains voudraient être à la place des Irakiens, ajoutait Daniel Mitchell, mais en avril prochain, quand viendra le temps des déclarations d'impôts, peut-être se demanderont-ils s'ils sont vraiment les mieux lotis. » Quand il écrivit ces lignes, il était clair que la situation en Irak était explosive, et lorsque vint le temps des déclarations, elle était devenue vraiment désespérée.

On a beaucoup écrit sur les dégâts provoqués par les idéologues de la politique étrangère, qui ignoraient les réalités de l'Irak et s'imaginaient pouvoir y démontrer la justesse de leurs doctrines militaires et politiques. On a moins dit combien d'autres rêves, tout aussi oublieux des réalités du pays – faire de l'Irak une vitrine du libre-échange, de la fiscalité inspirée par la théorie de l'offre, de la privatisation –, ont compromis les chances de succès d'une transition vers la démocratie.

Certains, dont Jay Garner, le premier administrateur américain en Irak, estiment que si l'administration Bush a évité d'organiser des élections rapides qui auraient pu donner une légitimité à un gouvernement de transition, c'est pour pouvoir imposer des mesures économiques qu'aucun gouvernement irakien élu n'aurait approuvées. Effectivement, l'an dernier, l'Autorité provisoire de la coalition a énormément réduit les droits de douane, rendu l'impôt non progressif et ouvert tout grand l'industrie irakienne aux investisseurs étrangers – ce qui a confirmé de nombreux Irakiens dans leur sentiment : nous étions bien des occupants et non des libérateurs.

Mais c'est surtout le recours à des firmes privées sous contrat pour des tâches traditionnellement dévolues à des agents de l'État qui a causé les pires problèmes.

Privatiser des activités de l'État est une obsession des conservateurs. Après l'élection de 2002, George Bush a annoncé la privatisation de très nombreux emplois fédéraux – jusqu'à 850 000. Aux États-Unis, craignant une réaction de l'opinion publique, il a décidé de procéder lentement. Mais en Irak, à l'abri de toute surveillance de l'opinion et du Congrès, il a privatisé tout ce qu'il a pu.

Alors que le Pentagone a un service d'achat bien rodé pour l'essence, en Irak sa tâche a été sous-traitée à Halliburton. Alors que la fonction publique regorge d'experts en développement et en réforme économique, en Irak la stratégie économique a été sous-traitée – après une procédure d'appel d'offres des plus contestables – à BearingPoint, cabinet-conseil étroitement lié à Jeb Bush.

Mais ce qui est vraiment scandaleux en Irak, c'est la privatisation de fonctions purement militaires.

Depuis plus de dix ans, de nombreuses activités secondaires assurées jusque-là par des soldats ont été transférées à des personnels privés sous contrat. Mais lorsque quatre salariés de Blackwater ont été tués et mutilés à Falloudja, événement qui a donné le coup d'envoi d'une insurrection générale, on a pu constater qu'en Irak les États-Unis ont étendu la privatisation à des fonctions militaires cruciales. Que des civils conduisent des camions et servent des repas, soit ; mais s'ils servent de gardes du corps personnels à de hauts responsables américains, s'ils gardent des installations de l'État américain et – c'est la toute dernière révélation – s'ils mènent des interrogatoires dans les prisons irakiennes, c'est tout à fait différent.

À en croire les reportages parus dans plusieurs journaux, des employés de deux sociétés privées sous contrat, CACI International et Titan, organisent des interrogatoires à la prison d'Abu Ghraib. Selon Sewell Chan du *Washington Post*, ces personnels du privé sont « au centre de l'enquête » sur les exactions subies par les prisonniers irakiens. Et il est à peu près certain, selon le principal analyste militaire du *Jane's*, que ces exactions ont « fait perdre à la coalition une bonne partie du soutien dont elle pouvait jouir dans les milieux irakiens modérés ».

Nous ne sommes pas sûrs que des personnels du privé sous contrat aient commis des fautes. Mais pourquoi avoir confié ce rôle-là à des civils, qui ne peuvent être traduits en cour martiale et ne sont donc pas pleinement responsables ? Et pourquoi privatiser des fonctions militaires cruciales ?

Je ne pense pas que ce soit une simple question de commodité. Même si plusieurs milliers de civils armés travaillent pour l'occupation, ils ne sont pas assez nombreux pour compenser sensiblement le manque de troupes. L'objectif, à mon avis, est de créer un précédent.

Peut-être vous demandez-vous si nos dirigeants pratiquent la privatisation avec tant d'ardeur parce qu'ils y croient vraiment ou pour enrichir leurs amis. Probablement les deux. Mais, avant l'Irak, la privatisation qui récompensait de généreux donateurs de subsides électoraux était politiquement habile, même si elle représentait une perte sèche pour les contribuables.

Tandis qu'en Irak, la réalité, ça compte. Et, grâce aux idéologues qui ont dicté notre politique l'an dernier, la réalité a l'air franchement sinistre.

FAITES-NOUS CONFIANCE !

11 mai 2004

Vous ne sentiez pas, dans vos tripes, que quelque chose comme Abu Ghraib finirait par faire surface ?

Quand le monde a appris les exactions infligées aux prisonniers, le président Bush a dit : « Ce n'est pas dans la nature du peuple américain. » Évidemment. La grande majorité des Américains sont bons et se comportent décemment. Mais la grande majorité des habitants du monde entier aussi. Si le bilan de l'Amérique est meilleur que celui de la plupart des pays – et il l'est –, c'est grâce à notre système, à notre tradition d'ouverture, de contrepoids et d'équilibre des pouvoirs.

Mais M. Bush, s'il parle beaucoup du bien et du mal, ne croit pas en ce système. Du jour où son équipe a pris le pouvoir, sa devise a été : « Faites-nous confiance ! ». Aucune administration depuis Nixon n'a soutenu avec tant d'énergie qu'elle a le droit d'opérer sans surveillance et sans rendre de comptes. Et il s'avère qu'aucune administration depuis Nixon n'a moins mérité cette confiance. Par patriotisme mal conçu, le Congrès s'est plié aux exigences de l'exécutif. Tôt ou tard, un désastre moral devait arriver.

« Faites-nous confiance ! » a dit John Ashcroft quand il a demandé au Congrès de voter le Patriot Act* sans poser de questions. Deux ans et demi plus tard, s'il a arrêté et fait détenir secrètement plus d'un millier de personnes, M. Ashcroft n'a toujours pas fait condamner un seul vrai terroriste. (Observez les procès en cours contre des « zozos mécontents qui regardent des vidéos d'entraînement militaire ringardes », comme dit Dahlia Lithwick de *Slate*, et vous comprendrez ce que je veux dire.)

« Faites-nous confiance ! » a dit George Bush quand il a expliqué que l'Irak, qui ne nous avait pas attaqués et ne faisait peser sur nous aucune menace évidente, était la bonne cible dans la guerre contre le terrorisme. Nous y sommes allés, et nous n'avons trouvé aucune arme de destruction massive, aucune preuve nouvelle de liens avec Al-Qaida.

« Faites-nous confiance ! » a dit Paul Bremer quand il a pris ses fonctions en Irak. Quelle est la base juridique de l'autorité de M. Bremer ? Vous vous imaginez peut-être que l'Autorité provisoire de la coalition est un organisme d'État, soumis au droit américain, mais il s'avère qu'aucune loi, aucune directive présidentielle n'a jamais fixé son statut. M. Bremer, pour autant qu'on puisse le savoir, ne rend de comptes à personne sauf à M. Bush, ce qui fait de l'Irak une sorte de fief personnel. Dans ce fief ne règne aucun ordre que des Américains pourraient reconnaître comme émanant d'un État de droit. Exemple : Ahmed Chalabi, l'ex-favori du Pentagone, a été autorisé à faire main basse sur les dossiers de Saddam – pour mieux faire chanter ses rivaux potentiels.

« Faites-nous confiance ! » a dit enfin Donald Rumsfeld début 2002, quand il a déclaré que les « combattants ennemis » – expression qui s'est avérée applicable à quiconque, y compris des citoyens américains, l'administration décide de désigner ainsi – ne jouissaient d'aucun des droits définis par les conventions de Genève. Aujourd'hui, on parle dans le monde entier de « Goulag américain », et Seymour Hersh réexplique My Lai[1].

Les hauts dirigeants ont-ils ordonné l'usage de la torture ? Cela dépend du sens que l'on donne aux mots « ordonner » et

1. Seymour Hersh, le journaliste qui a révélé le massacre de My Lai pendant la guerre du Vietnam et reçu le prix Pulitzer en 1970, a récemment publié une série d'articles dans le *New Yorker* sur les dérives actuelles des services secrets américains (trad. fr. de P. Rozenberg, *Permission de tuer*, Paris, Les Empêcheurs de penser en rond/Seuil, 2004).

« torture ». En août dernier, le chef du renseignement de M. Rumsfeld a envoyé en Irak le major général Geoffrey Miller, commandant de la prison de Guantanamo. Le général Miller a fait des recommandations : les gardiens devaient aider les personnels chargés des interrogatoires – dont certains sont des salariés d'entreprises privées travaillant pour l'armée – en traitant les prisonniers de façon à « créer les conditions » du « succès des interrogatoires et de leur exploitation ». Que pensait-il qu'il allait se passer ? Et ses supérieurs ?

Certains partisans de l'administration – c'est tout à leur honneur – ont protesté publiquement. « C'est un échec du système », a dit le sénateur Lindsey Graham, républicain de Caroline du Sud. Mais M. Graham, John McCain et autres parlementaires atterrés comprennent-ils leur propre rôle dans cet échec ? En s'inclinant devant l'administration à toutes les étapes, en s'opposant à toutes les tentatives pour obliger les dirigeants à rendre des comptes, ils ont conduit le pays à ce désastre. On ne peut pas empêcher toute enquête sérieuse sur les raisons qu'a eues George Bush de nous jeter dans cette guerre visant à éliminer des armes de destruction massive inexistantes et à punir Saddam de liens imaginaires avec Al-Qaida – puis se scandaliser quand son administration ne respecte pas les règles sur d'autres plans.

La prison d'Abu Ghraib restera en activité sous son nouveau commandant : le général Miller de Guantanamo. Donald Rumsfeld a « accepté la responsabilité » – ce qui, apparemment, n'implique aucun prix à payer. Et Dick Cheney s'écrie : « Don Rumsfeld est le meilleur secrétaire à la Défense que les États-Unis aient jamais eu. [...] On devrait cesser de le mettre en cause et le laisser travailler. » Bref : « Faites-nous confiance ! »

CHAPITRE 17

Dollars et cents

CES CHEMINS QU'ON NE PREND PAS

25 avril 2003

La nouvelle proposition du parlementaire Richard Gephardt – supprimer la réduction d'impôts de 2001 et utiliser les recettes fiscales ainsi récupérées pour garantir l'assurance maladie aux non-assurés – a été largement jugée irréaliste et, politiquement, c'est probablement vrai. Après tout, ces temps-ci, soutenir une réduction d'impôts irresponsable qui soit simplement forte et non gigantesque passe pour un choix « modéré ».

Mais aujourd'hui, j'aimerais me mettre en congé du réalisme politique et poser une question naïve : pourquoi le peuple américain ne serait-il pas favorable à une proposition comme celle de M. Gephardt ? Laissons de côté les détails. Pourquoi le citoyen moyen, si on lui demandait de choisir entre une réduction d'impôts style Bush et un plan pour garantir l'assurance maladie à la plupart de ceux qui n'en ont pas, n'opterait-il pas pour le second projet ?

Certes, à l'origine, réduire les impôts n'impliquait pas, en principe, de sacrifier autre chose. Dans la campagne de 2000 et jusqu'au vote de la réduction d'impôts de 2001, George W. Bush a dit et répété qu'il y avait quantité d'argent pour tout. Mais en fait il n'y en avait pas. Et, maintenant que nous voilà revenus à une ère de déficits, on nous dit qu'il faut réduire les programmes sociaux, alors que l'on continue de diminuer les impôts. Pourquoi ne pas prendre un autre chemin ?

La plupart des Américains n'ont jamais été en position, de toute manière, de gagner gros à une réduction d'impôts. Si toutes celles de Bush – la réduction votée en 2001 et celle que l'administration veut faire adopter maintenant – étaient pleinement opérationnelles, elles réduiraient les impôts annuels prélevés par ménage d'environ 2 500 dollars. Mais les moyennes peuvent induire gravement en erreur. Quand Bill Gates entre dans un bar, la fortune moyenne des clients monte en flèche, mais tous ceux qui sont dans le bar ne deviennent pas pour autant milliardaires.

Il en va de même avec les réductions d'impôts, qui réservent l'essentiel de leurs avantages aux très riches. La plupart des ménages, selon mes estimations, verront leurs impôts diminuer de moins de 800 dollars – et souvent de beaucoup moins.

Mais une poignée de ménages gagneront énormément. Ceux du 1 % supérieur, dont le revenu moyen dépasse le million de dollars, vont profiter de réductions d'impôts de l'ordre de 80 000 dollars chacun.

En revanche, les ménages ordinaires bénéficieraient considérablement d'un plan garantissant l'assurance maladie à ceux qui ne sont pas couverts.

Il est vrai qu'à tout instant la grande majorité des familles à revenus moyens sont assurées. Mais les salariés perdent leur emploi, les entreprises font faillite, et soudain on n'est plus couvert. Sur deux ans, environ un tiers des Américains passent un certain temps sans assurance maladie. Sur une période plus longue encore, le risque de perdre sa couverture est très élevé pour la plupart des familles.

Mettre fin à ce risque vaudrait-il plusieurs centaines de dollars par an pour le ménage moyen ? (Inutile d'exiger 800 dollars : puisqu'il accroît les crédits d'impôts pour les employeurs, le plan de M. Gephardt entraînerait aussi une hausse des salaires qui compenserait en partie l'effet négatif de la suppression de la réduction d'impôts.) Incontestablement, oui.

Quand une famille non assurée est frappée par la maladie, c'est souvent la catastrophe – soit les maladies graves ne sont pas soignées, soit la famille est ruinée. Si l'Amérique, le pays le plus riche du monde, a une espérance de vie plus courte et une mortalité infantile plus forte que la plupart des autres pays avancés, l'une des grandes raisons est l'insuffisance de notre système d'assurance maladie.

Donc, pourquoi les réductions d'impôts auraient-elles priorité sur la santé ? Je connais la ligne du parti : baisser les impôts des plus riches est la clé de la croissance économique, et la marée montante soulève tous les bateaux. Mais il n'y a pas une once de preuve à l'appui de cette assertion. Cela fait plus de vingt ans que les théoriciens de l'offre, les *supply-siders*, ont lancé leur croisade en faveur des réductions d'impôts, et les salariés ordinaires n'ont toujours pas vu la marée monter. Le salaire moyen réel n'est supérieur que de 7 % à son niveau de 1979, et encore cette hausse ne s'est-elle produite qu'après que Bill Clinton a réaugmenté les impôts pour la tranche la plus élevée. Si les ménages américains étaient conscients de leurs intérêts, l'écrasante majorité d'entre eux – tous sauf une petite minorité de très riches – troqueraient sans hésiter leur réduction d'impôts contre la garantie d'être assurés pour les soins médicaux quand ils en auront besoin. Et même les très riches trouveraient peut-être préférable de vivre dans une société où aucun enfant malade n'est sacrifié.

OK, retour à la réalité politique. Rien qui ressemble au projet de M. Gephardt ne prendra force de loi dans l'avenir prévisible. Bien au contraire, la droite fera probablement voter de nouvelles réductions d'impôts, et prendra prétexte du déficit pour ne pas aider les non-assurés. Mais nous avons le droit de demander pourquoi. Et assimiler la critique des réductions d'impôts à un certain manque de patriotisme n'est pas une réponse.

ÉNONCER L'ÉVIDENCE

27 mai 2003

« Les fous ont pris la direction de l'asile. » C'est ce qu'a écrit le *Financial Times*, quotidien habituellement compassé, voix traditionnelle de l'opinion mesurée des milieux d'affaires britanniques, dans son analyse du projet de loi budgétaire de la semaine dernière. Effectivement, cette législation est doublement absurde. Les astuces comptables qui ont permis de présenter une réduction d'impôts de plus de 800 milliards de dollars sous une étiquette officielle de 320 milliards sont très drôles. Mais le coût sans les astuces est si énorme que le pays n'a aucun moyen de s'en acquitter en tenant aussi ses autres promesses.

Mais telle est peut-être la clé. « Les républicains les plus extrémistes, suggère le *Financial Times*, veulent vraiment que le train du budget déraille. Proposer une réduction considérable des dépenses fédérales, en particulier des programmes sociaux, serait électoralement risqué, mais une crise budgétaire offre l'alléchante possibilité d'imposer cela par la bande. »

Bravo au *Financial Times !* Énoncer l'évidence semble enfin devenu une activité respectable.

Ce n'est pas un secret : des idéologues de droite veulent abolir des programmes qui pour les Américains vont de soi. Mais, encore tout récemment, si l'on suggérait que la politique Bush était peut-être dirigée par ces idéologues – que l'administration plongeait délibérément le pays dans une crise budgétaire qui permettrait de réduire considérablement des programmes sociaux populaires –, on se faisait aussitôt accuser de paranoïa.

Pourtant, en faisant voter une nouvelle réduction massive des impôts en temps de déficit record, nos dirigeants prouvent clairement soit leur incompétence totale, soit leur réelle volonté de déclencher une crise budgétaire (soit les deux).

On peut le dire ainsi : vous ne l'entendrez pas dans les discours, mais les impôts fédéraux, en proportion du PIB, sont déjà historiquement bas. Quand le nouveau train de réductions fera son effet, ils descendront au-dessous de leur moyenne sous l'administration Eisenhower. Comment, dans ces conditions, l'État peut-il financer Medicare et Medicaid, qui n'existaient pas dans les années 1950, et la Caisse de retraite publique, que le vieillissement de la population va rendre bien plus onéreuse ? (Le poids des dépenses militaires dans l'économie s'est réduit, mais pas d'autant, et elles se remettent à augmenter.)

Réponse : il ne peut pas. Certes, l'État peut emprunter la différence tant que les investisseurs ne veulent pas croire que l'unique superpuissance de la planète est en train de se muer en république bananière. Mais le jour viendra où les marchés obligataires vont se cabrer. Ils ne prêteront plus à un gouvernement, fût-il celui de Washington, dont la dette croît plus vite que les revenus et qui n'a aucune stratégie plausible pour reprendre les rênes de son budget.

À ce moment-là, il faudra soit augmenter les impôts, soit saigner à blanc des programmes devenus essentiels pour le mode de vie des Américains. La droite, soyons-en sûrs, fera tout pour préserver les allègements d'impôts de Bush – dès à présent, l'administration va jusqu'à lésiner sur la sécurité du territoire pour gratter quelques dollars ici et là. Mais, pour équilibrer les comptes sans relever les impôts, il faudra réduire considérablement les dépenses publiques en prenant l'argent là où il est, c'est-à-dire dans Medicare, Medicaid et la Caisse de retraite.

Cette révision des prestations à la baisse frappera durement les classes moyennes et populaires, tandis que les grands gagnants des réductions d'impôts seront les riches. Celle de la semaine dernière augmentera de moins de 1 % le revenu après impôts de la plupart des contribuables – ce qui est loin de suffire à compenser, dans leur cas, la baisse des prestations. Mais ceux qui gagnent plus d'un million de dollars par an verront leur revenu après impôts s'accroître, en moyenne, de 4,4 %.

Le *Financial Times* laisse entendre que cette politique est délibérée (et je suis d'accord). Pour les républicains extrémistes, écrit-il, « miner l'ordre international multilatéral ne suffit pas. Ils veulent aussi réviser radicalement les idées admises de longue date sur la répartition des revenus ».

Comment est-ce possible ? Parce que la plupart des gens, même les plus progressistes, ne se font aucun souci. Ils ne comprennent pas à quel point les projections budgétaires sont effroyables, et ils ne lisent pas les écrits des idéologues. Ils s'imaginent que l'administration Bush, comme l'administration Reagan, ne modifiera le système qu'à la marge ; qu'elle ne détruira pas le filet de sécurité sociale mis en place dans les soixante-dix dernières années.

Or, ceux qui gouvernent aujourd'hui l'Amérique ne sont pas des conservateurs. Ce sont des révolutionnaires, qui veulent détruire le système social et économique actuel, et la crise budgétaire qu'ils nous préparent va leur donner le prétexte dont ils ont besoin. Le *Financial Times* comprend maintenant ce qui se passe. Mais quand l'opinion va-t-elle se réveiller ?

CHEVAL DE TROIE

14 novembre 2003

Qu'allons-nous faire pour Medicare ? L'enjeu est tel qu'il mériterait un débat public national. Mais les *leaders* du Congrès tentent de régler la question tout de suite et subrepticement, en faisant voter une législation qui porte apparemment sur autre chose.

Le vieillissement de la population et l'ascension des dépenses de santé finiront par nous imposer d'accroître les moyens financiers de Medicare ou de réduire ses prestations – voire de faire les deux à la fois. En même temps monte l'exigence d'une nouvelle prestation. Puisque les soins, désormais, passent moins par l'hospitalisation et davantage par la prise de médicaments, la non-couverture de ces derniers par Medicare est perçue comme un manque flagrant.

Une conférence du Congrès travaille en ce moment à mettre au point une loi sur les médicaments prescrits sur ordonnance. Mais méfiez-vous des politiques, même quand ils vous font un cadeau. Ce projet de loi contiendra des dispositions qui n'ont rien à voir avec les frais de pharmacie et beaucoup avec l'hostilité à Medicare telle que nous la connaissons. On risque de découvrir plus tard qu'il s'agit d'un cheval de Troie, grâce auquel les idéologues conservateurs, qui assiègent en vain Medicare depuis l'époque de Barry Goldwater, auront enfin ouvert une brèche dans ses remparts politiques.

Un peu d'histoire. À l'origine, Medicare n'assurait que les soins hospitaliers, et les finançait par une taxe sur les salaires

– qui, à en croire les estimations de ses gestionnaires, restera suffisante pour couvrir les frais d'hospitalisation pendant vingt ans au moins. Aujourd'hui, Medicare verse aussi d'autres prestations, mais elles ont toujours été financées sur le budget général – c'est-à-dire sur les recettes des autres impôts.

Or, l'une des propositions que l'on négocie à huis clos – et qu'on présente fallacieusement comme un butoir contre une éventuelle « explosion des coûts » – fixe une limite au financement de Medicare sur les recettes générales, et impose de prendre des mesures sept ans avant la date où les projections indiquent qu'elle sera dépassée. Règle aggravée par une nouvelle définition très particulière des « recettes générales » : elle inclut dans ces recettes les intérêts perçus par le fonds d'investissement de Medicare, alimenté par une partie des taxes sur les salaires des années précédentes. L'effet net serait de contraindre l'État à déclarer Medicare en crise en 2010 ou 2011.

Réagir tôt aux problèmes de Medicare, direz-vous, n'est pas une mauvaise idée. Mais, en fait de réactions, cette loi n'en permettrait que deux : soit augmenter la taxe sur les salaires (impôt régressif qui pèse plus lourd sur les ménages de la classe moyenne que sur les très riches), soit réduire les prestations. Toute autre possibilité (par exemple augmenter d'autres impôts ou diminuer d'autres dépenses) serait exclue. Bref, il s'agit d'une tentative de verrouiller d'emblée le débat sur l'avenir de Medicare, en imposant une solution inspirée par une idéologie bien précise.

En même temps, une autre proposition – obliger Medicare à se mettre en concurrence avec les assureurs privés – semble conçue pour miner l'ensemble du système existant. On l'a baptisée « aide à la prime ». Medicare ne paierait plus les soins médicaux réels d'un particulier. Les retraités recevraient une somme forfaitaire leur permettant de souscrire une assurance privée (ceux qui choisiraient de rester affiliés au système traditionnel devraient payer un supplément). Réforme manifestement fondée sur l'idée suivante : avec les assureurs privés, les soins sont meilleurs et moins chers.

Mais de nombreuses études prédisent que ces compagnies d'assurances vont faire un tri : elles se réserveront les « meilleurs risques » (les mieux-portants) et laisseront à Medicare les retraités confrontés aux frais de santé les plus élevés. Cet alourdissement des coûts se traduira par les suppléments à verser pour conserver le bénéfice du système traditionnel de « couverture à l'acte ». Conséquence : beaucoup d'Américains âgés découvriraient que les soins sont au-dessus de leurs moyens. Ce que relève justement une étude publiée en 2002 par la Kaiser Family Foundation : « Les difficultés de l'ajustement à l'état de santé des bénéficiaires [...] risquent de rendre inabordable à beaucoup d'entre eux la “couverture à l'acte”. »

Que se passe-t-il donc ? Vente à l'amorçage, bien sûr – fausse aubaine pour appâter le client et lui vendre autre chose. Fort peu de parlementaires ont envie de s'opposer publiquement à un projet de loi qui offre enfin aux retraités une prise en charge des médicaments prescrits. Par là même ce texte est le cadre rêvé pour faire voter en contrebande des dispositions qui semblent conçues pour améliorer Medicare mais qui visent en réalité à le détruire.

Face à l'opposition acharnée de démocrates qui ont parfaitement compris la manœuvre, comme le sénateur Edward Kennedy, les républicains, apprend-on, ont lâché du lest. L'heure de vérité prévue pour 2011 aura, semble-t-il, des conséquences moins radicales, et l'aide à la prime ne sera pas introduite de but en blanc mais à titre expérimental (une expérience prévue toutefois sur des millions de personnes). Ce projet de loi n'en reste pas moins un cheval de Troie.

NOTRE PRÉTENDU BOOM

30 décembre 2003

Joyeux Noël chez Sharper Image et Neiman Marcus, qui ont annoncé de gros progrès de leurs ventes pendant les fêtes. Beaucoup moins joyeux chez Wal-Mart et autres chaînes à bon marché. Nous ne connaissons pas encore les chiffres de ventes définitifs, mais il est clair que le commerce haut de gamme a fait un tabac tandis que les grandes surfaces que fréquentent les familles à faibles et moyens revenus n'ont pas gagné grand-chose.

Avec ce genre de nouvelles, vous pourriez être tentés de croire que la reprise économique est une réception privée où le gros de la population n'a pas été invité. Vous auriez raison.

Les chiffres du département du Commerce révèlent un découplage frappant entre la croissance économique globale, impressionnante depuis le printemps dernier, et les revenus de la grande majorité des Américains. Au troisième trimestre 2003, chacun le sait, le PIB réel a crû à un taux annuel de 8,2 %, mais les salaires et les revenus salariaux – corrigés de l'inflation – à un taux annuel de 0,8 % seulement. Les derniers chiffres publiés ne changent rien au tableau. Sur six mois, de juin à novembre, les revenus d'origine salariale n'ont augmenté que de 0,65 % après inflation.

Pourquoi les salariés ne participent-ils pas à notre prétendu boom ? Commençons par l'emploi.

L'emploi salarié s'est remis à augmenter en août, mais le rythme reste modeste : en moyenne, moins de 90 000 créations d'emplois par mois. Nous sommes loin des années Clinton avec leurs 225 000 emplois de plus par mois. Et même des 150 000 qu'il faudrait pour absorber la croissance de la population en âge de travailler.

Si le nombre d'emplois n'augmente guère, y a-t-il au moins hausse des salaires ? Peut-être le supposiez-vous. Après tout, si les entreprises ont pu accroître leur production sans embaucher davantage de salariés, c'est grâce à la croissance rapide de la production par salarié (oui, c'est une tautologie). Historiquement, la hausse de la productivité s'est accompagnée de celle des salaires. Mais pas cette fois-ci. Avec l'atonie du marché du travail, les employeurs, ne ressentant aucune pression, n'ont pas partagé les gains de productivité. Les calculs de l'Economic Policy Institute montrent que la plupart des salaires réels stagnent ou diminuent alors que l'économie est en expansion.

Parenthèse : le marché de l'emploi est-il vraiment atone ? Le taux de chômage mesuré, 5,9 %, n'est pas si élevé au regard de l'Histoire. Mais c'est un chiffre assez bizarre. Ceux, bien plus nombreux que d'habitude, qui ont abandonné toute recherche d'emploi ne sont pas comptabilisés comme sans-emplois. Et beaucoup de ceux qui se déclarent employés ne le sont, en fait, que marginalement. Des indicateurs comme le délai de retour à l'emploi après licenciement le montrent bien : nous avons le pire marché du travail depuis vingt ans.

Donc, si les emplois sont rares et les salaires stagnants, qui bénéficie de l'expansion ? Directement, surtout les profits des entreprises, qui ont augmenté au troisième trimestre à un taux annuel de plus de 40 %. Indirectement, les actionnaires, à qui appartiennent en fin de compte les profits des entreprises (si les p-dg ne se sont pas servis, bien sûr, mais laissons ce point pour un autre jour).

Qu'est-ce que cela prouve ? me dira-t-on. Notre mutation en « société de propriétaires », comme disent l'administration et ses fidèles défenseurs, n'est-elle pas bien avancée ? Chacun n'a-t-il pas sa part des gains de la Bourse ? Pas du tout ! Il est vrai qu'un peu plus de la moitié des familles américaines investissent à la Bourse, soit directement soit *via* des fonds de placement, mais la plupart ne possèdent en actions, dans le meilleur des cas, que quelques milliers de dollars.

Comment l'accroissement des profits est-il partagé entre les différentes tranches de revenus ? Nous avons un bon indicateur de cette répartition : le Congressional Budget Office évalue la part de l'impôt sur les profits des entreprises qui incombe indirectement à chaque tranche. Selon l'estimation la plus récente, parmi les ménages, les 60 % les plus pauvres ne devaient que 8 % de cet impôt, tandis que les 5 % les plus riches en devaient 67 % et le 1 % le plus riche 49 % (exclamations à droite : assez de lutte des classes !). Donc, une reprise qui stimule les profits mais pas les salaires prodigue l'essentiel de ses bénéfices à une petite minorité de super-riches.

Au fond, pour la plupart des Américains, la croissance économique en cours est une sorte de *reality show :* c'est intéressant, mais ça arrive à d'autres. Cela peut changer si les créations d'emplois décollent sérieusement, mais jusqu'à présent ce n'est pas le cas.

La grande question : une reprise qui apporte si peu à la grande majorité des Américains pourra-t-elle vraiment durer ? L'expansion peut-elle reposer sur les seules ventes de produits de luxe ? Nous ne tarderons pas à le savoir.

DÉFICIT ET RÉALITÉS

27 janvier 2004

Même les conservateurs commencent à l'avouer : George Bush n'est pas sérieux quand il prétend faire quelque chose pour remédier au problème explosif du déficit budgétaire. Au mieux – pour user de l'expression, déjà consacrée, du discours sur l'état de l'Union –, son administration mène des « activités programmatiques liées à la réduction du déficit ».

Mais cet aveu a été assorti d'une légende urbaine sur les origines du problème. À en croire les rapports habilement fallacieux de l'Heritage Foundation et d'autres sources du même type, le déficit augmente parce que M. Bush n'est pas assez conservateur : il autorise une expansion galopante des dépenses intérieures. Ce mythe vise à détourner l'attention du vrai coupable : la réduction massive des impôts – essentiellement ceux des entreprises et des riches.

Est-il exact que les dépenses publiques intérieures explosent ? Réfléchissez : mis à part l'agriculture et ses subventions, y a-t-il des activités intérieures qui ont vu leur budget augmenter énormément depuis trois ans ? L'éducation ? Vous voulez rire. La formule « Aucun enfant ne doit rester sur le bord de la route » sonne de plus en plus comme de l'humour grinçant.

En réalité, de nombreux services publics sont gravement sous-financés. Le mois dernier, par exemple, la directrice de la police des parcs nationaux a reconnu devant les journalistes que son service manquait sérieusement de moyens et de personnel, et a été promptement suspendue de ses fonctions.

Une étude récente du Center on Budget and Policy Priorities fait les calculs. Si, globalement, les dépenses publiques ont augmenté à bon rythme depuis 2001, le gros de cet accroissement est allé soit au militaire et à la surveillance du territoire, soit aux programmes de l'État qui se gonflent automatiquement en temps de crise économique, l'indemnisation du chômage par exemple.

Donc pourquoi sommes-nous confrontés, pour tout l'avenir prévisible, à la perspective de déficits considérables ? En partie parce que les dépenses militaires et de surveillance du territoire ont augmenté. Mais surtout parce que les recettes ont chuté. Calculées en pourcentage du revenu national, les rentrées fiscales fédérales sont aujourd'hui au plus bas depuis 1950.

Certes, la plupart des Américains n'ont pas l'impression que leurs impôts aient considérablement diminué. Et ils ont raison. Les impôts essentiellement payés par la classe moyenne, comme la taxe sur les salaires, restent proches de leur record historique. La baisse des recettes fiscales est presque entièrement due à la réduction de deux impôts surtout payés par une petite fraction des ménages, les 5 % les plus riches : l'impôt sur le revenu personnel et l'impôt sur les profits des sociétés.

Ajoutons les deux et mesurons-les en pourcentage du revenu national : nous découvririons qu'ils n'ont jamais pesé moins lourd depuis la Seconde Guerre mondiale.

Cette baisse de la collecte des impôts chez les riches résulte en partie des réductions Bush : elles représentent plus de la moitié du déficit prévu cette année. Mais il est probable qu'une épidémie d'évasion et d'esquive fiscales joue aussi. Tous ceux qui souhaitent comprendre ce qui arrive à notre système fiscal devraient lire *Perfectly Legal*[1], le nouveau livre de David Cay Johnston, le journaliste spécialisé du *New York Times*. On y apprendra comment les idéologues ont rendu l'Amérique sûre pour les richissimes qui n'ont pas envie de payer l'impôt.

1. « Parfaitement légal », New York, Portfolio, 2003.

J'ai été particulièrement frappé par le récit que donne M. Johnston des séances d'audition de témoins, soigneusement mises en scène, de la commission des finances du Sénat en 1997-1998. Les sénateurs Trent Lott et Frank Murkowski ont accusé l'Internal Revenue Service* d'utiliser des méthodes dignes de la « Gestapo », et le Congrès a adopté de nouvelles règles qui ont gravement limité la capacité de cette institution à enquêter sur les suspects d'évasion fiscale. Plus tard, les caméras parties, il s'est avéré que toute cette affaire était une arnaque. La plupart des accusations n'étaient pas vraies, et il y avait de solides raisons de croire que le témoin-vedette, qui avait fait un récit poignant des humiliations que lui avaient infligées des agents de l'IRS, s'était bel et bien rendu coupable d'évasion fiscale de première grandeur (il a fini par payer 23 millions de dollars, tout en maintenant qu'il n'avait rien fait de mal).

Et cette arnaque s'inscrivait dans une autre, plus générale. Ce qui se joue en Amérique aujourd'hui, c'est une stratégie de vente à l'amorçage que la droite a baptisée « Affamer la bête »... Objectif final : réduire considérablement les programmes publics utiles aux pauvres et à la classe moyenne, et, avec les économies ainsi réalisées, alléger les impôts des riches. Mais jamais l'électorat ne voterait pour un tel projet.

Donc la droite a usé d'une technique de vente fallacieuse pour entraver la lutte contre la fraude fiscale et faire voter des réductions d'impôts avantageuses aux plus hauts revenus. Et maintenant que les déficits sont apparus, elle les explique par un emballement des dépenses, qu'il faut limiter.

Jusqu'ici, cette stratégie a remarquablement réussi. Mais elle offre aussi une occasion en or à l'opposition. Pour choisir entre les candidats démocrates à la candidature, voici donc la pierre de touche que je propose : indépendamment du détail des propositions respectives, lequel est le plus capable de faire comprendre au peuple américain l'arnaque budgétaire en cours ?

LA PREMIÈRE « RICHESSE DES NATIONS »

17 février 2004

Le rapport économique du président, publié la semaine dernière, a été critiqué sur plusieurs fronts. Je vais en ouvrir un nouveau : son analyse de la santé témoigne d'une remarquable indifférence aux soucis des Américains ordinaires, et offre une belle occasion politique aux démocrates.

Selon un récent sondage Gallup, 82 % des Américains classent la santé parmi leurs problèmes les plus importants : ils sont satisfaits de la qualité des soins quand ils peuvent se les offrir, mais ils ont peur de ne pas pouvoir se les offrir. À la différence d'autres pays riches, les États-Unis n'ont pas d'assurance maladie universelle, et il n'est que trop facile de tomber dans les trous de notre système. Quand j'ai vu que le rapport économique du président consacrait tout un chapitre à la santé, j'ai cru qu'il allait tenter de répondre à ces préoccupations de l'opinion.

Mais non : il minimise le problème. Si plus de 40 millions de personnes n'ont pas d'assurance maladie, ce n'est pas très grave car « les non-assurés constituent une catégorie hétéroclite et qui change perpétuellement ». Est-ce vraiment une bonne nouvelle ? À tout moment, environ un Américain sur sept n'est pas assuré, ce qui est déjà fort regrettable. Mais, puisque les non-assurés sont une « catégorie dont la composition change constamment », un pourcentage bien plus élevé de la population traverse de terrifiantes périodes de non-couverture. Et ceux qui vivent dans la peur de perdre l'assurance maladie en cas de problème dans leur vie professionnelle ou privée sont encore plus nombreux.

Le rapport fait un contresens sur l'idée même d'assurance maladie. Il soutient qu'il serait bon que les compagnies d'assurances soient mieux informées des perspectives d'évolution de l'état de santé de leurs clients, pour pouvoir « adapter avec précision les polices à des profils différents et moduler leurs prix en conséquence ».

Donc, si ces compagnies trouvent un nouveau moyen de repérer les individus susceptibles d'être malades des reins en vieillissant, et usent de cette information pour leur refuser les polices couvrant la dialyse, c'est un progrès ?

Après avoir sommairement écarté le cas de ceux qui ne peuvent être couverts pour des raisons financières ou de santé, le rapport passe à la critique de l'assurance maladie en général : elle est coupable, selon lui, de l'explosion des dépenses de santé.

Est-ce vraiment le problème crucial ? Il est exact que les États-Unis dépensent beaucoup plus que les autres pays pour la santé, mais ce ne serait pas mauvais en soi si l'effort était efficace. La vraie question est donc : pourquoi, en dépit de toutes ces dépenses, beaucoup d'Américains ne sont-ils pas certains de recevoir les soins dont ils auront besoin ? Et pourquoi l'espérance de vie aux États-Unis se situe-t-elle près de la limite inférieure de la fourchette des pays avancés ?

Où va l'argent ? Les frais généraux pèsent lourd. Selon une étude récente, les compagnies d'assurances privées dépensent 11,7 % de chaque dollar de la santé en frais administratifs – essentiellement publicité et souscription –, contre 3,6 % pour Medicare et 1,3 % pour le système d'État canadien. Par ailleurs, notre système est très généreux pour les compagnies pharmaceutiques et autres fournisseurs d'articles médicaux, car, à la différence des autres pays, nous ne négocions pas de meilleurs prix.

Résultat : la médecine américaine, qui, pour les soins les plus avancés, est la meilleure de la planète, offre à une grande partie de la population le pire des mondes possibles – très cher et pas sûr. Et cela s'aggrave : les primes augmentent et les entreprises sont de plus en plus réticentes à proposer une assurance à leurs salariés.

Comment pourrait-on répondre à cette crise toujours plus aiguë ? Il faut évidemment étendre la couverture aux non-assurés. Pour prévenir la hausse des coûts, une double offensive s'impose : sur le prix des médicaments et sur les frais de gestion. Et elle risque fort d'évincer les compagnies d'assurances de certains aspects de la couverture, voire de tous.

Cette réponse, l'administration ne peut la donner, tant à cause de ses œillères idéologiques que de ses liens avec des intérêts particuliers. Dans le rapport économique du président, les efforts pour prévenir la hausse des prix des médicaments n'inspirent que des remarques négatives. Ce texte parle beaucoup de réformer l'assurance maladie, mais il regrette surtout que nous comptions trop sur elle. Il ne dit rien sur l'extension de la couverture, rien non plus sur la réduction des frais généraux des compagnies d'assurances. Concrètement, sa principale recommandation est un projet de compte épargne santé déductible des impôts, dont l'intérêt pour l'immense majorité des non-assurés serait faible ou nul.

J'en dirai davantage dans de futures tribunes sur les options possibles en matière de politique de la santé. Pour l'instant, contentons-nous de noter que c'est un problème très important pour la population et insoluble pour l'administration – mais pas pour un démocrate audacieux.

MAESTRO DE LA *CHUTZPAH*

2 mars 2004

Selon la définition traditionnelle, la *chutzpah*, c'est tuer ses parents et réclamer les circonstances atténuantes puisqu'on est orphelin. Alan Greenspan a de la *chutzpah*.

La semaine dernière, M. Greenspan a mis en garde contre les dangers des déficits budgétaires. Mais, alors que leur cause principale est la chute des recettes – les rentrées fiscales de l'État fédéral sont aujourd'hui, en pourcentage du PIB, les plus faibles depuis 1950 –, il se prononce contre toute tentative de restauration des recettes récemment perdues. Bien au contraire, il soutient le projet de l'administration Bush de rendre ces réductions d'impôts définitives, et préconise de réduire les prestations de la Caisse de retraite publique.

Or, il y a trois ans, M. Greenspan a vivement incité le Congrès à diminuer les impôts, faute de quoi, a-t-il expliqué, l'État fédéral aurait un excédent beaucoup trop important. Il a garanti aux parlementaires que cela ne compromettrait en rien les futurs versements de la Caisse. Et, l'an dernier, il a refusé de prendre position contre un nouveau train de ces allègements d'impôts qui creusent le déficit. Mais attendez la suite : c'est encore pire.

Voyez-vous, si les autres composantes des finances de l'État sont aujourd'hui immensément déficitaires – et n'ont jamais dégagé un gros excédent –, la Caisse de retraite publique reçoit bien plus de fonds qu'elle n'en dépense. Grâce à ces excédents, elle est entièrement financée jusqu'en 2042 au moins. Et assurer son avenir après cette date pour de nombreuses décennies ne reviendrait pas très cher : un petit pourcentage des recettes qui seront perdues si les réductions d'impôts Bush sont pérennisées.

Si la Caisse est en grande forme, c'est parce que, pendant les années 1980, la commission Greenspan a persuadé le Congrès d'augmenter la taxe sur les salaires qui la finance. C'est un impôt régressif, qui pèse bien davantage sur les ménages à revenus moyens ou faibles que sur les riches. Selon les estimations du Congressional Budget Office, les ménages proches de la ligne médiane de la répartition des revenus paient environ deux fois plus en taxe sur les salaires qu'en impôt sur le revenu. Néanmoins, tous ont fort bien accepté un relèvement de cet impôt régressif pour soutenir la Caisse.

À présent, ils sont les dindons de la farce. M. Greenspan a fait voter une augmentation d'impôts sur les Américains qui travaillent, ce qui a mis la Caisse en excédent. Il a ensuite tiré argument de cet excédent pour préconiser une réduction d'impôts qui profite fort peu à la plupart des gens mais beaucoup à ceux qui gagnent plus de 300 000 dollars par an. Et maintenant que ces allègements fiscaux ont largement contribué à créer un déficit toujours plus grave, il veut que l'on réduise les versements de la Caisse.

Le point clé, c'est que, si quelqu'un avait essayé de vendre honnêtement l'ensemble – « Augmentons les impôts des Américains qui travaillent et réduisons leurs pensions pour pouvoir offrir de gros cadeaux fiscaux aux riches ! » –, les électeurs auraient été indignés. La « droite de lutte de classe » l'a donc « vendu à l'amorçage ».

Il y a trois leçons à tirer de cette histoire.

La première : « affamer la bête » n'est plus un scénario hypothétique, il se réalise au moment où nous parlons. Depuis des décennies, les conservateurs veulent réduire les impôts non parce que nous pouvons nous le permettre mais parce que nous ne pouvons pas. Ces réductions créent un déficit budgétaire qui donne un prétexte pour comprimer les dépenses publiques.

La deuxième : comprimer les dépenses ne signifie pas ici réduire des programmes dispendieux qui n'intéressent personne. Les cibles sont la Caisse de retraite publique et Medicare, parce que l'argent est là. Ajoutons que les idéologues de la droite n'ont jamais perdu l'espoir de se débarrasser totalement de la Caisse. Si M. Bush gagne en novembre, soyons sûrs qu'ils tenteront de faire avancer la privatisation, la création de comptes retraite personnels. On les présentera comme un moyen de « sauver » la Caisse (d'une crise inexistante), mais ils vont, en réalité, compromettre son équilibre financier. C'est le but, bien sûr.

La troisième : la corruption de notre système de gouvernement par la droite – la mainmise partisane sur des institutions en principe apolitiques – se poursuit et touche même la Réserve fédérale.

La Maison-Blanche de Bush a montré clairement qu'elle ruinerait la carrière des savants, spécialistes du budget, agents des services secrets, officiers même, qui ne sont pas dans la ligne. Mais M. Greenspan aurait dû être à l'abri de ces pressions. Et il aurait dû comprendre que la singularité de sa position de haut fonctionnaire non élu qui exerce un immense pouvoir lui fait obligation de rester au-dessus de la mêlée. En usant de sa fonction pour promouvoir un programme partisan, il a trahi la Réserve fédérale et la nation.

UN BON MOIS

9 avril 2004

Enfin une heureuse surprise en ce qui concerne l'emploi ! Le nombre estimé d'emplois salariés a augmenté de 308 000 en mars, dépassant les attentes de la quasi-totalité des observateurs. On ne peut reprocher à l'administration d'essayer de faire mousser cette bonne nouvelle, et de se désespérer en constatant que le bruit des bouchons de champagne se noie dans le crépitement des mitrailleuses. Mais, après tant de faux départs, l'économie commence-t-elle enfin à se réveiller ?

Pour remettre le chiffre en perspective, il faut se souvenir de ce qu'est une forte croissance de l'emploi. Pendant les huit années de présidence de Bill Clinton, l'économie a gagné 236 000 emplois par mois. Mais ce n'est qu'une moyenne. Le graphique des variations mensuelles ressemble à un électrocardiogramme. 23 mois ont enregistré 300 000 nouveaux emplois ou davantage. En mars 2000, il y a eu 493 000 emplois de plus. Cela montre qu'il ne faut pas trop extrapoler les résultats d'un seul mois. Les chiffres de l'emploi salarié sont affectés par un haut niveau de « bruit statistique », comme disent les économistes. Cela montre aussi qu'à l'aune des résultats passés, mars 2004 n'a rien d'exceptionnel.

Et nous devrions voir de l'exceptionnel, car notre économie devrait être en train de rebondir. Les périodes difficiles sont généralement suivies de gros progrès. L'Argentine, qui a tant souffert l'an dernier, a eu le taux de croissance le plus rapide de l'hémisphère occidental : 8,7 % ! Non en raison de l'excellence de sa politique économique, mais parce qu'elle se relevait d'une crise très grave.

Les États-Unis n'ont pas subi une crise de cette ampleur, mais nous avons tout de même beaucoup de terrain à regagner. Pour l'emploi, après trois ans de statistiques lamentables, nous devrions avoir une progression très forte – et, même après les chiffres du mois dernier, nous ne l'avons pas. Il faudrait environ quatre ans de résultats comme ceux de mars 2004 pour qu'il redevienne aussi simple de trouver du travail qu'en janvier 2001.

Certes, nous pouvons espérer que les chiffres de mars ne sont que le début d'une avalanche de bonnes nouvelles. Mais les présages ne sont pas très encourageants. Les chiffres hebdomadaires des premières inscriptions au chômage sont en baisse – mais ils restent supérieurs à la moyenne de l'année 2000, et la croissance de l'emploi en 2000 n'a fait que tenir le rythme de celle de la population. Le nombre moyen d'heures travaillées par semaine, qui est parfois un signe avant-coureur de futures embauches, a diminué en mars – tant diminué, en fait, que le nombre total d'heures travaillées a baissé alors que la population active employée a augmenté.

Ces indices suggèrent qu'il n'y a même pas une chance sur deux d'avoir, d'ici à la présidentielle, une croissance de l'emploi qui égalerait ou dépasserait la moyenne de l'ère Clinton. Et encore moins d'obtenir le boom de l'emploi dont nous avons besoin et que nous sommes en droit d'attendre après trois mauvaises années. Ce qui nous ramène à la politique.

Laissons les détails pour un autre jour, mais on voit très clairement quelle sera la philosophie économique générale de John Kerry. Il s'entoure de conseillers étroitement liés à Bill Clinton, et encore plus étroitement à Robert Rubin, le légendaire ex-secrétaire au Trésor. Nous pouvons donc imaginer que M. Kerry au pouvoir suivrait une stratégie « rubinienne », consistant à reprendre le contrôle du déficit budgétaire à long terme en augmentant les impôts sur les familles de la tranche supérieure et en réduisant les dépenses. Il est certain qu'il avancera lentement sur le front de la réduction du déficit tant que l'économie restera fragile. Mais ses conseillers lui diront, comme Robert Rubin l'a dit à Bill Clinton, qu'une politique budgétaire responsable à long terme est bonne aussi à court terme puisqu'elle contribue à maintenir à faible niveau les taux d'intérêt.

George Bush s'est efforcé, bien sûr, d'être l'anti-Clinton en tout. Ses conseillers ont jeté aux orties la « rubinomie » et reprêté l'oreille à la « reaganomie » : les réductions d'impôts durables, quels que soient leurs effets sur l'équilibre budgétaire, sont la clé de la croissance. Pendant trois ans, ils n'ont eu d'autres résultats à montrer que des déficits. Voici qu'ils ont un bon mois – mais pas prodigieux.

Bref, l'élection de cette année opposera le candidat du retour à une politique économique qui a été associée à huit ans de très forte croissance de l'emploi, et le candidat de la poursuite d'une politique qui, en trois ans, a rapporté très exactement un seul bon mois sur le plan de l'emploi. Oui, je sais, la période de prospérité sous la présidence de M. Clinton n'est pas totalement, ni même essentiellement, à mettre à son actif, et la période de vaches maigres sous celle de M. Bush n'est pas entièrement de sa faute. Néanmoins, à première vue, rien n'incite à recommander la méthode de M. Bush. Mais les électeurs verront-ils les choses autrement ?

Je ne crois pas. Si l'élection se joue sur l'économie, ce qui paraît douteux pour l'instant avec l'accélération de la débâcle en Irak, elle reflétera la situation de l'emploi sur le terrain, qui reste sinistre.

L'ÉCONOMIE SIOB SED NIBOR[1]

1er juin 2004

La semaine dernière, le *Washington Post* a mis la main sur une note interne de l'Office of Management and Budget : il enjoignait aux services fédéraux de préparer des coupes sombres post-électorales dans des programmes que George Bush avait couverts de louanges au cours de son périple électoral. Parmi eux, le programme de nutrition pour les femmes, les nourrissons et les enfants[2] ; Head Start[3] ; et la surveillance du territoire. Les chiffres correspondaient à ceux d'une sortie d'imprimante révélée par une fuite en début d'année – les dirigeants avaient alors affirmé qu'elle ne reflétait pas la politique réelle.

Au-delà de la fourberie ordinaire, l'affaire de la note interne nous enseigne une vérité plus générale : quoi qu'ils disent en public, les dirigeants de l'administration savent que, pour maintenir les réductions d'impôts Bush, il faudra faire de grosses économies sur des programmes publics populaires. Et l'immense

1. Robin des Bois à l'envers.

2. Il s'agit du programme WIC (Women, Infants and Children) qui fournit des aliments complémentaires sains et des conseils en nutrition aux femmes enceintes et aux jeunes mères de bébés et d'enfants de moins de cinq ans.

3. Association fondée en 1965 qui mène une action multiforme en faveur de la petite enfance, notamment pour les familles vivant au-dessous du seuil de pauvreté. Toutes ses activités sont gérées au niveau local par des institutions publiques ou privées à but non lucratif, avec une forte participation des parents.

majorité des Américains y perdront plus qu'ils n'auront gagné à la baisse des impôts.

Il était clair depuis longtemps que, lorsque l'administration Bush prétendait pouvoir simultanément faire la guerre, réduire considérablement les impôts et mener une politique « compatissante », l'addition ne tombait pas juste. Nous en avons maintenant une confirmation directe : la Maison-Blanche pratique la vente à l'amorçage, elle prévoit de suivre une politique fort peu compatissante après l'élection de cette année.

Cette politique consiste à imposer l'économie Siob sed Nibor – Robin des Bois à l'envers. Le résultat net des mesures actuelles sera un transfert massif de revenus de la classe moyenne aux très riches : environ 80 % des Américains seront perdants et l'essentiel des gains ira à ceux dont le revenu annuel dépasse 200 000 dollars.

Je ne peux fonder cette affirmation sur des chiffres officiels : sous M. Bush, le département du Trésor a cessé de publier les statistiques sur la répartition des réductions d'impôts par niveau de revenu. On comprend pourquoi à la lecture des estimations de l'Urban Institute-Brookings Institution Tax Policy Center, qui donne à présent les chiffres que l'administration veut cacher. Cette année, les allègements d'impôts Bush ont diminué les prélèvements fiscaux, en moyenne, de 1 448 dollars par famille. Mais cette moyenne reflète des réductions énormes pour une poignée de ménages richissimes et beaucoup plus modestes pour l'écrasante majorité (voilà pourquoi la plupart des gens, selon les sondages, ne croient pas qu'on ait réduit leurs impôts). En fait, les 257 000 contribuables dont le revenu dépasse le million de dollars ont bénéficié collectivement d'une réduction d'impôts supérieure à celle des 85 millions de contribuables qui constituent les 60 % les moins riches de la population.

Mais tout de même, la plupart des familles ne gagneront-elles pas quelque chose ? Non, car les réductions d'impôts finiront nécessairement par entraîner, en compensation, une baisse des dépenses.

Il y a trois ans, George Bush a prétendu qu'il diminuait les impôts pour restituer au public un excédent. En fait, il a présidé au passage à d'énormes déficits. Les modestes réductions d'impôts dont ont bénéficié la grande majorité des Américains sont donc fondamentalement frauduleuses. Comme s'il fallait remercier quelqu'un pour un cadeau acheté avec votre carte bancaire.

Évidemment, l'administration n'a pas dit comment elle compte payer la facture. Mais si ce n'est pas en réaugmentant les impôts, ce sera forcément en sabrant massivement dans les programmes, notamment la Caisse de retraite publique, Medicare et Medicaid, puisque c'est là que se trouve l'essentiel de l'argent.

Ce que perdront la plupart des familles dans ces réductions de prestations dépassera de très loin ce qu'elles auront gagné à la baisse des impôts. Un calcul sommaire suggère que 80 % des ménages en sortiront perdants. Le Center on Budget and Policy Priorities publiera bientôt une analyse plus rigoureuse et détaillée qui aboutit à une conclusion analogue. Seuls y gagneront vraiment les quelques pour-cents les plus riches de la population.

M. Bush se rend-il compte que le résultat final de ses mesures sera d'aggraver la situation de la majorité des Américains et d'enrichir ceux qui sont déjà très riches ? Qui peut savoir ? Mais les idéologues et les éminences grises qui ont monté ce programme savent parfaitement ce qu'ils font.

Un programme que les électeurs ne soutiendraient jamais, bien sûr, s'ils le comprenaient. C'est pour cela que la malhonnêteté – par exemple le recours constant à une comptabilité truquée, et aujourd'hui l'affaire de la note interne sur les restrictions budgétaires – est un trait aussi central de la stratégie politique de la Maison-Blanche.

Pour l'instant, il semble que l'élection 2004 sera un référendum sur la calamiteuse politique étrangère de M. Bush. Mais il y a un autre enjeu : son parti et lui réussiront-ils à verrouiller la position politique inexpugnable dont ils ont besoin pour mettre en œuvre leur stratégie économique favorable aux riches et anti-classe moyenne ? Non, je ne prêche pas la lutte des classes. C'est eux.

CHAPITRE 18

Abus de pouvoir

HOMMES À CHEVAL

6 mai 2003

Le général Georges Boulanger avait fière allure : splendide en uniforme, magnifique à cheval. Aussi ses éminences grises veillaient-elles à le montrer le plus souvent possible en grande tenue sur un cheval.

Ce fut un succès. Boulanger devint immensément populaire. S'il n'avait pas craqué la nuit de la tentative de putsch, la République française aurait peut-être disparu en 1889.

Aux États-Unis, nous avons d'autres habitudes. Du moins jusqu'à présent. La politique du beau cavalier vient-elle de franchir l'Atlantique ?

Petit retour en arrière. Si la Constitution fait du président le chef des armées, c'est pour qu'il soit bien clair que l'autorité ultime appartient aux civils et non aux militaires. C'est pourquoi, traditionnellement, les présidents américains évitent soigneusement tout ce qui pourrait les assimiler aux seconds. Dwight Eisenhower était un général vainqueur et John Kennedy un authentique héros de la guerre, mais, devenus présidents, ni l'un ni l'autre n'ont jamais rien porté qui puisse évoquer l'uniforme.

À la lumière de ce passé, l'apparition de George Bush en as de la chasse aérienne à bord de l'*US Abraham Lincoln* (pour rendre hommage à nos soldats ? Allons donc ! C'était pour montrer le président en tenue de pilote de chasse) a été aussi terrifiante que désopilante.

Remarquez, c'était drôle. La Maison-Blanche a d'abord prétendu que cet appontage spectaculaire était nécessaire parce que le porte-avions était trop éloigné pour un hélicoptère. En fait, il était si près des côtes que, selon Associated Press, des collaborateurs du président « ont reconnu avoir positionné ce bâtiment géant en fonction du meilleur angle de prise de vues pour le discours de Bush – afin d'avoir en arrière-plan l'océan et pas le littoral de San Diego ».

Un correspondant de presse britannique aux États-Unis m'a dit qu'avec ses collègues il avait bien ri du début à la fin. Selon lui, si Tony Blair avait tenté pareil coup de pub, les journaux auraient exigé qu'on leur dise combien de lits d'hôpital on aurait pu s'offrir avec le kérosène.

Mais aux États-Unis, l'éventail des réactions télévisées est allé du respect à l'enthousiasme délirant. Nul n'a souligné que M. Bush venait de rompre avec une importante tradition. Et nul ne s'est formalisé non plus de le voir souligner ainsi son expérience de pilote de guerre, alors qu'il a apparemment « séché » plus d'un an du service dans la garde nationale qui lui a permis d'échapper au Vietnam. (Que l'on m'épargne les *e-mails* indignés ! Le *Boston Globe*, qui a étudié la question à fond, n'a rien trouvé qui prouverait que M. Bush eût accompli le moindre de ses devoirs pendant cette année manquante ; et puisqu'il a lui-même choisi de se vanter de sa carrière dans la garde nationale, ce n'est pas de l'« histoire ancienne »).

Quoi qu'il en soit, c'était vraiment du grand spectacle. Heureusement pour M. Bush, la traque frustrante d'Oussama Ben Laden s'est bizarrement métamorphosée en une bonne guerre classique, où l'on prend la capitale ennemie et où l'on proclame la victoire tandis qu'une foule en liesse abat la statue du dictateur. (C'était une petite foule, et ce sont les soldats américains qui ont démoli la statue, mais ça passait très bien à la télé.)

Soyons francs. Pourquoi est-il si grave de n'avoir pu découvrir la moindre preuve d'un programme d'armement nucléaire irakien en activité, ou de grosses quantités d'armes chimiques et biologiques (quelques bidons ne suffiraient pas – et nous ne les avons même pas trouvés) ? Essentiellement parce que cela confirme un soupçon : la guerre ne visait pas à éliminer de vraies menaces. Soupçon renforcé par la désinvolture des autorités américaines envers ces prétendues menaces après la chute de Bagdad. Le site principal où sont entreposés les déchets nucléaires de l'Irak, par exemple, n'a été sécurisé qu'avec un retard de plusieurs jours, au cours desquels on l'a abondamment pillé. Alors, tout ça, c'était pour la photo ?

M. Bush, donc, est allé poser en pilote de chasse, et, puisque nul n'en a pris ombrage, ses éminences grises se sont sûrement senties autorisées à faire vibrer encore plus effrontément, à l'avenir, la corde de la sécurité nationale.

L'an prochain – début septembre –, à New York, le parti républicain tiendra la convention où il désignera son candidat. Il exploitera à fond le lieu et la date. Combien oseront demander si cette cérémonie est convenable ?

Et qui demandera pourquoi l'administration, si elle s'enorgueillit tant de sa réaction au 11 Septembre, a tout fait pour empêcher une enquête indépendante et approfondie sur ce qui s'est vraiment passé ? (Une commission d'étude indépendante n'a été créée qu'après l'élection de 2002, avec très peu de temps et un budget ridicule.)

Il fut un temps où tout président qui aurait tenté de tirer un profit politique de sa fonction de commandant en chef des armées aurait été dénoncé vertement par les patriotes des deux partis. Mais c'était, semble-t-il, dans un autre pays.

LE SYNDROME CHINOIS

13 mai 2003

Il s'est passé une drôle de chose pendant la guerre en Irak. Beaucoup d'Américains se sont mis à écouter le journal du soir de la BBC. Ils voulaient entendre un point de vue différent qu'ils ne pouvaient trouver sur leurs chaînes nationales qui – je cite le directeur général de la BBC – « s'étaient drapées dans la bannière étoilée et avaient substitué le patriotisme à l'impartialité ».

Laissons de côté la justice ou l'injustice de la guerre, et mesurons le paradoxe. La BBC appartient à l'État britannique, et on aurait pu s'attendre à la voir soutenir la politique de son gouvernement. En réalité, elle a tout fait – trop, disent ses censeurs – pour rester impartiale. Les chaînes américaines sont privées. Pourtant, elles se sont conduites comme des télévisions d'État.

Comment s'explique ce paradoxe ? Peut-être par le syndrome chinois. Non, pas celui des réacteurs nucléaires[1]. Celui de la News Corporation de Rupert Murdoch dans ses rapports avec le gouvernement de la République populaire.

Aux États-Unis, l'empire médiatique de M. Murdoch – qui comprend Fox News et le *New York Post* – est bien connu pour son patriotisme cocardier. Mais ce chauvinisme ne l'a pas

1. Allusion au film *Le Syndrome chinois* de James Bridges (1979) sur un accident nucléaire où la fusion du réacteur de la centrale entraînerait le percement de la cuve et la décomposition de la dalle en béton. La radioactivité s'enfoncerait alors sous terre et ressortirait aux antipodes.

empêché, explique un article de *Fortune*, de « flatter le régime répressif de Pékin pour ouvrir à ses émissions l'immense marché chinois ». Flatter comment ? Par exemple en retirant de sa programmation de télévision par satellite le service international de la BBC, le gouvernement chinois ne souhaitant pas une large diffusion de ses informations ; ou en faisant annuler par sa maison d'édition la publication d'un livre critiquant le régime chinois.

Une démarche de ce genre est-elle possible aux États-Unis ? Mais oui ! Par ses décisions concrètes – notamment, mais pas seulement, celles qui portent sur la réglementation des médias –, l'État américain peut récompenser les groupes de presse qui lui plaisent et punir ceux qui ne lui plaisent pas. Les chaînes privées sont donc incitées à courtiser les détenteurs du pouvoir. Et, puisqu'elles n'appartiennent pas à l'État, elles ne sont pas surveillées de près comme la BBC, qui doit veiller à ne pas donner l'impression d'être un instrument du parti au pouvoir. Ne soyons donc pas surpris de trouver bien plus de déférence à l'égard des autorités sur les chaînes américaines « indépendantes » qu'à la télévision publique de Grande-Bretagne ou, pour donner un autre exemple, d'Israël.

Un reportage récent de Stephen Labaton, du *New York Times*, offre un bel exemple des récompenses que l'État américain peut donner aux groupes de presse qui agissent comme il le souhaite. Il s'agit d'un projet de Michael Powell, président de la Federal Communications Commission, pour libéraliser la réglementation qui régit la propriété des médias. Il a été officiellement présenté hier, et on peut dire, pour résumer, qu'il prévoit de laisser les gros poissons manger davantage de petits. Les grands groupes seront autorisés à élargir leur part du marché national et à posséder davantage de chaînes de télévision sur chaque marché local. Et beaucoup de restrictions sur la « propriété transversale » – la possession de stations de radio, de chaînes de télévision et de journaux sur le même marché local – seront levées.

Mis à part les défauts de ce plan – il va encore réduire la diversité des informations que peuvent recevoir la plupart des gens –, c'est l'âpreté des négociations qui m'a frappé. Un groupe de presse a écrit à M. Powell qu'il levait son opposition à une composante du projet « en échange d'un geste favorable de la commission » sur un autre point. C'était peu discret, mais il faudrait être très naïf pour imaginer qu'il n'y a pas dans ce genre de situation quantité de donnant-donnant implicites.

Et ceux-ci s'étendent sûrement au contenu de l'information. Imaginez un rédacteur en chef de journal télévisé qui se demande s'il faut ou non diffuser une information majeure risquant de porter tort à l'administration Bush – disons, une enquête inspirée par les déclarations du sénateur Bob Graham selon lesquelles un rapport du Congrès sur le 11 Septembre a été classé secret parce qu'il pose des questions intéressantes sur la conduite des autorités. Il lui viendrait sûrement à l'esprit que l'administration pourrait punir toute chaîne qui révélerait cette affaire.

En même temps, les règlements et les codes de conduite qui interdisaient jusqu'ici la partialité flagrante ont été abolis ou sont ignorés. Neil Cavuto de Fox News est un présentateur, pas un commentateur. Pourtant, après la chute de Bagdad, il a lancé à « ceux qui étaient contre la libération de l'Irak » – une forte minorité : « Vous étiez écœurants alors, vous êtes écœurants maintenant. » Équitable et équilibré.

Nous n'avons pas de censure dans ce pays. Il est encore possible de trouver des points de vue différents. Mais nous avons un système où les grands groupes de presse sont fortement incités à présenter l'actualité sous le jour qui plaît au parti au pouvoir. Et pas du tout à faire le contraire.

VERS UN RÉGIME DE PARTI UNIQUE

27 juin 2003

En principe, la Constitution mexicaine de 1917 instaurait un système politique démocratique. En pratique, jusqu'à tout récemment, le Mexique était un État à parti unique. Le parti dominant usait de l'intimidation et de la fraude électorale si nécessaire, mais il tenait essentiellement le pays par le clientélisme, le favoritisme et la corruption. Tous les intérêts puissants, médias compris, participaient *de facto* à la machine politique du parti.

Ce genre de système n'est pas inconnu aux États-Unis – pensez au Chicago de Richard J. Daley[1]. Mais est-il pensable au niveau de l'ensemble du pays ? Un article à paraître dans le *Washington Monthly*[2] révèle que certains, aujourd'hui même, posent les bases d'un régime de parti unique.

Dans « Welcome to the Machine », Nicholas Confessore rassemble des informations données en général séparément : la campagne pour privatiser Medicare, le tract en faveur des réductions d'impôts que General Motors et Verizon ont récemment glissé dans l'enveloppe des chèques de dividendes envoyés à leurs actionnaires, les manifestations pour la guerre

1. Maire de Chicago de 1955 à 1976, il anime la « machine » démocrate qui domine totalement la ville. Son fils, Richard M. Daley, est maire de Chicago depuis 1989.

2. « Welcome to the Machine » (Bienvenue dans la machine), de Nicholas Confessore, publié dans le *Washington Monthly* de juillet-août 2003.

organisées par les stations de radio Clear Channel, etc. Autant de symptômes, dit-il, de l'émergence d'une machine politique nationale sans précédent, bien placée pour instaurer un régime de parti unique en Amérique.

M. Confessore commence par décrire les réunions hebdomadaires où le sénateur Rick Santorum approuve les décisions de recrutement de grands lobbyistes. Ces réunions sont le couronnement du projet « K Street » de Grover Norquist : placer des républicains militants aux commandes du lobbyisme de l'industrie et des affaires, et en exclure les démocrates. Selon le *Washington Post* d'hier, un dirigeant du comité national républicain s'est récemment vanté que « sur les 36 postes cruciaux de lobbyistes à Washington, 33 sont allés aux républicains ».

Les groupes de pression sont très désireux, bien sûr, de courtiser le parti qui contrôle le Congrès et la Maison-Blanche. Mais, relève le *Washington Post*, les collègues de M. Santorum ont également recouru à l'« intimidation » et aux « menaces personnelles » pour ébranler des lobbyistes qui cherchaient à maintenir de bons rapports avec les deux partis. « Si l'on veut jouer un rôle dans notre révolution, a déclaré un jour Tom DeLay, le *leader* de la majorité à la Chambre, on doit vivre selon nos règles. »

Les postes de lobbyiste sont une source majeure de clientélisme – une récompense pour les fidèles. Mais l'important, c'est que beaucoup de lobbyistes actuels sont d'abord fidèles au parti, et non aux industries qu'ils représentent. Donc, l'argent des entreprises, qui autrefois se répartissait à peu près à égalité entre républicains et démocrates, coule de plus en plus dans un seul sens.

Et les entreprises elles-mêmes sont de plus en plus intégrées à la machine du parti. Elles en sont récompensées par des politiques qui accroissent leurs profits : déréglementation, privatisation des services publics, élimination de la réglementation environnementale. En retour, comme General Motors et Verizon, elles mettent leur influence au service du programme du parti dominant.

Le financement des campagnes n'est donc que la pointe émergée de l'iceberg. L'an prochain, George W. Bush va dépenser deux ou trois fois plus que son adversaire, mais aussi bénéficier énormément du soutien indirect que des entreprises privées – y compris évidemment des groupes de presse – vont apporter à son message politique.

Naturellement, les personnalités républicaines nient l'existence de leur machine politique en plein essor. « J'ai toujours été stupéfait que certains soient assez cyniques pour vouloir lier l'argent aux problèmes de fond, l'argent aux projets de loi, l'argent aux amendements », s'écrie M. DeLay. « Je pense que l'importance des sommes que les candidats collectent dans notre démocratie reflète l'importance du soutien dont ils jouissent dans le pays », déclare Ari Fleischer. Tout est dit.

Selon M. Confessore, nous nous dirigeons peut-être vers une réédition de l'époque McKinley, où le pays était gouverné par et pour le *big business*. À mon avis, il ne va pas assez loin : comme M. DeLay, les dirigeants républicains parlent souvent de « révolution », et nous ferions bien de les prendre au mot.

Pourquoi la mutation en cours de la politique américaine – qui pourrait fort bien mettre un terme à toute concurrence sérieuse entre les deux partis – ne retient-elle pas davantage l'attention ? La plupart des faiseurs d'opinion, dans la mesure où ils voient qu'il se passe quelque chose, en minimisent la portée. L'an dernier, par exemple, un article de *BusinessWeek* intitulé « La guerre extravagante du parti républicain contre les lobbyistes démocrates » qualifiait le projet K Street de « stupide – et totalement vain ». En réalité, il est en passe d'atteindre ses objectifs.

Quelle qu'en soit la raison, il existe une étrange déconnexion entre l'essentiel du discours politique et la réalité de l'élection de 2004. Comme en 2000, les commentateurs se concentrent essentiellement sur des images – le front ridé de John Kerry, M. Bush en tenue d'aviateur – ou sur de prétendus traits de caractère. Mais c'est le nœud argent-clientélisme qui pourrait bien faire de cette élection une affaire jouée d'avance.

EXPLOITER L'ATROCE

12 septembre 2003

Dans ma première tribune après le 11 Septembre, j'ai mentionné ce que tous ceux qui ont des contacts au Capitole savaient déjà : quelques jours seulement après l'attentat, son exploitation à des fins partisanes avait déjà commencé.

En réponse, j'ai reçu une avalanche de *mails* outrés. En cette heure où le pays était traumatisé, terrifié, imaginer que nos dirigeants pourraient être à ce point cyniques était trop insupportable. « Comment puis-je dire ça à mon fils ? » demandait un correspondant furieux.

Je me demande ce qu'il en pense aujourd'hui. L'opinion publique – et les médias – sont-ils enfin prêts à crier au scandale chaque fois que le cynisme se drape dans la bannière étoilée ? De la réponse dépend peut-être l'avenir politique des États-Unis.

La presse est à présent bien moins timide pour souligner l'exploitation du 11 Septembre par l'administration. En partie parce qu'elle crève les yeux. Comme le soulignait hier le *Washington Post*, le président Bush, au cours des six dernières semaines, a invoqué le 11 Septembre non seulement à l'appui de sa politique irakienne et des forages pétroliers dans l'Arctique, mais en réponse à des questions sur les réductions d'impôts, le chômage, le déficit budgétaire et même les finances de campagne. De plus, la vulgarité des récents efforts de propagande de l'administration – habiller le président en pilote de chasse, orchestrer ce téléfilm idéalisé jusqu'au ridicule sur M. Bush le 11 Septembre – a fait grincer des dents même chez ses partisans.

Et certains coups de pub ne semblent plus réalisables. Peut-être d'autres engagements ont-ils empêché M. Bush de se rendre à New York hier, mais on peut aussi imaginer qu'aux yeux de ses collaborateurs la « Grosse Pomme » n'est plus un lieu de visite politiquement sûr.

Pourtant, si l'on croyait que le pire est passé en matière d'exploitation politique du 11 Septembre – et plus largement dans la campagne du pouvoir pour présenter ses adversaires en antipatriotes –, on aurait tort, presque à coup sûr. Peut-être l'administration a-t-elle plus de mal à s'envelopper dans le drapeau, mais elle a aussi plus de raisons que jamais de le faire. Hier c'était la cupidité qui l'y poussait, aujourd'hui c'est la peur.

Pendant les premiers mois qui ont suivi le 11 Septembre, l'exploitation sans scrupule de cette atrocité par l'administration était un choix, pas une nécessité. Comme le pays, en temps de crise, fait bloc instinctivement autour de son chef, M. Bush était au plus haut dans les sondages et sa réélection semblait acquise. Il aurait pu gouverner comme le rassembleur qu'il prétendait être, et il serait alors resté immensément populaire.

Mais ses conseillers étaient cupides. Ils ont vu dans le 11 Septembre une belle occasion d'avoir tout ce qu'ils voulaient : de nouvelles réductions d'impôts, un assouplissement radical de la loi contre la pollution de l'air, l'invasion de l'Irak. Ils ont mis dans le drapeau tout ce qu'ils ont pu.

Aujourd'hui, tout a mal tourné. Le déficit est en voie de passer la barre des 500 milliards de dollars ; l'économie perd toujours des emplois ; du triomphe en Irak il ne reste que cendres et poussière ; et la cote de M. Bush dans les sondages est retombée à son niveau d'avant le 11 Septembre, voire au-dessous.

Or les membres de cette administration ne peuvent pas perdre en beaux joueurs. D'abord, ce n'est pas leur style. Ensuite, tout suggère l'existence de gros scandales – sur la politique énergétique, l'environnement, les contrats en Irak, le trucage des rapports de renseignement – qui seront percés à jour si les dirigeants actuels perdent leur emprise sur le pouvoir. Donc, ils doivent gagner à tout prix.

Conclusion évidente : la campagne sera acharnée et sale – probablement la plus sale de l'histoire américaine moderne. Il y a quatre mois, on pouvait croire qu'elle serait entièrement faite de films montrant au ralenti M. Bush en pilote de chasse. Désormais, attendons-nous plutôt à voir Howard Dean ou Wesley Clark se métamorphoser en Saddam Hussein. Et Donald Rumsfeld a déjà sorti l'argument du coup de poignard dans le dos. Critiquer l'administration, c'est aider l'ennemi.

Cette hargne politique coûtera cher aussi sur le plan des mesures concrètes. Le complexe d'infaillibilité de l'administration – son incapacité à reconnaître qu'elle ait jamais commis la moindre erreur – va encore s'aggraver. Et je ne suis pas d'accord avec ceux qui pensent qu'elle peut se dire infaillible tout en assouplissant sa politique. Sur les problèmes majeurs comme les impôts ou l'Irak, toute réorientation dans un sens raisonnable serait trop manifestement un aveu implicite de l'échec de la ligne précédente.

Autrement dit, si les deux dernières années ne vous ont pas plu, attendez la suite : ça va être pire. Bien pire.

LEÇONS DE POLITESSE

10 octobre 2003

C'est la saison du progressiste en colère. Des livres comme *Lies and the Lying Liars Who Tell Them* d'Al Franken, *Big Lies* de Joe Conason et *Bushwhacked* de Molly Ivins sont devenus des best-sellers[1] (oui, j'en ai sorti un, moi aussi[2]). Mais les conservateurs sont effarés de la fureur et de la brutalité de ces progressistes. D'accord, ils le reconnaissent, ils y sont allés un peu fort eux-mêmes pendant les années Clinton – 70 millions de dollars dépensés et sept ans d'enquête sur une petite transaction immobilière avec laquelle les Clinton ont perdu de l'argent, tout ce vacarme autour de la vie privée du président –, mais ils le regrettent et, à présent, l'heure de la courtoisie générale a sonné.

Effectivement, les progressistes en colère pourraient prendre quelques leçons de politesse auprès de la droite d'aujourd'hui.

Un exemple : la délicate réponse de Fox News à Christiane Amanpour, la correspondante de CNN. Mme Amanpour avait récemment exprimé ses regrets sur la couverture de l'avant-guerre par CNN : « Peut-être ma chaîne a-t-elle été un peu inti-

1. *Lies and the Lying Liars Who Tell Them* (« Les mensonges et les sacrés menteurs qui les racontent »), d'Al Franken, New York, Dutton Books, août 2003 ; *Big Lies* (« Gros mensonges »), de Joe Conason, New York, Thomas Dunne Books, mai 2003 ; *Bushwhacked* (« L'embusqué »), de Molly Ivins, New York, Random House, septembre 2003.

2. L'auteur fait référence à la première édition de ce livre, parue en 2003 (chroniques 2000-2003).

midée par l'administration et ses fantassins de Fox News. » Réplique de Fox : « Mieux vaut être considéré comme un fantassin de Bush que comme une porte-parole d'Al-Qaida. »

Les grands commentateurs progressistes qui seraient tentés par l'attaque personnelle peuvent prendre des leçons de politesse auprès de conservateurs comme Charles Krauthammer. En décembre dernier, après avoir rappelé aux téléspectateurs qu'il avait été psychiatre, il a lancé au sujet d'Al Gore : « Il pourrait se faire aider un peu. »

L'important, c'est que les politiques s'en tiennent aux questions de fond. Comme ce conseiller de Bush qui a dit au *New York Times* : le problème avec le sénateur John Kerry, c'est qu'« il a l'air français ».

Certains disent que la droite, ayant résolument pratiqué l'injure et la diffamation sous Clinton, veut à présent changer les règles pour qu'un tel comportement ne soit plus admis. En réalité, la droite continue à pratiquer l'injure et la diffamation. Elle ne veut interdire la violence verbale que chez les progressistes.

Mais ce n'est pas une simple tentative d'imposer un « deux poids, deux mesures ». Toute cette agitation sur la brutalité des adversaires de l'administration Bush vise à empêcher un débat sérieux sur sa politique. Parce qu'il est impossible d'être simultanément courtois et honnête sur ce qui s'est passé depuis trois ans.

Sur le front budgétaire, l'administration a usé d'une comptabilité truquée pour faire adopter à plusieurs reprises des réductions d'impôts à long terme malgré la montée du déficit ; et elle persiste à en exiger d'autres, alors que même les observateurs les plus pondérés parlent désormais sans détour du risque que font peser ces réductions d'impôts sur notre solvabilité. Il est discourtois de dire que George W. Bush est, au niveau budgétaire, le président le plus irresponsable de l'histoire américaine ; mais il serait malhonnête de prétendre le contraire.

En politique étrangère, l'administration a gonflé la menace irakienne, ignorant les mises en garde de militaires professionnels qui l'ont prévenue qu'une occupation prolongée après guerre immobiliserait une grande partie de notre armée et nuirait au niveau de préparation de nos troupes. (« Nous avons peut-être la plus belle armée de terre de l'histoire, estime Joseph Galloway, coauteur de *We Were Soldiers Once... And Young*, mais Donald H. Rumsfeld et ses collaborateurs civils ont fait à peu près tout ce qu'ils ont pu pour la détruire. ») Il est discourtois de dire que M. Bush a compromis notre sécurité nationale par son aventurisme militaire ; mais il serait malhonnête de prétendre le contraire.

Certains diront que les adversaires de M. Bush devraient, au moins, se concentrer sur sa politique et non sur sa personne. Mais, de mémoire d'homme, aucune administration n'a mis à ce point au cœur de sa stratégie politique les péans à la personnalité du président – « à son honneur et à son intégrité ». Et aucune administration n'a mis tant d'ardeur à présenter le président en héros, allant jusqu'à le faire poser dans le prolongement des têtes sculptées du mont Rushmore ou à organiser cet atterrissage en chasseur sur le porte-avions. Bien sûr que les adversaires de M. Bush ont le droit, dans ces conditions, de souligner que la vie réelle de l'homme en tenue de pilote de chasse n'a pas été particulièrement héroïque – qu'il n'a jamais pris un risque ni accompli de sacrifice pour son pays, que sa carrière est faite d'affaires troubles et de privilèges d'initié.

Dans les mois qui ont suivi le 11 Septembre, un pays traumatisé a voulu croire que son chef était le meilleur des hommes, et M. Bush a été traité avec un immense respect. Mais, abusant de cette confiance, il en a profité pour appliquer un programme partisan qui a affaibli et divisé la nation. Oui, je sais, c'est brutal. Mais c'est la vérité.

PIRATAGE INFORMATIQUE DES ÉLECTIONS ?

2 décembre 2003

Dîner de collecte de fonds pour George Bush. « Je m'engage à aider l'Ohio à apporter ses suffrages au président l'an prochain », écrit l'hôte à ses invités. Quoi d'étonnant ? Mais il se trouve que Walden O'Dell – qui jure que cette phrase ne concernait pas ses activités professionnelles – est le p-dg de Diebold Inc, dont les machines à voter à écran tactile sont de plus en plus répandues dans tous les États-Unis.

La Géorgie, par exemple – où les républicains ont remporté une victoire aussi spectaculaire qu'inattendue à l'élection de mi-mandat de 2002 –, vote exclusivement sur des machines Diebold. Soyons clairs. Si les anomalies n'ont pas manqué dans ce scrutin, il n'y a aucune preuve que les machines aient mal compté. Mais il n'y a aucune preuve non plus qu'elles aient compté correctement. Les machines Diebold, voyez-vous, ne laissent aucune trace papier.

Rush Holt, représentant du New Jersey au Congrès, a déposé un projet de loi exigeant que les machines à voter numériques laissent une trace papier et que leurs logiciels puissent être librement examinés par le public. On lui oppose parfois que les systèmes démunis de ces garde-fous n'ont causé aucun problème. Il répond : « Qu'en savez-vous ? »

Ce que nous savons de Diebold n'inspire guère confiance. Les détails sont techniques, mais ils dessinent l'image d'une compagnie qui s'est montrée, c'est le moins qu'on puisse dire, extrêmement négligente sur la sécurité, et qui a peut-être tenté de dissimuler certains défauts de son produit.

Au début de l'année, Bev Harris, qui écrit un livre sur les machines à voter[1], a découvert le logiciel de Diebold (que la compagnie refuse de communiquer au public pour examen au motif qu'il est sous copyright) sur un serveur non protégé, où n'importe qui pouvait le télécharger (il se trouvait dans un dossier intitulé « rob.Georgia.zip[2] »). Les employés de Diebold Election Systems utilisaient ce serveur pour mettre à jour le logiciel sur leurs machines. Incroyable manquement à la sécurité, qui donnait à quiconque souhaitait pirater les machines à voter tant l'information nécessaire que la possibilité concrète de le faire.

Des chercheurs des universités Johns Hopkins et Rice ont analysé le logiciel de Diebold. Ils l'ont trouvé peu fiable et exposé aux ingérences. Un rapport ultérieur, rédigé à la demande de l'État du Maryland, semble avoir abouti à des conclusions du même ordre (on ne peut en être sûr, car l'État n'en a publié qu'une version massivement revue et corrigée).

En même temps, des *e-mails* internes de Diebold, connus par des fuites, laissent penser que les dirigeants de l'entreprise savaient leur système défectueux et qu'ils ont esquivé les tests qui auraient dû révéler ces problèmes. La firme n'a pas contesté l'authenticité de ces documents ; elle a engagé des actions en justice pour interdire leur dissémination.

Pourquoi tout cela ne fait-il pas les gros titres des journaux ? En octobre dernier, le vote sur écran tactile aux États-Unis a été évoqué par le quotidien britannique *The Independent* dans une enquête à faire frémir. Mais, si les principaux médias américains ont rapporté les grandes lignes de l'affaire Diebold, c'est en pages technologiques ou économiques – pas comme un scandale politique en puissance.

Cette timidité s'est déjà manifestée face à d'autres problèmes de procédure électorale, comme l'« épuration des criminels »

1. *Black Box Voting : Vote tampering in the XXIst Century* (« Voter dans une boîte noire : falsification électorale au XXIe siècle »), Plan Nine Pub, 2003.

2. « Vole-la-Géorgie.zip ».

en Floride qui a privé indûment de nombreux citoyens de leur droit de vote à l'élection présidentielle de 2000. Beaucoup considèrent, semble-t-il, que mettre en doute l'intégrité d'un décompte des voix, c'est au mieux semer la zizanie, au pire sombrer dans la paranoïa. Même ceux qui souhaitent une réforme, comme M. Holt, tiennent à se dissocier clairement de toute « théorie du complot ». Ils ne veulent parler que de la législation à adopter pour empêcher de futurs abus.

Mais imaginer que des « espions politiques », si on leur en donne l'occasion, peuvent user de méthodes douteuses ne relève pas de la paranoïa. On soupçonne même que les petits coups bas doivent être courants ces temps-ci, tant la lutte entre les partis est acharnée. Le président de la commission judiciaire du Sénat, Orrin Hatch, a récemment fait savoir, par exemple, que l'un de ses collaborateurs a accédé frauduleusement à des fichiers sensibles sur les ordinateurs des démocrates, et qu'ils ont été transmis à la presse.

Cet aveu – qui contredisait une déclaration antérieure du sénateur Hatch, affirmant que ses collaborateurs avaient été lavés de tout soupçon – a été publié le jour même où la police du Sénat a annoncé l'embauche d'un expert du contre-espionnage pour enquêter sur le vol. Les membres républicains de la commission ont exigé qu'il limite son enquête aux documents transmis à la presse et ne cherche pas à savoir si d'autres violations avaient eu lieu. Je me demande pourquoi.

Bref, inutile de croire à un vaste complot central pour craindre que quelques éléments partisans ne profitent d'une technique de vote peu sûre et invérifiable afin de manipuler les résultats des élections. Pourquoi les exposer à la tentation ?

Que faire ? Ce sera l'objet d'une prochaine tribune. Mais disons-le clairement : la crédibilité de la démocratie américaine est peut-être en jeu.

LA DÉMOCRATIE EN DANGER

23 janvier 2004

L'élection fort contestée de 2000 a laissé une cicatrice durable sur notre psyché nationale. Selon un récent sondage Zogby, même dans les États rouges qui ont voté pour George W. Bush, 32 % des citoyens estiment qu'elle a été remportée frauduleusement. Dans les États bleus [1], c'est 44 %.

Hypothèse : en novembre prochain, le candidat donné perdant par les sondages remporte une victoire surprise – mais toutes les circonscriptions où il fait beaucoup mieux que prévu utilisent des machines à voter à écran tactile. Simultanément, des fuites révèlent des *e-mails* internes des firmes qui fabriquent ces machines, et ils suggèrent une marge d'erreur élevée, voire des fraudes. Quel serait l'impact sur le pays ?

Malheureusement, ce scénario est tout à fait plausible. (On pourrait d'ailleurs l'appliquer à certains résultats de l'élection de mi-mandat en 2002, notamment en Géorgie.) *Fortune* a eu raison de décerner à la machine à voter sans trace papier le prix de « la pire technologie de 2003 », mais il ne s'agit pas seulement d'une mauvaise technologie : c'est une menace contre la république.

D'abord, cette technologie a mal fonctionné dans plusieurs scrutins récents. Lors d'une élection partielle du comté de Broward (Floride), 134 électeurs ont été privés de leur droit de vote

1. Les États qui ont voté pour le démocrate Al Gore en 2000.

parce que les machines électroniques n'ont indiqué aucun vote et qu'on ne disposait d'aucun moyen de déterminer quelle avait été l'intention de ces citoyens (l'élection a été remportée à 12 voix de majorité seulement). Dans le comté de Fairfax (Virginie), les machines à voter n'ont cessé de tomber en panne et de rechigner à enregistrer les suffrages. Au cours des primaires de 2002, celles de plusieurs circonscriptions de Floride n'ont indiqué aucun vote pour le gouverneur.

Et combien de défaillances passées inaperçues ? Les *e-mails* internes de Diebold, le plus éminent fabricant de ces machines (mais celles de Floride et de Virginie n'étaient pas les siennes), nous montrent des programmeurs affolés par la non-fiabilité de leurs systèmes : « J'attends que quelqu'un m'explique pourquoi le Precinct 216 donnait à Al Gore "moins 16 022" quand il a été téléchargé » ; ou : « Pour la démonstration, je vous suggère de la truquer. »

Des experts en informatique affirment que les logiciels de Diebold et d'autres fabricants présentent de multiples failles, qui pourraient facilement permettre à un membre de leur personnel de truquer une élection. Mais un salarié d'une compagnie de machines à voter ne ferait pas ça ? Demandez à Jeffrey Dean, programmeur devenu premier vice-président d'une de ces compagnies, Global Election Systems, avant que Diebold ne l'achète en 2002. Bev Harris, auteur de *Black Box Voting*[1] (www.blackboxvoting.com), a confié à Associated Press que M. Dean, avant d'occuper ces fonctions, avait passé quelque temps dans un établissement pénitentiaire de Washington pour détournement de fonds et falsification de fichiers informatiques.

Programmeurs indélicats mis à part, l'examen le plus superficiel des pratiques des grands fabricants de machines à voter révèle que les règles conçues pour assurer la sécurité du vote sont systématiquement violées : logiciels modifiés sans aucun contrôle de l'État ; composants remplacés sans être revérifiés. Et voici le point clé : même si l'on a de solides raisons de

1. Voir note 1, p. 445.

penser que des machines ont mal compté, on est impuissant. Il n'y a aucune trace papier, donc rien à recompter.

Que faire ? Le représentant Rush Holt a déposé un projet de loi exigeant que chaque machine produise un rapport papier, que l'électeur vérifiera et qui sera conservé en lieu sûr pour tout futur examen. Il stipule que cette procédure vérifiable doit être opérationnelle pour l'élection de 2004 – et que les circonscriptions qui ne pourraient pas tenir le délai devront organiser le vote avec des bulletins papier. Enfin, il prévoit des audits surprises dans chaque État.

Je ne peux voir aucune objection possible à ce projet de loi. On va sûrement crier à la « théorie du complot », mais peu importe. (Il existe de vrais complots : « Des membres du personnel républicain de la commission judiciaire du Sénat des États-Unis infiltraient depuis un an les fichiers informatiques de l'opposition, surveillaient ses mémorandums stratégiques confidentiels et les transmettaient périodiquement aux médias », signale le *Boston Globe* d'hier). Nul besoin de croire personnellement que les fabricants de machines à voter ont influé ou influeront sur les élections pour soutenir l'idée de vote vérifiable. Comment être contre des dispositions qui rendront le scrutin incontestable ?

Le coût ? Nous consacrons 150 milliards de dollars au moins à promouvoir la démocratie en Irak, ce qui équivaut à environ 1 500 dollars par voix à la présidentielle de 2000. Comment hésiterions-nous à dépenser un petit pourcentage de cette somme pour garantir la crédibilité de la démocratie chez nous ?

RÉÉCRITURE

6 février 2004

L'Amérique vit aujourd'hui à l'heure d'Orwell. Tant en politique étrangère que sur le front budgétaire, l'administration Bush s'efforce de réécrire l'Histoire pour se dédouaner de ses embarras actuels.

Commençons par l'affaire des armes de destruction massive qui manquent à l'appel. Vous vous souvenez du temps où les faucons fustigeaient la CIA pour sa vision insuffisamment alarmiste de la menace irakienne ? Eh bien, vos souvenirs sont périmés. Samedi dernier, l'Histoire a été révisée. C'est à cause de la CIA, figurez-vous, que l'on a surestimé la menace. Avec les rapports qu'elle envoyait, l'administration ne pouvait qu'envahir.

Une suggestion de Joshua Marshall, de www.talkingpointsmemo.com, m'a brutalement rappelé combien la ligne avait été différente. L'an dernier, Laurie Mylroie a publié un livre intitulé *Bush vs the Beltway* et sous-titré : *Comment la CIA et le Département d'État ont tenté d'arrêter la guerre contre le terrorisme*[1]. Le livre de Mlle Mylroie est sorti avec un panégyrique de Richard Perle. On la sait proche de Paul Wolfowitz et du chef de cabinet de Dick Cheney. À en croire la quatrième de couverture, « Laurie Mylroie montre comment la CIA et le Département d'État ont systématiquement déclaré non crédibles des

1. New York, Regan Books, 2003.

renseignements cruciaux sur le régime de Saddam, dont certains prouvent incontestablement qu'il possède des armes de destruction massive ».

Les responsables actuels du renseignement diront peut-être qu'ils n'ont subi aucune pression – après ce qui est arrivé à Valerie Plame [1], que feriez-vous à leur place ? –, mais d'anciens agents tiennent un autre langage. La toute dernière révélation nous arrive de Grande-Bretagne. Brian Jones, qui était l'expert principal du ministère de la Défense sur les armes de destruction massive quand Tony Blair a compilé son dossier pour la guerre, dit que le document de base utilisé pour ce plaidoyer ne reflétait pas l'opinion des professionnels. « Les experts du renseignement de la DIS [Defense Intelligence Staff] n'ont pas été écoutés. » Ils pensaient unanimement que les assertions du dossier auraient dû être « assorties de prudentes réserves » ; il n'en a rien été.

Et n'oublions pas l'Office of Special Plans [2], créé à seule fin de donner un tableau plus alarmant de la menace irakienne que n'étaient prêts à le faire les professionnels du renseignement.

Pourra-t-on effacer de l'Histoire tous ces faits gênants ? Probablement. Il est pratiquement certain que la commission « indépendante » choisie à sa guise par le président Bush ne fera aucune enquête sur le Bureau des plans spéciaux. Comme Lord Hutton en Grande-Bretagne – qui a choisi de ne pas prendre en considération le témoignage de M. Jones –, elle récusera sommairement toute preuve de pressions sur les professionnels du renseignement. Elle se concentrera uniquement sur les erreurs des services secrets, sans dire que leurs experts, même s'ils se trompaient, ne se trompaient pas assez, loin de là, pour satisfaire leurs maîtres politiques. (Parmi les personnalités citées comme membres possibles de la commission figure James

1. . Mise en danger quand son appartenance à la CIA a été révélée à la presse par une fuite. Son mari, ambassadeur en retraite envoyé au Niger enquêter sur l'affaire des prétendus achats d'uranium de l'Irak, venait de conclure qu'il n'y en avait jamais eu, et faisait alors l'objet d'une campagne d'attaques personnelles.

2. Le Bureau des plans spéciaux du Pentagone.

Woolsey, qui a écrit l'un des textes de couverture du livre de Mlle Mylroie).

Et si certaines hautes personnalités politiques imposent leurs vues, d'autres réécritures sont à prévoir. Peut-être vous souvenez-vous que Saddam, cédant aux exigences des Nations unies, a autorisé les inspecteurs de l'ONU à circuler dans tout l'Irak pour chercher les armes interdites. Mais bientôt votre mémoire risque de vous jouer des tours. M. Bush a déclaré dernièrement que la guerre était justifiée parce que Saddam « ne nous laissait pas entrer ». Affirmation répétée par le sénateur Pat Roberts, président de la commission du renseignement du Sénat : « Mais pourquoi Saddam n'a-t-il pas laissé entrer les inspecteurs et évité la guerre ? »

Passons maintenant à l'autre grand embarras de l'administration : le déficit budgétaire. Le rapport sur le budget 2005 reconnaît que le déficit de 521 milliards de dollars attendu cette année dément les prévisions optimistes de 2001. Mais il donne une explication : il se passe des choses. « Les déficits budgétaires d'aujourd'hui sont le résultat inévitable de plusieurs facteurs : l'érosion des revenus liée à l'effondrement de la Bourse qui a commencé début 2000, une économie qui se relève d'une récession et un pays confronté à de graves menaces contre sa sécurité. » L'administration s'est trompée, d'accord – mais tout le monde s'est trompé.

Il y a un problème : pour accepter cette excuse, il faut oublier beaucoup d'histoire récente. Quand, en février 2002, l'administration a publié son budget 2003, tous les événements négatifs évoqués (l'éclatement de la bulle, la récession et – mais oui – le 11 Septembre) s'étaient déjà produits. Pourtant, ce budget ne projetait qu'un déficit de 14 milliards de dollars cette année-là et un retour aux excédents l'année suivante. Pourquoi cette prévision s'est-elle révélée à ce point erronée ? Parce que les hauts responsables ont falsifié les faits, comme d'habitude.

J'aimerais croire que les efforts grossiers de l'administration pour réécrire l'Histoire vont se retourner contre elle, que les médias et le public informé ne vont pas laisser nos dirigeants s'en tirer ainsi. En avons-nous enfin assez ?

L'HOMME RÉEL

13 février 2004

Pour comprendre pourquoi les questions sur le service de George Bush dans la garde nationale sont légitimes, il suffit de regarder le budget fédéral publié la semaine dernière. Non, pas les mensonges, fieffés mensonges et statistiques. Les photos.

Si j'ai bien compté, le budget de cette année contient vingt-sept superbes photos de M. Bush. Nous le voyons devant un drapeau américain géant, devant le monument de Washington, en train de réconforter une vieille dame en chaise roulante, d'aider un petit enfant à faire son devoir de lecture, de tracer une piste en pleine nature et, bien sûr, de manger de la dinde avec les soldats en Irak. Il n'y manque – omission du directeur artistique ? – qu'une photo du président traversant à la nage le Yangzi Jiang.

Il n'en a pas toujours été ainsi. Les budgets de Bill Clinton étaient illustrés de tableaux et de graphiques, non d'images saintes du président agissant présidentiellement.

Le problème dépasse ici l'utilisation de l'imprimerie fédérale pour publier des brochures de campagne. Dans ce budget comme dans tout ce qu'elle fait ou presque, l'administration Bush s'efforce de brouiller la frontière entre le respect de la fonction de président et celui de la personne qui l'exerce actuellement.

L'opération « Tenue de pilote » n'était que légèrement plus outrancière que d'autres séances photo de Bush, telle l'image soigneusement cadrée où sa tête apparaît dans l'enfilade des visages de pierre du mont Rushmore. Objectif : suggérer qu'il est antipatriotique de critiquer le président, et utiliser son image héroïque pour interdire tout débat de fond sur sa politique.

En réalité, ces vingt-sept photos ornent l'un des quatre budgets les plus malhonnêtes de l'histoire du pays – les trois autres étant ceux de 2001, 2002 et 2003. Simple aperçu : vous vous souvenez que le budget de l'an dernier ne contenait aucun crédit pour l'Irak d'après guerre – et que nos dirigeants ont attendu que la réduction d'impôts soit votée pour évoquer la bagatelle de 87 milliards de dollars de surcoût ? Eh bien, ils refont le coup. En début de semaine, le chef d'état-major de l'armée de terre a déclaré dans un témoignage que les fonds Irak du budget ne couvrent les dépenses que jusqu'à fin septembre.

Mais, quand les hauts responsables de l'administration sont interpellés sur les mensonges flagrants de ces budgets – ou d'ailleurs de leur usage du renseignement avant guerre –, ils ont pour réaction quasi constante de mettre en avant la personnalité du président. Comment osez-vous douter de l'honnêteté de M. Bush, s'écrient-ils, alors qu'il est d'une intégrité irréprochable ? Face à cette tactique, leurs adversaires n'ont pas le choix : ils doivent faire comprendre que, sous la tenue de pilote, l'homme ne ressemble guère à l'image officielle.

Il n'existe, à ma connaissance, aucun indice positif prouvant que M. Bush soit un homme exceptionnellement intègre. Quand a-t-il même accepté la responsabilité d'un échec ? En revanche, quantité d'éléments indiquent qu'il est prêt à prendre des raccourcis quand cela peut l'avantager personnellement. Sa carrière dans les affaires a été riche en transactions douteuses et, quelle que soit la vérité sur son service dans la garde nationale, il n'a certainement pas été glorieux.

Vieille histoire, pensez-vous peut-être, sans intérêt pour l'actualité. Et ce serait peut-être vrai si M. Bush était prêt à tout dire sur son passé. Mais il reste évasif. À l'émission *Meet the Press*, il a promis de publier tous ses documents – et n'en a rien fait.

Je ne sais pas ce qu'il cache, mais je pense qu'il a perdu tout droit de faire valoir sa personnalité pour rejeter les accusations de mensonge politique portées contre son administration. Et c'est le fond de la question : M. Bush n'est peut-être pas particulièrement mauvais, mais il n'est pas le parangon de vertu que décrivent ses experts en relations publiques.

Certains de ses adversaires espèrent que l'affaire AWOL[1] va démolir le mythe Bush d'un seul coup. Ils sont probablement trop optimistes. Si c'était aussi facile, l'affaire Harken Energy l'aurait déjà fait. La triste vérité, c'est que ceux qui ont adhéré à un culte de la personnalité (catégorie qui, en l'occurrence, comprend une grande partie du peuple américain et un pourcentage beaucoup plus élevé de la médiatocratie) sont très réticents à abandonner leurs illusions, car ils devraient au moins admettre qu'on les a pris pour des imbéciles.

Néanmoins, nous allons peut-être à une élection où M. Bush sera jugé sur son bilan et pas sur sa légende. Et c'est cela, bien sûr, que craint la Maison-Blanche.

1. *Absent without leave*, « absent sans permission » ; c'est le sigle qui, dans l'armée américaine, désigne les déserteurs.

CE N'EST PAS L'AMÉRIQUE, ICI

30 mars 2004

La semaine dernière, le journal israélien *Haaretz* a publié un article d'opinion sur le meurtre du cheikh Ahmed Yassine. On y lisait : « Ce n'est pas l'Amérique, ici. Le gouvernement n'invente pas des renseignements des services secrets et n'exagère pas la menace pour justifier une attaque. »

Donc, même en Israël l'Amérique de George Bush est devenue synonyme de tromperie et d'abus de pouvoir. Et la réaction de l'administration au livre de Richard Clarke *Contre tous les ennemis*[1] montre à nouveau qu'il y a quelque chose de pourri dans notre gouvernement.

En vérité, ce que dit M. Clarke sur la politique Bush en matière de terrorisme fait l'unanimité des experts. Que M. Bush s'en désintéressait avant le 11 Septembre, qu'il a accusé l'Irak en dépit du manque de preuves, tout cela est corroboré par de nombreuses sources – dont *Bush s'en va-t-en guerre*[2] de Bob Woodward.

Et de nouvelles preuves s'accumulent à l'appui de l'accusation principale de M. Clarke : l'obsession de l'Irak a entravé la traque d'Al-Qaida. On lisait hier dans *USA Today :* « En 2002,

1. *Contre tous les ennemis. Au cœur de la guerre américaine contre le terrorisme*, trad. fr. de J. Bonnefoy, L. Bury et P. Girard, Paris, Albin Michel, 2004 [*Against All Enemies : Inside America's War on Terror*, New York, The Free Press, 2004].

2. Trad. fr. de C. Julve, A. Le Goyat et É. Motsch, Paris, Gallimard, « Folio documents », 2004 [*Bush At War*, New York, Simon & Schuster, 2003].

les hommes du cinquième groupe des forces spéciales, bons connaisseurs du Moyen-Orient, ont été retirés de la chasse à Oussama Ben Laden pour se préparer à leur mission suivante, l'Irak. On les a remplacés par des militaires spécialistes des cultures hispaniques. »

Voilà pourquoi l'administration a eu envers M. Clarke la même réaction qu'à l'égard de tous ceux qui révèlent des faits gênants : lynchage moral.

Certains journalistes semblent l'avoir enfin compris. La semaine dernière, Associated Press notait, dans une analyse de l'actualité, que ce type d'attaque personnelle était la « procédure standard » de l'équipe Bush, et elle citait « la campagne de rumeurs pour discréditer Richard Foster », le haut fonctionnaire de Medicare qui avait révélé que l'administration avait trompé le Congrès au sujet du coût de son projet de loi sur les médicaments prescrits.

Mais d'autres journalistes restent manifestement utilisables. Sur CNN, Wolf Blitzer a dit aux téléspectateurs que, selon de hauts responsables, qu'il n'a pas nommés, M. Clarke « veut empocher quelques dollars, et, [dans] sa vie privée, ils laissent entendre qu'il y a du louche aussi ».

Ce recours de l'administration Bush à la diffamation est sans précédent dans la politique moderne américaine – même au regard des pratiques de Nixon. Et il y a encore plus inquiétant : elle est toujours prête à l'abus de pouvoir – à faire usage de sa mainmise sur l'État pour intimider les adversaires potentiels.

Soyons juste : lorsque le sénateur Bill Frist a suggéré de traduire M. Clarke en justice pour parjure, c'était peut-être une idée personnelle. Mais sa déclaration a rappelé à tout le monde la réaction de la Maison-Blanche aux révélations de l'ex-secrétaire au Trésor Paul O'Neill : ouverture immédiate d'une enquête pour divulgation éventuelle de secrets d'État. Cette hâte contrastait vivement, bien sûr, avec le désintérêt manifeste de nos dirigeants pour trouver qui avait révélé à Bob Novak que Valerie Plame travaillait pour la CIA.

Et il y a bien d'autres cas flagrants d'abus de pouvoir commis par l'administration et ses alliés au Congrès. Quelques exemples :

selon *The Hill*, les parlementaires républicains ont menacé de couper les vivres au General Accounting Office s'il ne retire pas sa plainte en justice contre Dick Cheney ; selon le *Washington Post*, le représentant Michael Oxley a dit à des lobbyistes qu'« une enquête du Congrès pourrait s'arranger s'ils remplaçaient un lobbyiste démocrate par un républicain » ; Tom DeLay a recouru au département de la Sécurité intérieure pour retrouver la trace des démocrates qui tentaient d'empêcher un redécoupage des circonscriptions au Texas ; et Medicare dépense des millions de dollars en publicités mensongères pour la nouvelle prestation sur les médicaments – publicités qui ressemblent à des articles de presse et servent aussi à la campagne de Bush.

Sur le front du terrorisme, une affaire mérite une mention spéciale : l'une des rares poursuites judiciaires réussies contre le terrorisme après le 11 Septembre – un procès à Detroit – est partie à vau-l'eau. Il y a eu rétention d'informations par l'État, qui a empêché la défense d'y accéder, et des témoins défavorables à l'accusation ont été expulsés (par accident, dit l'État). L'ancien premier procureur a porté plainte sur la gestion de cette affaire par le département de la Justice, sur quoi il s'est soudain trouvé lui-même visé par une enquête interne – et une fuite a révélé à la presse qu'il faisait l'objet de cette procédure.

Comment tout cela finira-t-il ? Dans son nouveau livre *Worse than Watergate*[1], John Dean, participant notoire à cette triste affaire, écrit : « J'ai vu se mettre en place toutes les composantes de deux catastrophes politiques possibles : la première crèverait le ballon Bush-Cheney ; la seconde, bien plus inquiétante, crèverait la démocratie. »

1. « Pire que Watergate », New York, Little Brown and Company, 2004.

UNE CERTAINE IDÉE DU POUVOIR

27 avril 2004

Il y a vraiment un mystère autour du groupe de travail sur l'énergie de Dick Cheney. Mais il ne porte pas sur ce qui s'est passé à l'époque, en 2001 : manifestement, des p-dg de la branche ont dicté le contenu d'un rapport qui a servi leurs intérêts.

Le mystère réel, le voici : pourquoi l'administration Bush a-t-elle livré un combat de trois ans – qui arrive aujourd'hui devant la Cour suprême – pour dissimuler les détails d'une histoire dont nous connaissons déjà les grandes lignes ?

L'une des explications possibles est la présence d'éléments compromettants dans les comptes rendus du groupe de travail. Une deuxième est l'effroi de nos dirigeants à voir leurs relations plus qu'amicales avec l'industrie de l'énergie ainsi portées sur la place publique. Mais il y en a une troisième : l'administration prend ici une vraie position de principe ; et c'est cette possibilité qui me fait peur.

Peut-il y avoir dans ces documents la preuve flagrante de quelque forfait ? Eh bien, peut-être M. Cheney partageait-il déjà les champs pétrolifères d'Irak en 2001, mais je serais surpris que l'on trouve dans les comptes rendus quelque chose d'aussi net. Plus probablement, l'administration redoute qu'en cas de publication l'opinion publique n'ouvre les yeux sur l'évidence.

Ceux qui ont suivi la question savent que l'administration Bush est si intimement mêlée au secteur de l'énergie qu'il est difficile de dire où l'une finit et où l'autre commence. Il y a les contributions de campagne, mais aussi les personnes. George Bush et Dick Cheney ne sont que deux des nombreux membres de l'administration qui doivent leur richesse à l'amabilité des compagnies pétrolières. Le lendemain du jour où il a quitté la fonction publique, le directeur général du groupe de travail de M. Cheney est devenu lobbyiste de l'industrie de l'énergie.

En échange, l'administration Bush a offert aux compagnies énergétiques nombre d'événements à fêter. À elle seule, la décision de mettre fin aux « enquêtes sur les nouvelles sources » dans la réglementation antipollution des centrales électriques a rapporté des milliards de dollars aux généreux donateurs du secteur.

Mais, si nous savons tout cela, pourquoi est-il si important d'obtenir la publication des comptes rendus ? Parce qu'il y a une grosse différence entre des présomptions accablantes et une confirmation plus ou moins officielle.

Une comparaison est éclairante : l'affaire des armes de destruction massive inexistantes. Dès l'été dernier, il était parfaitement clair que Saddam ne possédait pas ces armes, motif affiché de la guerre. Mais ce ne fut qu'en janvier dernier, lorsque David Kay reconnut qu'il n'y avait rien en Irak, que leur absence commença à avoir un impact réel sur le grand public.

Le groupe de travail de Cheney a été essentiellement justifié aux yeux du public par la crise de l'électricité de 2000-2001 en Californie. Or, depuis deux ans au moins, nous savons qu'elle a été surtout due à une manipulation du marché par les compagnies – et nous présumons que certaines d'entre elles conseillaient simultanément M. Cheney sur la politique énergétique. Mais l'opinion sera bien plus frappée de cette situation s'il s'avère qu'il y a des documents écrits où des p-dg expliquent à M. Cheney comment résoudre le problème des coupures de courant pendant que leurs propres entreprises les provoquent artificiellement.

Néanmoins, si M. Cheney est à ce point jaloux de ses secrets, il est probable que ce n'est pas seulement pour éviter la publicité négative. C'est aussi par principe : l'administration est profondément convaincue qu'elle a le droit d'agir comme il lui plaît et que la population n'a pas à savoir ce qu'elle fait.

Comme l'a récemment souligné Linda Greenhouse dans le *New York Times*, ses arguments juridiques pour garder secret son groupe de travail sur l'énergie présentent une « similitude frappante » avec ceux qu'elle avance pour s'arroger le droit de détenir sans procès tous ceux qu'elle qualifie de « combattants ennemis ». Dans les deux cas, poursuit Linda Greenhouse, l'administration défend « une certaine idée du pouvoir présidentiel [...] plus large que toutes celles que la Cour a jamais vues ».

Cette idée du pouvoir transparaît dans bien d'autres initiatives. Pour n'en citer qu'une, Bob Woodward nous apprend que l'administration Bush a réorienté des fonds prévus pour l'Afghanistan vers les préparatifs de l'invasion de l'Irak sans solliciter l'autorisation du Congrès ni même l'en informer.

Autrement dit, la doctrine de M. Cheney ferait des États-Unis une sorte de dictature élective, un système où le président, une fois élu, peut faire ce qu'il veut et n'est tenu de consulter et d'informer personne, ni le Congrès ni l'opinion publique.

Il n'y a pas si longtemps, j'aurais jugé inconcevable que la Cour suprême avalise pareille théorie. Mais j'aurais jugé inconcevable aussi, pour commencer, qu'un président ose l'avancer.

PARODIE DE JUSTICE

15 juin 2004

Incontestable : John Ashcroft est le pire *attorney general* de l'Histoire. Pour cette tribune, limitons-nous à son rôle dans la lutte contre le terrorisme. Avant le 11 Septembre, il se désintéressait ostensiblement de ce danger. Dans le mémorandum de mai 2001 qui présente les priorités stratégiques du département de la Justice, le contre-terrorisme n'est même pas cité. Lorsque la commission sur le 11 Septembre lui a demandé pourquoi, il en a rejeté la faute sur l'administration Clinton. Avec, pour faire bonne mesure, une attaque *ad hominem* contre l'un des membres de la commission.

Les mesures prises après le 11 Septembre par M. Ashcroft protègent-elles les États-Unis contre les attentats terroristes ? Impossible d'en juger directement, mais un certain nombre d'indices suggèrent le contraire.

Aucun grand procès réussi. Le seul ensemble d'inculpations qui semblait avoir une certaine importance, celui des « trois de Detroit »[1], ne peut aboutir car le ministère public est accusé d'avoir violé les règles de la procédure. (Le procureur principal a tout révélé et porté plainte contre M. Ashcroft, qu'il accuse d'avoir saboté l'affaire. Le département de la Justice a aussitôt

1. Le 17 septembre 2001, le FBI arrête trois immigrés arabes dans un appartement de Detroit, et les inculpe de terrorisme. Il s'agirait d'une « cellule dormante ». Deux seront condamnés, en dépit de l'inconsistance des « preuves ». On découvre ensuite que les droits de la défense ont été violés.

ouvert une enquête sur le procureur. Représailles ? Je donne les faits, à vous de juger.)

Aucune arrestation importante. Quelque part, le terroriste au bacille de charbon rit sous cape. Mais le département de la Justice, vous serez heureux de l'apprendre, s'efforce de déterminer s'il peut porter plainte pour bioterrorisme contre un professeur d'art plastique de Buffalo qui pratique des inclusions de bactéries inoffensives dans des boîtes de Pétri.

Et il y a peut-être plus révélateur : la façon dont M. Ashcroft réagit aux critiques contre son action. Son premier réflexe est toujours de faire disparaître les preuves. Puis il tente de changer de sujet en faisant une déclaration spectaculaire sur une menace terroriste.

Voici un exemple des méthodes de M. Ashcroft pour rendre impossible l'examen public : l'affaire Sibel Edmonds[1], ex-traductrice au FBI qui accuse son département linguistique d'incompétence et de corruption et affirme que l'agence n'a pas vu des avertissements terroristes cruciaux. En 2002, elle a témoigné à huis clos au Congrès. Le sénateur Charles Grassley l'a qualifiée de « très crédible [...] parce que des agents du FBI ont confirmé beaucoup de ce qu'elle dit ».

Mais le département de la Justice a recouru à une disposition rarement invoquée, le « privilège des secrets d'État », pour empêcher Mlle Edmonds de montrer ses preuves, et le mois dernier il a classé rétroactivement secret un témoignage donné il y a deux ans par des responsables du FBI – probablement celui auquel faisait allusion M. Grassley.

Pour illustrer le « changement de sujet », examinons les origines de l'affaire José Padilla. Lorsque M. Padilla est arrêté en mai 2002, il n'y a aucune déclaration publique. Mais, le 6 juin 2002, Coleen Rowley est entendue par le Congrès sur les insuffisances du FBI (qui dépend de M. Ashcroft) avant le 11 Septembre. Son témoignage est dévastateur. Quatre jours

1. Recrutée après le 11 Septembre comme traductrice de turc et d'autres langues du Moyen-Orient, Sibel Edmonds accuse le FBI d'avoir omis de traduire de nombreux textes, afin de pouvoir demander une hausse du budget du département linguistique en prétextant une surcharge de travail.

plus tard, conférence de presse spectaculaire de M. Ashcroft : il annonce que M. Padilla est impliqué dans un complot terrifiant. Au lieu de faire leur couverture sur Miss Rowley, les magazines d'actualité se concentrent en définitive sur le « terroriste à la bombe sale », qui, selon M. Ashcroft, envisageait de tuer des milliers de personnes par radiation mortelle.

Depuis, M. Padilla est détenu en tant que « combattant ennemi », sans aucun droit juridique. Mais *Newsweek* écrit : « Les dirigeants de l'administration reconnaissent à présent que l'accusation principale qu'ils portaient contre Padilla depuis son arrestation – qu'il avait été envoyé aux États-Unis dans le but précis de poser une bombe sale radiologique – s'est révélée fausse ; il est très probable qu'elle ne sera jamais portée devant un tribunal. »

Mais le plus important, c'est le mémorandum. La semaine dernière, M. Ashcroft, au mépris, apparemment, de la volonté du Congrès, a refusé de rendre public un mémorandum sur la torture que son département avait préparé pour la Maison-Blanche il y a près de deux ans. Heureusement, sa muraille de Chine n'a pas fonctionné. Le *Washington Post* s'est procuré un exemplaire de ce texte et l'a affiché sur son site Internet.

Une grande partie du mémorandum vise à donner une définition plus souple de la torture. Si la souffrance infligée à un prisonnier est inférieure à celle qui accompagne « des blessures physiques graves, comme la défaillance d'un organe », ce n'est pas de la torture. De toute manière, le mémorandum déclare que la loi fédérale contre la torture ne s'applique pas aux interrogatoires des combattants ennemis, « qui relèvent de l'autorité du commandant en chef (c'est-à-dire du président) ». Bref, le président est au-dessus des lois.

Le mémorandum a été révélé dimanche dernier. Hier, M. Ashcroft a convoqué une conférence de presse pour annoncer l'inculpation d'un homme qui aurait projeté de faire sauter un centre commercial de l'Ohio. Je suis sûr qu'il s'agit d'une pure coïncidence.

MICHAEL MOORE EST D'UTILITÉ PUBLIQUE

2 juillet 2004

Depuis son lancement, *Fahrenheit 9/11* a été un immense succès en Amérique, tant bleue que rouge, et même dans les cinémas tout proches des bases militaires. Samedi dernier, Dale Earnhardt Jr est allé le voir avec son équipe de Nascar[1]. L'attrait du film auprès des cols bleus Américains, qui sont les vraies victimes de la politique Bush, devrait faire réfléchir les censeurs, en particulier les progressistes nerveux qui se sont empressés de se démarquer de Michael Moore.

Les grands commentateurs ont multiplié les réserves, faisant valoir que le film – bien qu'on ne l'ait toujours pas convaincu d'erreur grossière sur les faits – recourt à l'amalgame et à l'insinuation pour donner des impressions fausses. Bon nombre d'entre eux jugent impoli de se formaliser des amalgames et insinuations de l'administration Bush quand elle a lié la guerre en Irak au 11 Septembre. Pourquoi exiger plus de rigueur d'un pamphlétaire avoué que du président des États-Unis ?

Malgré tous ses défauts, *Fahrenheit 9/11* rend un service crucial. Ce serait un meilleur film s'il ne défendait pas quelques théories du complot non prouvées, mais ce n'est pas pour cela que des millions de spectateurs, qui ne sont pas viscéralement anti-Bush, vont le voir. Ils y vont pour apprendre des vérités

1. Champion de course automobile, fils de Dale Earnhardt Sr, le plus grand pilote de course de type Nascar, mort en février 2001 dans un accident alors qu'il disputait la Coupe Winston.

qu'ils auraient dû entendre ailleurs et qu'on ne leur a pas dites. Peut-être M. Moore ne passe-t-il pas pour un personnage respectable, mais son film ne désemplit pas parce que les médias respectables n'ont pas fait leur travail.

Le public a été choqué par les sept minutes, aujourd'hui célèbres, durant lesquelles George Bush savait le pays attaqué mais a continué à lire « Ma petite chèvre » avec un groupe d'enfants. Personne ne leur avait dit que les récits sur l'esprit de décision et la bravoure de M. Bush ce jour-là relevaient de la pure fiction.

Ou prenons les liens de la famille Bush avec les Saoudiens. Le film suggère que M. Bush et son grand ami le prince Bandar Bin Sultan, l'ambassadeur, que dans la famille on appelle Bandar Bush, ont essayé de dissimuler l'ampleur de l'implication saoudienne dans le terrorisme. Que ce soit vrai ou faux, ce qui a scandalisé les gens, je crois, c'est que personne ne leur en avait parlé.

Le personnage de George W. Bush que l'on a soigneusement construit, c'est celui d'un Américain ordinaire – bien différent de son adversaire dont on soupçonne le cosmopolitisme, avec ses airs patriciens. Allégation que les médias ont reprise avec délice. Combien avez-vous lu d'articles comparant les vacances aristocratiques de John Kerry à Nantucket et la simplicité rurale du repos de M. Bush dans son ranch du Sud ?

Mais la réalité révélée par Michael Moore, c'est que M. Bush a toujours vécu dans une bulle de privilèges, et que sa famille, loin d'être composée de gens simples ancrés dans l'Amérique profonde, entretient des liens financiers et personnels inextricables avec les élites étrangères, saoudiennes en particulier.

La grande force de M. Moore est une authentique compassion pour les Américains de la classe ouvrière, qui fait défaut à la plupart des journalistes. Ayant arraché à M. Bush son masque d'homme ordinaire, il donne mission à son film de prouver, plus puissamment que ne pourraient jamais le faire les statistiques, que les politiques de M. Bush favorisent une petite élite aux dépens des Américains moins fortunés – et parfois au prix de leur vie.

Dans un pays où les riches servent rarement dans l'armée, M. Moore suit les recruteurs des Marines quand ils ratissent les centres commerciaux des zones économiquement sinistrées, où pour les jeunes, hommes et femmes, s'engager est le seul moyen d'échapper à la pauvreté. Il montre des chefs d'entreprise réunis dans une somptueuse conférence sur l'Irak, où ils grignotent des canapés et exultent sur les profits juteux en perspective – puis le prix terrible payé par les soldats qui rendent possibles ces profits.

Le cœur du film est le portrait poignant de la douleur d'une mère qui a incité ses enfants à entrer dans l'armée, car c'était le seul moyen pour eux de payer leurs études, et qui a perdu son fils dans une guerre dont elle ne comprend plus la raison.

Peut-être les spectateurs sortent-ils du film de M. Moore en tenant pour vraies des choses qui ne le sont probablement pas. Le film parle beaucoup du projet de pipeline de l'Unocal à travers l'Afghanistan, mais je doute qu'il ait eu beaucoup d'impact sur la guerre dans ce pays. Un jour, quand la crise de la démocratie américaine sera passée, il m'arrivera probablement de critiquer M. Moore, qui a soutenu Ralph Nader en 2000, pour le simplisme de ses idées antimondialisation.

Mais pas maintenant. *Fahrenheit 9/11* est un film partisan, imparfait, mais il dit des vérités essentielles sur les dirigeants qui ont exploité une tragédie nationale à des fins politiques, et sur les Américains ordinaires qui en ont payé le prix.

PEUR DE LA FRAUDE

27 juillet 2004

Soir d'élection. Au vu des premiers chiffres, le sortant paraît en mauvaise posture. Puis, mystérieusement, le décompte s'arrête, et les observateurs de l'autre camp voient des employés de la compagnie des machines à voter, dont l'un porte le badge des responsables du comté, taper des instructions sur des ordinateurs qui donnent accès au logiciel de calcul des résultats.

Quand le décompte reprend, le sortant passe en tête. Son adversaire exige une enquête. Mais il n'y a pas de bulletins à recompter, et les dirigeants du service des élections, proches du candidat sortant, refusent de communiquer les données qui permettraient de savoir s'il y a eu falsification.

Fantasme paranoïaque ? Non, histoire vraie. Celle d'une élection récente du comté de Riverside (Californie), relatée par Andrew Gumbel, du quotidien britannique *The Independent*. Le texte intégral de l'article, repris par la revue *Los Angeles City Beat*, est hallucinant : il rend encore plus suspect le vote sur écran tactile et montre avec quelle facilité les responsables des opérations électorales peuvent « botter en touche » après un scrutin douteux.

Certains États, inquiets des possibilités de fraude qu'offrent ces machines sans trace papier, les ont interdites pour la prochaine présidentielle. Mais pas la Floride, dont le vote pourrait être décisif. Le mois dernier, ses dirigeants ont rejeté une demande d'autorisation d'audits indépendants sur les machines.

Un porte-parole du gouverneur Jeb Bush a parlé de manœuvre pour « semer le doute dans les esprits » et conclu : « Le gouverneur a une entière confiance dans le département des affaires de l'État et le service des élections. »

Mais les électeurs doivent-ils la partager ? Voyons l'affaire de la liste des condamnés.

En Floride, la loi retire le droit de vote en cas de condamnation pénale. En 2000, l'État a fait appel à une firme privée pour épurer les listes électorales en retirant les noms de supposés criminels ; ces électeurs ont été refoulés des bureaux de vote. Après l'élection, remportée à 537 voix de majorité, il s'est avéré que des milliers de personnes avaient été indûment privées de leur droit de participer au scrutin. Et comme ceux qu'on avait confondus avec des condamnés étaient surtout des Afro-Américains, qui votent plutôt démocrate, ces erreurs ont peut-être porté George W. Bush à la Maison-Blanche.

Cette année, la Floride a de nouveau chargé une compagnie privée – Accenture, qui vient de recevoir un contrat de surveillance du territoire pesant 10 milliards de dollars – de dresser une liste des condamnés. Se souvenant de 2000, des journalistes en ont demandé copie, et les responsables de l'État de Floride ont traîné les pieds. Un juge a fini par en ordonner la publication.

Le *Miami Herald* a vite constaté que 2 100 citoyens bénéficiaires d'une mesure de clémence, qui leur rendait leur droit de vote, se trouvaient toujours sur cette liste. Puis le *Sarasota Herald Tribune* a découvert que, sur plus de 47 000 criminels supposés, ne figuraient que 61 Hispano-Américains. Cette liste aurait donc exclu à tort de nombreux électeurs légitimes afro-américains tout en laissant voter à tort de nombreux condamnés « hispaniques ». Et chacun sait qu'en Floride les hispanophones votent plutôt républicain.

Les responsables de l'État ont commencé par nier tout problème méthodologique. Puis ils ont parlé d'erreur de bonne foi. Ils avaient demandé à Accenture de confronter le registre des électeurs inscrits à une liste de criminels, et de rayer toute personne dont le nom, la date de naissance et l'ethnie étaient les mêmes sur les deux listes. Ils n'avaient pas pris garde, ont-ils dit, qu'avec cette méthode les électeurs qui s'étaient déclarés « hispaniques » passeraient automatiquement à travers les mailles du filet, puisque cette catégorie, qui figure sur les listes électorales, n'existe pas dans les archives judiciaires de l'État.

Mais des employés d'une firme antérieurement chargée de dresser les listes de criminels ont fait savoir qu'ils avaient à maintes reprises attiré l'attention des responsables sur ce problème précis.

Disons-le sans détour : Jeb Bush refuse d'autoriser un examen indépendant des machines à voter parce qu'il a « une entière confiance » dans les dirigeants du service des élections de Floride, soigneusement choisis par lui-même. Mais ceux-ci ont un lourd passé de négligence en matière de procédure électorale, et il se trouve que leurs bévues avantagent toujours les républicains. Pourquoi faudrait-il les croire sur parole au sujet de la fiabilité des machines à voter, quand une nouvelle erreur commode pourrait donner la victoire aux républicains dans une élection nationale à haut risque ?

Il ne s'agit pas ici de politique partisane. Imaginez l'impact qu'aurait un scrutin douteux sur l'idée que l'Amérique se fait d'elle-même, et sur son rôle dans le monde. Les autorités ne donneraient pas d'informations, les sceptiques ne pourraient probablement rien prouver. Néanmoins, si le résultat paraît suspect, la majorité de l'opinion publique mondiale et beaucoup d'Américains croiront le pire. J'indiquerai bientôt quelques mesures encore possibles dans les quelques semaines qui restent, mais voici la première : si le gouverneur Bush a le moindre souci de l'avenir du pays et du destin politique de sa famille, il autorisera cet audit indépendant.

REMERCIEMENTS

Il n'est pas recommandé de tenir une chronique en solo, surtout par les temps difficiles qui sont les nôtres. Heureusement, on m'a beaucoup aidé.

Je voudrais tout d'abord remercier Howell Raines et Arthur Sulzberger, du *New York Times*, qui m'ont proposé ce travail et m'ont convaincu de l'intérêt d'une telle chronique. Ils ont eu raison. (Quel bonheur de travailler pour un journal qui défend si bien la liberté de la presse et ses journalistes !) Gail Collins veille désormais sur moi et ses conseils sont toujours judicieux.

Sans doute plus importants que les dirigeants : les proches collaborateurs. La plupart des articles réunis ici ont été revus par Steve Pickering, figure légendaire du *Times* qui vient de prendre une retraite bien méritée. Ceux qui n'ont jamais exercé le métier de secrétaire de rédaction ont du mal à imaginer son importance. Certes, cela se résume parfois à des remarques du style : « On a une ligne de trop ; qu'est-ce qu'on pourrait couper ? » Mais quand Steve Pickering, ou Linda Cohn, ou Sue Kirby – qui ont elles aussi accompli un travail remarquable sur ces articles – vous dit gentiment : « Je ne suis pas sûr de comprendre cette phrase », vous savez qu'il faut sérieusement revoir votre texte.

Un grand merci également à l'équipe de Norton : Drake McFeely, qui guide et accompagne ma carrière d'auteur depuis des années ; Bob Weil, dont l'enthousiasme a permis à ce projet de voir le jour ; et Ann Adelman, éditeur d'une qualité inestimable. Sans oublier Eve Lazovitz, qui a su organiser mon activité débordante.

Enfin et surtout, merci à mon épouse, Robin Wells, qui m'apporte mieux qu'un soutien. Elle lit le premier jet de chacun de mes articles et participe activement leur rédaction. Ce livre est autant le sien que le mien.

TABLE DES SIGLES

ALENA : Accord de libre-échange nord-américain.
AWOL : *absent without leave*.
CBO : Congressional Budget Office.
DIS : Defense Intelligence Staff.
EPA : Environmental Protection Agency.
FCC : Federal Communications Commission.
Fed : Réserve fédérale.
FEMA : Federal Emergency Management Agency.
FERC : Federal Energy Regulatory Commission.
FMI : Fonds monétaire international.
GAO : General Accounting Office.
HMO : Health Maintenance Organization.
IRS : Internal Revenue Service.
ISO : Independent System Operator.
OMB : Office of Management and Business.
PER : *price-earnings ratio* (rapport entre le cours d'une action et le bénéfice net par action).
RNCC : Republican National Campaign Committee.
SEC : Securities and Exchange Commission.
UAW : United Auto Workers.
VLT : véhicules loisir travail ; traduction de SUV, *Sport Utility Vehicles*.
WIC : Women, Infants and Children.

GLOSSAIRE

Attorney general : au niveau national, il est l'équivalent du ministre de la Justice. Mais, structure fédérale oblige, chaque État fédéré, bien que soumis à la justice fédérale, dispose également de son système judiciaire qui a compétence sur la plupart des affaires. Ce système a aussi sa propre hiérarchie, coiffée d'un *attorney general.*

Caisse de retraite publique (*Social Security*) : régime de retraite publique créé en 1935. Son financement est paritaire : 50 % à la charge de l'employeur et 50 % à la charge du salarié. Vu le faible niveau des prestations, il existe aussi un grand nombre de régimes de retraite privés, généralement financés par les entreprises et fondés sur le principe de la capitalisation.

Congressional Budget Office (CBO) : bureau du Congrès chargé de faire ses propres estimations budgétaires et de les opposer, le cas échéant, à celles de l'Office of Management and Budget. Il exerce de plus en plus un véritable contrôle de l'évolution des dépenses publiques.

Council of Economic Advisers (CEA) : « Bureau des conseillers économiques ». Organisme de l'exécutif, créé par l'Employment Act de 1946 pour conseiller le président en matière économique. Il est composé de trois éminents économistes (un président et deux membres), à la tête d'une équipe technique composée généralement d'une dizaine de professeurs d'économie, en congé d'un an ou deux de leur poste universitaire, assistés d'une dizaine d'étudiants avancés.

Environmental Protection Agency (EPA) : « Agence de protection de l'environnement ». Administration fédérale créée en 1970 pour mettre en œuvre la législation environnementale.

Federal Communications Commission (FCC) : « Commission fédérale des communications ». Administration indépendante créée en 1934, placée sous la tutelle directe du Congrès, et chargée de réglementer les communications par radio, télévision, téléphone, satellite et câble.

Federal Energy Regulatory Commission (FERC) : « Commission fédérale de réglementation de l'énergie ». Administration indépendante qui réglemente le transfert inter-États du gaz naturel, du pétrole et de l'électricité, ainsi que les projets hydro-électriques et gaziers.

Fonds fédéraux, taux des : taux interbancaire au jour le jour, c'est-à-dire taux auquel la Fed prête à d'autres banques les fonds déposés par les banques commerciales auprès de leur banque de réserve fédérale. Son influence sur les taux d'intérêts aux États-Unis est primordiale.

Freedom of Information Act : loi adoptée en 1966 et plusieurs fois révisée qui donne aux citoyens le « droit de savoir », c'est-à-dire d'accéder librement à tous les documents non classés secrets des administrations publiques.

General Accounting Office (GAO) : « Office général de comptabilité ». Administration dépendant du Congrès, créée en 1921. Le GAO a d'abord été chargé de vérifier la régularité des comptes de l'État, puis est passé à une mission d'audit. Depuis 1970, il est surtout chargé d'évaluer les politiques publiques, d'alerter sur les évolutions inquiétantes et d'assurer au Congrès une expertise technique. Il dispose aussi d'une équipe d'investigateurs professionnels pour enquêter sur les allégations de fraude.

Internal Revenue Service (IRS) : le fisc des États-Unis. C'est l'administration qui collecte les impôts et fait appliquer les lois fiscales.

Leader : dirigeant des parlementaires d'un parti à la Chambre des représentants ou au Sénat. Il y a un *majority leader* et un *minority leader.*

Medicaid : programme fédéral introduit en 1965 pour assurer, avec la coopération administrative et financière des États fédérés, le remboursement des soins médicaux aux plus démunis. On y a donc accès sous condition de ressources, et non d'âge comme pour Medicare.

Medicare : assurance maladie publique, instaurée en 1965, qui rembourse une bonne partie de la facture des soins dispensés aux Américains âgés de plus de soixante-cinq ans ou handicapés, quel que soit leur âge. Ce régime est financé en partie par la taxe de la Caisse de retraite publique (*Social Security*), par les cotisations des assurés et par des fonds du budget fédéral. Tous ceux qui perçoivent des versements de la Caisse de retraite publique sont couverts par Medicare. Rappelons qu'aux États-Unis il n'y a pas de couverture médicale universelle. De ce fait, les caisses privées, notamment celles créées par les entreprises pour leurs salariés, ont également une grande importance (plus de 60 % de la population en bénéficie). Ce système panaché laisse néanmoins une partie non négligeable de la population de moins de soixante-cinq ans sans la moindre couverture (15 % au moins).

Office of Management and Budget (OMB) : cette structure au sein de l'exécutif est chargée de préparer et d'exécuter le budget fédéral ; elle doit aussi contrôler le fonctionnement de l'administration. Elle a été créée en 1921 (sous le nom de Bureau of the Budget).

Patriot Act : loi antiterroriste votée après le 11 septembre 2001. L'USA Patriot Act (sigle de *Uniting and Strenghtening America by Providing Appropriate Tools Required to Intercept* *and Obstruct Terrorism* [Unir et renforcer l'Amérique en donnant les instruments appropriés nécessaires pour intercepter et arrêter le terrorisme]) accorde à la police des pouvoirs sans précédent pour la surveillance des communications et l'internement des personnes. C'est cette loi qui, en créant le statut de « combattant ennemi », permet de détenir indéfiniment sans procès des prisonniers.

Réserve fédérale (Fed) : Banque centrale des États-Unis, créée en 1913, chargée d'élaborer et de piloter la politique monétaire du pays. Le « système » de la Réserve fédérale comprend douze banques régionales de réserve ainsi que les banques commerciales membres. La « Fed » est dirigée par un conseil de sept gouverneurs ; son Federal Open Market Committee, composé des sept gouverneurs et de cinq représentants des douze banques régionales, joue un rôle de premier plan. La Fed s'est progressivement affranchie de la tutelle du département du Trésor pour acquérir un prestige et une autorité considérables.

Securities and Exchange Commission (SEC) : autorité de surveillance des marchés boursiers, créée dans la foulée de la crise de 1929.

Telecommunications Act : loi adoptée en 1996 qui a déréglementé le secteur des télécommunications en abolissant la législation très stricte en vigueur depuis soixante-deux ans. Elle visait en principe à introduire la concurrence dans tous les domaines, mais a plutôt aggravé la concentration.

Whip : littéralement, « fouet ». Membre de la Chambre des représentants ou du Sénat qui aide le *leader* de son parti à faire respecter la discipline de vote lorsqu'il faut faire passer ou bloquer un projet de loi. Il y a un *majority whip* et un *minority whip*.

INDEX

TABLE DES MATIÈRES

CET OUVRAGE
A ÉTÉ TRANSCODÉ
ET ACHEVÉ D'IMPRIMER
SUR ROTO-PAGE
PAR L'IMPRIMERIE FLOCH
À MAYENNE EN SEPTEMBRE 2004

N° d'éd. FU033201. N° d'impr. 60872.
D.L. : septembre 2004.
(Imprimé en France)